개정판

기계경비개론

주일엽 저

도서출판 진영사

기계경비개론

주일엽 저

2024년 3월 4일 개정판 인쇄
2024년 3월 7일 개정판 발행

발행인: 박진영
발행처: 도서출판 진영사
인천광역시 부평구 주부토로 236 인천테크노밸리 U1 지식산업센터 B동 1507호
전화: 032)505-4207
팩스: 032)505-4206
E-mail: 0183734207@hanmail.net
신고번호: 제2007-000001호(2007.01.19.)

ISBN 978-89-6541-640-1 93300
값 22,000원

제2판 머리말

2010년 초판을 낸 후 14년 만에 제2판을 내게 되었다. 기존 초판의 제제를 유지하기 위하여 제1장 기계경비의 개요, 제2장 기계경비 기초이론, 제3장 기계경비시스템, 제4장 CCTV 시스템, 제5장 출입통제시스템, 제6장 외곽침입감지시스템, 제7장 전자감지시스템 등 초판의 기본 장 구성은 그대로 유지하면서도 절 구성과 세부 내용을 전면 개편하는 등 많은 변화를 시도하였다. 초판에서 다루지 않았던 기계경비 관련 신규 이론과 기기에 관한 내용을 다수 추가하고, 일부 설명이 부족했던 부분을 보완하는 과정에서 책의 분량이 상당히 증가하였다.

제2판에서 변경된 내용은 다음과 같다. 제1장 기계경비의 개요는 제1절 기계경비의 개념을 민간경비, 기계경비, 융합보안 등으로, 제2절 기계경비 관련법규는 경비업의 정의, 경비업의 운영, 기계경비업무 등으로, 제3절 기계경비 운영사례는 삼성 에스원(S1), SK쉴더스, KT텔레캅, 기계경비 서비스 발전방안 등으로 변경하여 기술하였다. 제2장 기계경비 기초이론은 제1절 전기이론은 전기, 전기이론, 전기회로 등으로, 제2절 컴퓨터이론은 컴퓨터, 정보처리, 논리회로 등으로, 제3절 통신이론은 통신, 통신이론, 정보통신 등으로 변경하여 기술하였다. 제3장 기계경비시스템은 제1절 기계경비시스템의 개념을 기계경비시스템의 의의, 기계경비시스템의 종류, 기계경비시스템의 사고 등으로, 제2절 방범용 감지기는 감지기의 개념, 주장치, 방범용 감지기 등으로, 제3절 방재용 감지기는 방재용 감지기의 개념, 화재 감지기, 자동화재탐지설비 관련기기 등으로, 제4절 기계경비시스템의 주요용어는 무인 기계경비시스템의 주요용어, 로컬 기계경비시스템의 주요용어 등으로 변경하여 기술하였다. 제4장 CCTV 시스템은 제2절 CCTV 시스템의 구성을 촬상부, 전송부, 수상부 등으로 변경하여 기술하였다. 제5장 출입통제시스템은 제1절 출입통제시스템의 개요를 출입통제시스템의 의의, 출입통제시스템의 연계, 출입통제 제어장치 등으로, 제2절 출입통제 확인장치는 카드인식, 생체인식 등으로, 제4절 홈 시큐리티는 홈 시큐리티의 개념, 홈 시큐리티의 구성장치, 홈 시큐리티 운영사례 등으로 변경하여 기술하였다. 제6장 외곽침입감지시스템은 제1절 외곽침입감지시스템의 개요를 외곽침입감지시스템의 의의, 외곽침입감지시스템의 구성, 외곽침입감지 제어장치 등으로, 제2절 외곽침입 감지장치는 물리적 힘을 이용하는 감지장치, 자기장이나 전기장을 이용하는 감지장치, 빛이나 전파를 이용하는 감지장치 등으로, 제3절 외곽침입 방지펜스는 펜스, 철조망 등으로 변경하여 기술하였다. 제

7장 전자감지시스템은 제3절 기타 검색기를 X-ray 검색기, 밀리미터파(EHF) 전신검색기, 차량 하부검색경 등으로 변경하여 기술하였다.

제2판을 내게 된 배경은 다음과 같다. 본 서의 초판은 경찰, 경호, 안전 등 관련분야에서 참고할 수 있는 기계경비 전문서적이 상당히 부족하다는 인식하에 시간적 압박과 자료의 부재 속에서 발간되었다. 이후 물리보안, 정보보호, 융합보안 관련 이론 및 실무의 발전, 국가전문자격인 기계경비지도사 관련 이론 및 실무의 변화가 지속되면서 기계경비 관련분야에서 종사하는 전문가들의 제2판 발간에 대한 다수 질문과 격려가 있었다. 그러나, 기계경비 관련자료의 부족, 기계경비 실무현장과의 연계 애로 등 현실적인 어려움은 초판을 저술할 때와 크게 변하지 않았다. 이는 학문분야에서 기계경비 관련 이론과 실무에 대한 연구가 부족한 것이 가장 큰 이유 중의 하나일 것이다. 부득이하게 제2판에서도 기계경비 관련기기 제조회사, 기계경비 관련서비스 제공기업 등의 자료를 다수 참조하였으며, 이 자리를 빌려 진심으로 감사를 표한다. 본 서가 기계경비 관련분야의 학문적 발전에 도움이 되고 실무현장에서 참고가 되기를 기대한다.

2024년 3월
중부대학교 경찰경호학과 연구실에서
저자 씀

머리말

1950년대 초 주한미군의 군납경비와 미국의 원조경제의 일환으로 시작된 우리나라의 민간경비는 1970년대까지 인력경비 위주로 운영되면서 기계경비 분야에 대한 관심은 상대적으로 저조했으나 1980년대 이후 과학기술의 발전과 사회환경의 변화에 따라 에스원(S1), ADT캡스(ADT CAPS), KT텔레캅(KT Telecop) 등 보안업체를 중심으로 기계경비 서비스 산업이 급성장하고 있으며, CCTV, DVR 등 기계경비 장비산업도 이에 부응하여 높은 성장세를 보이고 있다.

기계경비업무는 시설경비업무, 호송경비업무, 신변보호업무, 특수경비업무 등과 함께 경비업법에서 규정하고 있는 주요 민간경비 분야 중의 하나이다. 시설경비업무, 호송경비업무, 신변보호업무, 특수경비업무는 모두 경비대상 또는 보호대상에 따라 분류한 것이라면, 기계경비업무는 경비수단 또는 보호수단을 기준으로 하고 있다. 이는 기계경비업무가 독자적인 기계경비업무뿐만 아니라 시설경비업무, 호송경비업무, 신변보호업무, 특수경비업무 등 제반 경비분야에 적용이 가능한 필수요소라는 것을 의미한다.

기계경비업무는 민간경비 분야뿐만 아니라 공경비 분야에 있어서도 핵심 분야로 부상하고 있으며 기계경비 이론 및 실무 교육에 대한 관심도 고조되고 있다. 기계경비는 단순히 전자공학, 전기공학, 통신공학 등 자연과학에 한정된 분야가 아니며, 경찰학, 행정학, 사회학 등 사회과학에 기초한 분야도 아니다. 기계경비는 자연과학과 사회과학에 대한 학문적 통섭과 융합에 기초한 새로운 학문 분야라고 할 수 있다. 따라서 대학에서 경호 · 경비 관련학문을 공부하는 학생들과 경호 · 경비 산업현장에서 실무에 종사하는 전문 인력들은 자연과학과 사회과학에 기초한 다양한 기계경비 이론과 실무를 포괄적으로 이해해야 할 필요가 있다.

저자는 기계경비에 대한 체계적인 이론 및 실무 교육의 필요성을 절감하고 독자들이 보다 쉽게 기계경비를 접하고 이해할 수 있도록 개론서를 저술하였으며 본 서의 구성은 다음과 같다. 제1장에서 민간경비의 개념, 기계경비의 개념, 기계경비의 운영 등 기계경비의 전반적인 개요를 기술하였고, 제2장에서 전기전자이론, 컴퓨터이론, 통신이론 등 기계경비 기초이론에 대하여 살펴보았으며, 제3장에서 기계경비시스템의 개요, 방범용 감지기, 방재용 감지기, 기계경비시스템 주요용어 등 기계경비시스템에 대하여 기술하였다. 제4장에서는 CCTV 시스템의 개요, 촬상부, 전송부, 수상부, 조명장치, CCTV 시스템 주요용어 등 CCTV 시스템에 대하여 기술하였고, 제5장에서는 출입통제시스템의 개요, 출입통제 제어장치, 출입통제 확인장치, 출입통제 저지장치, 출입통제시스템의 연계 등 출입통제시스템에 대하여 살펴보았다. 또한, 제6장에서는 외곽침입감지시스템의 개요, 외곽침입감지 제어장치, 외곽침입 감지장치 등 외곽침입감지시스템에 대하여 기술하였고, 제7장에서는 전자상품감지시스템, 금속 탐지기, X-ray 검색기 등 전자감지시스템에 대하여 살펴보았다.

본 서를 저술하면서 기계경비 관련자료의 부족, 기계경비 실무현장과의 연계 애로 등 현실적으로 많은 어려움이 있었다. 본 서가 출판될 수 있었던 것은 지금까지 기계경비 관련 연구가 부족했던 우리나라에서 학문적 연구와 실무적 경험을 선도한 한서대학교 정태황 교수님, 용인대학교 신상엽 겸임교수님, ADT캡스 이강열 충청본부장님 등 많은 분들과 본 서가 인용하거나 참고한 국내·외 다양한 자료를 저술한 모든 분들의 덕분이다. 또한 본 서를 저술하는데 깊은 관심을 가져주신 서울대학교 임번장 명예교수님, 한국체육대학교 박영철 명예교수님, 김두현 교수님, 중부대학교 조광래 교수님, 서진석 교수님, KT텔레캅 김유봉 서비스개발단장님, 도서출판 진영사 박진영 사장님 등 많은 분들께 감사드린다. 끝으로 어려운 고비마다 학문적 성과를 이루도록 격려와 용기를 주고 사랑을 아끼지 않은 아내에게 무한한 감사를 표한다.

부디 본 서가 독자들이 기계경비에 대한 전반적인 개념을 이해하고 실무에서 적용하기 위한 좋은 길잡이가 되기를 바란다.

2010년 8월

중부대학교 경찰경호학과 연구실에서

저자 씀

차 례

제1장 기계경비의 개요

제1절 기계경비의 개념
제2절 기계경비 관련법규
제3절 기계경비 운영사례

제1장 기계경비의 개요

제1절 기계경비의 개념

1. 민간경비

1) 민간경비의 개념

경비(警備)는 크게 공경비(公警備)와 민간경비(民間警備)로 나눌 수 있으며 이에 대한 의의(意義)는 매우 다양하다. 지금까지의 선행연구에 기초하여 공경비와 민간경비에 대한 주요 의의를 살펴보면 다음과 같다.

공경비는 국가 공권력 중 경찰의 범죄예방 활동을 의미하는 것으로 관할구역 내에서 법집행에 관한 모든 권한을 가지고 개인의 생명 및 재산 보호, 공공의 질서유지, 범인의 수색 및 체포, 범죄 예방, 교통 통제와 같은 공공의 이익을 위하거나 공공의 안전과 보호의 일반적인 임무를 일반 국민을 위하여 행하는 제반 활동을 의미한다. 민간경비는 공경비에 대비되는 개념으로서 여러 가지 위해로부터 개인의 이익, 생명 및 재산을 보호하기 위하여 특정한 의뢰자인 고객으로부터 받는 보수에 따른 경비를 행하는 개인, 단체, 기업 등의 제반 활동을 말한다.[1)]

민간경비의 정의를 구체적으로 살펴보면 협의의 개념과 광의의 개념, 실질적 개념과 형식적 개념으로 구분할 수 있다. 협의의 개념은 국민의 생명, 신체 및 재산 보호, 그리고 질서 유지를 위한 범죄예방 활동을 의미하며, 광의의 개념은 방범, 방재, 방화 등을 모두 포함한다. 실질적 개념은 국민의 생명, 신체, 재산 보호, 그리고 사회적 손실 감소와 질서 유지를 위한 일체의 활동을 의미하는데 이는 경찰이 수행하는 경비활동과 본질적으로 차이가 없고 주체 면에서 민간과 국가라는 차이가 있을 뿐이다. 형식적 개념은 실정법인 경비업법에서 규정하는 업무를 수행하고 허가받은 법인에 의해 수행되는 활동을 의미한다.[2)]

공경비와 민간경비의 기능 및 역할을 비교하면 [표 1-1]과 같다.

---

1) 이상원, 기계경비개론, 공안행정연구원, 1996, p.2.
2) 서진석, 민간경비론, 진영사, 2010, p.15.

[표 1-1] 공경비와 민간경비의 기능 및 역할[3]

구 분	공 경 비	민 간 경 비
공급 조직	정부	법인
대상 영역	일반 국민	의뢰인 또는 단체
경비 부담	국가(세금)	의뢰자(보수)
역할 범위	법 집행 및 범죄 예방	범죄 예방
강제권 여부	보유	미보유
활동 영역	공적 영역	사적 영역

경비업법은 경비업을 시설경비업무, 호송경비업무, 신변보호업무, 기계경비업무, 특수경비업무 등의 업무를 전부 또는 일부를 도급받아 행하는 영업으로 정의하고 있다.[4]

이를 구체적으로 살펴보면 다음과 같다. 시설경비업무는 경비를 필요로 하는 시설 및 장소에서의 도난·화재, 그 밖의 혼잡 등으로 인한 위험발생을 방지하는 업무이다. 호송경비업무는 운반중에 있는 현금·유가증권·귀금속·상품, 그 밖의 물건에 대하여 도난·화재 등 위험발생을 방지하는 업무이다. 신변보호업무는 사람의 생명이나 신체에 대한 위해의 발생을 방지하고 그 신변을 보호하는 업무이다. 기계경비업무는 경비대상시설에 설치한 기기에 의하여 감지·송신된 정보를 그 경비대상시설 외의 장소에 설치한 관제시설의 기기로 수신하여 도난·화재 등 위험발생을 방지하는 업무이다. 특수경비업무는 공항(항공기를 포함한다) 등 대통령령이 정하는 국가중요시설의 경비 및 도난·화재 그 밖의 위험발생을 방지하는 업무이다.

경비업법상 민간경비 영역 중 시설경비업무, 호송경비업무, 신변보호업무, 특수경비업무는 모두 '보호대상'을 중심으로 분류한 것이라면, 기계경비업무는 '보호수단'을 기준으로 하고 있다. 기계경비는 인력경비와 함께 시설, 호송, 신변, 특수시설(국가중요시설) 등을 보호하기 위해 사용하는 제반 수단이라고 할 수 있다.[5]

2) 민간경비의 성장이론

민간경비의 성장이론은 수익자 부담이론(Profit-Oriented Enterprise Theory), 경제환원론적 이론(Economic Reduction Theory), 공동화 이론(Vacuum Theory), 이익집단 이론(Interest Group Theory), 공동생산이론(Co-production Theory) 등 크게 5가지로 구분할 수 있다.[6]

3) 배성수, 민간경비업의 발전방안에 관한 연구, 단국대학교 행정법무대학원 석사학위논문, 2005, p.8; 서진석, 민간경비론, 진영사, 2010, p.15, 내용 재구성.
4) 경비업법(법률 제19021호, 시행 2023. 5.16) 제2조(정의).
5) 최선우, 민간경비론, 진영사, 2008, p.34.

첫째, 수익자 부담이론(Profit-Oriented Enterprise Theory)은 자본주의 사회에서 경찰의 공권력 작용은 원칙적으로 거시적 측면에서 질서유지, 체제수호 등과 같은 역할과 기능으로 한정하고, 사회구성원 개개인이나 집단 또는 조직의 안전과 보호는 결국 해당 개인이나 집단 또는 조직이 담당하여야 한다는 이론이다.

둘째, 경제환원론적 이론(Economic Reduction Theory)은 민간경비 시장의 성장이 범죄의 증가에 따른 직접적 대응이라는 전제하에서 출발하고 있으며, 거시적 차원에서 범죄의 증가를 실업의 증가에서 그 원인을 규명하려는 것이 특징이다.

셋째, 공동화이론(Vacuum Theory)은 범죄에 대한 현실적 내지 인식적으로 불안감을 공경비가 해소시키지 못하면서 이러한 불안감을 민간경비가 대신하고 성장한다는 이론으로서 공경비와 민간경비가 상호 갈등이나 경쟁 관계에 있는 것이 아니라 상호 보완적, 역할 분담적 관계를 가지는 것을 전제한다.

넷째, 이익집단이론(Interest Group Theory)은 많은 이익집단들이 그들의 이익을 최대화하기 위해서 행동하는 것과 유사한 방식으로 민간경비도 집단적 이익을 실현하기 위해서 규모를 팽창시키고 새로운 규율이나 제도를 창출시키는 등의 노력을 기울인다는 이론이다.

다섯째, 공동생산이론(Co-production Theory)은 공공서비스의 공급과정에 민간이 직접 참여함으로써 정부의 서비스 생산과 유사한 공공서비스 생산활동을 실시한다는 이론으로서, 공공활동이나 자산소유에 있어서 정부의 역할을 줄이고 민간의 역할을 증대시킨다는 개념의 민영화이론(Privatization Theory)과 유사하다.

3) 민간경비 발전과정

인력경비와 함께 민간경비의 한 분야인 기계경비는 인력경비에 비해 그 시작이 상대적으로 늦다. 현재는 삼성그룹의 에스원(S1), SK그룹의 SK쉴더스(SK Shieldus), KT그룹의 KT텔레캅(KT Telecop) 등 기계경비 관련기업을 중심으로 기계경비산업이 급성장하고 있다. 여기에서는 민간경비의 시작, 기계경비의 발전과정 등 주요 연혁에 대하여 살펴보도록 한다.

민간경비산업은 1954년 미8군 군납경비를 위해 민간경비업체가 최초로 설립되면서 시작하였고, 1976년 '용역경비업법'이 제정되면서 본격적으로 발전하기 시작하였다. 이후 경제성장과 함께 10여 개에 불과하던 경비업체는 1986년 아시안게임, 1988년 서울올림픽, 2002년 한일월드컵, 2010년 G20 정상회담, 2012년 G50 핵안보정상회의 등 각종 국제

---

6) 주일엽, 시큐리티산업과 범죄 발생 및 검거의 관계, 한국경호경비학회지 제13호, 2007, pp.487-505; 서진석, 민간경비론, 진영사, 2010, pp.18-19, 내용 재구성.

행사를 치르면서 급성장하였고, 2021년 기준으로 4,342개 경비업체에 186,609명의 경비원이 종사하고 있다(표 1-2 참조).

2014년 인천아시안게임과 2018년 평창동계올림픽에서는 민간경비의 참여가 확대되어 행사의 성공적 개최에 기여하였고, CCTV·드론 등 첨단과학 기술을 경비업무에 접목하는 등 민간경비를 더욱 발전시키기 위해 노력하고 있다. 경찰은 국내 민간경비산업의 규모를 일본, 영국 등 주요국 수준 이상으로 확대하고 2023년 의무경찰 폐지로 인한 치안 유지의 부담을 민간경비가 보완하도록 준비하는 등 민간경비산업 활성화를 통해 국민의 안전을 보호할 수 있는 방안을 강구하고 있다. 경찰은 민간경비업체와의 유기적 협력을 통해 사회 전반의 범죄대응 역량을 강화하고, 예방 치안을 활성화하기 위해 연 2회 이상 전국의 모든 경비업체에 대하여 지도·점검을 하는 등 민간경비업을 체계적으로 지도하며 관리하고 있다. 노동쟁의행위가 발생한 사업장이나 도시정비사업과 관련하여 이해 대립이 있는 장소 등 집단민원현장에 대해서는 불법행위를 방지하기 위해 경비원 배치 48시간 전까지 경찰관서에 배치허가를 신청하도록 하고, 경비원 결격사유를 사전에 확인하는 등 철저히 관리하고 있다. 또한, 경비원 신임교육과 경비지도사 기본교육을 내실화하기 위해 매 5년 단위로 민간경비 교육기관을 지정하여, 경비원과 경비지도사의 경비업무 지식과 실무능력 향상을 도모하고 있다.[7]

[표 1-2] 연도별 경비업체 현황[8]

구 분	법인수	업종계	시설경비	호송경비	신변보호	기계경비	특수경비
2013년	4,062	4,843	3,974	44	533	149	143
2014년	4,285	5,027	4,177	40	537	138	135
2015년	4,449	5,203	4,338	38	540	146	141
2016년	4,536	5,300	4,416	43	549	147	145
2017년	4,610	5,428	4,528	42	567	149	142
2018년	4,542	5,461	4,528	41	600	149	143
2019년	4,502	5,324	4,420	37	583	145	139
2020년	4,438	5,265	4,355	29	603	146	132
2021년	4,342	5,143	4,253	32	587	143	128

1970년대까지 우리나라 민간경비는 인력경비 위주로 운영되고 있었을 뿐, 기계경비라는 용어조차 생소하였다. 초창기 민간경비업체들은 대부분 규모가 영세했기 때문에 기계경비

7) 경찰청, 2022 경찰백서, 2022, pp.167-169.
8) 경찰청, 2022 경찰백서, 2022, p.168.

를 도입할 여력이 없었다. 1980년대에 들어서면서부터 우리나라 민간경비는 새로운 전환기를 맞게 되었다.

삼성그룹은 1980년 7월 3일 한국경비보장과 지분인수를 통한 경영참여 계약을 맺음과 동시에 일본 최대의 경비회사인 세콤(SECOM)과 합작투자 계약을 체결하였다. 에스원(S1)의 전신인 한국경비보장은 1981년 상호를 한국안전시스템으로 변경하고 같은 해 3월 5일 국내 최초로 기계경비사업을 시작하였고, 1996년 2월 29일 주식회사 에스원(S1)으로 상호를 변경하였다.

한국안전시스템(에스원)의 경제적 성공은 다른 경비업체들의 시장 진입을 자극하였다. 1971년에 설립되어 인력경비를 주로 하던 한국보안공사가 미국의 아담코(Ademco)와 제휴하여 1985년 4월부터 기계경비업에 진출하였고(ADT캡스), 1986년에는 범아실업공사가 일본종합경비보장과의 기술제휴를 통해 기계경비시장에 참여하였다(SOK).[9] ADT캡스, SOK 등은 SK그룹에 각각 인수되어 2021년 10월 26일을 기준일로 하여 'SK쉴더스'로 변경되었다.

우리나라에서 기계경비서비스를 제공하는 대표적인 기업은 삼성그룹의 에스원(S1), SK그룹의 SK쉴더스(SK Shieldus), KT그룹의 KT텔레캅(KT Telecop) 등이 있다. 에스원(S1), SK쉴더스(SK Shieldus), KT텔레캅(KT Telecop) 등의 CI(Corporate Identity)를 [그림 1-1]에 정리하였다.

에스원(S1)	SK쉴더스	KT텔레캅
에스원	SK 쉴더스	kt telecop
S-1	SK shieldus	TELE COP KT텔레캅

[그림 1-1] 기계경비 관련업체 CI(Corporate Identity)[10]

9) 최선우, 민간경비론, 진영사, 2008, pp.99-104.
10) 에스원(S1), https://www.s1.co.kr, 검색일: 2023. 1. 2; SK쉴더스, https://www.adtcaps.co.kr, 검색일: 2023.1. 2; KT텔레캅, http://www.telecop.co.kr, 검색일: 2023. 1. 2.

2. 기계경비

1) 기계경비의 개념

민간경비는 기능상 인력경비와 기계경비로 구분할 수 있다. 인력경비는 경비원에 의해 범죄 등 각종 위험요소를 예방하고 대응하는 제반활동을 의미한다. 기계경비는 인력경비에 대비되는 경비형태로서 기존의 인력에 의존하던 경비방식에서 탈피하여 각종 기계적 장치에 의해 경비 목적을 달성하는 것을 의미한다.[11]

기계경비의 의의와 분류에 대한 선행연구를 살펴보면 다음과 같다. 정태황(2007)은 "기계경비란 경비기기에 의존하여 이루어지는 경비활동으로서 경비활동의 주체인 사람의 근무를 보조하기 위하여 경비기기를 수단으로 하여 경비업무를 효과적으로 수행할 수 있게 하는 역할을 한다."고 정의하고, 기계경비를 크게 침입감지시스템, 감시시스템(CCTV), 출입통제시스템 등 3가지로 구분하고 있다.[12] 신상엽(2008)은 "방범경보시스템(Security Alarm System)을 운용하여 업무를 제공하는 것을 기계경비업무라고 한다."고 정의하고, 기계경비를 크게 방범경보시스템, 출입통제시스템, CCTV 시스템, 외곽침입감지시스템, 홈시큐리티시스템, 전자보안장비 등 6가지로 구분하고 있다.[13] 이강열(2008)은 "기계경비는 전기, 전자, 통신 기술이 집약된 시스템으로서 생명, 재산, 시설물의 안전보호를 목적으로 기계장치를 이용하여 24시간 365일 항상 같은 상태, 같은 조건으로 감시하여 완벽하게 경비목적물을 보호하고 지키는 것이다."고 정의하고, 기계경비를 기계경비시스템, 외곽침입감지장치, CCTV 시스템, 출입통제 및 상품도난방지시스템 등 4가지로 구분하고 있다.[14] 이와 같은 선행연구를 고찰해 볼 때 기계경비는 기계경비시스템(Electronic Security System), 방범경보시스템(Security Alarm System), 출입통제시스템(Access Control System), 침입감지시스템(Intrusion Detection System), CCTV 시스템(Closed Circuit Television), 외곽침입감지시스템(Perimeter Intrusion Detection System) 등 제반 시스템을 포괄하는 개념이라고 할 수 있다.

따라서 본 서에서는 지금까지의 기계경비 관련 선행연구를 기초로 기계경비를 다음과 같이 정의하고자 한다. 기계경비(Electronic Security)는 "사람의 생명과 재산, 시설물, 정보 등 중요한 자산을 보호하기 위하여 기계경비시스템(Electronic Security System), 영상감시시스템(CCTV System), 출입통제시스템(Access Control System), 외곽침입감지시스템

11) 이윤근, 민간경비원론, 엑스퍼트, 2001, pp.73-75.
12) 정태황, 기계경비개론, 백산출판사, 2007, p.1, 15.
13) 신상엽, 기계경비론, 백산출판사, 2008, p.24.
14) 이강열, 기계경비개론, 백산출판사, 2008, p.23, 119.

(Perimeter Intrusion Detection System), 전자감지시스템(Electronic Detection System) 등 다양한 전자 · 전기 · 기계 장치를 이용하여 감시하고 이상이 발생하는 경우에 사람 및 기계장치의 상호 협력에 의해 대처하는 경비업무"를 말한다.

2) 기계경비의 분류

기계경비는 기계경비의 의의에서 열거한 선행연구의 결과에서와 같이 개별 연구자의 관점에 따라 다양하게 분류할 수 있다. 본 서에서는 기계경비를 기계경비시스템(Electronic Security System), CCTV 시스템(CCTV System), 출입통제시스템(Access Control System), 외곽침입감지시스템(Perimeter Intrusion Detection System), 전자감지시스템(Electronic Detection System) 등 크게 5가지로 구분하고자 한다. 이를 간략히 살펴보면 다음과 같다.

첫째, 기계경비시스템(Electronic Security System)은 사람의 생명과 재산, 시설물, 정보 등 중요한 자산을 보호하기 위하여 인간과 기계장치의 상호 협력에 의해 조치되는 시스템이다. 기계경비시스템(Electronic Security System)은 CCTV 시스템(CCTV System), 출입통제시스템(Access Control System), 외곽침입감지시스템(Perimeter Intrusion Detection System), 전자감지시스템(Electronic Detection System) 등 다양한 시스템과 체계적인 연계가 가능하다. 기계경비시스템은 상주인력의 배치 유무에 따라 상주인력이 배치되는 로컬(Local) 기계경비시스템, 원격지의 관제센터 및 대처요원(출동요원)에 의해 운영되는 무인 기계경비시스템 등으로 구분한다.

둘째, CCTV 시스템(CCTV System)은 특별한 목적을 위해 촬영한 영상정보를 특정 인물이나 전자 · 전기 · 기계 장치를 대상으로 전송하는 것을 의미하는데 기계경비에서는 주로 방범용을 의미한다.

셋째, 출입통제시스템(Access Control System)은 관리지역(Controlled Area)에 대하여 인원, 물품, 차량 등이 들어오고(Ingress) 나가는(Egress) 것을 통제하는 시스템을 말한다.[15)]

넷째, 외곽침입감지시스템(Perimeter Intrusion Detection System)은 국가중요시설, 연구소, 대규모 공장 등 보호대상 특정시설의 외곽에 위치한 경계시설에 감지장치를 설치하여 외부의 침입을 감지하고 경보를 발령하며 이를 확인하는 시스템을 말한다.

다섯째, 전자감지시스템(Electronic Detection System)은 출입통제시스템의 하위영역에 속하는 것으로서 전자상품감지시스템, 금속탐지기, X-ray 검색기 등이 해당한다.

---

15) Secretary of Defense, UNIFIED FACILITIES CRITERIA (UFC) - SECURITY ENGINEERING ELECTRONIC SECURITY SYSTEMS, 2006, p.24.

3) 기계경비의 특징

기계경비는 단순한 인력경비보다 더욱 완벽한 경비업무 제공을 전제로 하며 사용자가 위탁한 대상물에 대하여 적용기준에 맞는 각종 감지기를 설치하여 로컬(Local) 또는 무인 기계경비업무를 제공함으로써 사용자의 인명과 재산을 보호하는 것을 그 목적으로 하고 있다.

따라서 기계경비는 인력경비에 비해 다양한 장점을 가지고 있으며 또한 일부 단점도 지니고 있다. 인력경비와 기계경비의 장점 및 단점은 다음과 같다.16)

인력경비의 장점은 경비업무 외에 다른 업무 수행이 가능하고, 현장에서 신속한 대처가 가능하다. 인력경비의 단점은 경비 제공 비용이 과다하게 소요되고, 인명피해 가능성이 상존하며, 비상시 상황연락을 경비요원이 직접해야 하고, 광범위한 지역에는 경계 사각지대가 발생하며, 근무한계 · 태만 · 고의 또는 졸림 등으로 인한 경비업무가 제한되고, 인력관리가 필요하며, 경비사고 시 책임한계가 복잡하고, 안전성 · 경제성 및 관리 면에서 기계경비에 비해 전근대적이다.

기계경비의 장점은 상주인력이 없으므로 소요비용 절감 등 경제적이고, 기계장치별 고유기능에 따라 24시간 경비가 가능하며, 경계 중복 및 사각지대가 없고, 첨단 전자기기의 정밀성으로 정확성 · 신속성 · 계속성을 기대할 수 있으며, 출동체제 완비로 긴급동원이 가능하여 사고 예방 및 확대를 방지할 수 있고, 전기 · 전자 · 정보 기술에 의한 운영으로 사고를 정확하게 기록할 수 있으며, 화재 등 안전사고 위험성을 배제할 수 있고, 범죄에 의한 상주인력의 인명피해를 방지할 수 있으며, 책임한계가 인력경비보다 뚜렷하고, 기업운영에 있어서 분업화 · 전문화로 합리적이다. 기계경비의 단점은 신속하고 정확한 현장대처가 어려우며, 경보를 수신한 후에 적절한 조치가 취해지지 않으면 경비효과를 기대할 수 없고, 경보의 내용이 기계장치의 성능 등에 의하여 크게 좌우되며, 오경보 등의 문제로 신속하고 정확한 대응조치가 어렵고, 기계장치 설치장소 이외의 장소에 발생한 이상현상은 탐지할 수 없으며, 경비업무 이외에 다양한 서비스 제공이 어렵다.

기계경비의 대상은 관공서, 학교, 금융기관, 기업체, 사무실, 공장, 상가, 점포, 빌딩, 주택, 아파트, 주요 부대시설 등 매우 다양하다. 따라서 기계경비는 대상의 요구를 충족할 수 있는 다양한 업무를 제공할 수 있어야 한다. 기계경비의 주요 제공업무는 방범 제공업무, 화재통보 제공업무, 비상통보 제공업무, 가스누출통보 제공업무, 구급통보 제공업무, 생활리듬 감지 제공업무, 설비이상통보 제공업무, 설비제어 제공업무 등이 있다.17)

---

16) 이상원, 기계경비개론, 공안행정연구원, 1996, p.2, 23; 김정환 · 서진석, 한국경비산업발전사, 백산출판사, 2009, p.141; 신상엽, 기계경비론, 백산출판사, 2008, p.25, 내용 재구성.

17) 한국경비협회, 경비지도사 기본교육과정, 2001, pp.183-186, 내용 재구성.

첫째, 방범 제공업무는 절도나 침입을 사전에 예방하고, 범죄를 조기에 발견하고 조치하며, 관제센터를 통해 24시간 감시하면서 이상이 발생할 경우에 대처요원을 출동시켜 조치하고, 필요한 경우에는 경찰에 통보한다.

둘째, 화재통보 제공업무는 사업장이나 가정에 화재감지기를 설치하여 화재발생 여부를 감시하고 화재 이상을 수신하면 긴급대처의 업무를 행하고 소방에 통보한다.

셋째, 비상통보 제공업무는 고객에게 비상사태가 발생할 경우에 기기를 조작하는 것에 의해 관제센터로 통보되는 이상통보를 감시하고 고객의 이상신호를 받은 경비업체는 경찰에 통보하고 동시에 대처요원이 출동하여 조치한다.

넷째, 가스누출통보 제공업무는 가스 감지기를 설치하여 각종 설비의 이상 유무를 감시하고 설비 이상이 발생하면 고객에게 통보해 주고 대처요원이 출동하여 조치한다.

다섯째, 구급통보 제공업무는 위급상황의 위험성이 있는 사람들이 갑자기 건강에 이상이 생겨 무선 구급버튼을 누르면 관제센터에서는 이를 모니터 하여 소방에 신고하고, 구급 인원 및 차량이 출동하여 조치한다.

여섯째, 생활리듬 감지 제공업무는 고객이 쓰러져 방치되는 것을 방지하기 위한 것으로 고객이 일정시간 동안 정상적인 활동을 하지 않으면 관제센터로 자동 통보하며 관제센터에서 고객과 사전에 합의한 연락처로 통보한다.

일곱째, 설비이상통보 제공업무는 보일러, 물탱크, 에어컨 등 각종 설비의 이상 유무를 감시하여 고객에게 통보해 주고 대처요원이 출동하여 조치한다.

여덟째, 설비제어 제공업무는 은행자동화 코너의 셔터, 출입문, 전등, 안내방송, 금전출납기(CD/ATM) 등의 설비를 365일 프로그램에 의하여 자동적으로 제어하는 업무를 행한다.

3. 융합보안

1) 물리보안

물리보안(Physical Security)에 대한 법률적 정의는 없으며, 학문적으로 정의되고 있다. 남궁록(2019)은 "물리보안은 각종 물리적인 위협으로부터 중요자산을 시설에 구축된 물리적 장치(울타리, 출입문, 자물쇠)를 비롯하여 물리적 통제 수단(전자적 요소, 구조적 요소, 인적 요소)과 물리적인 조치(무단출입통제, 감시 및 감지, 경보, 순찰, 대응)를 통하여 물리적 취약성에 대한 부분을 통제하는 보안 조치이며, 산업기술 보호를 위해 적용되는 보안 방법 중 하나로 논리적인 방법(해킹, 모의침투)을 사용하는 논리적 보안(IT보안)과 비교되는 용어이다."고 정의하고 있다. 이상희 · 이주락(2017)은 "물리보안은 범죄 등 고의적인 위협으로부터 자산(인명, 시설, 정보 포함)을 보호하기 위해 물리적 취약성을 통제하는 활동이라고 할 수 있으며, 그 통제 수단은 전자적 요소인 보안시스템, 인적 요소인 보안요원, 구조적 요소인 보안관련 설비나 건축물 등으로 구성된다."고 정의하고 있다.[18]

경비업법은 시설경비업무, 호송경비업무, 신변보호업무, 기계경비업무, 특수경비업무 등으로 정의하고 있는 점을 감안할 때 경비업무와 물리보안은 상당한 유사성이 있다. 물리보안의 통제수단의 요소는 건축구조적 요소, 전자시스템적 요소, 운영인력적 요소 등으로 구분할 수 있는데 구체적으로 다음과 같다(표 1-3 참조).[19]

[표 1-3] 물리보안의 통제요소

구 분	통 제 요 소
건축구조적 요소	펜스, 벽, 지붕, 바닥, 금고실, 볼라드, 장벽
	출입문, 창문, 셔터, 게이트, 개구부
	조명 및 조경
	건물구조 및 동선
전자시스템적 요소	출입통제시스템 (출입인증장치 등)
	영상감시시스템 (감시카메라 등)
	침입경보시스템 (침입감지기 등)
	보안검색시스템 (X선 검색장비, 금속탐지장비 등)
	통합관제시스템 (PSIM 플랫폼 등)
운영인력적 요소	보안관리자
	보안요원 (순찰, 관제, 감시, 대응 조사 등)

2) 정보보호

정보보호는 "정보의 수집·가공·저장·검색·송신 또는 수신 중 발생할 수 있는 정보의 훼손·변조·유출 등을 방지하고 암호·인증·인식·감시 등의 보안기술을 활용하여 재난·재해·범죄 등에 대응하거나 관련 장비·시설을 안전하게 운영하기 위한 관리적·기술적·물리적 수단(이하 "정보보호시스템"이라 한다)을 마련하는 것을 말한다."(정보보호산업의 진흥에 관한 법률), "정보의 수집·가공·저장·검색·송신 또는 수신 중 발생할 수 있는 정보의 훼손·변조·유출 등을 방지하기 위한 관리적·기술적 수단(이하 "정보보호시스템"이라 한다)을 마련하는 것을 말한다."(지능정보화 기본법) 등으로 정의할 수 있다.[20]

---

18) 남궁록, 기업 연구시설의 전략적 인적관리와 물리보안 수준이 업무효율성에 미치는 영향, 경기대학교 대학원 박사학위논문, 2019, p.43; 이상희·이주락(2017), 물리보안의 정의에 관한 연구 - 위험평가이론을 중심으로, 한국산업보안연구 7(2), pp.33-52.
19) 이주락·이상희, 물리보안론, 박영사, 2022, p.43.

정보보호산업의 진흥에 관한 법률, 지능정보화기본법 등에서 정보보호와 관련한 주요 용어의 정의를 살펴보면 다음과 같다.[21]

1. “정보”란 광(光) 또는 전자적 방식으로 처리되는 부호, 문자, 음성, 음향 및 영상 등으로 표현된 모든 종류의 자료 또는 지식을 말한다.
2. “정보화”란 정보를 생산 · 유통 또는 활용하여 사회 각 분야의 활동을 가능하게 하거나 그러한 활동의 효율화를 도모하는 것을 말한다.
3. “정보통신”이란 정보의 수집 · 가공 · 저장 · 검색 · 송신 · 수신 및 그 활용, 이에 관련되는 기기 · 기술 · 서비스 및 그 밖에 정보화를 촉진하기 위한 일련의 활동과 수단을 말한다.
4. “지능정보기술” 이란 다음 각 목의 어느 하나에 해당하는 기술 또는 그 결합 및 활용 기술을 말한다.
   가. 전자적 방법으로 학습 · 추론 · 판단 등을 구현하는 기술
   나. 데이터(부호, 문자, 음성, 음향 및 영상 등으로 표현된 모든 종류의 자료 또는 지식을 말한다)를 전자적 방법으로 수집 · 분석 · 가공 등 처리하는 기술
   다. 물건 상호간 또는 사람과 물건 사이에 데이터를 처리하거나 물건을 이용 · 제어 또는 관리할 수 있도록 하는 기술
   라. 「클라우드컴퓨팅 발전 및 이용자 보호에 관한 법률」 제2조제2호에 따른 클라우드컴퓨팅기술
   마. 무선 또는 유 · 무선이 결합된 초연결지능정보통신기반 기술
   바. 그 밖에 대통령령으로 정하는 기술
5. “지능정보화”란 정보의 생산 · 유통 또는 활용을 기반으로 지능정보기술이나 그 밖의 다른 기술을 적용 · 융합하여 사회 각 분야의 활동을 가능하게 하거나 그러한 활동을 효율화 · 고도화하는 것을 말한다.
6. “지능정보사회”란 지능정보화를 통하여 산업 · 경제, 사회 · 문화, 행정 등 모든 분야에서 가치를 창출하고 발전을 이끌어가는 사회를 말한다.
7. “지능정보서비스”란 다음 각 목의 어느 하나에 해당하는 서비스를 말한다.
   가. 「전기통신사업법」 제2조제6호에 따른 전기통신역무와 이를 이용하여 정보를 제

20) 정보보호산업의 진흥에 관한 법률(법률 제19351호, 2023. 4.18 시행) 제2조(정의); 지능정보화 기본법(법률 제18298호, 시행 2022. 7. 21) 제2조(정의).
21) 정보보호산업의 진흥에 관한 법률(법률 제19351호, 2023. 4.18 시행) 제2조(정의); 지능정보화 기본법(법률 제18298호, 시행 2022. 7. 21) 제2조(정의).

공하거나 정보의 제공을 매개하는 것

나. 지능정보기술을 활용한 서비스

다. 그 밖에 지능정보화를 가능하게 하는 서비스

8. "정보통신망"이란 「전기통신기본법」 제2조제2호에 따른 전기통신설비를 이용하거나 전기통신설비와 컴퓨터 및 컴퓨터의 이용기술을 활용하여 정보를 수집·가공·저장·검색·송신 또는 수신하는 정보통신체제를 말한다.
9. "초연결지능정보통신망"이란 정보통신 및 지능정보기술 관련 기기·서비스 등 모든 것이 언제 어디서나 연결[이하 "초연결"(超連結)이라 한다]되어 지능정보서비스를 이용할 수 있는 정보통신망을 말한다.
10. "초연결지능정보통신기반"이란 초연결지능정보통신망과 이에 접속되어 이용되는 정보통신 또는 지능정보기술 관련 기기·설비, 소프트웨어 및 데이터 등을 말한다.
11. "정보문화"란 지능정보화를 통하여 사회구성원에 의하여 형성되는 행동방식·가치관·규범 등의 생활양식을 말한다.
12. "지능정보사회윤리"란 지능정보기술의 개발, 지능정보서비스의 제공·이용 및 지능정보화의 추진 과정에서 인간 중심의 지능정보사회의 구현을 위하여 개인 또는 사회 구성원이 지켜야 하는 가치판단 기준을 말한다.
13. "정보격차"란 사회적·경제적·지역적 또는 신체적 여건 등으로 인하여 지능정보서비스, 그와 관련된 기기·소프트웨어에 접근하거나 이용할 수 있는 기회에 차이가 생기는 것을 말한다.
14. "지능정보서비스 과의존"이란 지능정보서비스의 지나친 이용이 지속되어 이용자가 일상생활에 심각한 지장을 받는 상태를 말한다.
15. "정보보호산업"이란 정보보호를 위한 기술(이하 "정보보호기술"이라 한다) 및 정보보호기술이 적용된 제품(이하 "정보보호제품"이라 한다)을 개발·생산 또는 유통하거나 이에 관련한 서비스(이하 "정보보호서비스"라 한다)를 제공하는 산업을 말한다.
16. "정보보호기업"이란 정보보호산업과 관련된 경제활동(이하 "정보보호사업"이라 한다)을 영위하는 자를 말한다.
17. "이용자"란 정보보호기업이 제공하는 정보보호기술, 정보보호제품 및 정보보호서비스(이하 "정보보호기술등"이라 한다)를 이용하는 자를 말한다.
18. "공공기관"이란 다음 각 목의 기관을 말한다.

가. 「공공기관의 운영에 관한 법률」 제4조에 따른 법인·단체 또는 기관

나. 「지방공기업법」에 따른 지방공사 및 지방공단

다. 특별법에 따라 설립된 특수법인

라. 그 밖에 대통령령으로 정하는 법인·단체 및 기관

19. "정보보호 준비도 평가"란 기업의 정보보호 준비 수준을 평가하여 일정 등급을 부여하는 것을 말한다.

정보보호(정보보안)는 크게 기밀성(Confidentiality), 무결성(Integrity), 가용성(Availability)의 3가지 요소로 구분할 수 있다. '기밀성(Confidentiality)'은 정보는 소유자가 원하는 대로 비밀이 유지되어야 한다는 원칙으로, 소유자의 인가를 받은 사람만이 알아야 하며 인가되지 않은 정보의 공개는 절대로 방지되어야 함을 의미한다. '무결성(Integrity)'은 정보는 정해진 절차에 의해 그리고 주어진 권한에 의해서만 변경될 수 있다는 원칙으로, 항상 일정하게 유지되어야 하며, 단지 인가받은 방법에 의해서만 변경될 수 있다는 것을 의미한다. '가용성(Availability)'은 정보 시스템이 적절한 방법으로 작동되어야 하며 정당한 방법으로 권한이 주어진 사용자에게 정보 서비스가 거부되지 않도록 해야 한다는 것을 의미한다.[22)]

3) 융합보안

융합보안(Convergence Security)에 대한 법률적 정의는 없으며, 학문적으로 정의되고 있다. 이재성(2019)은 "융합이란 단어는 기존의 제품 또는 성능을 향상시키기 위해 다양한 기술을 재사용 또는 결합하는 과정을 의미한다. 컴퓨터, 소프트웨어, 저장장치 등과 같은 IP기반의 네트워크를 사용하는 기술들과 모터, 스위치, 컨트롤 장치 등 동력기반 장치들의 병행 발전에서 유래되었다. 효과적이고 효율적인 보안을 위해서는 물리보안과 정보보안을 모두 포함하는 융합보안이 필요함을 알 수 있다. 과거에는 정보보안의 중요성으로 인해 물리보안의 중요성을 낮게 보는 경향이 있었으나, 최근 가장 기초가 되는 물리보안이 취약하면 다른 보안들의 안정성도 보장할 수 없다고 인식되기 시작했다."고 설명하고 있어, 물리보안, 정보보호가 연계한 융합보안의 중요성을 강조하고 있는 것이 특징이다.[23)]

우광제(2019)는 "융합보안은 전사적 차원에서 보안위협을 분석하여 대책을 수립하고 비밀보안, 인원보안, 물리보안, 시설보안, 정보보안, 관리보안 등 모든 보안요소를 통합하는 보안운영체계"라고 정의하고 있다.[24)] 최인호(2014)는 "융합보안은 정보보안 또는 물리보

---

22) 김홍근, 정보사회와 정보보안, 데이터베이스월드, 1996년 10월호, pp.27-28.

23) 이재성, 융합보안관제 수준 향상을 위한 연관이벤트 시나리오 연구, 동국대학교 국제정보보호대학원 석사학위논문, 2019, pp.15-16.

24) 우광제, 융합보안전문가의 핵심과업 및 직무역량 요구분석: 방위산업체 보안전문가를 중심으로, 중

안이 IT기술 또는 산업과 융합되어 창출되는 보안 제품 및 서비스이다. 물리적, 기술적, 관리적 보안을 상호 연계하여 보안의 효과성을 높이고자 하는 통합적 보안을 관리하는 개념과 보안이 조선, 자동차 등 기타 산업과 융합되어 새로운 서비스나 제품의 안전성과 부가가치 창출을 위한 복합적 의미의 개념으로 사용한다."고 정의하고 있다.[25]

이석우(2013)는 "융합보안이란 기존 정보보호 산업을 지식정보보안 산업으로 재정의하면서 지식정보 보안 산업을 정보보안, 물리보안, 융합보안으로 세분화하는 과정에서 태생된 용어이며, 조직의 보안을 위하여 모든 관련 보안체계가 통합되고 복합한 형태로 협동하는 체계를 말한다. 물리적 보안과 정보보안을 융합한 보안 개념으로, 각종 정보 침해에 따른 대응은 물론, 물리적 보안 장비 및 각종 재난, 재해 상황에 대한 관제를 포함한다. 전통적인 보안은 물리적, 관리적, 기술적 보안을 각각 구분하여 대응해 왔다. 아무리 각각의 보안체계가 잘 수립되었더라도 하나의 영역에 취약점이 발견되어 공격이 자행되면 다른 보안도 모두 무너져 버려 대응에 실패하기가 쉽다. 하나의 보안 영역의 보안 실패 결과를 다른 보안영역에서 인지하기가 어려운 이유는, 각각의 보안영역의 관리 시스템이 다르고, 관리자 또한 상이하여 상호 연계가 어렵기 때문이다. 융합보안은 출입통제, CCTV, 영상보안, 컴퓨터, 네트워크 등 물리적, 관리적, 기술적인 다양한 보안 기술들의 접목을 통해서 입체적, 다각적으로 대응하여 보안 위협에 효과적으로 대처하도록 한다."고 정의하고 있다.[26]

앙대학교 대학원 박사학위논문, 2015, p.14.

25) 최인호, 융합보안과 연계한 기계경비산업 발전방안에 관한 연구, 중부대학교 대학원 석사학위논문, 2014, p.19.

26) 이석우, 클라우드 컴퓨팅 환경에서의 융합보안 프레임워크 설계에 관한 연구: 국방 분야 도입 중심으로, 한세대학교 대학원 박사학위논문, 2013, pp.31-32, 35-36.

제2절 기계경비 관련법규

1. 경비업의 정의

1) 경비업의 종류[27]

“경비업”이라 함은 다음 각목의 1에 해당하는 업무(이하 “경비업무”라 한다)의 전부 또는 일부를 도급받아 행하는 영업을 말한다.

1. 시설경비업무 : 경비를 필요로 하는 시설 및 장소(이하 “경비대상시설”이라 한다)에서의 도난 · 화재 그 밖의 혼잡 등으로 인한 위험발생을 방지하는 업무
2. 호송경비업무 : 운반중에 있는 현금 · 유가증권 · 귀금속 · 상품 그 밖의 물건에 대하여 도난 · 화재 등 위험발생을 방지하는 업무
3. 신변보호업무 : 사람의 생명이나 신체에 대한 위해의 발생을 방지하고 그 신변을 보호하는 업무
4. 기계경비업무 : 경비대상시설에 설치한 기기에 의하여 감지 · 송신된 정보를 그 경비대상시설 외의 장소에 설치한 관제시설의 기기로 수신하여 도난 · 화재 등 위험발생을 방지하는 업무
5. 특수경비업무 : 공항(항공기를 포함한다) 등 대통령령이 정하는 국가중요시설(이하 “국가중요시설”이라 한다)의 경비 및 도난 · 화재 그 밖의 위험발생을 방지하는 업무

2) 경비지도사와 경비원[28]

“경비지도사”라 함은 경비원을 지도 · 감독 및 교육하는 자를 말하며 일반경비지도사와 기계경비지도사로 구분한다. “경비원”이라 함은 경비업의 허가를 받은 법인(이하 “경비업자”라 한다)이 채용한 고용인으로서 다음 각목의 1에 해당하는 자를 말한다.

1. 일반경비원 : 시설경비업무, 호송경비업무, 신변보호업무, 기계경비업무를 수행하는 자
2. 특수경비원 : 특수경비업무를 수행하는 자

---

27) 경비업법(법률 제19021호, 시행 2023. 5.16) 제2조(정의).
28) 경비업법(법률 제19021호, 시행 2023. 5.16) 제2조(정의).

3) 기타용어[29)]

"무기"라 함은 인명 또는 신체에 위해를 가할 수 있도록 제작된 권총 · 소총 등을 말한다.

"집단민원현장"이란 다음 각 목의 장소를 말한다.

1. 「노동조합 및 노동관계조정법」에 따라 노동관계 당사자가 노동쟁의 조정신청을 한 사업장 또는 쟁의행위가 발생한 사업장
2. 「도시 및 주거환경정비법」에 따른 정비사업과 관련하여 이해대립이 있어 다툼이 있는 장소
3. 특정 시설물의 설치와 관련하여 민원이 있는 장소
4. 주주총회와 관련하여 이해대립이 있어 다툼이 있는 장소
5. 건물 · 토지 등 부동산 및 동산에 대한 소유권 · 운영권 · 관리권 · 점유권 등 법적 권리에 대한 이해대립이 있어 다툼이 있는 장소
6. 100명 이상의 사람이 모이는 국제 · 문화 · 예술 · 체육 행사장
7. 「행정대집행법」에 따라 대집행을 하는 장소

경비업법에서 "대통령령이 정하는 국가중요시설"이라 함은 공항 · 항만, 원자력발전소 등의 시설중 국가정보원장이 지정하는 국가보안목표시설과 「통합방위법」의 규정에 의하여 국방부장관이 지정하는 국가중요시설을 말한다.[30)]

2. 경비업의 운영

1) 경비업의 허가

경비업을 영위하고자 하는 법인은 도급받아 행하고자 하는 경비업무를 특정하여 그 법인의 주사무소의 소재지를 관할하는 시 · 도경찰청장의 허가를 받아야 한다. 도급받아 행하고자 하는 경비업무를 변경하는 경우에도 또한 같다. 제1항에 따른 허가를 받으려는 법인은 다음 각 호의 요건을 갖추어야 한다.[31)]

1. 대통령령으로 정하는 1억 원 이상의 자본금의 보유
2. 시설경비업무: 경비원 10명 이상 및 경비지도사 1명 이상, 시설경비업무 외의 경비업

29) 경비업법(법률 제19021호, 시행 2023. 5.16) 제2조(정의).
30) 경비업법시행령(대통령령 제33454호, 시행 2023. 5.16) 제2조(국가중요시설).
31) 경비업법(법률 제19021호, 시행 2023. 5.16) 제4조(경비업의 허가).

무: 대통령령으로 정하는 경비 인력 등의 경비인력 요건

3. 경비인력을 교육할 수 있는 교육장을 포함하여 대통령령으로 정하는 시설과 장비의 보유
4. 그 밖에 경비업무 수행을 위하여 대통령령으로 정하는 사항

경비업의 허가를 받으려는 경우에는 허가신청서에, 경비업의 허가를 받은 법인(이하 "경비업자"라 한다)이 허가를 받은 경비업무를 변경하거나 새로운 경비업무를 추가하려는 경우에는 변경허가신청서에 행정안전부령으로 정하는 서류를 첨부하여 법인의 주사무소를 관할하는 시 · 도경찰청장 또는 해당 시 · 도경찰청 소속의 경찰서장에게 제출하여야 한다. 이 경우 신청서를 제출받은 경찰서장은 지체 없이 관할 시 · 도경찰청장에게 보내야 한다.[32]

경비업의 허가를 받은 법인은 다음 각호의 1에 해당하는 때에는 시 · 도경찰청장에게 신고하여야 한다. 허가 또는 신고의 절차, 신고의 기한 등 허가 및 신고에 관하여 필요한 사항은 대통령령으로 정한다.[33]

1. 영업을 폐업하거나 휴업한 때
2. 법인의 명칭이나 대표자 · 임원을 변경한 때
3. 법인의 주사무소나 출장소를 신설 · 이전 또는 폐지한 때
4. 기계경비업무의 수행을 위한 관제시설을 신설 · 이전 또는 폐지한 때
5. 특수경비업무를 개시하거나 종료한 때
6. 그 밖에 대통령령이 정하는 중요사항을 변경한 때

누구든지 허가를 받은 경비업체와 동일한 명칭으로 경비업 허가를 받을 수 없다. 허위 그 밖의 부정한 방법으로 허가를 받은 때, 소속 경비원으로 하여금 경비업무의 범위를 벗어난 행위를 하게 한 때 등의 사유로 경비업체의 허가가 취소된 경우 허가가 취소된 날부터 10년이 지나지 아니한 때에는 누구든지 허가가 취소된 경비업체와 동일한 명칭으로 허가를 받을 수 없으며, 허가가 취소된 법인은 법인명 또는 임원의 변경에도 불구하고 허가가 취소된 날부터 5년이 지나지 아니한 때에는 허가를 받을 수 없다.

32) 경비업법시행령(대통령령 제33454호, 시행 2023. 5.16) 제3조(허가신청 등).
33) 경비업법(법률 제19021호, 시행 2023. 5.16) 제4조(경비업의 허가).

2) 경비업의 도급

경비업무를 도급하려는 자는 각 호의 구분에 해당하는 사람을 그 경비업무를 수급한 경비업자의 경비원으로 채용하도록 관여하거나 영향력을 행사해서는 아니된다.[34]

1. 시설경비업무, 신변보호업무(집단민원현장의 시설경비업무 또는 신변보호업무는 제외한다), 호송경비업무 또는 기계경비업무
   가. 경비업법에 따라 경비지도사 또는 일반경비원이 될 수 없는 사람
   나. 아동·청소년의 성보호에 관한 법률에 따라 경비업무에 종사할 수 없는 사람
2. 특수경비업무
   가. 경비업법에 따라 특수경비원이 될 수 없는 사람
   나. 아동·청소년의 성보호에 관한 법률에 따라 경비업무에 종사할 수 없는 사람
3. 집단민원현장의 시설경비업무 또는 신변보호업무
   가. 경비업법에 따라 경비지도사 또는 일반경비원이 될 수 없는 사람
   나. 경비업법에 따라 집단민원현장에 일반경비원으로 배치할 수 없는 사람
   다. 아동·청소년의 성보호에 관한 법률에 따라 경비업무에 종사할 수 없는 사람

3) 경비업의 시설 등의 기준

허가 또는 변경허가 신청서를 제출하는 법인은 별표 1의 규정에 의한 경비인력·자본금·시설 및 장비를 갖추어야 한다. 다만, 경비업의 허가 또는 변경허가를 신청하는 때에 경비업법시행령 별표 1의 규정에 의한 시설 등(자본금을 제외한다.)을 갖출 수 없는 경우에는 허가 또는 변경허가의 신청시 시설 등의 확보계획서를 제출한 후 허가 또는 변경허가를 받은 날부터 1월 이내에 별표 1의 규정에 의한 시설 등을 갖추고 시·도경찰청장의 확인을 받아야 한다(표 1-4 참조).[35]

---

34) 경비업법시행령(대통령령 제33454호, 시행 2023. 5.16) 제7조의3(무자격자 및 부적격자 등의 범위).
35) 경비업법시행령(대통령령 제33454호, 시행 2023. 5.16) 제3조(허가신청 등).

[표 1-4] 경비업의 시설 등의 기준[36)]

기준 업무	경비인력	자본금	시설	장비 등
시설경비	· 일반경비원 10명 이상 · 경비지도사 1명 이상	1억원 이상	기준 경비인력 수 이상을 동시에 교육할 수 있는 교육장	· 기준 경비인력 수 이상의 경비원 복장 및 경적, 단봉, 분사기
호송경비	· 무술유단자인 일반경비원 5명 이상 · 경비지도사 1명 이상	1억원 이상	기준 경비인력 수 이상을 동시에 교육할 수 있는 교육장	· 호송용 차량 1대 이상 · 현금호송백 1개 이상 · 기준 경비인력 수 이상의 경비원 복장 및 경적, 단봉, 분사기
신변보호	· 무술유단자인 일반경비원 5명 이상 · 경비지도사 1명 이상	1억원 이상	기준 경비인력 수 이상을 동시에 교육할 수 있는 교육장	· 기준 경비인력 수 이상의 무전기 등 통신장비 · 기준 경비인력 수 이상의 경적, 단봉, 분사기
기계경비	· 전자·통신 분야 기술자격증소지자 5명을 포함한 일반경비원 10명 이상 · 경비지도사 1명 이상	1억원 이상	· 기준 경비인력 수 이상을 동시에 교육할 수 있는 교육장 · 관제시설	· 감지장치·송신장치 및 수신장치 · 출장소별로 출동차량 2대 이상 · 기준 경비인력 수 이상의 경비원 복장 및 경적, 단봉, 분사기
특수경비	· 특수경비원 20명 이상 · 경비지도사 1명 이상	3억원 이상	기준 경비인력 수 이상을 동시에 교육할 수 있는 교육장	· 기준 경비인력 수 이상의 경비원 복장 및 경적, 단봉, 분사기

1. 자본금의 경우 하나의 경비업무에 대한 자본금을 갖춘 경비업자가 그 외의 경비업무를 추가로 하려는 경우 자본금을 갖춘 것으로 본다. 다만, 특수경비업자 외의 자가 특수경비업무를 추가로 하려는 경우에는 이미 갖추고 있는 자본금을 포함하여 특수경비업무의 자본금 기준에 적합하여야 한다.
2. 교육장의 경우 하나의 경비업무에 대한 시설을 갖춘 경비업자가 그 외의 경비업무를 추가로 하려는 경우에는 경비인력이 더 많이 필요한 경비업무에 해당하는 교육장을 갖추어야 한다.
3. "무술유단자"란 「국민체육진흥법」 제33조에 따른 대한체육회에 가맹된 단체 또는 문화체육관광부에 등록된 무도 관련 단체가 무술유단자로 인정한 사람을 말한다.
4. "호송용 차량"이란 현금이나 그 밖의 귀중품의 운반에 필요한 견고성 및 안전성을 갖추고 무선통신시설 및 경보시설을 갖춘 자동차를 말한다.
5. "현금호송백"이란 현금이나 그 밖의 귀중품을 운반하기 위한 이동용 호송장비로서 경보시설을 갖춘 것을 말한다.
6. "전자·통신 분야 기술자격증소지자"란 「국가기술자격법」에 따라 전자 및 통신 분야에서 기술자격을 취득한 사람을 말한다.

36) 경비업법시행령(대통령령 제33454호, 시행 2023. 5.16) [별표1] 경비업의 시설 등의 기준(제3조 제2항 관련).

3. 기계경비업무

1) 대응체제

기계경비업무를 수행하는 경비업자(이하 "기계경비업자"라 한다)는 경비대상시설에 관한 경보를 수신한 때에는 신속하게 그 사실을 확인하는 등 필요한 대응조치를 취하여야 하며, 이를 위한 대응체제를 갖추어야 한다.[37] 기계경비업자는 관제시설 등에서 경보를 수신한 때에는 경보를 수신한 때부터 늦어도 25분 이내에는 도착시킬 수 있는 대응체제를 갖추어야 한다.[38]

기계경비업자는 경비계약을 체결하는 때에는 오경보를 막기 위하여 계약상대방에게 기기사용요령 및 기계경비운영체계 등에 관하여 설명하여야 하며, 각종 기기가 오작동되지 아니하도록 관리하여야 한다. 기계경비업자는 대응조치 등 업무의 원활한 운영과 개선을 위하여 대통령령이 정하는 바에 따라 관련 서류를 작성 · 비치하여야 한다.[39] 기계경비업자가 계약상대방에게 하여야 하는 설명은 다음 각호의 사항을 기재한 서면 또는 전자문서를 교부하는 방법에 의한다. 기계경비업자는 각호의 사항을 기재한 서면등과 함께 손해배상의 범위와 손해배상액에 관한 사항을 기재한 서면 등을 계약상대방에게 교부하여야 한다.[40]

1. 당해 기계경비업무와 관련된 관제시설 및 출장소(제5조제3항의 규정에 의한 출장소를 말한다. 이하 같다)의 명칭 · 소재지
2. 기계경비업자가 경비대상시설에서 발생한 경보를 수신한 경우에 취하는 조치
3. 기계경비업무용 기기의 설치장소 및 종류와 그밖의 기계장치의 개요
4. 오경보의 발생원인과 송신기기의 유지 · 관리방법

기계경비업자는 출장소별로 다음 각호의 사항을 기재한 서류를 갖추어 두어야 한다.[41]

1. 경비대상시설의 명칭 · 소재지 및 경비계약기간
2. 기계경비지도사의 명단 · 배치일자 · 배치장소와 출동차량의 대수
3. 경보의 수신 및 현장도착 일시와 조치의 결과(서류는 당해 경보를 수신한 날부터 1년

37) 경비업법(법률 제19021호, 시행 2023. 5.16) 제8조(대응체제).
38) 경비업법시행령(대통령령 제33454호, 시행 2023. 5.16) 제7조(기계경비업자의 대응체제).
39) 경비업법(법률 제19021호, 시행 2023. 5.16) 제9조(오경보의 방지 등).
40) 경비업법시행령(대통령령 제33454호, 시행 2023. 5.16) 제8조(오경보의 방지를 위한 설명 등).
41) 경비업법시행령(대통령령 제33454호, 시행 2023. 5.16) 제9조(기계경비업자의 관리 서류).

간 이를 보관하여야 한다).

4. 오경보인 경우 오경보가 발생한 경비대상시설 및 그 오경보에 대한 조치의 결과(서류는 당해 경보를 수신한 날부터 1년간 이를 보관하여야 한다).

2) 기계경비지도사

경비업법에 의한 경비지도사는 다음 각호와 같이 구분한다.[42]

1. 일반경비지도사 : 다음 각목의 경비업무에 종사하는 경비원을 지도·감독 및 교육하는 경비지도사
   가. 시설경비업무
   나. 호송경비업무
   다. 신변보호업무
   라. 특수경비업무
2. 기계경비지도사 : 기계경비업무에 종사하는 경비원을 지도·감독 및 교육하는 경비지도사

경비업자는 대통령령이 정하는 바에 따라 경비지도사를 선임하여야 한다. 선임된 경비지도사는 직무를 대통령령이 정하는 바에 따라 성실하게 수행하여야 하며, 구체적인 직무는 다음과 같다.[43]

1. 경비원의 지도·감독·교육에 관한 계획의 수립·실시 및 그 기록의 유지
2. 경비현장에 배치된 경비원에 대한 순회점검 및 감독
3. 경찰기관 및 소방기관과의 연락방법에 대한 지도
4. 집단민원현장에 배치된 경비원에 대한 지도·감독
5. 그 밖에 대통령령이 정하는 직무

경비업법에서 규정한 경비지도사의 직무 중 "그 밖에 대통령령이 정하는 직무"란 다음 각 호의 직무를 말한다.[44]

42) 경비업법시행령(대통령령 제33454호, 시행 2023. 5.16) 제10조(경비지도사의 구분).
43) 경비업법(법률 제19021호, 시행 2023. 5.16) 제12조(경비지도사의 선임 등).
44) 경비업법시행령(대통령령 제33454호, 시행 2023. 5.16) 제17조(경비지도사의 직무 및 준수사항).

1. 기계경비업무를 위한 기계장치의 운용·감독(기계경비지도사의 경우에 한한다)
2. 오경보방지 등을 위한 기기관리의 감독(기계경비지도사의 경우에 한한다)

경비지도사는 경비원의 지도·감독·교육에 관한 계획의 수립·실시 및 그 기록의 유지, 경비현장에 배치된 경비원에 대한 순회점검 및 감독, 기계경비업무를 위한 기계장치의 운용·감독, 오경보방지 등을 위한 기기관리의 감독 등의 직무를 월 1회 이상 수행하여야 한다. 경비지도사는 경비원의 지도·감독·교육에 관한 계획의 수립·실시 및 그 기록의 유지에 따라 경비원에 대한 교육을 실시하고, 행정안전부령으로 정하는 경비원 직무교육 실시대장에 그 내용을 기록하여 2년간 보존하여야 한다.[45]

제3절 기계경비 운영사례

1. 삼성 에스원(S1)[46][47]

1) 기업현황

삼성그룹의 에스원(S1)은 1977년 11월 28일 한국경비실업으로 설립되었다. 회사사업 영위의 근거가 되는 법률은 '경비업법'으로 명시하고 "경비업의 육성 및 발전과 그 체계적 관리에 관하여 필요한 사항을 규정하고 있다."라고 기술하고 있다.

에스원은 종합 안심솔루션 회사로서 주요 사업으로 ① 보안시스템 서비스, ② 건물관리 서비스 등 2가지로 구분하고 있다. '보안시스템 서비스' 부문은 통신 네트워크를 통해 첨단 보안기기와 관제센터·출동요원을 연결하여 범죄 및 사고를 예방하는 기계경비·출입관리

45) 경비업법시행령(대통령령 제33454호, 시행 2023. 5.16) 제12조(경비지도사의 선임 등), 제17조(경비지도사의 직무 및 준수사항).
46) 우리나라에서 기계경비 서비스를 제공하는 대표적인 기계경비업체는 에스원(S1), SK쉴더스, KT텔레캅 등 기계경비 관련기업이 있다. 해당 기업들은 '기계경비업체'라는 용어보다는 '첨단보안기업'이라는 용어를 사용하고 있으며, 실제로 기계경비를 포함한 보안관련 다양한 서비스를 제공하고 있다. 이들 기업에 대한 기업 현황, 서비스 현황 등을 중심으로 살펴보도록 한다. 에스원의 기업현황은 사업보고서(제45기, 사업연도 2021년 1월 1일부터 2021년 12월 31일까지)를 토대로 분석하였다. 에스원의 사업 목적은 대법원의 등기사항일부증명서(2020)를 토대로 분석하였다. 에스원의 서비스 현황은 에스원 홈페이지(https://www.s1.co.kr, 검색일: 2022.10. 1)를 토대로 분석하였다.
47) 조광래(2020), 기계경비업체의 사업목적 변화 분석, 시큐리티연구, 제65호, pp.191-214; 주일엽(2022), 기계경비업체의 보안업무 영역 분석, 시큐리티연구, 제73호, pp.47-70.

· 영상감시 등 각종 보안시스템과 솔루션을 설계 · 구축하고 유지보수를 제공하는 보안 SI 등 다양한 서비스를 제공하고 있다. '건물관리 서비스' 부문은 시설운영 · 유지보수 · 보안 · 미화 · 주차 · 안내 등 건물 · 시설 관리 전반의 운영 및 유지관리 서비스를 제공하는 FM(Facility Management) 서비스와 건물의 예산 수립 및 관리, 임대차 관리, 부동산 운영 리스크관리 등 건물 자산의 운영수익을 극대화하는 PM(Property Management) 서비스, 투자자문, 매매 · 임대차 컨설팅 등의 서비스를 제공하고 있다.

2) 사업목적

에스원(S1)의 1994년 6월 1일, 2010년 7월 1일, 2020년 10월 1일 기준 사업목적은 [표 1-5]와 같다.

1994년 6월 1일 기준 사업목적은 1. 방재, 방범 및 안전기기에 관한 용역경비업, 2. 방재, 방범 및 안전관리에 관한 설비기기 시스템의 판매 및 보전업, 3. 안전관리에 관한 조사, 지도, 조언 등의 업무, 4. 현금, 귀중품의 호송업무 및 운송업무, 5. 경비견을 이용한 용역, 경비업 및 경비견의 사육, 훈련, 6. 일반전기공사, 전기통신공사 및 일반건축부대공사의 용역업, 7. 기기 및 안전경영에 관한 수출입업, 8. 응급의료사업(구급차서비스 등 각종 보건서비스를 제공하는 의료업), 9. 정수기 제조 및 판매업, 10. 소방설비 공사업, 소방시설 점검업, 11. 부동산 임대업, 12. 각호에 관련된 부대사업 등으로 구성되어 있다.

2010년 7월 1일 기준 사업목적은 1994년 6월 1일 기준 사업목적에서 1. 방재, 방범 및 안전기기에 관한 용역경비업, 2. 방재, 방범 및 안전관리에 관한 설비기기 시스템의 판매 및 보전업 등을 제외하고, 1. 전기통신사업, 2. 경비업법상의 시설경비, 기계경비, 호송경비, 신변보호 등의 경비업, 3. 인터넷, 인공위성 등 유 · 무선 정보통신사업을 위한 프로그램 개발, 통신기기의 제조, 판매 및 전자상거래 등 관련 서비스사업, 13. 도난 차량 회수 시스템사업, 14. 교육사업, 15. 정보보호 관련제품 개발, 제조, 판매, 감시 및 인증사업, 16. 카드의 가맹점, 회원모집, 기기개발, 제조, 판매업 및 관련 서비스업, 17. 친환경, 공중위생 사업 및 관련 서비스사업, 18. 위치 정보 사업, 위치 기반 서비스 사업과 이를 위한 프로그램 개발 및 기기의 제조, 판매사업, 19. 방범, 방재 및 안전기기, 설비기기 등의 제조, 판매, 보전사업, 20. 소프트웨어의 개발 및 판매업, 21. 의약품, 식품의 제조, 판매 및 관련 서비스업, 22. 건강, 운동 지도, 관리, 용품판매 및 방문간호 등 관련 서비스업, 23. 노인복지시설 운영 및 관련 서비스업, 24. 분묘 분양, 장례 서비스업, 25. 전기, 가스 등 에너지관리, 원격검침, 원격검침기 판매 및 관련 서비스업 등이 추가되어 전기통신, 경비업법에서 정의하는 경비업, 프로그램, 도난차량, 교육, 정보보호, 카드, 환경 · 위생, 위치정보, 안전기기, 의약품 · 식품, 건강서비스, 노인복지, 장례, 원격 등 기계경비 업무영역의 확대를 모색한 것으로 나타났다.

2020년 10월 1일 기준 사업목적은 2010년 7월 1일 기준 사업목적에서 큰 변화없이 26. 동물용 의료기기, 의약외품 판매, 임대 사업 및 관련 서비스사업, 27. 온실가스, 에너지 목표관리제 관련 검증사업, 28. 신 · 재생에너지사업(신 · 재생에너지 개발 및 발전, 설비 제조, 조립, 설치 및 판매, 원료 재배, 저장, 가공, 유통, 기타 관련사업), 29. 부동산의 관리, 임대, 공급, 중개, 사업시설유지관리 서비스업, 주택관리업 및 기타 관련 서비스업 등을 추가하면서 동물의료, 에너지, 부동산 등 부분적으로 확대한 것이 특징이다.

[표 1-5] 에스원(S1)의 사업목적 변화

1994년 6월 1일	2010년 7월 1일	2020년 10월 1일
1. 방재, 방범 및 안전기기에 관한 용역경비업	1. <u>전기통신사업</u>	1. 전기통신사업
2. 방재, 방범 및 안전관리에 관한 설비기기 시스템의 판매 및 보전업	2. 경비업법상의 시설경비, 기계경비, 호송경비, 신변보호 등의 경비업	2. 경비업법상의 시설경비, 기계경비, 호송경비, 신변보호 등의 경비업
3. 안전관리에 관한 조사, 지도, 조언 등의 업무	3. <u>인터넷, 인공위성 등 유 · 무선 정보통신사업을 위한 프로그램 개발, 통신기기의 제조, 판매 및 선사상거래 등 관련 시비스시업</u>	3. 인터넷, 인공위성 등 유 · 무선 정보통신사업을 위한 프로그램 개발, 통신기기의 제조, 판매 및 전자상거래 등 관련 서비스사업
4. 현금, 귀중품의 호송업무 및 운송업무	4. 안전관리에 관한 조사, 지도, 조언 등의 업무	4. 안전관리에 관한 조사, 지도, 조언 등의 업무
5. 경비견을 이용한 용역, 경비업 및 경비견의 사육, 훈련	5. 현금, 귀중품의 운송, 관리 및 주선사업	5. 현금, 귀중품의 운송, 관리 및 주선사업
6. 일반전기공사, 전기통신공사 및 일반건축부대공사의 용역업	6. 경비견을 이용한 용역경비업 및 경비견의 사육, 훈련	6. 경비견을 이용한 용역경비업 및 경비견의 사육, 훈련
7. 기기 및 안전경영에 관한 수출입업	7. 일반 전기공사, 전기통신공사 및 일반건축부대공사의 용역업	7. 일반 전기공사, 전기통신공사 및 일반건축부대공사의 용역업
8. 응급의료사업(구급차서비스 등 각종 보건서비스를 제공하는 의료업)	8. 기기 및 안전경영에 관한 수출입업	8. 기기 및 안전경영에 관한 수출입업
9. 정수기 제조 및 판매업	9. 의료기기 개발, 제조, 판매업 및 관련 서비스업	9. 의료기기 개발, 제조, 판매업 및 관련 서비스업
10. 소방설비 공사업, 소방시설 점검업	10. 정수기 제조 및 판매업	10. 정수기 제조 및 판매업
11. 부동산 임대업	11. 소방설비 설계, 감리, 공사, 점검업	11. 소방설비 설계, 감리, 공사, 점검업
12. 각호에 관련된 부대사업	12. 부동산 건설, 용역, 임대업 및	12. 부동산 건설어, 설비공사업, 인

1994년 6월 1일	2010년 7월 1일	2020년 10월 1일
	기타관련 서비스업	테리어공사업 및 기타 관련 서비스업
	13. 도난 차량 회수 시스템사업	13. 도난 차량 회수 시스템사업
	14. 교육사업	14. 교육사업
	15. 정보보호 관련제품 개발, 제조, 판매, 감시 및 인증사업	15. 정보보호 관련제품 개발, 제조, 판매, 감시 및 인증사업
	16. 카드의 가맹점, 회원모집, 기기개발, 제조, 판매업 및 관련 서비스업	16. 카드의 가맹점, 회원모집, 기기 개발, 제조, 판매업 및 관련 서비스업
	17. 친환경, 공중위생 사업 및 관련 서비스사업	17. 친환경, 공중위생, 가축 등 방역 사업 및 관련 서비스업
	18. 위치 정보 사업, 위치 기반 서비스 사업과 이를 위한 프로그램 개발 및 기기의 제조, 판매사업	18. 위치 정보 사업, 위치 기반 서비스 사업과 이를 위한 프로그램 개발 및 기기의 제조, 판매 사업
	19. 방범, 방재 및 안전기기, 설비기기 등의 제조, 판매, 보전사업	19. 방범, 방재 및 안전기기, 설비기기 등의 제조, 판매, 보전사업
	20. 소프트웨어의 개발 및 판매업	20. 소프트웨어의 개발 및 판매업
	21. 의약품, 식품의 제조, 판매 및 관련 서비스업	21. 의약품, 식품의 제조, 판매 및 관련 서비스업
	22. 건강, 운동 지도, 관리, 용품판매 및 방문간호 등 관련 서비스업	22. 건강, 운동 지도, 관리, 용품판매 및 방문간호 등 관련 서비스업
	23. 노인복지시설 운영 및 관련 서비스업	23. 노인복지시설 운영 및 관련 서비스업
	24. 분묘 분양, 장례 서비스사업	24. 분묘 분양, 장례 서비스사업
	25. 전기, 가스 등 에너지관리, 원격검침, 원격검침기 판매 및 관련 서비스업	25. 에너지이용 효율화를 위한 에너지 진단, 시설투자, 기자재의 제조, 판매, 설치, 시공, 연구, 개발, 관리 및 관련 서비스업
	26. 위 각 호에 부대하는 일체의 사업	26. 동물용 의료기기, 의약외품 판매, 임대 사업 및 관련 서비스사업
		27. 온실가스, 에너지 목표관리제 관련 검증사업
		28. 신 · 재생에너지사업(신 · 재생에너지 개발 및 발전, 설비 제조, 조립, 설치 및 판매, 원료 재배, 저장, 가공, 유통, 기타 관련사업)
		29. 부동산의 관리, 임대, 공급, 중

1994년 6월 1일	2010년 7월 1일	2020년 10월 1일
		개, 사업시설유지관리 서비스업, 주택관리업 및 기타 관련 서비스업 30. 각 호에 부대하는 일체의 사업 (2013.12.23 최종 등기)

3) 서비스 현황

에스원의 보안서비스는 세콤/CCTV, 정보보안, 부동산종합서비스, 통합보안솔루션, 차량운행관리, 안심모바일 등으로 구분할 수 있다. 구체적으로 살펴보면 다음과 같다.

'세콤/CCTV'는 ① 시스템경비 및 CCTV 서비스로서 일반가정을 위한 시스템경비 서비스인 '가정용 세콤', 상업시설을 위한 시스템경비 서비스인 '상업용 세콤', 통합경비시스템 구축 및 효율적 인력운영을 통한 안전하고 쾌적한 안심아파트 서비스인 '아파트단지(HUEN)', 무인매장에 필요한 맞춤 보안 서비스와 편의 서비스를 제공하는 '무인매장 솔루션' 등으로 구분할 수 있는 '세콤 서비스', ② 첨단 영상보안 기술과 보안 전문가의 맞춤 설계, 책임있는 A/S를 통해 영상보안 서비스를 제공하는 CCTV, 영상패턴의 변화를 자동으로 분석하여 실시간으로 대응하는 지능형 CCTV 등 'CCTV 서비스', 출입·근태·식당관리 솔루션으로 효율적인 사업장 관리가 가능한 '세콤 매니저', 클라우드 기반 출입·근태·식당관리 솔루션으로 인터넷이 되는 곳 어디서든 접속하여 사업장 관리가 가능한 '클라우드 매니저', 얼굴인식 기능을 탑재하여 발열 및 마스크 착용 등을 감지하고, 출입·근태 관리까지 가능한 '히트스캔', 중소규모 사무실, 상점, 공장 등을 위한 출입·근태관리 솔루션으로 합리적인 비용으로 사업장 출입보안과 출입·근태 이력 관리까지 해결할 수 있는 '시큐도어' 등으로 구분할 수 있는 '출입관리 서비스', ③ 간편한 조작으로 응급상황에 빠르게 대처할 수 있는 '자동심장충격기', ④ 우수한 방도·내화 기능을 보유한 안전금고 등 '안전상품' 등이 있다.

'정보보안'은 ① 보안장비 렌탈부터 24시간 원격관제 서비스까지 사업장 규모와 환경, 보안 니즈 수준에 맞춰 맞춤형 보안관제 서비스를 제공하는 '보안관제', 클라우드 인프라 이용 고객 대상으로 보안S/W 렌탈 및 24시간 원격관제 서비스를 제공하는 '클라우드 보안관제', 사내 모든 기기의 인터넷 접속을 쉽게 통제할 수 있는 클라우드형NAC(Network Access Control) 서비스인 '디바이스 관리' 등 '보안관제 서비스', ② 개인정보와 문서보안, 업무환경 관리까지 PC보안의 모든 것을 하나의 솔루션 안에서 해결하는 올인원 보안 솔루션인 '엔드포인트보안 플랫폼(SESP)', 개인정보와 문서보안, 업무환경 관리까지 PC보안의 모든 것을 하나의 솔루션 안에서 해결하는 올인원 보안 솔루션인 '서버 백신', 기업의 서버를 바이러스와 악성코드, 랜섬웨어로부터 안전하게 보호하는 솔루션을 제공하는 '서버 안티랜섬웨어', 고객의 개인정보 유출의 위협으로부터 보호하는 기업의 DB서버를 위한 보안솔루션인 DB암호화 등 '서버보안', ③ 모든 문서를 클라우드 서버에 저장 · 통합 관리함으로써 문서의 무단 유출을 방지하고 편리한 업무환경을 제공하는 '문서중앙화', PC on/off 및 초과근무 시간을 기록 관리하고 과도한 업무를 줄여 직원들의 일과 삶의 균형(워라밸)을 지켜주는 근무관리 솔루션인 'PC-OFF', 별도 프로그램 설치 없이 웹브라우저를 통한 손쉬운 화상회의와 사용자 기기(PC · 모바일)에서 다른 장소에 있는 기기(PC · 모바일 · 무인기기)에 접속하여 실시간으로 기기를 제어/관리 할 수 있는 원격접속 솔루션을 제공하는 '화상회의 · 원격제어', 클라우드 기반으로 기업메일을 비롯하여 전자결재, 메신저, 게시판, 일정관리, 공용메일, 예약 문자/알림톡, 근태, 인사 등 효과적인 소통과 협업을 이끄는 솔루션을 제공하여 스마트한 업무환경 조성 및 기업의 생산성을 향상시키는 그룹웨어 등 '언택트 솔루션', ④ 초기투자 부담은 줄이고, 통합 운영으로 관리 효율은 높이는 '정보보안 솔루션 패키지' 등이 있다.

'부동산종합서비스'는 ① 부동산 자산 가치를 극대화하기 위해 수행하는 분석, 계획, 관리, 조정 등 일련의 활동을 포함하는 '자산관리(PM) 서비스', 건물을 관리하고 운영하기 위해 필요한 각 부문별 서비스의 수행과 품질관리 및 개선 활동을 포함하고, 건물 내 주요 설비관리는 물론 출입관리와 보안, 공용공간 위생관리, 주차관리, 안내 서비스 등 다양한 부문의 서비스를 제공하는 '시설관리(PM) 서비스', 건물의 주요 설비에 센서를 부착, 웹 · 모바일 모니터링 시스템을 통해 고객이 언제 어디서든 건물의 상황을 확인하고 대응하는 '스마트 건물관리(블루스캔)', 24시간 입 · 출차 모니터링과 원격제어 기반의 신속한 현장 대응은 물론, 건물관리 운영노하우를 바탕으로 주차장 운영수익 향상에도 도움이 되는 '스마트 주차관리', 전문적이고 과학적인 방법으로 건물의 공용공간, 전용공간을 빈틈 없이 케어하는 스마트 케어존 등 '부동산관리' ② 신뢰할 수 있는 정보, 전문적인 분석역량, 부동산 트렌드에 대한 인사이트를 바탕으로 부동산 수익 향상을 위한 투자자문 및 매매 컨설팅을 제공하는 '투자자문, 매매 컨설팅', 탄탄한 중개 네트워크와 정보력을 기반으로 상호 Win-Win할 수 있는 계약이 성사되도록 지원하는 '임대차 컨설팅', 공간의 성격과 특성, 고객 니즈에 맞는 공간 구성 및 활용방안을 기획하고 제안하는 '공간기획/프로젝트 매니지먼트', 부동산의 가치를 향상시키는 Value Providing Service로 프로젝트의 기획 및 설계 단계부터 FM전문지식을 바탕으로 시설운영의 효율성, 편의성, 경제성을 높이는데 도움을 주는 기술 컨설팅 등 '부동산 컨설팅', ③ 프로젝트의 규모에 따라 안전을 최우선으로 하는 고품질 시공과 철저한 사후 관리로 건물의 미관은 물론 실질적인 수명과 가치를 향상시키는 '시설개선공사', 보다 효율적인 건물 에너지 사용을 위한 개선방안을 제안하고, 설비 교체를 시행하는 에너지 컨설팅 등 '빌딩 인프라 구축' 등이 있다.

'통합보안솔루션'은 ① 복합시설 · 초고층빌딩, 주거 · 호텔, 오피스, 플랜트, 공항, 항만, 국가시설 등에 대하여 물리적 환경은 물론 미래 변화까지 대응하도록 컨설팅, 설계, 구축/시공, 운영 등 단계별로 제공하는 'SI컨설팅(Security Integration, 통합보안)', ② 4차 산업혁명의 핵심 키워드인 AI(인공지능), Mobile, IoT, Cloud를 적용한 차세대 통합 출입관리 솔루션인 'CLES'(Creative Leading Enterprise Solution) 등이 있다.

'차량운행관리'는 버스/화물차, 렌터카/법인차, 위험물 운송차량, 바이크/중장비 등을 통신단말기를 통해 실시간 차량의 위치 및 상태를 PC와 스마트폰에서 확인하고 차량의 운행정보를 분석하여 효율적인 차량관리를 지원하는 '차량관제 시스템'이 있다.

에스원의 보안업무를 ① 물리보안 영역, ② 정보보호 영역, ③ 융합보안 영역, ④ 기타 영역 등으로 구분하면 [표 1-6]과 같다. ① 물리보안 영역은 세콤/CCTV, 통합보안솔루션, 차량운행관리 등이 해당하며, '세콤/CCTV'는 세콤서비스, 출입관리서비스, 자동심장충격기, 안전상품 등이 있고, '통합보안솔루션'은 통합보안(SI) 컨설팅, 통합 출입관리 솔루션(CLES) 등이 있으며, '차량운행관리'는 차량관제시스템이 있다. ② 정보보호 영역은 정보보안이 해당하며, '정보보안'은 보안관제서비스, 서버보안, 언택트 솔루션, 정보보안 솔루션 패키지 등이 있다. ③ 융합보안 영역은 특별하게 분류하기 어렵다. ④ 기타 영역은 부동산종합서비스, 차량운행관리 등이 해당하며, '부동산종합서비스'는 부동산 관리, 부동산 컨설팅, 빌딩 인프라 구축 등이 있고, '차량운행관리'는 차량관제시스템이 있다.

[표 1-6] 에스원의 서비스 영역 분석

구 분	보안업무	
	보안서비스(기본)	보안서비스(세부)
물리보안	세콤/CCTV	세콤서비스, 출입관리서비스, 자동심장충격기, 안전상품
	통합보안솔루션	통합보안(SI) 컨설팅, 통합 출입관리 솔루션(CLES)
	차량운행관리	차량관제시스템
정보보호	정보보안	보안관제서비스, 서버보안, 언택트 솔루션, 정보보안 솔루션 패키지
융합보안	-	-
기타	부동산종합서비스	부동산 관리, 부동산 컨설팅, 빌딩 인프라 구축

2. SK쉴더스(SK Shieldus)[48)49)]

1) 기업현황

SK그룹의 SK쉴더스는 SK인포섹를 전신으로 2000년 6월 26일 설립되었다. 2021년 3월 4일을 기일로 경영효율성 제고를 위해 종속기업인 기존 ADT캡스를 합병하였고, 2021년 10월 26일을 기준일로 하여 사명을 ADT캡스에서 SK쉴더스로 변경하였다.

회사사업 영위의 근거가 되는 법률은 Cyber Security 서비스를 제공하는 영역, Physical Security 서비스를 제공하는 영역, 보안용 장비를 판매, 임대 및 설치하는 영역과 기타 부대 사업영역 등에 따라 'Cyber Security 서비스'는 정보보호산업진흥법, 'Physical Security 서비스'는 경비업법, '보안용 장비 판매, 임대 및 설치'는 정보통신공사업법, 소방시설공사업법, 응급의료에 관한 법률, 원자력안전법 등, '기타 부대 사업영역'은 공중위생관리법, 감염병의 예방 및 관리에 관한 법률, 시설물의 안전관리에 관한 특별법 등을 명시하고 있다.

SK쉴더스는 주요 사업으로 ① Cyber Security, ② 융합보안, ③ Physical Security, ④ Safety & Care 등 4가지로 구분하고 있다. 'Cyber Security' 부문은 권한 없는 접속이나 다양한 사이버 공격으로 발생할 수 있는 위협에 대응하여 시스템 및 통신망을 보호하는 서비스이다. 상세 품목은 컨설팅, Solution/SI(System Integration), 보안관제를 포함한 Full Service Cycle을 제공하는 정보보안 서비스, Cloud 보안 서비스, Mobile Care Solution 서비스로 구분된다. '융합보안' 부문은 복합적이고 다변화된 보안위협에 대해 전방위적 관제, 상황에 따른 신속한 조치를 통해 고객의 물적 및 지적 자산과 생명에 안전을 제공하는 서비스로서, 플랫폼을 기반으로 기술과 보안 솔루션을 건물 및 시설관리, 산업안전, 재난관리 영역에 접목하고 활용하는 융합보안플랫폼, 산업현장을 모니터링하고 제어하는 OT(Operational Technology)보안, 건물 및 산업현장의 모니터링, CCTV, 출입통제, 에너지관리 시스템 등을 구축하는 SI(System Integration)로 구분된다. 'Physical Security' 부문은 국가, 기업, 개인이 소유하고 있는 유무형 자산의 안전을 관리하고 각종 안전, 보안 위협을 예방 및 방어하기 위한 목적으로 제공되는 서비스로서, 유무선 통신 기

48) SK쉴더스의 기업 현황은 사업보고서(제22기, 사업연도 2021년 1월 1일부터 2021년 12월 31일까지)와 투자설명서(2022.04.22.)를 토대로 분석하였다. SK쉴더스의 에스원, KT텔레캅과의 사업목적 비교의 일관성을 위하여 기존 ADT캡스의 대법원의 등기사항일부증명서(2020)를 토대로 분석하였다. SK쉴더스의 서비스 현황은 SK쉴더스 홈페이지(https://www.s1.co.kr, 검색일: 2022.10. 1)를 토대로 분석하였다.

49) 조광래(2020), 기계경비업체의 사업목적 변화 분석, 시큐리티연구, 제65호, pp.191-214; 주일엽(2022), 기계경비업체의 보안업무 영역 분석, 시큐리티연구, 제73호, pp.47-70.

반의 원격 감시 장비를 통한 모니터링 및 출동 보안을 제공하는 CMS(Central Monitoring Service)와 시설관리 서비스를 제공하는 FM(Facility Management)로 구분된다. 'Safety & Care' 부문은 'Life Care Platform'으로 진화하기 위한 Business Model 혁신의 핵심 영역이자 가장 높은 성장률을 시현하고 있는 분야로서, 현재 스마트홈 세이프티, 무인주차, 방역서비스를 중심으로 본격 성장하고 있으며, 무인매장과 시니어케어도 높은 성장이 예상된다.

2) 사업목적

SK쉴더스의 전신인 ADT캡스(ADT CAPS)의 1993년 6월 24일, 2010년 7월 1일, 2020년 10월 1일 기준 사업목적은 [표 1-7]과 같다.

1993년 6월 24일 기준 사업목적은 1. 무인기계 경비 용역업, 2. 인력경비 용역업, 3. 로칼경비용역업(영상설비 및 경보기기 설비), 4. 방화 및 안전기기 제조 및 판매업, 5. 방화 및 안전기기 설치공사업, 6. 유선 통신기계 공사업, 7. 청소대행업(오물수거 제외), 8. 부동산 임대업, 9. 현금 및 귀금속의 경비 및 수송업무 일체, 10. 각호에 관련된 부대사업 등으로 구성되어 있다.

2010년 7월 1일 기준 사업목적은 1993년 6월 24일 기준 사업목적에서 2. 인력경비 용역업, 6. 유선 통신기계 공사업, 7. 청소대행업(오물수거 제외), 9. 현금 및 귀금속의 경비 및 수송업무 일체 등이 제외되고, 2. 시설경비업, 6. 정보통신공사업, 8. 호송경비업, 9. 소방시설 공사업, 10. 수입, 수출업 및 대행업, 11. 신변보호업, 12. 전화권유 판매업, 13. 전기공사업, 14. 교육사업 등이 추가되어 시설경비, 정보통신, 호송경비, 소방, 무역업, 신변보호업, 판매업, 전기, 교육 등 기계경비 업무영역의 확대를 모색한 것으로 나타났다.

2020년 10월 1일 사업목적은 2010년 7월 1일 기준 사업목적에서 3. 로칼경비업(영상설비 및 경보기기 설비)이 제외되고, 2. 시설경비업, 3. 특수경비업, 15. 정보보호 관련 하드웨어·소프트웨어 개발, 제조, 판매, 감시 및 인증사업, 16. 의료기기 개발, 매매, 임대, 관리와 이를 위한 시스템 개발 및 설치 판매업, 17. 부동산개발, 매매, 임대, 관리와 이를 위한 시스템 개발 및 설비 판매업, 18. 위치정보사업, 위치기반서비스 사업과 이를 위한 프로그램 개발 및 기기의 제조, 판매, 임대사업 및 관련 서비스 사업, 19. 전기통신사업법상의 별정통신사업과 이를 위한 프로그램의 개발, 통신기기·전자응용기기의 관련 서비스 사업, 20. 홈 오토메이션 서비스 사업과 이를 위한 프로그램의 개발, 장비의 제조, 판매, 임대사업 및 관련 서비스 사업, 21. 통신판매업(보안기기 및 서비스의 인터넷 쇼핑몰 판매), 22. 주차장 운영과 이를 위한 장비·설비의 제조, 판매, 임대 및 관련 서비스 사업,

23. 소독, 구충 및 방제 서비스업, 24. 결제대행서비스 및 단말기 판매, 임대사업, 25. 매장음악서비스업, 26. 방문판매업, 27. 화물자동차운송업, 28. 건물위생관리업, 29. 연구 및 기술개발업, 30. 시장조사, 경영자문 및 컨설팅업, 31. 정보서비스업, 32. 유비쿼터스 도시 건설 및 서비스업, 33. 무인안전 시스템 · 관련기기의 개발 및 제조, 판매업 등이 추가되어 전기공사, 조경식재공사, 기계설비공사 등 경비업법에서 명시한 모든 경비업과 정보보호, 위치정보, 별정통신, 홈오토메이션, 통신판매(보안기기), 결제대행, 정보서비스, 유비쿼터스, 무인안전 등 미래기술 부문을 강화한 것으로 나타났다.

[표 1-7] ADT캡스의 사업목적 변화

1993년 6월 24일	2010년 7월 1일	2020년 10월 1일
1. 무인기계 경비 용역업	1. 기계경비업	1. 기계경비업
2. 인력경비 용역업	2. 시설경비업	2. 시설경비업
3. 로칼경비용역업(영상설비 및 경보기기 설비)	3. 로칼경비업(영상설비 및 경보기기 설비)	3. 특수경비업
4. 방화 및 안전기기 제조 및 판매업	4. 방화 및 안전기기 제조 및 판매업	4. 방화 · 방재 및 안전기기 제조 및 판매업 및 관련 서비스업
5. 방화 및 안전기기 설치공사업	5. 방화 및 안전기기 설치공사업	5. 방화 · 방재 및 안전기기 설치공사업
6. 유선 통신기계 공사업	6. 정보통신공사업	6. 정보통신공사업
7. 청소대행업(오물수거 제외)	7. 부동산 임대업	7. 부동산 임대업
8. 부동산 임대업	8. 호송경비업	8. 호송경비업
9. 현금 및 귀금속의 경비 및 수송업무 일체	9. 소방시설 공사업	9. 소방시설 공사업
10. 각호에 관련된 부대사업	10. 수입, 수출업 및 대행업	10. 수입, 수출업 및 대행업
	11. 신변보호업	11. 신변보호업
	12. 전화권유 판매업	12. 전화권유 판매업
	13. 전기공사업	13. 전기공사업
	14. 교육사업	14. 교육사업
	15. 위 각호에 관련된 사업일체	15. 정보보호 관련 하드웨어 · 소프트웨어 개발, 제조, 판매, 감시 및 인증사업
		16. 의료기기 개발, 매매, 임대, 관리와 이를 위한 시스템 개발 및 설치 판매업
		17. 부동산개발, 매매, 임대, 관리와 이를 위한 시스템 개발 및 설비 판매업
		18. 위치정보사업, 위치기반서비스사업과 이를 위한 프로그램 개

1993년 6월 24일	2010년 7월 1일	2020년 10월 1일
		발 및 기기의 제조, 판매, 임대 사업 및 관련 서비스 사업 19. 전기통신사업법상의 별정통신 사업과 이를 위한 프로그램의 개발, 통신기기 · 전자응용기기의 관련 서비스 사업 20. 홈 오토메이션 서비스 사업과 이를 위한 프로그램의 개발, 장비의 제조, 판매, 임대사업 및 관련 서비스 사업 21. 통신판매업(보안기기 및 서비스의 인터넷 쇼핑몰 판매) 22. 주차장 운영과 이를 위한 장비 · 설비의 제조, 판매, 임대 및 관련 서비스 사업 23. 소독, 구충 및 방제 서비스업 24. 결제대행서비스 및 단말기 판매, 임대사업 25. 매장음악서비스업 26. 방문판매업 27. 화물자동차운송업 28. 건물위생관리업 29. 연구 및 기술개발업 30. 시장조사, 경영자문 및 컨설팅업 31. 정보서비스업 32. 유비쿼터스 도시 건설 및 서비스업 33. 무인안전 시스템 · 관련기기의 개발 및 제조, 판매업 34. 위 각 호에 관련된 사업일체 (2018.10.25 최종 등기)

3) 서비스 현황

SK쉴더스의 보안서비스는 홈보안, 물리보안, 사이버보안, 융합보안, 케어서비스, 패키지 상품 등으로 구분할 수 있다. 구체적으로 살펴보면 다음과 같다.

'홈보안'은 ① 현관문 앞 보안에 집중한 신개념 홈보안 서비스인 '캡스홈 도어가드', ② 실내 보안에 집중한 홈보안 서비스인 캡스홈 이너가드 등 '캡스홈'이 있다.

'물리보안'은 ① 빈틈없는 침입감지와 빠른 출동으로 최상의 보안 서비스를 제공하는 '무인경비', ② 스마트한 영상 보안 솔루션인 캡스 뷰가드 AI, 클라우드 영상 저장(30일 이벤트) 방식의 서비스인 캡스 뷰가드 클라우드, 빈틈없는 철통보안으로 공간을 안전하게 지켜주는 캡스 뷰가드 등 '영상보안', ③ 높은 보안성, 편리한 출입 관리를 위한 복합 생체인식, 간편한 근태관리 시스템이 적용된 캡스 출입보안, 출퇴근 관리뿐만 아니라 사업장 별 맞춤형 근태관리 및 모바일 앱을 통한 캡스 근태관리, 별도 출입카드 없이 스마트폰으로 간편하고 안전하게 이용할 수 있는 캡스 모바일출입카드 등 '출입보안', ④ 매장의 형태에 따라 알맞은 시스템을 적용하여 상품은 안전하게, 쇼핑의 즐거움은 유지하는 캡스 상품도난방지, Wi-Fi와 3D카메라를 결합하여 유동인구 분석 및 유입객 수를 정확하게 카운팅하는 캡스 피플카운팅, 업종에 따라 다양한 소재와 크기의 캡스 디지털 디스플레이, 가격 대비 심플한 디자인과 고품질 사운드를 제공하는 캡스사운드 by BOSE 등 '리테일 솔루션', ⑤ 스마트홈 앱 하나로 단지 내 다양한 서비스를 이용 가능한 '캡스 스마트빌리지', ⑥ 비접촉식 인증 방식으로 게이트 출입이 가능한 서비스인 '캡스 스마트워크인', ⑦ 편리하고 안전한 비접촉 얼굴인식 출입보안 솔루션인 '캡스 스마트체크', ⑧ 얼굴인식만으로 출입 가능한 비접촉식 출입통제 서비스인 '캡스 얼굴인식 출입솔루션', ⑨ 서로 다른 복잡한 시스템의 유기적인 연계를 가능하게하는 '캡스 사이트큐브' 등이 있다.

'사이버보안'은 ① 자체 보유한 글로벌 수준의 보안관제센터 Secudium Center를 통해 기업의 보안 솔루션 및 시스템 설치/연동에서부터 침해 예방 활동, 모니터링 및 분석, 대응, 보고 등 보안관제 서비스를 원격으로 제공하는 원격 보안관제, 관제/분석/대응 전문가 파견을 통해 최적화된 보안관제 서비스를 제공하는 파견 보안관제 등 '정보보안관제', ② 컨설팅 노하우가 집약된 ISCM 방법론을 활용한 검증되고 고도화된 보안 컨설팅 제공하는 보안 컨설팅, 해킹 사고에 대한 원인과 피해 범위를 산정하고, 공격자 색출 및 보안 강화 대책을 수립하여 안전하고 신뢰성 있는 인프라 서비스 환경을 제공하는 해킹사고 분석, 맞춤형 모의해킹으로 기업 시스템의 취약점을 확인하여 보완하는 모의해킹, 취약점 진단 플랫폼 기반의 실시간 원격 취약점 진단 서비스인 취약점 진단 등 '정보보안 컨설팅', ③ 체계적인 보안시스템 구축으로 최적의 솔루션을 제공하는 SI사업, 고객의 보안 및 비즈니스 환경 최적화를 위한 에코 시스템을 구축하는 Partners, Lite Agent 방식 등을 활용한 '정보보호 솔루션' , ④ 클라우드 도입시 선행되어야 하는 보안 컨설팅부터 클라우드 환경에 적합한 보안 솔루션 구축, 운영 및 모니터링 등 통합적인 클라우드 보안 서비스를 제공하는 '클라우드 보안', ⑤ 각종 중요 정보의 보호뿐만 아니라 PC부터 서버, 네트워크까지 외부 공격으로부터 보호해 주는 정보보안 구독 서비스인 '사이버가드', ⑥ 원활한 정보 공유, 신속한 의사결정, 시공간 제약 없는 업무환경, 편리한 근태관리, 안전한 정보보안 인프라 등을 제공하는 '오피스홈' 등이 있다.

'융합보안'은 ① 산업안전보건법 요구 기준에 따라 위험요소를 파악하고, 통합안전플랫폼 구축을 통해 사고예방 및 대응 체계를 확보할 수 있는 'SUMITS 산업안전', ② 저탄소 운영 등 관리비용 효율화를 위해 물리보안과 FM업무를 통합관제로 실시간 운영하며, Data기반의 시설관리 FM서비스를 제공하는 'SUMITS FM', ③ 스마트팩토리의 제조 운영 기술(OT)과 산업제어시스템(ICS)에 대한 사이버 공격 대비를 위한 'SUMITS OT', ④ 스마트팩토리, 스마트빌딩, 건설현장 등 사업장 내 복합적으로 발생될 수 있는 위협요소를 제거하고 전문적인 보안가이드 컨설팅을 제공하는 'SUMITS 상품패키지' 등이 있다.

'케어 서비스'는 ① 주차장 관리 서비스인 'T map 주차', ② 소독 및 해충방제 전문 서비스인 '캡스클린케어', ③ 무인매장 운영에 필요한 상품 및 서비스를 제공하는 '무인안심존', ④ 스마트폰 속 개인정보와 가족의 안전을 지키는 모바일 케어 플랫폼인 '모바일가드', ⑤ 합리적인 비용으로 매장 운영 효율을 높이는 '서빙로봇', ⑥ 차량의 실시간 위치/상태, 실시간 온도 모니터링, 카셰어링 서비스 등 '차량관리', ⑦ 도난 및 화재, 사고시 높은 보상금액을 받을 수 있는 안심보상 서비스인 '안심플러스', ⑧ 신변보호, 호송경비, 시설경비, 호신술/심폐소생 강의 등 '경호서비스' 등이 있다.

'패키지 상품'은 ① 일반 매장과 음식점, 사무실 창업까지 지원하는 '소호창업 패키지', ② 옥상 출입통제, 교내 폭력감지 CCTV, 통학버스 실시간 운행알림, 급식실 해충감지 등 '하교안심 패키지', ③ 어린이집 전용 CCTV와 전용판넬을 제공하는 '어린이집 패키지' 등이 있다.

SK쉴더스의 보안업무를 ① 물리보안 영역, ② 정보보호 영역, ③ 융합보안 영역, ④ 기타 영역 등으로 구분하면 [표1-8]과 같다.

[표 1-8] SK쉴더스의 서비스 영역 분석

구 분	보안업무	
	보안서비스(기본)	보안서비스(세부)
물리보안	홈보안	캡스홈
	물리보안	무인경비, 영상보안, 출입보안, 리테일 솔루션, 캡스 스마트빌리지, 캡스 스마트워크인, 캡스 스마트체크, 캡스 얼굴인식 출입솔루션, 캡스 사이트큐브
	케어서비스(1)	T map 주차, 캡스 클린케어, 무인안심존, 서빙로봇, 차량관리, 안심플러스, 경호서비스

구 분	보안업무	
	보안서비스(기본)	보안서비스(세부)
	패키지 상품(1)	학교안심 패키지, 어린이집 패키지
정보보호	사이버보안	정보보안관제, 정보보안 컨설팅, 정보보호 솔루션, 클라우드 보안, 사이비가드, 오피스홈
	케어서비스(2)	모바일가드
융합보안	융합보안	SUMITS 산업안전, SUMITS FM, SUMITS OT, SUMITS 상품패키지
기타	패키지 상품(2)	소호창업 패키지

① 물리보안 영역은 홈보안, 물리보안, 케어서비스, 패키지 상품 등이 해당하며, '홈보안'은 캡스홈이 있고, '물리보안'은 무인경비, 영상보안, 출입보안, 리테일 솔루션, 캡스 스마트빌리지, 캡스 스마트워크인, 캡스 스마트체크, 캡스 얼굴인식 출입솔루션, 캡스 사이트큐브 등이 있으며, '케어서비스(1)'은 T map 주차, 캡스 클린케어, 무인안심존, 서빙로봇, 차량관리, 안심플러스, 경호서비스 등이 있고, '패키지 상품(1)'은 학교안심 패키지, 어린이집 패키지 등이 있다. ② 정보보호 영역은 사이버보안, 케어서비스(2)가 해당하며, '사이버보안'은 정보보안관제, 정보보안 컨설팅, 정보보호 솔루션, 클라우드 보안, 사이버가드, 오피스홈 등이 있고, '케어서비스(2)는 모바일가드가 있다. ③ 융합보안 영역은 융합보안이 해당하며, ④ 기타 영역은 부동산종합서비스, 차량운행관리 등이 해당하고, SUMITS 산업안전, SUMITS FM, SUMITS OT, SUMITS 상품패키지 등이 있다. ⑤ 기타는 패키지 상품(2)이 있으며, 소호창업 패키지가 있다.

3. KT텔레캅(KT telecop)[50][51]

1) 기업현황

KT그룹의 KT텔레캅은 2006년 11월 17일 KT링커스에서 인적 분할되어 설립되었다. 회사사업 영위의 근거가 되는 법률은 '경비업법'으로 명시하고 "경비업의 육성 및 발전과 그 체계적 관리에 관하여 필요한 사항을 규정하고 있다."라고 기술하고 있다.

KT텔레캅은 주요 사업으로 ① 보안서비스, ② 유통/기타 등 2가지로 구분하고 있다. '보

50) KT텔레캅의 기업 현황은 사업보고서(제16기, 사업연도 2021년 1월 1일부터 2021년 12월 31일까지)를 토대로 분석하였다. KT텔레캅의 사업 목적은 대법원의 등기사항일부증명서(2020)를 토대로 분석하였다. KT텔레캅의 서비스 현황은 KT텔레캅 홈페이지(https://www.s1.co.kr, 검색일: 2022.10. 1)를 토대로 분석하였다.

51) 조광래(2020), 기계경비업체의 사업목적 변화 분석, 시큐리티연구, 제65호, pp.191-214; 주일엽(2022), 기계경비업체의 보안업무 영역 분석, 시큐리티연구, 제73호, pp.47-70.

안서비스' 부문은 출동보안 출동(방범/금융), 비출동(영상) 서비스, 통합보안 통합경비(로컬관제), 인력경비, FM(주차관리/미화)서비스, SI 보안서비스 구축/판매형 서비스 등 다양한 서비스를 제공하고 있다. '유통/기타' 부문은 유통사업 및 기타(투자부동산 등) 수익 서비스를 제공하고 있다.

2) 사업목적

KT텔레캅(KT Telecop)의 2009년 10월 22일, 2010년 7월 1일, 2020년 10월 1일 기준 사업목적은 [표 1-9]와 같다.

2009년 10월 22일 기준 사업목적은 1. 시설경비, 기계경비, 호송경비, 신변보호, 방제 등 경비업 및 제조, 판매, 보전사업, 2. 전기공사, 통신설비 설치공사 및 유지보수, 3. 멀티미디어 관련 서비스 및 응용상품 제조, 판매업, 4. 전자상거래 및 인터넷 관련 제반사업, 5. 기기 및 안전경영에 관한 수출입업, 6. 정보보호 관련 제품개발, 제조, 판매, 감시 및 인증사업, 7. 카드의 가맹점, 회원모집 등 관련 서비스업 등으로 구성되어 있다.

2010년 7월 1일 기준 사업목적은 2009년 10월 22일 기준 사업목적에서 1. 시설경비, 기계경비, 호송경비, 신변보호, 방제 등 경비업 및 제조, 판매, 보전사업, 3. 멀티미디어 관련 서비스업 및 응용상품 제조, 판매업, 4. 전자상거래 및 인터넷 관련 제반사업, 5. 기기 및 안전경영에 관한 수출입업, 6. 정보보호 관련 제품개발, 제조, 판매, 감시 및 인증사업, 7. 카드의 가맹점, 회원모집 등 관련 서비스업 등이 제외되고, 1. 경비업법에서 정의하는 모든 경비업, 3. 사업지원서비스업(건축물(시설)유지관리업, 인력공급, 알선, 탐정, 소독 및 구충, 건축물 및 산업시설 위생, 청소서비스업), 4. 정보처리 및 기타 컴퓨터 운영 관련업, 5. 소방·방재관련 설계, 감리, 공사, 점검업, 6. 통신, 경보 및 경비관련 탐지용 장비제조, 도매 및 상품중개업, 수리업, 7. 전자부품·영상·음향 및 통신장비 제조업, 9. 교육서비스업 등이 추가되어 경비업법에서 정의하는 모든 경비업, 사업지원서비스, 정보처리, 장비, 교육 등 기계경비 업무영역의 확대를 모색한 것으로 나타났다.

2020년 10월 1일 기준 사업목적은 2010년 7월 1일 기준 사업목적에서 삭제 없이 10. 전기공사업, 11. 조경식재공사업, 12. 기계설비공사업 등이 추가되어, 전기공사, 조경식재공사, 기계설비공사 등 공사부문을 적극적으로 강화하고 있는 것으로 나타났다.

[표 1-9] KT텔레캅(KT Telecop)의 사업목적 변화

2009년 10월 22일	2010년 7월 1일	2020년 10월 1일
1. 시설경비, 기계경비, 호송경비, 신변보호, 방제 등 경비업 및 제조, 판매, 보전사업	1. 경비업법에서 정의하는 모든 경비업	1. 경비업법에서 정의하는 모든 경비업
2. 전기공사, 통신설비 설치공사 및 유지보수	2. 유 · 무선전화 및 유 · 무선 통신업, 별정 및 부가통신업, 기타 전기통신업	2. 유 · 무선전화 및 유 · 무선 통신업, 별정 및 부가통신업, 기타 전기통신업
3. 멀티미디어 관련 서비스 및 응용상품 제조, 판매업	3. <u>사업지원서비스업(건축물(시설)유지관리업, 인력공급, 알선, 탐정, 소독 및 구충, 건축물 및 산업시설 위생, 청소서비스업)</u>	3. 사업지원서비스업(건축물(시설)유지관리업, 인력공급, 알선, 탐정, 소독 및 구충, 건축물 및 산업시설 위생, 청소서비스업)
4. 전자상거래 및 인터넷 관련 제반 사업	4. 정보처리 및 기타 컴퓨터 운영 관련업	4. 정보처리 및 기타 컴퓨터 운영 관련업
5. 기기 및 안전경영에 관한 수출입업	5. <u>소방 · 방재관련 설계, 감리, 공사, 점검업</u>	5. 소방 · 방재관련 설계, 감리, 공사, 점검업
6. 정보보호 관련 제품개발, 제조, 판매, 감시 및 인증사업	6. <u>통신, 경보 및 경비관련 탐지용 장비제조, 도매 및 상품중개업, 수리업</u>	6. 통신, 경보 및 경비관련 탐지용 장비제조, 도매 및 상품중개업, 수리업
7. 카드의 가맹점, 회원모집 등 관련 서비스업	7. <u>전자부품 · 영상 · 음향 및 통신장비 제조업</u>	7. 전자부품 · 영상 · 음향 및 통신장비 제조업
8. 부동산 임대업	8. 부동산업	8. 부동산업
9. 전 각호와 관련된 부대사업과 투자사업	9. <u>교육서비스업</u>	9. 교육서비스업
	10. 전 각호와 관련된 부대사업과 투자사업	10. <u>전기공사업</u>
		11. <u>조경식재공사업</u>
		12. <u>기계설비공사업</u>
		13. 전 각호와 관련된 부대사업과 투자사업 (2015. 5.11 최종 등기)

3) 서비스 현황

KT텔레캅의 보안서비스는 출동보안, 출입보안, 영상보안, 통합보안, 보안솔루션, 보안장비 등으로 구분할 수 있다. 구체적으로 살펴보면 다음과 같다.

'출동보안'은 ① KT의 지능형 영상분석기술과 KT텔레캅의 지능형 관제 · 출동을 결합해 고객이 신경 쓰지 않아도 알아서 보안상태를 확인하고 출동해 관리해 주는 맞춤형 보안인 '지능형 출동보안', ② 고객의 안전에 대한 니즈와 환경을 잘 파악하여 최적 설계된 방범센서와 Full HD급 고화질 영상을 동시에 제공하는 고객 맞춤형 출동보안서비스인 '일반형 출동보안', ③ 심야시간대 사업장의 무인화 운영을 위한 출입통제 및 이상출입에 대한 스마

트 영상관제를 지원하는 솔루션인 '무인 PC방 솔루션' 등이 있다.

'출입보안'은 ① 지능형 영상분석기술, AI 영상관제 및 생체정보 기반의 출입관리 서비스가 결합되어 실시간 CCTV 영상을 확인하고 원격으로 문열림도 가능한 비대면 '지능형 출입보안', ② 출입관리가 필요한 지역에 카드 및 생체인식을 활용해 효율적 관리와 출입통제를 지원하는 '출입통제시스템' 등이 있다.

'영상보안'은 ① 영상저장장치 없이 KT 플랫폼에 고화질 영상을 저장하고, 지능형 영상분석 기술 지원까지 가능한 스마트한 CCTV 서비스인 '지능형 CCTV', ② 초고화질 CCTV로 사업장을 상시 모니터링하고, 원격제어를 통해 사업장 내·외부를 효과적으로 관리할 수 있는 영상보안서비스인 '일반형 CCTV', ③ 초고화질 영상의 실시간 모니터링 및 저장 뿐만 아니라, 차별화된 지능형 영상분석 기능과 IoT센서 연동을 통한 융/복합 이벤트 알람 기능을 제공하는 최첨단 영상보안 서비스인 '구축형 솔루션' 등이 있다.

'통합보안'은 ① 방범, CCTV, 출입통제, 근태, 식수, 시설관리까지 전문보안 컨설팅을 통해 고객의 필요와 상황에 맞는 서비스들을 하나의 솔루션으로 제공하는 '통합보안솔루션', ② 경비, 미화, 시설, 주차관리 종합시설관리 인력서비스를 제공하는 '인력서비스' 등이 있다.

'보안솔루션'은 출동서비스가 결합된 국내 최초 플랫폼(IoT) 기반의 스마트 파킹 서비스인 '주차관리'가 있다.

'보안장비'는 ① 중요한 자산을 안전하게 지키실 수 있는 '금고(판매형)', ② 초고화질 CCTV로 사업장을 상시 모니터링하고, 사업장 내·외부를 효과적으로 관리할 수 있는 영상보안서비스인 'CCTV(판매형)' 등이 있다.

KT텔레캅의 보안업무를 ① 물리보안 영역, ② 정보보호 영역, ③ 융합보안 영역, ④ 기타 영역 등으로 구분하면 [표 1-10]과 같다. ① 물리보안 영역은 출동보안, 출입보안, 영상보안, 통합보안, 보안솔루션, 보안장비 등이 해당하며, '출동보안'은 지능형 출동보안, 일반형 출동보안, 무인 PC방 솔루션 등이 있고, '출입보안'은 지능형 출입보안, 출입통제시스템 등이 있으며, '영상보안'은 지능형 CCTV, 일반형 CCTV, 구축형 솔루션 등이 있고, '통합보안'은 통합보안솔루션, 인력서비스 등이 있으며, '보안솔루션'은 주차관리가 있고, '보안장비'는 금고(판매형), CCTV(판매형) 등이 있다. ② 정보보호 영역은 특별하게 분류하기 어렵다. ③ 융합보안 영역은 특별하게 분류하기 어렵다. ④ 기타 영역은 특별하게 분류하기 어렵다.

[표 1-10] KT텔레캅의 서비스 영역 분석

구 분	보안업무	
	보안서비스(기본)	보안서비스(세부)
물리보안	출동보안	지능형 출동보안, 일반형 출동보안, 무인 PC방 솔루션
	출입보안	지능형 출입보안, 출입통제시스템
	영상보안	지능형 CCTV, 일반형 CCTV, 구축형 솔루션
	통합보안	통합보안솔루션, 인력서비스
	보안솔루션	주차관리
	보안장비	금고(판매형), CCTV(판매형)
정보보호	-	-
융합보안	-	-
기타	-	-

3. 기계경비 서비스 발전방안

1) 서비스 분석

에스원의 보안업무 영역은 '물리보안'은 세콤/CCTV, 통합보안솔루션, 차량운행관리 등으로 구분할 수 있으며, '정보보호'는 정보보안으로 구분할 수 있고, '기타'는 부동산종합서비스로 구분할 수 있다. SK쉴더스는 '물리보안'은 홈보안, 물리보안, 케어서비스(1), 패키지 상품(1) 등으로 구분할 수 있으며, '정보보호'는 사이버보안, 케어서비스(2) 등으로 구분할 수 있고, '융합보안'은 융합보안으로 구분할 수 있으며, '기타'는 패키지 상품(2)으로 구분할 수 있다. KT텔레캅의 보안업무 영역은 '물리보안'은 출동보안, 출입보안, 영상보안, 통합보안, 보안솔루션, 보안장비 등으로 구분할 수 있다[표 1-11 참조].

[표 1-11] 기계경비업체의 서비스 분석

구 분	보안업무		
	에스원(S1)	SK쉴더스	KT텔레캅
물리보안	세콤/CCTV	홈보안	출동보안
	통합보안솔루션	물리보안	출입보안
	차량운행관리	케어서비스(1)	영상보안
	-	패키지 상품(1)	통합보안
	-	-	보안솔루션
	-	-	보안장비

구 분	보안업무		
	에스원(S1)	SK쉴더스	KT텔레캅
정보보호	정보보안	사이버보안	-
	-	케어서비스(2)	-
융합보안	-	융합보안	-
기타	부동산종합서비스	패키지 상품(2)	-

2) 발전방안

기계경비업체가 국가, 사회, 국민에 대해 보다 광범위하고 체계적인 경비, 보안, 안전 서비스를 제공하기 위한 학문적, 실무적인 제언은 다음과 같다.

첫째, 경비업무를 보안업무로 영역 확대가 필요하다. 경비업법에서 규정하는 경비업무는 시설경비업무, 호송경비업무, 신변보호업무, 기계경비업무, 특수경비업무 등이 있다. 학문적, 실무적, 법률적(정보보호산업의 진흥에 관한 법률, 지능정보화 기본법 등에서 '정보보호'에 대하여 정의하고 있다)으로 규정하는 보안업무는 물리보안, 정보보호, 융합보안 등이 있다. 앞서 기술한 주요 경비업무는 보안업무 중 물리보안에 속하며, 정보보호, 융합보안 등에 대한 영역 확대가 필요하다. 보안업무도 정보보호에 대한 법률적 정의가 있을 뿐으로 물리보안, 융합보안 등에 대한 법률적 정의가 필요하며, 나아가 경비업무와의 연계성도 고려하여 정의하여야 한다.

둘째, 기계경비업체의 물리보안, 정보보호, 융합보안에 대한 개념 정리가 필요하다. 에스원(S1), KT텔레캅 등 기계경비업체는 회사사업 영위의 근거가 되는 법률을 '경비업법'으로 명시하고 있다. SK쉴더스는 회사사업 영위의 근거가 되는 법률을 '경비업법', '정보보호산업진흥법', '정보통신공사업법', '소방시설공사업법', '응급의료에 관한 법률', '원자력안전법', '공중위생관리법', '감염병의 예방 및 관리에 관한 법률', '시설물의 안전관리에 관한 특별법' 등을 명시하고 있다. 기계경비업체가 '보안전문기업'을 지향하는 상황에서 물리보안, 정보보호, 융합보안을 수행할 수 있도록 회사사업 영위의 근거가 되는 법률을 보다 구체적으로 명시하여야 한다.

셋째, 기계경비업체는 4차산업과 연계한 경비 및 보안 업무를 확대 실시하여야 한다. 시설경비업무, 호송경비업무, 신변보호업무, 기계경비업무, 특수경비업무 등 경비업법에서 규정하는 경비업무는 물리보안의 영역에 속하는 한정된 개념이다. 따라서 인공지능(AI), 사물인터넷(IoT), 빅데이터(Big Data), 로봇(Robot), 바이오(Bio), 정보통신기술(ICT, Information and Communication Technologies) 등 미래지향적 4차산업 기술 분야와 접목한 새로운 사업영역을 개발하고 확장하여 시큐리티(Security) 시장을 개척하여야 한다.

제2장 기계경비 기초이론

제2장 기계경비 기초이론

제1절 전기이론

1. 전기

1) 원자

원자(Atom)는 희랍어로 '쪼갤 수 없는'이라는 뜻의 아토모스(Atomos)에서 유래한 용어로서 물질이 본연의 성질을 잃지 않는 최소단위의 입자를 의미한다. 화학원소는 한 종류의 원자로 이루어지며 원소의 종류는 원자번호로 표시한다. 수소(H, 원자번호 1)에서부터 우라늄(U, 원자번호 92)까지 92종의 원소가 지구상에 자연 상태로 존재한다. 원자핵의 상호반응에 의해 구성되는 인공원소로는 넵투늄(Np, 원자번호 93)에서부터 우닐셉튬(Uns, 원자번호 107)까지 15종이 알려져 있다. 원자의 크기는 종류에 따라 다르지만 가장 작은 수소 원자의 경우 지름이 약 1×10^{-8}㎝이며 질량은 약 1.7×10^{-27}㎏ 정도이다. 같은 종류 또는 다른 종류의 원자 조합 및 결합 방식의 차이에 따라 서로 다른 많은 물질이 만들어진다. 물질 속에서 독립된 입자로 구성되는 원자의 집합체를 분자라 부른다.

원자는 양(+) 전하를 띤 원자핵과 음(-) 전하를 띤 전자로 이루어져 있다. 핵은 양(+) 전하를 띤 양성자와 전기적으로 중성인 중성자로 구성되어 있으며 원자질량의 대부분을 차지한다. 전자는 음(-) 전하를 띠고 있어 양(+) 전하를 띤 원자핵이 계속해서 끌어당기는 힘을 받으므로 전자가 원자핵 속으로 떨어지지 않기 위하여 원자핵 주변을 계속 공전한다(그림 2-1 참조).[52)]

원자는 기본적으로 원자핵의 양(+) 전하량과 전자의 음(-)전하량이 동일하여 전기적으로 중성의 특징을 가진다. 전기적으로 중성인 원자가 내부의 전자를 잃어버리거나 외부로부터 획득하게 되면 전하를 가지게 되는데, 이렇게 전하를 가진 입자를 이온(Ion)이라고 한다. 중성 원자가 음(-) 전하를 가진 전자를 잃으면, 원자 내부에서 양(+) 전하량이 음(-) 전하량

---

52) 원자 구조의 기본적인 형은 1911년에 E. Rutherford가 기체에 의한 α선 산란 실험 결과에 따른 것이다. 양자 역학에 의하면, 원자핵을 둘러싼 전자는 전자 껍질을 형성하고 있으며, 이 전자껍질 구조에 입각해서 선스펙트럼, 원소의 주기성 등 원자의 성질이 잘 설명된다(화학대사전, 도서출판 세화, 2001; 네이버 지식백과, https://terms.naver.com, 검색일: 2023. 1.10, 재인용).

보다 많아져 원자 전체적으로는 양(+) 전하를 가지며, 양(+)전하를 가진 이온을 양이온이라고 한다. 반대로, 전기적으로 중성인 원자가 음(-) 전하를 가진 전자를 획득하면, 원자 내부에서 음(-) 전하량이 양(+) 전하량보다 많아져 원자 전체적으로는 음(-) 전하를 가지며, 음(-)전하를 가지는 이온을 음이온이라고 한다.

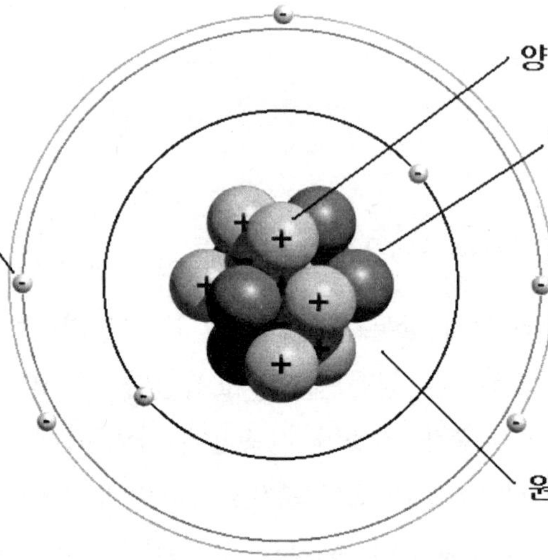

[그림 2-1] 원자의 구조

2) 쿨롱의 법칙(Coulomb's law)

원자를 구성하는 양성자, 중성자 그리고 전자가 가지는 전기의 양을 전하라고 하며 전하의 단위는 쿨롱(Coulomb, C)이다. 모든 전자의 전하량은 동일하며 모든 양성자의 전하량도 동일하다. 물질의 원자는 원자핵이 동일한 수의 양성자와 핵 주위에 동일한 수의 전자를 가지고 있기 때문에 전기적으로 중성이다.

전하를 가진 두 물체 사이에 작용하는 힘인 전기력(F)의 크기는 전하 q1과 q2의 곱에 비례하고 전하 중심 사이의 거리(r)의 제곱에 반비례하며, 같은 극성의 전하는 서로 미는 척력을 다른 극성의 전하는 서로 잡아당기는 인력이 작용한다. 이를 쿨롱의 법칙(Coulomb's law)이라고 하며, 힘 F의 단위는 뉴튼(N), 거리 r은 미터(m), 전하 q1, q2는 쿨롱(C)이다.

$$F = \frac{1}{4\pi\varepsilon^0} \cdot \frac{q_1 \cdot q_2}{r^2}$$

($\frac{1}{4\pi\varepsilon^0}$ = 비례상수(k), ε^0는 진공에서 유전율을 의미하며, π는 원주율을 의미한다.

비례상수(k) $\approx 8.988 \times 10^9 Nm^2C^{-2}$)

3) 전계와 자계

전기적으로 양(+) 또는 음(-)의 성질을 극성(Polarity)이라고 한다. 즉 전기적으로 양(+)이나 음(-)의 성질을 가지면 반대 극성을 가진 물체를 끌어당기는 힘이 작용한다. 이렇게 전기적인 성질을 가진 물체를 끌어당기는 영역을 전계(Electric Field, 전기장)라고 하며 전계는 전기적으로 양(+) 또는 음(-)의 성질을 가진 물체를 당기거나 밀어내는 방향성을 가지고 있다.

전계가 전자의 전기적인 성질에 따른 것이라면 자계(Magnetic Field, 자기장)는 자석이 철이나 다른 자석을 끌어당기는 힘이 미치는 영역을 의미한다. 전자는 자체가 전기적으로 음(-)의 성질을 가지고 있고 양(+)의 성질은 없는데 비해 자석은 N극과 S극을 모두 가지고 있으며 이를 분리할 수 없다.

전류가 시간에 따라 변화하게 되면 흐르는 전류의 주변에는 이에 따라 변화하는 자계가 형성된다. 이는 전계와 자계는 반드시 같이 존재하는 것을 의미하며 전계와 자계는 서로를 방해하는 방향으로 작용하고 또한 그 방향도 서로 90° 차이가 있게 진행하며 전계와 자계가 상호 작용하여 전파(Electric Wave) 등 에너지를 이동시킬 수 있다(그림 2-2 참조).

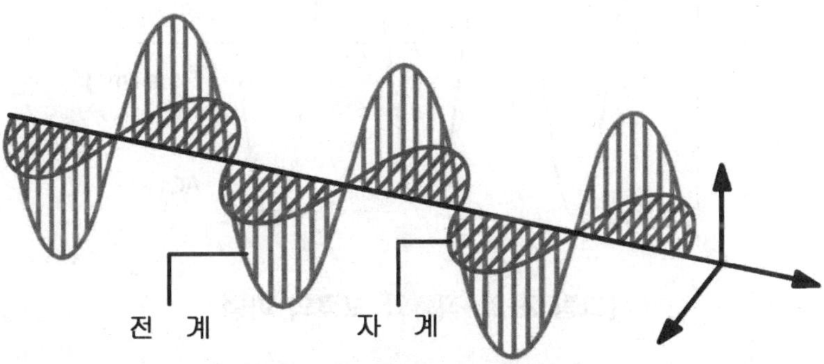

[그림 2-2] 전파의 이동

4) 전류

전류(Electric Current)는 음(-) 전하를 운반하는 전자의 흐름이며 전류의 크기를 나타내는 기호는 I이며 단위는 암페어(Ampere, A)이다. 1A는 도선의 임의의 단면적을 1초 동안 1C(Coulomb)의 전하가 통과할 때의 크기를 의미한다.

전류의 방향은 양(+) 전하의 이동 방향을 양(+)의 방향으로 정하고 있으나 실제 도선 안에서는 전류의 반대 방향으로 음(-) 전하를 운반하는 자유전자가 이동한다. 1A의 전류가 흐르는 도선에는 1초에 약 6.25×10^{18}개의 자유전자가 단면적을 통과한다. 전류의 종류에는 그 크기 및 방향이 변하지 않는 직류(Direct current, DC)와 크기와 방향이 주기적으로 변하는 교류(Alternating current, AC)가 있다(그림 2-3, 표 2-1 참조).

직류(DC)는 시간에 따라 전류 크기와 방향이 주기적으로 변하는 교류(AC)에 비해 안정적이고 효율적이며, 전력을 설계하는 작업도 단순하다. 컴퓨터를 포함한 대부분의 전자기기가 직류(DC)로 설계되는 이유이다. 수많은 단점에도 불구하고 현재의 배전 설비는 교류(AC)가 많이 사용되는데, 직류(DC)는 변압이 힘들기 때문이다. 최근에는 전력 반도체 기술이 발달하면서 직류(DC)도 쉽게 변압이 가능하게 되고 있으며, 장거리 송전은 직류(DC)가 교류(AC)보다 전력 손실도 적다.53)

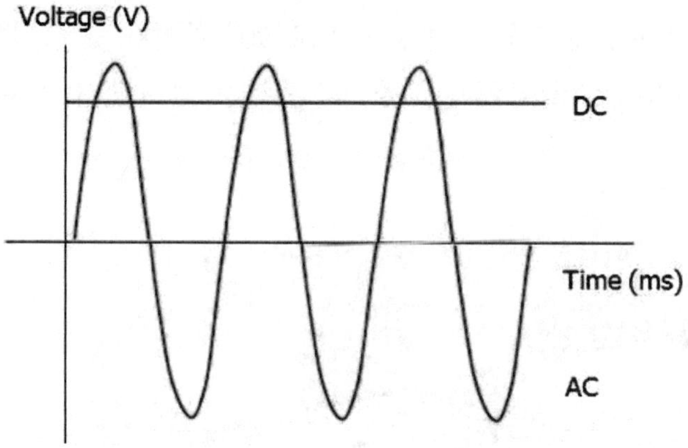

[그림 2-3] 직류와 교류의 파형

[표 2-1] 직류와 교류의 기호와 부호

구 분	직 류	교 류
기 호	DC	AC
부 호	⎓	~

직류를 교류로 변환하는 것을 정류(Rectification)라고 하고, 정류를 위한 회로를 정류 회로라고 한다. 교류(AC)로 입력된 전기는 정류기를 통과하면서 (-)전압이 제거되고, (+)전

53) 한경 경제용어사전, https://dic.hankyung.com, 검색일: 2023. 1. 10.

압만 남게 된다. 이는 교류의 특징을 가진 크기가 일정한 맥류의 상태이므로, 평활회로를 거쳐 직류(DC)의 특징을 가지게 되며, 이후 정전압 회로를 거치면서 안정된 직류(DC)가 된다. 정류는 전파 정류(Full-wave Rectifier)와 반파 정류(Half-wave Rectifier)로 구분할 수 있다. 전파 전류는 브릿지 형태로 회로를 구성한 정류기를 통해 교류(AC)의 (+), (-) 부분 중에서 한쪽을 반전시켜서 정류하며, 정류 효율은 81.2%이다. 반파 정류는 교류(DC)가 다이오드를 통과할 때, (+) 부분만 통과하여 정류하며, 정류 효율은 40.6%로써 전파 정류에 비해 절반 정도이다. 전파 정류(Full-wave Rectifier) 회로 중의 하나인 브리지 정류 회로는 [그림 2-4]와 같다.

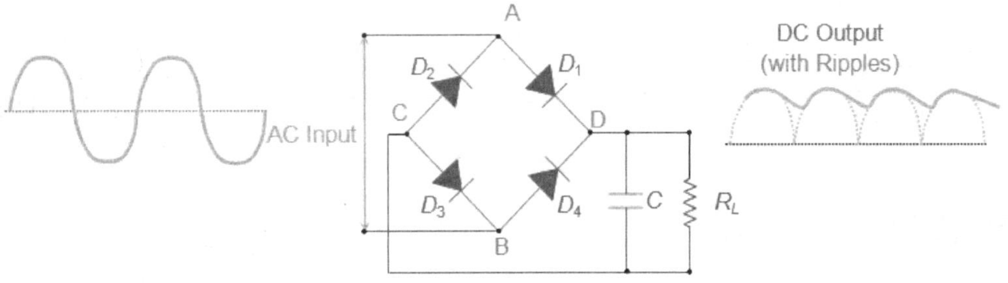

[그림 2-4] 브리지 정류 회로.[54)]

전류를 측정하는 장치인 전류계의 사용방법은 다음과 같다. 첫째, 전류계의 (+)단자는 전지의 (+)극 쪽에, (-)단자는 전지의 (-)극 쪽에 회로의 직렬로 연결한다. 바늘의 동작이 적으면 (-)단자 중에서 작은 값의 단자에 다시 연결하고 측정한다. 측정 전류는 연결된 (-)단자를 기준으로 바늘이 지시하는 눈금을 읽는다. 전류계를 전지의 양쪽 극에 직접 연결하면 과다 전류가 흘러 고장이 발생한다.

5) 전압

도체에 위치한 두 점 사이의 전기적인 위치에너지(전위) 차이를 전압(Voltage)이라고 하며 전압의 기호는 E(또는 V)이며 단위는 볼트(Volt, V)이다. 전압이 클수록 보다 많은 전기 에너지를 갖고 있으며 전압이 0이 되면 전류가 흐르지 않게 된다. 1V는 1C의 전하가 두 점 사이에서 이동하였을 때에 하는 일이 1J(Joul)일 때의 전위차이다.

전압을 측정하는 장치인 전압계의 사용방법은 다음과 같다. 첫째, 전압계를 회로에 연결

54) Electrical4u, https://www.electrical4u.com, 검색일: 2023. 1.10.

하기 전에 바늘의 눈금이 0이 되도록 조절한다. 둘째, 전압계는 회로에 병렬로 연결하며, (+)단자는 전지의 (+)극 쪽에, (-)단자는 전지의 (-)극 쪽에 연결한다. 셋째, 측정 전압이 전압계의 최대 측정값을 넘지 않도록 (-)단자의 큰 값부터 순차적으로 연결한다.

6) 저항

전기가 흐르는 것을 방해하는 힘을 저항이라고 하는데 저항의 크기를 나타내는 기호는 R이며 단위는 옴(Ohm, Ω)이다. 1V의 전압을 가했을 때 1A의 전류를 흐르도록 하는 저항을 1Ω으로 정의하고 있다. 물질의 저항은 온도가 증가하면 전기저항도 증가하지만 반도체는 전기저항이 감소한다. 저항(R)은 길이(L)에 비례하고 단면적(S)에 반비례하며, 이에 대한 관계식은 다음과 같다.

$$R = \rho \frac{L}{S} \quad (\rho\text{는 비례상수로서 물질의 저항도를 의미})$$

2. 전기이론

1) 전력

단위시간 동안 전기장치에 공급되는 전기에너지, 또는 단위시간 동안 다른 형태의 에너지로 변환되는 전기에너지를 전력(Electric Power)이라고 한다. 전력의 기호는 P이며 단위는 와트(Watt, W)를 사용한다. 1W는 1A의 전류가 1V의 전압이 걸린 곳을 흐를 때 소비되는 전력의 크기를 의미한다. 전력(P), 전압(V), 전류(I)의 관계식은 다음과 같다.

$$P = V \times I \text{ 또는 } V = \frac{P}{I} \text{ 또는 } I = \frac{P}{V}$$

2) 옴의 법칙(Ohm's Law)

도체에 흐르는 전류(I)는 전압의 세기(V)에 비례하며 저항(R)에 반비례하는데 이를 옴의 법칙(Ohm's Law)이라고 한다. 옴의 법칙에 따른 전압(V), 저항(R), 전류(I) 간의 관계식은 다음과 같다.

$$V = I \times R \text{ 또는 } I = \frac{V}{R} \text{ 또는 } R = \frac{V}{I}$$

옴의 법칙(Ohm's Law)과 전력(P), 전압(V), 저항(R), 전류(I)의 관계식은 다음과 같다.

$$P = V \times I \text{ 또는 } P = I^2 \times R \text{ 또는 } P = \frac{V^2}{R}$$

3) 릴레이(Relay)

전기회로의 상태를 외부의 신호에 따라 동작(ON) 또는 정지(OFF) 상태로 변환하는 장치를 릴레이(Relay) 또는 스위치(Switch)라고 한다. 기계경비시스템의 선로 구성에서는 전자기를 이용한 개폐 스위치인 계전기(릴레이, Relay)를 주로 사용하는데 계전기는 코일(Coil)에 전류를 흘리면 전자석이 작동하여 접점을 끌어당기고 동 접점이 고정 접점에 붙어서 선로를 닫거나(ON) 열게(OFF) 된다.

기계전기 접점은 A접점(Arbeit Contact), B접점(Break Contact), C접점(Change-Over Contact) 등 3가지로 구분할 수 있다. A접점(Arbeit Contact)은 전기적으로 릴레이에 전류가 흐르면 동작하여 닫히는(ON) 접점으로서 NO(Normally Open Contact) 접점이라고 하며 주로 방재용 감지기에 사용된다. B접점(Break Contact)은 전기적으로 릴레이에 전류가 흐르면 동작하여 접점이 열리는(OFF) 접점으로서 NC(Normally Closed Contact) 접점이라고 하며 주로 방범용 감지기에 사용된다. C접점(Change-Over Contact)은 A접점, B접점을 공유하는 접점으로서 Transfer Contact라고도 한다. [그림 2-5]는 A접점, B접점의 특징을 모두 가지고 있는 C접점을 예시한 것이다.

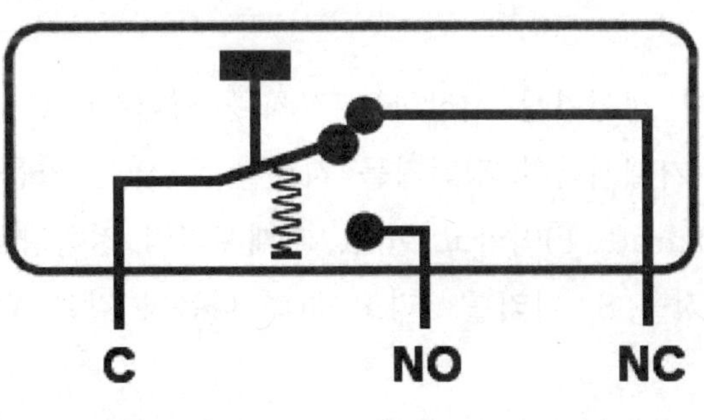

[그림 2-5] NC 접점

4) 전기부품

전기회로를 구성하는 대표적인 부품으로는 저항기(Resister), 커패시터(Capacitor), 인덕터(Inductor) 등이 있다. 저항기(Resister), 커패시터(Capacitor), 인덕터(Inductor) 등에 대해 구체적으로 살펴보면 다음과 같다.

전류가 흐르는 것을 방해하는 전기부품을 저항기(Resister)라고 한다. 저항기의 기호는 R, 단위는 옴(Ohm, Ω)이다. 일반적인 저항기의 경우는 표면에 4개의 연속된 띠색깔을 통해 저항값을 표시하는데 저항색 기준코드(Color Code for Resistance)를 [표 2-2]에 정리하였다.55)

[표 2-2] 저항색 기준코드

색상	첫째자리 (저항값1)	둘째자리 (저항값2)	셋째자리 (승수)	넷째자리 (허용오차)
흑색	0	0	1	
갈색	1	1	10	
적색	2	2	100	
등색	3	3	1,000	
황색	4	4	10,000	
녹색	5	5	100,000	
청색	6	6	1,000,000	
자색	7	7	10,000,000	
회색	8	8	100,000,000	
백색	9	9	1,000,000,000	
금색	-	-		±5%
은색	-	-		±10%
무색	-	-		±20%

두 도체 사이의 공간에 정전기를 저장하는 장치를 커패시터(Capacitor) 또는 콘덴서(Condenser)라고 한다. 커패시터가 정전기를 저장할 수 있는 양을 정전용량이라고 하며 기호는 C, 단위는 패럿(Farad, F)이라고 한다. 커패시터의 전하량을 Q, 전위차를 V라고 하는데 두 도체 판의 면적을 S, 거리를 d라고 하면 다음과 같은 관계식이 성립한다.

$$C = \frac{Q}{V} \text{ 그리고 } C = \frac{eS}{d} \quad (e = \text{유전율})$$

도선을 둥글게 만든 것을 코일(Coil)이라고 하는데 코일에 전기를 흘려주면 자장이 형성되며 이러한 코일의 특성을 전기부품으로 이용하는 것을 인덕터(Inductor)라고 한다. 인덕

55) 주일엽, 기계경비기획설계, 도서출판 진영사, 2012, p.75.

터에 흐르는 전류의 시간에 따른 변화와 그로 인하여 유도되는 기전력의 비를 인덕턴스(Inductance)라고 한다. 인덕터의 기호는 L, 단위는 헨리(Henry, H)이다. [표 2-3]은 저항기, 커패시터, 인덕터 등 전기부품의 부호, 기호, 단위를 정리한 것이다.

[표 2-3] 전기부품

구 분	저 항	커패시터	인덕터
부 호	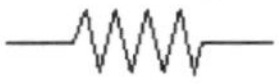	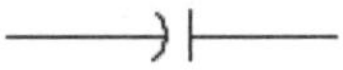	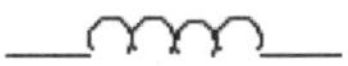
기 호	R	C	L
단 위	Ω	F	H

5) 전지

물질의 화학적, 물리적 변화를 통해 발생하는 에너지를 전기에너지로 변환하는 장치를 전지(Battery)라고 한다. 전지는 1차 전지와 2차 전지로 구분할 수 있다.

1차 전지는 방전한 뒤 충전으로 원상태로 회복할 수 없는 비가역적 화학반응을 하는 전지로서 1회에 한하여 사용하는 전지를 말한다. 망간전지, 알칼리망간전지, 마그네슘전지, 공기아연전지, 수은전지, 무수은전지, 무카드뮴전지 등이 해당한다.

2차 전지는 충전 및 방전을 통해 반복하여 사용할 수 있는 전지로서 1개 이상의 전기화학 셀로 구성된다. 납축전지, 알칼리축전지, 니켈-카드뮴 배터리(NiCd), 니켈수소 배터리, 리튬이온 배터리, 리튬이온폴리머 배터리(LiPo) 등이 해당한다.

3. 전기회로

1) 직렬연결과 병렬연결

전원 또는 전기부품을 일렬로 연결한 것을 직렬연결(Serial Connection)이라고 하고 전원 또는 전기부품을 평행하게 연결한 것을 병렬연결(Parallel Connection)이라고 한다(그림 2-6 참조).

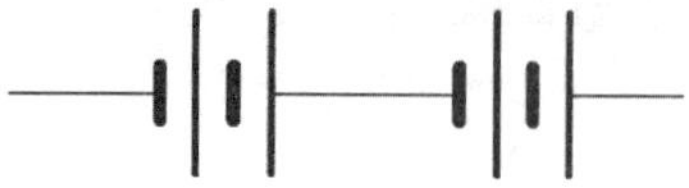

[직렬연결]

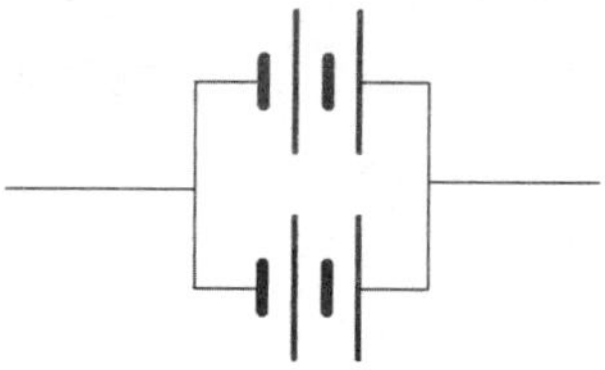

[병렬연결]

[그림 2-6] 직렬연결 및 병렬연결

2) 전기회로

전기가 전원의 양극(+)에서 출발하여 음극(-)에 도달할 수 있도록 전선으로 연결하면 회로에 전기가 흐르는데 이를 전기회로라고 한다. 전기회로에서 둘 또는 그 이상의 지점을 전기저항이 아주 작은 도선으로 이어지는 것을 단락(Short)이라고 하며, 전기가 흐를 수 없도록 회로가 열리는 것을 개방(Open)이라고 한다.

동일 용량의 전원 또는 전기부품을 직렬 또는 병렬로 연결할 경우 전체 전원 또는 전기부품의 용량 값이 달라진다. 이를 [표 2-4]에 정리하였다.

[표 2-4] 직렬연결 및 병렬연결

구 분	직렬연결	병렬연결
전원 (AC / DC)	$V_t = V_1 + V_2 + ... + V_n$ $I_t = I_1 = I_2 = ... = I_n$	$V_t = V_1 = V_2 = ... = V_n$ $I_t = I_1 + I_2 + ... + I_n$
저항기 (Resister)	$R_t = R_1 + R_2 + ... + R_n$	$\frac{1}{Rt} = \frac{1}{R_1} + \frac{1}{R_2} + ... + \frac{1}{R_n}$
커패시터 (Capacitor)	$\frac{1}{Ct} = \frac{1}{C_1} + \frac{1}{C_2} + ... + \frac{1}{C_n}$	$C_t = C_1 + C_2 + ... + C_n$
인덕터 (Inductor)	$L_t = L_1 + L_2 + ... + L_n$	$\frac{1}{Lt} = \frac{1}{L_1} + \frac{1}{L_2} + ... + \frac{1}{L_n}$

제2절 컴퓨터이론

1. 컴퓨터(Computer)

1) 컴퓨터의 개념

입력된 자료를 정의된 순서 및 방법에 따라 자료를 처리하여 정보를 생성하여 사용자에게 생성된 정보를 출력하는 장치를 컴퓨터(Computer)라고 한다. 컴퓨터는 인간의 두뇌에 해당하는 중앙처리장치, 주기억장치, 자료의 입력과 정보의 출력을 담당하는 입출력장치와 각각의 장치의 동작을 제어하는 제어장치로 구성된다. 중앙처리장치, 기억장치, 입출력장치를 컴퓨터의 3대 장치라고 하며, 입력기능, 기억기능, 연산기능, 제어기능, 출력기능을 컴퓨터의 5대 기능이라고 한다. [표 2-5]는 컴퓨터의 5대 기능을 정리한 것이다.

[표 2-5] 컴퓨터의 5대 기능

구 분	주 요 내 용
입력기능	외부의 데이터를 내부로 읽어 들이는 기능
기억기능	각종 프로그램이나 정보를 저장하는 기능
연산기능	데이터 가공, 처리 및 계산을 수행하는 기능
제어기능	입력, 출력, 연산, 기억장치 등을 관리하는 기능
출력기능	연산 결과를 다양한 형태로 제공하는 기능

2) 컴퓨터의 분류

컴퓨터는 사용목적, 자료, 처리능력에 따라 다양하게 분류할 수 있다. 컴퓨터는 사용목적에 따라 전용 컴퓨터, 범용 컴퓨터 등으로 구분하고, 정보처리 방식에 따라 디지털 컴퓨터, 아날로그 컴퓨터, 하이브리드 컴퓨터 등으로 구분하며, 처리능력에 따라 마이크로 컴퓨터, 미니 컴퓨터, 메인프레임 컴퓨터, 수퍼 컴퓨터 등으로 구분한다. [표 2-6]은 컴퓨터의 분류를 정리한 것이다.

[표 2-6] 컴퓨터의 분류

구 분		주 요 기 능
사용목적	전용 컴퓨터	제한된 범위의 특정업무를 처리하기 위한 컴퓨터
	범용 컴퓨터	다양한 분야에서 광범위하게 사용하기 위한 컴퓨터
정보처리	디지털 컴퓨터	자료를 2진수 등 비연속적(이산적) 정보로 처리하는 컴퓨터
	아날로그 컴퓨터	자료를 온도, 길이 등 연속적(비이산적) 정보로 처리하는 컴퓨터
	하이브리드 컴퓨터	디지털 컴퓨터와 아날로그 컴퓨터의 기능을 결합한 컴퓨터
처리능력	마이크로 컴퓨터	1개의 중앙처리장치(CPU)로 구성된 소형 컴퓨터
	미니 컴퓨터	마이크로 컴퓨터보다 처리능력이 커서 다수의 사람이 동시에 사용할 수 있는 컴퓨터
	메인프레임 컴퓨터	다수의 중앙처리장치(CPU)로 구성된 대형 컴퓨터
	수퍼 컴퓨터	초정밀 계산과 빠른 처리속도를 가진 고성능 컴퓨터

3) 하드웨어(Hardware)

하드웨어(Hardware)는 중앙처리장치(CPU), 기억장치, 입력장치, 출력장치 등 컴퓨터를 구성하는 기계적 장치를 말한다.

중앙처리장치(CPU)는 제어장치, 연산장치, 레지스터(Resister)로 구성되는데 컴퓨터의 모든 장치를 제어하며 정보를 기억하고 처리하는 가장 핵심적인 작업을 수행한다.

기억장치는 주기억장치와 보조기억장치로 구분되는데 컴퓨터가 처리할 프로그램과 데이터를 기억하는 장치이다. 주기억장치는 중앙처리장치(CPU) 내부에 위치하며 ROM(Read Only Memory), RAM(Random Access Memory), 캐시 메모리(Cache Memory), 가상 메모리(Virtual Memory), 플래시 메모리(Flash Memory), 자기 코어(Magnetic Core) 등이 있다. 보조기억장치는 플로피 디스크(Floppy Disk), 하드 디스크(Hard Disk), 자기 디스크(Magnetic Disk), 자기 드럼(Magnetic Drum), 자기 테이프(Magnetic Tape) 등이 있다.

입력장치는 컴퓨터에 정보를 입력하는 장치로 키보드(Keyboard), 마우스(Mouse), 스캐너(Scanner), 마이크(Mic), 카메라(Camera) 등이 해당한다. 출력장치는 컴퓨터의 정보를 출력하기 위하여 사용하는 장치로 모니터(Monitor), 프린터(Printer), 플로터(Plotter), 스피커(Speaker) 등이 해당한다.

4) 소프트웨어(Software)

소프트웨어(Software)는 컴퓨터에서 작업을 수행하기 위하여 사용하는 프로그램을 의미하며 시스템 소프트웨어(System Software)와 응용 소프트웨어(Application Software)로 구분된다.

시스템 소프트웨어는 운영체계(Operating System)라고도 하며 사용자가 편리하게 컴퓨터를 사용할 수 있도록 지원하는 프로그램을 통칭하는데 윈도우(Window), 리눅스(Linux) 등이 해당한다. 응용 소프트웨어는 시스템 소프트웨어 기반 위에서 사용자가 컴퓨터를 이용하여 특정한 작업을 수행할 수 있도록 개발된 프로그램을 의미하는데 MS오피스(MS-OFFICE), 한글오피스(훈글-OFFICE) 등이 해당한다.

5) 기억소자

컴퓨터의 기억소자는 읽기만 가능하고 기록은 할 수 없는 ROM(Read Only Memory), 읽기와 기록이 가능한 RAM(Random Access Memory) 등으로 구분할 수 있다. [표 2-7]은 다양한 기억소자의 종류를 정리한 것이다.

[표 2-7] 기억소자

구 분		주 요 기 능
ROM	ROM	생산 과정에서 정보를 입력하여 더 이상 기록할 수 없는 ROM
	PROM	사용자가 특정목적을 위해 만든 ROM
	EPROM	자외선으로 정보를 삭제할 수 있는 ROM
	EEPROM	전기로 정보를 삭제할 수 있는 ROM
	PLA	논리회로로 구성된 ROM
RAM	DRAM	일정시간이 지나면 정보가 삭제되므로 주기적 재충전이 필요한 RAM
	SRAM	전원이 공급되는 동안 정보를 기억하는 RAM

6) 집적회로

1개의 반도체 칩(Chip)에 다이오드(Diode), 트랜지스터(Transistor), 저항(Resister) 등 다수의 소자로 회로를 구성하는 것을 집적회로(Integrated Circuit, IC)라고 한다. 집적되는 소자의 개수에 따라 SSI(Small Scale Integration), MSI(Medium Scale Integration), LSI(Large Scale Integration), VLSI(Very Large Scale Integration) 등으로 구분된다. SSI는 소자 수가 10개 미만, MSI는 소자 수가 수십 개, LSI는 소자 수가 수백 내지 수천 개, VLSI는 소자 수가 수만 개 이상의 집적회로를 의미한다.

2. 정보처리

1) 처리능력

컴퓨터는 원칙적으로 인간을 대신하여 정보를 처리하기 위해 개발된 장치이다. 따라서 신속한 정보처리와 대용량의 기억용량이 대단히 중요하다. [표 2-8]은 컴퓨터의 처리능력을 나타내는 단위를 정리한 것이다. SI 단위를 기준으로 하면 1k = 1,000이고, 1M = 1,000,000이며, 1G = 1,000,000,000이다. 컴퓨터는 2진법을 사용하기 때문에 컴퓨터에서는 2^{10}(=1,024)을 기준으로 사용하며, 1KB=1,024B를 의미한다. 컴퓨터에서 1,024를 나타낼 때는 대문자 K를 사용하며, SI 단위에서 1,000을 나타낼 때는 소문자 k를 사용한다.

[표 2-8] 컴퓨터의 처리능력

처 리 속 도		기 억 용 량	
구 분	의 미	구 분	의 미
ms(milli second)	10^{-3}sec	kilo(킬로)	10^{3}byte
µs(micro second)	10^{-6}sec	mega(메가)	10^{6}byte
ns(nano second)	10^{-9}sec	giga(기가)	10^{9}byte
ps(pico second)	10^{-12}sec	tera(테라)	10^{12}byte
fs(femto second)	10^{-15}sec	peta(페타)	10^{15}byle
as(atto second)	10^{-18}sec	exa(에샤)	10^{18}byte

2) 자료표현

통상적인 수학에서는 0, 1, 2, 3, 4, 5, 6, 7, 8, 9 등과 같은 10진수를 활용한 10진법이 사용되지만, 디지털 기반의 컴퓨터나 통신 시스템에서는 0, 1 등과 같은 2진수를 활용한 2진법, 0, 1, 2, 3, 4, 5, 6, 7 등과 같은 8진수를 활용한 8진법, 0, 1, 2, 3, 4, 5, 6, 7, 8, 9, A, B, C, D, E, F 등과 같은 16진수를 활용한 16진법이 사용된다. 2진수 3개 자리는 8진수의 1개 자리와 동일하며, 2진수 4개 자리는 16진수 1개 자리와 동일하다(표 2-9 참조).

[표 2-9] 10진법, 2진법, 8진법, 16진법의 비교

10진법	2진법	8진법	16진법
0	0	0	1
1	1	1	2
2	10	2	3

10진법	2진법	8진법	16진법
3	11	3	4
4	100	4	5
5	101	5	6
6	110	6	7
7	111	7	8
8	1000	10	9
9	1001	11	A
10	1010	12	B
11	1011	13	C
12	1100	14	D
13	1101	15	E
14	1110	16	F
15	1111	17	10
16	10000	20	11
17	10001	21	12
18	10010	22	13

10진수 25를 2진수로 변환하는 방법을 알아보면 다음과 같다.

2 | 25

2 | 12   1

2 | 6   0

2 | 3   0

1 → 1

$$\therefore\ 25_{10} = 11001_2$$

10진수 25를 8진수로 변환하는 방법을 알아보면 다음과 같다.

8 | 25

3 → 1

$$\therefore\ 25_{10} = 31_8$$

10진수 25를 16진수로 변환하는 방법을 알아보면 다음과 같다.

$$\begin{array}{r|l} 16 & \underline{\ \ 25\ \ } \\ & \ \ \ 1 \quad \rightarrow \quad 9 \end{array}$$

$$\therefore\ 25_{10} = 19_{16}$$

2진법, 8진법, 16진법을 10진수로 변환하는 방법을 알아보면 다음과 같다.

$$1010_2 = (1 \times 2^3) + (0 \times 2^2) + (1 \times 2^1) + (0 \times 2^0) = 8 + 2 = 10_{10}$$

$$243_8 = (2 \times 8^2) + (4 \times 8^1) + (3 \times 8^0) = 163_{10}$$

$$D8_{16} = (13 \times 16^1) + (8 \times 16^0) = 216_{10}$$

3) 정보단위

컴퓨터에서 사용하는 정보의 단위에는 대표적으로 비트(bit), 바이트(byte), 워드(word), 필드(field), 레코드(record), 블록(block), 파일(file), 데이터베이스(Data Base), 데이터뱅크(Data Bank) 등이 있다. 이를 구체적으로 살펴보면 다음과 같다.

비트(bit)는 0, 1과 같이 각각의 2진수를 의미하며 정보의 최소단위가 된다. 바이트(byte)는 8개의 비트가 모인 것으로 자료표현의 최소단위가 된다. 워드(word)는 컴퓨터에서 사용되는 연산(명령처리)의 최소단위를 의미하는데 8비트, 16비트, 32비트, 64비트 컴퓨터 등을 지칭할 때 해당된다. 필드(field)는 의미가 있는 정보의 최소단위를 의미한다. 레코드(record)는 프로그램을 처리하는 기본단위를 의미한다. 블록(block)은 2개 이상의 레코드의 집합이며 컴퓨터의 입출력 장치가 정보를 읽고 쓰는 단위를 의미한다. 파일(file)은 레코드의 모임을 의미한다.

데이터베이스(Database)는 하나의 조직 안에서 다수의 사용자들이 공동으로 사용하기 위하여 통합되고 저장된 운영자료의 집합을 말하며 일반적으로 DB라는 약자로 부른다.[56] 데이터베이스(Data Base)는 파일의 모임이며, 데이터뱅크(Data Bank)는 데이터베이스의 모임을 의미한다. 단순한 수치에서부터 문자 그리고 복잡한 규칙에 이르기까지 우리가 일

56) 컴퓨터용어대사전편찬위원회, 컴퓨터용어대사전, 정보문화사, 1996, p.187.

상생활에서 접할 수 있는 모든 내용을 데이터(Data)라고 하며 이러한 내용이 컴퓨터에 입력되어 저장되어 있는 상태를 자료라고 한다. 이러한 자료는 그 자체로 의미를 갖지는 않지만, 일련의 처리과정을 통하여 의사결정에 도움을 주는 유용한 정보로 변환된다. 데이터베이스는 실시간 접근(Real-Time Accessibility), 지속적 변화(Continuous Evolution), 동시 공유(Concurrent Sharing), 내용 참조(Content Reference) 등의 특징을 가진다.

4) 전송속도

전송속도는 기본적으로 bps(bit per sec), 보(baud), 패킷(packet) 등을 표현할 수 있다. bps는 1초 동안에 전송할 수 있는 0, 1과 같은 비트의 수로 전송되는 데이터의 양을 의미하며 신호속도의 단위가 된다. 보(baud)는 초당 신호의 변화 횟수를 의미한다. 패킷(packet)은 전송할 메시지를 일정한 크기의 비트 수로 나누어 정해진 형식에 맞춘 데이터 블록을 의미하며, 패킷의 크기는 송신측과 수신측에서 사용하는 통신규약(Protocol)에 의하여 결정된다. bps와 보(baud)의 관계는 1비트가 1개의 신호 단위인 경우는 bps와 보(baud)의 속도비는 동일하고, 2개 비트가 1개의 신호 단위인 경우는 bps는 baud×2가 되며, 3개 비트가 1개의 신호 단위인 경우는 bps는 baud×3이 된다.

단위시간 동안 전송 회선당 최대로 전송할 수 있는 통신 정보량을 통신용량(C)이라고 한다. 통신용량(C)을 증가시키기 위해서는 대역폭(B)을 증가하거나 신호전력(S)을 높이고, 잡음전력(N)은 감소시키면 된다는 이론이 샤논의 정리(Shannon's Theorem, 제3정리, 채널용량이론)이며, 구체적인 수식은 아래와 같다.

$$C = B\log_2(1 + \frac{S}{N}) \quad \text{[bits /sec]}$$

5) 순서도

어느 특정작업을 처리하기 위해서는 세부적인 부수작업들이 선행되어야 하는데 이러한 특정작업을 수행하기 위하여 각각의 부수작업들이 수행되는 순서를 시간의 경과에 따라 정의하는 그림을 순서도(Flowchart)라고 한다. 순서도에는 일련의 작업 순서가 표기되는데 작업 순서 외에 분기, 반복 등 다양한 정보를 표현할 수 있다. [표 2-10]은 주요 순서도 기호를 정리한 것이다.

[표 2-10] 순서도 기호

기 호	의 미	기 호	의 미
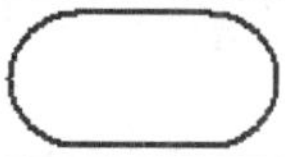	시작 / 종료	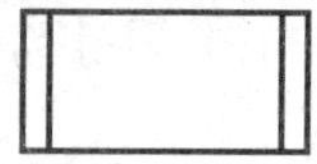	서브루틴
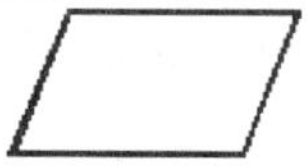	입력 / 출력	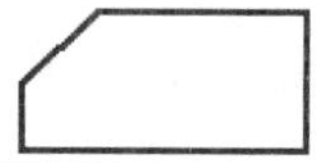	카드파일
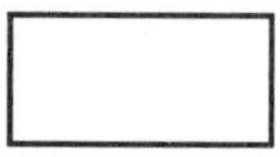	처리	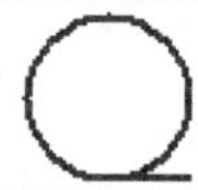	마그네틱테이프
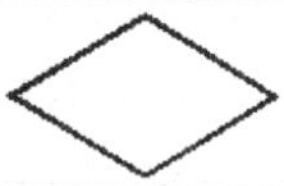	판단	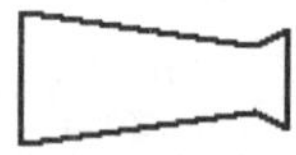	마이크로필름
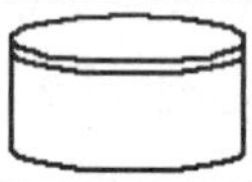	데이터베이스	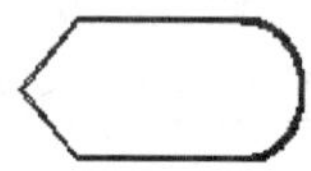	디스플레이
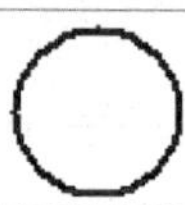	연결자	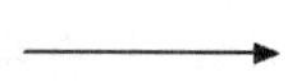	흐름선

3. 논리회로

1) 부울대수(Boolean Algebra)

부울대수(Boolean Algebra)는 0 또는 1의 값에 대해 논리 동작을 다루며, 0은 거짓, 1은 참을 의미한다. 부울대수는 2개, 또는 2개 이상의 구성요소를 갖는 집합과 논리합(+, OR), 논리곱(·, AND)으로 국한된 대수로서 다음과 같은 공리를 가진다.

[공리 1] 교환법칙

$$A + B = B + A,\ A \cdot B = B \cdot A$$

[공리 2] 결합법칙

$$(A + B) + C = A + (B + C)$$

$$(A \cdot B) \cdot C = A \cdot (B \cdot C)$$

[공리 3] 상호 분배 법칙

$$A+(B\cdot C)=(A+B)\cdot (A+C)$$

$$A\cdot (B+C)=A\cdot B+A\cdot C$$

[공리 4] $A+0=A$

$$A\cdot 1=A$$

[공리 5] $A+\overline{A}=1$

$$A\cdot \overline{A}=0$$

2) 논리게이트(Logic Circuit)

논리회로(Logic Circuit)는 0, 1 등과 같은 2진 정보에 의해 작동하는 회로이며, 기억능력이 없는 조합논리회로(Combination Logic Circuit), 기억능력이 있는 순서논리회로(Sequential Logic Circuit)로 구분할 수 있다. 조합논리회로는 회로의 출력값이 입력값에 의해서만 결정되며, 반가산기(Half-Adder), 전가산기(Full Adder), 인코더(Encoder), 디코더(Decoder), 멀티플렉서(Multiplexer), 디멀티플렉서(Demultiplexer) 등이 있다. 순서논리회로는 회로의 출력값이 내부 상태와 입력에 따라 정해지며, 카운터, 2의 보수회로 등이 있다.

논리회로는 논리게이트(Logic Gate), 플립플롭(Flip-Flop, F/F) 등으로 구성할 수 있다. 논리게이트는 논리회로를 구성하는 기본소자이며, 0, 1과 같은 2진 정보를 처리하는 논리회로로서, AND(논리곱), OR(논리합), NOT(부정), NAND(부적논리곱), NOR(부적논리합), Exclusive-OR(배타적논리합) 등 논리연산을 실행하는 논리소자들로 구성된다. 플립플롭은 기억장치를 구성하는 1bit 기억소자로서, 피드백(feedback)이 불안정하기 때문에 클록 펄스(clock pulse)를 사용하여 안정성을 유지하고, 동기화시키며, RS-Flip-Flop, D Flip-Flop, JK Flip-Flop, T Flip-Flop 등이 있다. 본 서에서는 논리게이트를 중심으로 기술하도록 한다.

AND(논리곱)는 2개 혹은 그 이상의 입력이 모두 1일 경우에만 출력이 1이 되고, 그 밖의 경우에는 0이 된다. OR(논리합)은 2개 혹은 그 이상의 입력이 모두 0일 경우에만 출력이 0이 되고, 입력 중 1개가 1이면 출력이 1이 된다. NOT(부정)은 입력이 1일 경우에는 출력이 0이 되고, 입력이 0일 경우에는 출력이 1이 된다. NAND(부적논리곱)는 AND와 NOT의 결합을 의미하며, 입력 모두, 또는 어느 한 개라도 논리 0의 상태가 되면 출력은 1이 되고, 모든 입력이 1의 상태가 되면 출력은 0이 된다. NOR(부적논리합)는 OR와 NOT의 결합을 의미하며, 입력 모두, 또는 어느 한 개라도 논리 1의 상태가 되면 출력은 0이 되고, 모든 입력이 0의 상태가 되면 출력은 1이 된다. Exclusive-OR(배타적논리합, XOR)는 모든 입력 신호가 1 또는 0의 경우일 때만 출력이 0이 되고, 다른 경우에는 출력이 1이 된다. Exclusive-NOR(배타적부정논리합, XNOR)는 NOT XOR와 같다.

AND(논리곱), OR(논리합), NOT(부정), NAND(부적논리곱), NOR(부적논리합), Exclusive-OR(배타적논리합), Exclusive-NOR(배타적논리합) 등 주요 논리회로의 진가표를 [표 2-11], [표 2-12], [표 2-13], [표 2-14], [표 2-15], [표 2-16], [표 2-17]에 각각 정리하였다.

[표 2-11] AND(논리곱)

입력 1	입력 2	출 력	기 호
0	0	0	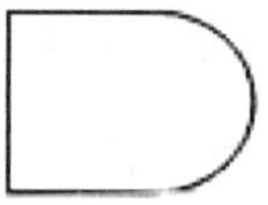
0	1	0	
1	0	0	
1	1	1	

[표 2-12] OR(논리합)

입력 1	입력 2	출 력	기 호
0	0	0	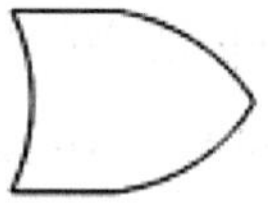
0	1	1	
1	0	1	
1	1	1	

[표 2-13] NOT(부정)

입 력	출 력	기 호
0	1	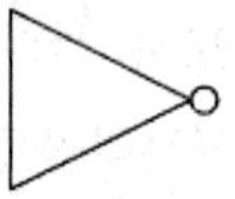
1	0	

[표 2-14] NAND(부적논리곱)

입력 1	입력 2	출 력	기 호
0	0	1	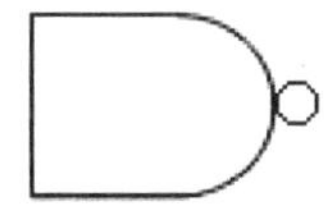
0	1	1	
1	0	1	
1	1	0	

[표 2-15] NOR(부적논리합)

입력 1	입력 2	출 력	기 호
0	0	1	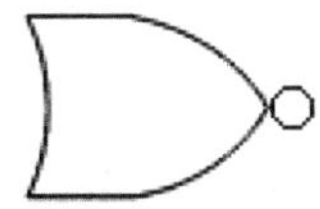
0	1	0	
1	0	0	
1	1	0	

[표 2-16] Exclusive-OR(배타적논리합, XOR)

입력 1	입력 2	출 력	기 호
0	0	0	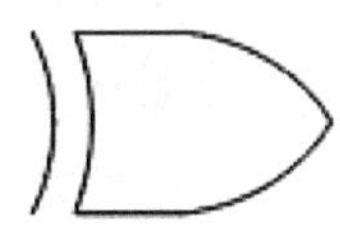
0	1	1	
1	0	1	
1	1	0	

[표 2-17] Exclusive-NOR(배타적부정논리합, XNOR)

입력 1	입력 2	출 력	기 호
0	0	1	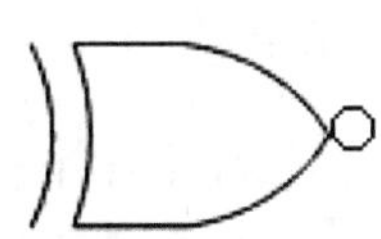
0	1	0	
1	0	0	
1	1	1	

제3절 통신이론

1. 통신

1) 전기통신

전기통신은 "유선 · 무선 · 광선 및 기타의 전자적 방식에 의하여 부호 · 문언 · 음향 또는 영상을 송신하거나 수신하는 것"을 말한다. 전기통신과 관련한 주요용어의 정의는 다음과 같다.[57]

1. "전기통신"이라 함은 유선 · 무선 · 광선 또는 그 밖의 전자적 방식으로 부호 · 문언 · 음향 또는 영상을 송신하거나 수신하는 것을 말한다
2. "전기통신설비"라 함은 전기통신을 하기 위한 기계 · 기구 · 선로 기타 전기통신에 필요한 설비를 말한다.
3. "전기통신회선설비"라 함은 전기통신설비중 전기통신을 행하기 위한 송 · 수신 장소간의 통신로 구성설비로서 전송 · 선로설비 및 이것과 일체로 설치되는 교환설비 및 이들의 부속설비를 말한다.
4. "사업용전기통신설비"라 함은 전기통신사업에 제공하기 위한 전기통신설비를 말한다.
5. "자가전기통신설비"라 함은 사업용전기통신설비외의 것으로서 특정인이 자신의 전기통신에 이용하기 위하여 설치한 전기통신설비를 말한다.
6. "전기통신기자재"라 함은 전기통신설비에 사용하는 장치 · 기기 · 부품 또는 선조 등을 말한다.
7. "전기통신역무"라 함은 전기통신설비를 이용하여 타인의 통신을 매개하거나 전기통신설비를 타인의 통신용으로 제공하는 것을 말한다.
8. "전기통신사업"이라 함은 전기통신역무를 제공하는 사업을 말한다.
9. "전기통신사업자"란 법에 따라 등록 또는 신고(신고가 면제된 경우를 포함한다)를 하고 전기통신역무를 제공하는 자를 말한다.
10. "이용자"란 전기통신역무를 제공받기 위하여 전기통신사업자와 전기통신역무의 이용에 관한 계약을 체결한 자를 말한다.

---

57) 전기통신기본법(법률 제16019호, 시행 2019. 6. 25) 제2조(정의); 전기통신사업법(법률 제19545호, 시행 2024. 1. 19) 제2조(정의).

11. “보편적 역무”란 모든 이용자가 언제 어디서나 적절한 요금으로 제공받을 수 있는 기본적인 전기통신역무를 말한다.
12. “기간통신역무”란 전화 · 인터넷접속 등과 같이 음성 · 데이터 · 영상 등을 그 내용이나 형태의 변경 없이 송신 또는 수신하게 하는 전기통신역무 및 음성 · 데이터 · 영상 등의 송신 또는 수신이 가능하도록 전기통신회선설비를 임대하는 전기통신역무를 말한다. 다만, 과학기술정보통신부장관이 정하여 고시하는 전기통신서비스(전기통신역무의 세부적인 개별 서비스를 말한다. 이하 같다)는 제외한다.
13. “부가통신역무”란 기간통신역무 외의 전기통신역무를 말한다.
14. “온라인 동영상 서비스”란 정보통신망을 통하여 「영화 및 비디오물의 진흥에 관한 법률」에 따른 비디오물 등 동영상 콘텐츠를 제공하는 부가통신역무를 말한다.
15. “앱 마켓사업자”란 부가통신역무를 제공하는 사업 중 모바일콘텐츠 등을 등록 · 판매하고 이용자가 모바일콘텐츠 등을 구매할 수 있도록 거래를 중개하는 사업을 하는 자를 말한다.
16. “특수한 유형의 부가통신역무”란 다음 각 목의 어느 하나에 해당하는 업무를 말한다.
    가. 「저작권법」에 따른 특수한 유형의 온라인서비스제공자의 부가통신역무
    나. 문자메시지 발송시스템을 전기통신사업자의 전기통신설비에 직접 또는 간접적으로 연결하여 문자메시지를 발송하는 부가통신역무
17. “전기통신번호”란 전기통신역무를 제공하거나 이용할 수 있도록 통신망, 전기통신서비스, 지역 또는 이용자 등을 구분하여 식별할 수 있는 번호를 말한다.
18. “와이파이”란 무선 접속 장치가 설치된 곳에서 전파 등을 이용하여 일정 거리 안에서 인터넷을 사용할 수 있는 근거리 통신망을 말한다.
19. “사물인터넷”이란 「지능정보화 기본법」에 따른 정보통신망을 통하여 사물에 관한 정보를 전자적 방식으로 수집 · 가공 · 저장 · 검색 · 송신 · 수신 및 활용하거나 사물을 관리 또는 제어하는 등의 방식으로 사물과 사람을 상호 연결하는 것을 말한다.

2) 전기통신사업

전기통신사업은 기간통신사업 및 부가통신사업으로 구분한다. 기간통신사업은 전기통신회선설비를 설치하거나 이용하여 기간통신역무를 제공하는 사업으로 한다. 부가통신사업은 부가통신역무를 제공하는 사업으로 한다.[58]

---

58) 전기통신사업법(법률 제19545호, 시행 2024. 1. 19) 제5조(전기통신사업의 구분 등).

기간통신사업을 경영하려는 자는 대통령령으로 정하는 바에 따라 재정 및 기술적 능력, 이용자 보호계획, 그 밖에 사업계획서 등 대통령령으로 정하는 사항 등의 사항을 갖추어 과학기술정보통신부장관에게 등록(정보통신망에 의한 등록을 포함한다)하여야 한다. 다만, 자신의 상품 또는 용역을 제공하면서 대통령령으로 정하는 바에 따라 부수적으로 기간통신역무를 이용하고 그 요금을 청구하는 자(이용요금을 상품 또는 용역의 대가에 포함시키는 경우도 같다)는 기간통신사업을 신고하여야 하며, 신고한 자가 다른 기간통신역무를 제공하고자 하는 경우에는 본문에 따라 등록하여야 한다. 과학기술정보통신부장관은 기간통신사업의 등록을 받는 경우에는 공정경쟁 촉진, 이용자 보호, 서비스 품질 개선, 정보통신자원의 효율적 활용 등에 필요한 조건을 붙일 수 있다. 이 경우 그 조건을 관보와 인터넷 홈페이지에 공고하여야 한다. 등록은 법인만 할 수 있으며, 등록의 요건, 절차, 그 밖에 필요한 사항은 대통령령으로 정한다. 다만, 전기통신회선설비의 종류와 설치 영역 등이 대통령령으로 정하는 기준에 해당하는 기간통신사업을 경영하려는 자가 국가 또는 지방자치단체, 외국정부 또는 외국법인, 외국정부 또는 외국인이 주식소유 제한을 초과하여 주식을 소유하고 있는 법인 등에 해당하는 경우에는 기간통신사업의 등록을 할 수 없다.[59]

부가통신사업을 경영하려는 자는 대통령령으로 정하는 요건 및 절차에 따라 과학기술정보통신부장관에게 신고(정보통신망에 의한 신고를 포함한다)하여야 한다. 특수한 유형의 부가통신역무를 제공하는 사업을 경영하려는 자는 정보통신망 이용촉진 및 정보보호 등에 관한 법률, 저작권법의 이행, 송신인의 전화번호가 변작 등 거짓으로 표시되는 것을 방지 등을 위한 기술적 조치 실시 계획, 업무수행에 필요한 인력 및 물적 시설, 재무건전성, 그 밖에 사업계획서 등 대통령령으로 정하는 사항 등을 갖추어 과학기술정보통신부장관에게 등록(정보통신망에 의한 등록을 포함한다)하여야 한다. 과학기술정보통신부장관은 부가통신사업의 등록을 받는 경우에는 계획을 이행하기 위하여 필요한 조건을 붙일 수 있다. 자본금 등이 대통령령으로 정하는 기준에 해당하는 소규모 부가통신사업을 경영하려는 자, 부가통신사업을 경영하려는 기간통신사업자 등에 해당하는 자는 부가통신사업을 신고한 것으로 본다. 부가통신사업을 신고한 자 및 부가통신사업을 등록한 자는 신고 또는 등록한 날부터 1년 이내에 사업을 시작하여야 한다. 과학기술정보통신부장관은 온라인 동영상 서비스를 제공하는 사업을 경영하려는 자로부터 부가통신사업 신고를 접수한 경우 3개월 이내에 그 사실을 문화체육관광부장관과 방송통신위원회에 통보하여야 한다. 신고 사항의 변경신고 또는 사업의 양도·양수 등의 신고를 접수한 경우에도 또한 같다. 신고 및 등록의

59) 전기통신사업법(법률 제19545호, 시행 2024. 1. 19) 제22조(부가통신사업의 신고 등), 제22조의2(등록 결격사유), 제22조의3(특수유형부가통신사업자의 기술적 조치 등).

요건, 절차, 그 밖에 필요한 사항은 대통령령으로 정한다.등록이 취소된 날부터 3년이 지나지 아니한 개인 또는 법인이나 그 취소 당시 그 법인의 대주주(대통령령으로 정하는 출자자를 말한다)이었던 자는 등록을 할 수 없다.[60]

3) 통신설비

방송통신은 유선·무선·광선(光線) 또는 그 밖의 전자적 방식에 의하여 방송통신콘텐츠를 송신(공중에게 송신하는 것을 포함한다)하거나 수신하는 것과 이에 수반하는 일련의 활동 등을 말하며, 방송법에 따른 방송, 인터넷 멀티미디어 방송사업법에 따른 인터넷 멀티미디어 방송, 전기통신기본법에 따른 전기통신 등을 포함한다. 방송통신설비와 관련한 주요용어의 정의는 다음과 같다.[61]

1. 방송통신콘텐츠란 유선·무선·광선 또는 그 밖의 전자적 방식에 의하여 송신되거나 수신되는 부호·문자·음성·음향 및 영상을 말한다.
2. 방송통신설비는 방송통신을 하기 위한 기계·기구·선로(線路) 또는 그 밖에 방송통신에 필요한 설비를 말한다.
3. “방송통신기자재”란 방송통신설비에 사용하는 장치·기기·부품 또는 선조(線條) 등을 말한다.
4. “방송통신서비스”란 방송통신설비를 이용하여 직접 방송통신을 하거나 타인이 방송통신을 할 수 있도록 하는 것 또는 이를 위하여 방송통신설비를 타인에게 제공하는 것을 말한다.
5. “방송통신사업자”란 관련 법령에 따라 과학기술정보통신부장관 또는 방송통신위원회에 신고·등록·승인·허가 및 이에 준하는 절차를 거쳐 방송통신서비스를 제공하는 자를 말한다.
6. “사업용방송통신설비”란 방송통신서비스를 제공하기 위한 방송통신설비로서 전기통신기본법에 따른 기간통신사업자 및 부가통신사업자가 설치·운용 또는 관리하는 방송통신설비, 방송법에 따른 전송망사업자가 설치·운용 또는 관리하는 방송통신설비,

60) 전기통신사업법(법률 제19545호, 시행 2024. 1. 19) 제22조(부가통신사업의 신고 등), 제22조의2(등록 결격사유).

61) 방송통신발전기본법(법률 제19152호, 시행 2023. 7. 4) 제2조(정의); 방송통신설비의 기술기준에 관한 규정(대통령령 제33014호, 시행 2023. 6. 7) 제3조(정의); 접지설비·구내통신설비·선로설비 및 통신공동구등에 대한 기술기준(국립전파연구원고시 제2022-23호, 시행 2023. 6. 7) 제3조(용어의 정의); 전기사업법 시행규칙(산업통상자원부령 제540호, 시행 2023. 12. 20) 제2조(정의).

인터넷 멀티미디어 방송사업법에 따른 인터넷 멀티미디어 방송 제공사업자가 설치·운용 또는 관리하는 방송통신설비 등의 설비를 말한다.

7. "이용자방송통신설비"란 방송통신서비스를 제공받기 위하여 이용자가 관리·사용하는 구내통신선로설비, 이동통신구내선로설비, 방송공동수신설비, 단말장치 및 전송설비 등을 말한다.
8. "국선"이란 사업자의 교환설비로부터 이용자방송통신설비의 최초 단자에 이르기까지의 사이에 구성되는 회선을 말한다.
9. "국선접속설비"란 사업자가 이용자에게 제공하는 국선을 수용하기 위하여 설치하는 국선수용단자반 및 이상전압전류에 대한 보호장치 등을 말한다.
10. "방송통신망"이란 방송통신을 행하기 위하여 계통적·유기적으로 연결·구성된 방송통신설비의 집합체를 말한다.
11. "전력선통신"이란 전력공급선을 매체로 이용하여 행하는 통신을 말한다.
12. "강전류전선"이란 전기도체, 절연물로 싼 전기도체 또는 절연물로 싼 것의 위를 보호피막으로 보호한 전기도체 등으로서 300볼트 이상의 전력을 송전하거나 배전하는 전선을 말한다.
13. "교환설비"란 다수의 전기통신회선(이하 "회선"이라 한다)을 제어·접속하여 회선 상호 간의 방송통신을 가능하게 하는 교환기와 그 부대설비를 말한다.
14. "전송설비"란 교환설비·단말장치 등으로부터 수신된 방송통신콘텐츠를 변환·재생 또는 증폭하여 유선 또는 무선으로 송신하거나 수신하는 설비로서 전송단국장치·중계장치·다중화장치·분배장치 등과 그 부대설비를 말한다.
15. "선로설비"란 일정한 형태의 방송통신콘텐츠를 전송하기 위하여 사용하는 동선·광섬유 등의 전송매체로 제작된 선조·케이블 등과 이를 수용 또는 접속하기 위하여 제작된 전주·관로·통신터널·배관·맨홀(manhole)·핸드홀(손이 들어갈 수 있는 구멍을 말한다. 이하 같다)·배선반 등과 그 부대설비를 말한다.
16. "전력유도"란 「철도의 건설 및 철도시설 유지관리에 관한 법률」에 따른 고속철도나 「도시철도법」에 따른 도시철도 등 전기를 이용하는 철도시설(이하 "전철시설"이라 한다) 또는 전기공작물 등이 그 주위에 있는 방송통신설비에 정전유도나 전자유도 등으로 인한 전압이 발생되도록 하는 현상을 말한다.
17. "전원설비"란 수변전장치, 정류기, 축전지, 전원반, 예비용 발전기 및 배선 등 방송통신용 전원을 공급하기 위한 설비를 말한다.
18. "단말장치"란 방송통신망에 접속되는 단말기기 및 그 부속설비를 말한다.

19. "구내통신선로설비"란 국선접속설비를 제외한 구내 상호간 및 구내 · 외간의 통신을 위하여 구내에 설치하는 케이블, 선조(線條), 이상전압전류에 대한 보호장치 및 전주와 이를 수용하는 관로, 통신터널, 배관, 배선반, 단자 등과 그 부대설비를 말한다.
20. "이동통신구내중계설비"란 구내에 사업자가 설치 · 관리하는 전기통신사업법에 따른 구내용 이동통신설비로서 중계장치, 급전선(給電線), 안테나와 그 부대시설을 말한다.
21. "이동통신구내선로설비"란 구내에 건축법에 따른 건축주, 주택법에 따른 사업주체 또는 도시철도법에 따른 도시철도건설자가 설치 · 관리하는 구내용 이동통신설비로서 관로, 배관, 전원단자, 통신용접지설비와 그 부대시설을 말한다.
22. "정보통신설비"란 유선 · 무선 · 광선이나 그 밖에 전자적 방식에 따라 부호 · 문자 · 음향 또는 영상 등의 정보를 저장 · 제어 · 처리하거나 송수신하기 위한 기계 · 기구 · 선로나 그 밖에 필요한 설비를 말한다.
23. "국선단자함"이란 국선과 구내간선케이블 또는 구내케이블을 종단하여 상호 연결하는 통신용 분배함을 말한다.
24. "통신선"이라 함은 절연물로 피복한 전기도체 또는 절연물로 피복한 위를 보호피복으로 보호한 전기도체 및 광섬유 등으로써 통신용으로 사용하는 선을 말한다.
25. "이격거리"라 함은 통신선과 타물체(통신선을 포함한다)가 기상조건에 의한 위치의 변화에 의하여 가장 접근한 경우의 거리를 말한다.
26. "강전류절연전선"이라 함은 절연물만으로 피복되어 있는 강전류전선을 말한다.
27. "강전류케이블"이라 함은 절연물 및 보호물로 피복되어 있는 강전류전선을 말한다.
28. "회선"이라 함은 전기통신의 전송이 이루어지는 유형 또는 무형의 계통적 전기통신로를 말하며, 그 용도에 따라 국선 및 구내선 등으로 구분한다.
29. "이용자"라 함은 구내통신설비를 소유하거나 사용하는 자를 말한다.
30. "사업자"라 함은 방송통신서비스를 제공하는 방송통신사업자를 말한다.
31. "구내간선케이블"이라 함은 구내에 두 개 이상의 건물이 있는 경우 국선단자함에서 각 건물의 동단자함 또는 동단자함에서 동단자함까지의 건물 간 구간을 연결하는 통신케이블을 말한다.
32. "건물"은 지상부가 외형적으로 분리된 경우를 말하며, 2개 이상 건물의 지하층 또는 지상층 일부가 주차장이나 통로 등으로 연결된 경우에도 각각의 건물로 본다. 다만, 국선단자함이 설치되는 공간(집중구내통신실 등)은 별도 건물로 적용할 수 있다.
33. "건물간선케이블"이라 함은 동일 건물 내의 국선단자함이나 동단자함에서 층단자함까지 또는 층단자함에서 층단자함까지의 구간을 연결하는 통신케이블을 말한다.

34. "수평배선케이블"이라 함은 층단자함에서 통신인출구까지를 연결하는 통신케이블을 말한다.
35. "동단자함"이라 함은 구내간선케이블 및 건물간선케이블을 종단(終端)하여 상호 연결하는 통신용 분배함을 말한다.
36. "층단자함"이라 함은 건물간선케이블 및 수평배선케이블을 종단하여 상호 연결하는 통신용 분배함을 말한다.
37. "세대단자함"이라 함은 세대내에 인입(引入)되는 통신선로, 방송공동수신설비 또는 홈네트워크설비 등의 배선을 효율적으로 분배 · 접속하기 위하여 이용자의 주거전용 면적에 포함되는 실내공간에 설치되는 분배함을 말한다.
38. "세대내 성형배선"(이하 "성형배선"이라 한다)이라 함은 세대단자함 또는 이와 동등한 기능이 있는 단자함에서 각 인출구로 직접 배선되는 방식을 말한다.
39. "급전선"이라 함은 전파에너지를 전송하기 위하여 송신장치나 수신장치와 안테나 사이를 연결하는 선을 말한다.
40. "중계장치"라 함은 선로의 도달이 어려운 지역을 해소하기 위해 사용하는 증폭장치 등을 말한다.
41. "홈네트워크 주장치(홈게이트웨이, 월패드, 홈서버 등을 포함한다)"라 함은 세대내에서 사용되는 홈네트워크 기기들을 유 · 무선 네트워크 기반으로 연결하고 홈네트워크 서비스를 제공하는 기기를 말한다.
42. "저압"이란 1500볼트 이하의 전압을 말하고, 교류에서는 1000볼트 이하의 전압을 말한다.
43. "고압"이란 직류에서는 1500볼트를 초과하고 7천볼트 이하인 전압을 말하고, 교류에서는 1000볼트를 초과하고 7천볼트 이하인 전압을 말한다.
44. "특고압"이란 7천볼트를 초과하는 전압을 말한다.

2. 통신이론

1) 신호

데이터를 전달하기 위하여 데이터의 크기를 전기나 자기의 주기성 파형으로 표현하는 것을 신호(Signal)라고 하며, 전기통신에서 사용하는 신호는 아날로그 신호(Analog Signal)와 디지털 신호(Digital Signal)가 있다. [그림 2-7]은 아날로그 및 디지털 신호를 예시한 것이다.

아날로그 신호는 신호의 개별 값과 값이 서로 단절되는 것이 아니라 연속되는 값으로 표현하는 것으로 전압, 압력, 온도 등과 같이 연속적으로 변하는 신호를 말한다.

디지털 신호는 연속적인 값으로 표현되는 아날로그 신호와는 달리 모든 정보를 이산적인 값으로 표현하는 것으로 컴퓨터 등 정보기기를 이용한 정보통신에서는 대부분 디지털 신호를 이용한다. 디지털 통신의 경우에는 일반적으로 통신속도를 bits/sec로 나타낸다.

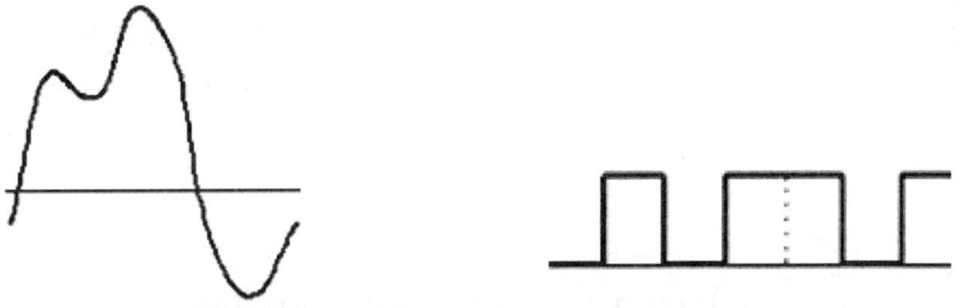

[아날로그 신호]　　[디지털 신호]

[그림 2-7] 아날로그 신호 / 디지털 신호

2) 주파수

1초 동안에 신호의 반복 회수를 주파수(Frequency, f)라고 하고 헤르츠(Hz)라는 단위를 사용한다. 1개의 신호 시간적인 길이를 파장(λ)이라 하고, 신호의 반복 주기(T)를 사이클(Cycle)이라고 하며, 주기적으로 진동하는 신호의 진동 폭을 진폭(Amplitude)라고 한다. 주파수(f)와 주기(T)의 관계식은 다음과 같다.

$$f = \frac{1}{T}\,[Hz] \quad \text{또는} \quad T = \frac{1}{f}\,[\mathrm{sec}]$$

전파의 주파수는 3,000kHz 이하의 것은 kHz, 3,000kHz 초과 3,000MHz 이하의 것은 MHz, 3,000MHz를 초과 3,000GHz 이하의 것은 GHz로 표시한다. 주파수에 따른 신호의 변화를 [그림 2-8]에, 진폭과 파장을 [그림 2-9]에, 파수 범위별 전파 구분을 [그림 2-10]에 정리하였고, 주파수 범위별 전파 명칭을 [표 2-18]에 정리하였다.

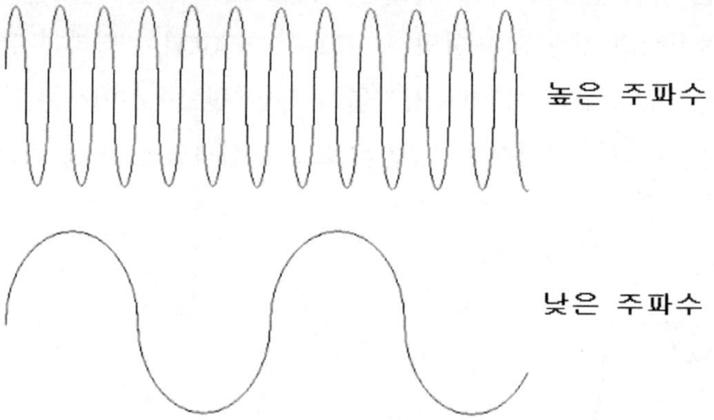

[그림 2-8] 주파수에 따른 신호의 변화

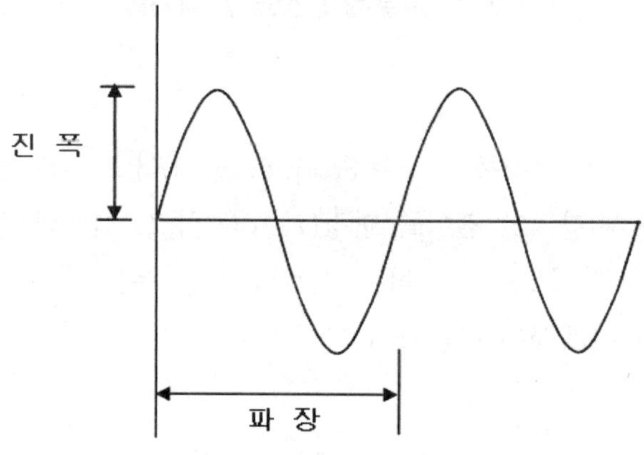

[그림 2-9] 진폭과 파장

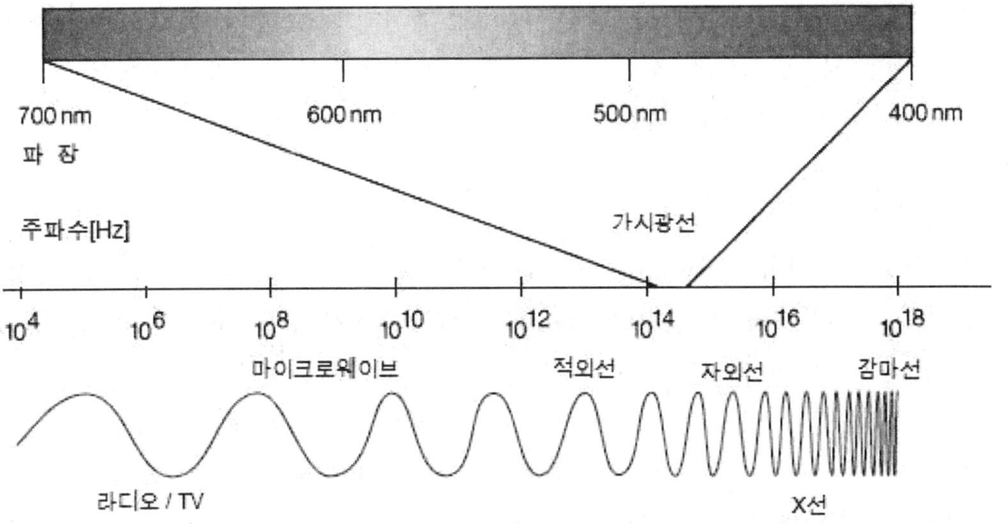

[그림 2-10] 주파수 범위별 전파 구분

[표 2-18] 주파수 범위별 전파 명칭

주파수 범위	전파(영문)	전파(국문)
3kHz 초과 30kHz 이하	VLF	초장파
30kHz 초과 300kHz 이하	LF	장파
300kHz 초과 3,000kHz 이하	MF	중파
3MHz 초과 30MHz 이하	HF	단파
30MHz 초과 300MHz 이하	VHF	초단파
300MHz 초과 3,000MHz 이하	UHF	극초단파
3GHz 초과 30GHz 이하	SHF	마이크로파
30GHz 초과 300GHz 이하	EHF	마이크로파
300GHz 초과 3,000GHz 이하	미분배	마이크로파

3) 전송선로

전송선로는 저손실, 광대역, 저누화, 저잡음, 고신뢰성, 건설성, 경제성 등의 조건을 충족해야 하며, 전송선로의 종류, 전송선로의 형태 등으로 구분하여 설명할 수 있다.

전송선로의 종류는 교환회선과 전용회선으로 구분할 수 있다. 교환회선은 공중교환망을 통하여 연결되는 회선이다. 전용회선은 전송선로의 경로가 교환기를 경유하지 않고 직접 연결되는 회선이다.

전송선로의 형태는 Point-to-Point 방식, Multidrop 방식, 혼합형 방식 등으로 구분할 수 있다. Point-to-Point 방식은 정보원(Source)을 수용하는 것이 1개의 정보 수신 상태로 연결되는 방식이다. Multidrop 방식은 1개의 회선에 여러 개의 단말기를 사용하여 정보 교환을 진행하는 방식으로, 회선 사용 빈도가 높아 전송선 제어가 복잡하다. 혼합형 방식은 Point-to-Point 방식과 Multidrop 방식을 결합한 방식이다.

4) 통신방식

통신방식에는 단방향 통신(Simplex), 반이중 통신(Half Duplex), 전이중 통신(Full Duplex) 등이 있다. 단방향 통신(Simplex)은 2선식 회선을 사용하며 TV, 라디오 등과 같이 어느 한 방향으로만 데이터 전송이 가능하다. 반이중 통신(Half Duplex)은 양방향 통신은 가능하나 순간적으로는 한쪽 방향으로 송신이 가능하고 동시에 송·수신하는 것은 불가능한데 무전기, 팩스 등과 같이 송신측과 수신측이 교대하여 데이터를 송·수신하여야 한다. 전이중 통신(Full Duplex)은 4선식 회선을 사용하여 전화기, 정보통신 등과 같이 동시에 양방향으로 송·수신이 가능하다.

접속형식에 따른 분류는 2선식 전송회선, 4선식 전송회선으로 구분할 수 있으며, 교환방식에 따른 분류는 교환회선, 전용회선으로 구분할 수 있다. 통신회선 접속방식에 분류는 인터넷(Internet)과 같이 하나의 통신선로 또는 채널(Channel)에 2개의 단말이 연결되는 경우를 점 대 점(Point to Point), TV, 라디오, 전화 등과 같이 하나의 통신선로 또는 채널에 2개 이상의 단말이 연결되는 경우를 점 대 다(Multi-Point)라고 한다.

5) 변조와 복조

데이터 전송을 위해서는 신호 변환이 필수적인데 송신에서 신호의 전송을 위해 고주파에서 저주파 신호를 포함시키는 과정을 변조(Modulation)라고 하며, 피변조파를 수신하여 이에 포함된 데이터를 추출하는 과정을 복조(Demodulation)이라고 한다. 변조 없이 데이터 자체를 송·수신 하는 방식을 베이스밴드(Baseband) 방식이라고 하며, 기타 다양한 변조 방식은 다음과 같다.

아날로그 변조방식은 아날로그 데이터를 아날로그 신호로 변환하는 방식으로 진폭변조(AM), 주파수변조(FM), 위상변조(PM) 등이 있다. 디지털 변조방식은 디지털 데이터를 아날로그 신호로 변환하는 방식으로 진폭편이변조(ASK), 주파수편이변조(FSK), 위상편이변조(PSK), 진폭위상편이변조(APK), 진폭위상변조(AMPM) 등이 있다. 펄스코드부호 변조방식(PCM)은 아날로그 데이터를 디지털 신호로 변환하는 방식으로 표본화(Sampling), 양자화(Quantization), 부호화(Encoding), 복호화(Decoding) 순서로 진행된다. Digital

Service Unit 방식(DSU)은 디지털 데이터를 디지털 신호로 변환하는 방식으로 디지털 신호를 변조하지 않고 송신측과 수신측 간에 유니폴라(Unipolar) 신호를 바이폴라(Bipolar) 신호로 상호 교환한다.

3. 정보통신

1) 정보통신의 개념

정보를 처리하는 컴퓨터와 정보 전송을 하는 전기통신이 결합한 통신방식을 정보통신(Data Communication)이라고 하는데, 전기통신 회선에 문자, 부호, 영상, 음향 등 정보를 처리하는 장치나 그에 부수된 입·출력 장치, 기타의 기기에 접속하여 정보를 송·수신 또는 처리하는 전기통신이다. 정보통신은 고속 전송, 다중 전송, 광대역 전송, 고품질 통신이 가능하며, 에러제어방식을 사용하여 신뢰도가 높고, 경제성이 높으며, 응용 범위가 넓다는 장점이 있다. 반면에 전문적인 기술과 별도의 장비가 필요하다는 단점이 있다.

정보통신은 법률적으로는 전기통신에 해당하는데 정보통신과 관련한 주요 용어를 정리하면 다음과 같다.[62)]

1. “정보통신설비”란 유선, 무선, 광선, 그 밖의 전자적 방식으로 부호·문자·음향 또는 영상 등의 정보를 저장·제어·처리하거나 송수신하기 위한 기계·기구(器具)·선로(線路) 및 그 밖에 필요한 설비를 말한다.
2. “정보통신공사”란 정보통신설비의 설치 및 유지·보수에 관한 공사와 이에 따르는 부대공사(附帶工事)로서 대통령령으로 정하는 공사를 말한다.
3. “정보통신공사업”이란 도급이나 그 밖에 명칭이 무엇이든 이 법을 적용받는 정보통신공사(이하 “공사”라 한다)를 업(業)으로 하는 것을 말한다.
4. “정보통신공사업자”란 이 법에 따른 정보통신공사업의 등록을 하고 공사업을 경영하는 자를 말한다.
5. “용역”이란 다른 사람의 위탁을 받아 공사에 관한 조사, 설계, 감리, 사업관리 및 유지관리 등의 역무를 하는 것을 말한다.
6. “용역업”이란 용역을 영업으로 하는 것을 말한다.
7. “용역업자”란 엔지니어링산업 진흥법에 따라 엔지니어링사업자로 신고하거나 기술사법에 따라 기술사사무소의 개설자로 등록한 자로서 통신·전자·정보처리 등 대통령령으

62) 정보통신공사업법(법률 제18737호, 시행 2022. 7.12) 제2조(정의).

로 정하는 정보통신 관련 분야의 자격을 보유하고 용역업을 경영하는 자를 말한다.

8. "설계"란 공사(건축사법에 따른 건축물의 건축등은 제외한다)에 관한 계획서, 설계도면, 설계설명서, 공사비명세서, 기술계산서 및 이와 관련된 서류(이하 "설계도서"라 한다)를 작성하는 행위를 말한다.
9. "감리"란 공사(건축사법에 따른 건축물의 건축등은 제외한다)에 대하여 발주자의 위탁을 받은 용역업자가 설계도서 및 관련 규정의 내용대로 시공되는지를 감독하고, 품질관리 · 시공관리 및 안전관리에 대한 지도 등에 관한 발주자의 권한을 대행하는 것을 말한다.
10. "감리원"이란 공사(건축사법에 따른 건축물의 건축등은 제외한다)의 감리에 관한 기술 또는 기능을 가진 사람으로서 과학기술정보통신부장관의 인정을 받은 사람을 말한다.
11. "발주자"란 공사(용역을 포함한다)를 공사업자(용역업자를 포함한다)에게 도급하는 자를 말한다. 다만, 수급인으로서 도급받은 공사를 하도급하는 자는 제외한다.
12. "도급"이란 원도급, 하도급, 위탁, 그 밖에 명칭이 무엇이든 공사를 완공할 것을 약정하고, 발주자가 그 일의 결과에 대하여 대가를 지급할 것을 약정하는 계약을 말한다.
13. "하도급"이란 도급받은 공사의 일부에 대하여 수급인이 제3자와 체결하는 계약을 말한다.
14. "수급인"이란 발주자로부터 공사를 도급받은 공사업자를 말한다.
15. "하수급인"이란 수급인으로부터 공사를 하도급받은 공사업자를 말한다.
16. "정보통신기술자"란 국가기술자격법에 따라 정보통신 관련 분야의 기술자격을 취득한 사람과 정보통신설비에 관한 기술 또는 기능을 가진 사람으로서 과학기술정보통신부장관의 인정을 받은 사람을 말한다.

2) 정보통신시스템

정보통신시스템은 크게 정보처리시스템(데이터 전송계)와 정보처리시스템(데이터 처리계)로 구분할 수 있다.

정보처리시스템(데이터 전송계)은 ① 정보처리시스템(데이터 전송계)의 양 끝단에 위치하는 데이터회선종단장치(DCE, Data Circuit-terminating Equipment), ② 컴퓨터나 단말기의 디지털 신호를 아날로그 신호로 변조하여 아날로그 통신회선으로 전송하고 통신회선으로부터 수신된 아날로그 신호를 원래의 디지털 신호로 복조하여 컴퓨터나 단말기로 전달하는 변복조기(MODEM, Modulator/Eemodulator), ③ 디지털 전송선로를 이용하여 디지털 신호를 전송할 수 있도록 단극성 신호를 양극성 신호로 변환하는 회선종단장치(DSU, Digital Service Unit), ④ 정보처리시스템(데이터 전송계)과 정보처리시스템(데이터 처리계)의 중간에 위치하여 서로 연결하는 통신제어장치(FEP, Front-End Processor), ⑤ 사람이 입력하는 데이터를 정보통신시스템에 전송하거나, 정보통신시스템에서 처리 또는 가공된 데이터를 사람에게 제공하는 기기인 단말장치(Terminal) 등이 있다. ⑥ 이 외에 통신회선도 정보처리시스템(데이터 전송계)에 포함될 수 있다.

데이터 처리계는 ① 정보처리를 담당하는 중앙처리장치, 기억장치, 입력장치 등 컴퓨터를 의미하는 데이터단말장비(DTE, Data Terminal Equipment), ② 운영체제(OS, Operating System), ③ 컴퓨터와 단말장치 간 데이터 전송을 제어하는 통신제어프로그램, ④ 입력된 신호를 처리하는 응용프로그램 등으로 구성된다. 일반적으로 정보처리시스템(데이터 전송계)의 단말장치(Terminal)로부터 통신회선을 경유하여 전송된 데이터를 분석하고, 이에 대한 응답을 보내거나 다른 출력장치로 내보낸다.

3) 전송방식

전송방식은 직렬 전송(Serial Transmission)과 병렬 전송(Parallel Transmission), 동기 전송(Synchronous Transmission), 비동기 전송(Asynchronous Transmission) 등이 있다.

직렬 전송(Serial Transmission)은 데이터를 구성하는 각각의 비트들을 순차적으로 송·수신하는 전송방식으로 RS-232C(Recommended Standard Revision C), RS-422, RS-485 등이 주로 사용된다. 직렬 전송은 속도가 느리다는 단점에 비해 전송 비용이 적게 들기 때문에 장거리 전송에 널리 이용된다. RS-232C는 컴퓨터들과 관련 장치들 간에 비교적 느린 속도의 직렬 데이터 통신을 하기 위한 물리적 연결과 프로토콜에 관해 기술하고 있는 오래된 표준으로, 컴퓨터가 모뎀과 같은 다른 직렬장치들과 데이터를 주고받기 위해 사용하는 인터페이스이며 데이터의 안정성을 최대로 유지할 수 있는 최대 신호전송거리는 15m 정도이다. RS-422은 기존 규격(RS-232)을 대체하기 위해 설계된 것으로 더 빠른 속도를 제공하면서도 전기적인 간섭에 더욱 강해졌기 때문에 신호를 보다 먼 거리까지 송신할 수 있는데 최대 신호 전송거리는 1,200m 멀티포인트(Multi Point) 접속을 지원한다. RS-423는 점 대 점(Point-to-Point) 방식을 지원하므로 많이 사용되지 않는다. RS-485는 멀티포인트 통신회선을 위한 표준으로 RS-422과 비슷하지만, 낮은 임피던스 구동기와 수신기를 사용함으로써 RS-422보다 회선 당 노드 수를 더 많이 허용하고, 또한 부하가 적어서 한 선에 많은 선을 연결할 수 있으며, 최대 신호 전송거리는 1,200m이다.

병렬 전송(Parallel Transmission)은 데이터를 구성하는 각각의 비트들을 각각의 전송로를 통해 동시 송 · 수신하는 전송방식으로 속도가 빠르다. 송 · 수신 거리에 따라서 전송로의 설치비용이 높아지므로 단거리에 주로 사용된다.

동기화(Synchronization)는 데이터를 송 · 수신하기 위하여 송신측과 수신측 간에 전송 시간과 속도를 맞추기 위하여 사용되는 기법이다. 동기 전송(Synchronous Transmission)은 전송할 데이터를 다수의 블록으로 나누어 각 블록 단위로 전송하는 방식으로, 블록의 앞쪽에 동기 문자가 있으며, 문자로 동기를 일치시키는 문자동기방식과 비트 단위로 동기를 맞추는 비트 동기방식으로 구분할 수 있다. 비동기 전송(Asynchronous Transmission)은 한 번에 하나의 비트(bit)를 보내는 전송방식으로 전송되는 각 문자의 시작 비트와 종료 비트를 사용하여 동기를 일치시킨다.

4) 통신규약(Protocol)

정보통신에서 데이터의 전송을 수행하는 두 개의 컴퓨터 시스템 사이에서 상호 간에 전달되는 데이터의 형식을 통신규약(Protocol)이라고 한다. 국제표준화기구(ISO)에서 서로 다른 컴퓨터 간의 컴퓨터 통신을 위해 개발한 규약인 OSI 7계층이 일반적이다(표 2-19 참조).

[표 2-19] OSI 7 계층

구 분		주 요 내 용
1계층	물리적 계층 (Physical Layer)	물리적 통신매체에 접근하기 위한 기계적, 전기적, 기능적, 절차적 특성을 규정
2계층	데이터 링크 계층 (Data Link Layer)	통신망을 통하여 전달되는 데이터의 오류 회복 및 흐름 제어 등과 같은 작업을 수행
3계층	통신망 계층 (Network Layer)	두 개의 장치 사이에 대한 연결을 구성, 유지 및 종료하는 기능을 수행
4계층	전송 계층 (Transport Layer)	상위계층들이 하위에 있는 통신망의 구조에 대하여 독립적으로 동작하도록 하는 기능을 수행
5계층	세션 계층 (Session Layer)	통신을 하는 두 개의 응용 프로그램 사이에서 대화를 위한 하나의 논리적 구조를 설정
6계층	표현 계층 (Presentation Layer)	데이터의 형식에 상관없이 작업 수행이 가능하도록 데이터의 형식 변환 및 암호화 등을 규정
7계층	응용 계층 (Application Layer)	통신을 하는 응용 프로그램이 통신망을 통하여 필요한 서비스를 제공받도록 하는 기능 수행

5) 통신망의 분류

데이터를 교환하기 위한 통신망은 거리, 속도, 용도 등을 고려하여 구성하는데 근거리 통신망(Local Area Network, LAN), 부가가치 통신망(Value Added Network, VAN), 광역 통신망(Wide Area Network, WAN), 종합정보통신망(Integrated Service Digital Network, ISDN), 인터넷(Internet) 등이 있다.

근거리 통신망(LAN)은 하나의 사무실, 하나의 빌딩 등과 같이 근거리에 인접한 컴퓨터 시스템들을 연결하는 통신망을 의미하며 통상적으로 반경 수백 미터 또는 수 Km 이내 한정된 지역에서 0.1~100Mbps 정도의 통신속도를 가진다. 광역 통신망(WAN)은 지방과 지방, 국가와 국가, 대륙과 대륙 등과 같이 장거리 지역 사이를 연결하는 통신망을 의미하며 높은 전문성과 안전성을 지닌다. 종합정보통신망(ISDN)은 모든 데이터를 디지털 신호로 생성하여 문자, 그림, 음성, 화상, 팩스, 전신 등과 같은 다양한 서비스를 제공하는 통신망을 의미하는데 전화망과 데이터망을 단일망으로 수용한다.

인터넷(Internet)은 근거리 통신망(LAN) 등 소규모 통신망을 상호 접속하는 형태에서 시작하여 현재는 전 세계를 연결하는 컴퓨터 통신망으로 발전하였다. 인터넷에서 이용할 수 있는 서비스는 월드와이드웹(WWW: World Wide Web, 하이퍼텍스트 정보검색), 전자우편(E-mail), 원격 컴퓨터 연결(Telnet), 파일 전송(FTP), 유즈넷 뉴스(Usenet News), 인터넷 정보 검색(Gopher), 인터넷 대화와 토론(IRC), 전자 게시판(BBS), 온라인 게임 등 다양하며 동화상이나 음성 데이터를 실시간으로 방송하는 서비스나 비디오 회의 등 새로운 서비스가 차례로 개발되었다.[63]

인터넷에서 사용하는 기본적인 통신 프로토콜은 TCP/IP로서 근거리 통신망(LAN)이나 광역 통신망(WAN)과 같은 사설 통신망에서도 사용된다. 사용자가 인터넷에 접속하기 위해 자신의 컴퓨터를 설정할 때 TCP/IP 프로그램이 설치되며, 이를 통해서 같은 TCP/IP 프로토콜을 사용하고 있는 다른 컴퓨터 사용자와 정보를 송·수신이 가능하다.

6) 통신망의 형태[64]

정보통신망의 형태에는 단말기기와 노드 간의 연결 형태에 따라 성형(Star Type), 트리형(Tree Type), 링형(Ring Type), 버스형(Bus Type), 망형(Mesh Type) 등으로 구분할 수 있다[그림 2-11 참조].

성형(Star Type)은 중앙에 컴퓨터나 교환기가 위치하고 주변에 분산되어 있는 단말기기

63) 네이버, http://100.naver.com, 검색일: 2010. 1. 2.
64) 주일엽, 기계경비기획설계, 도서출판 진영사, 2012, pp.135-137.

들이 연결하는 방식이다. 일반적으로 온라인(On-Line) 시스템에 많이 사용하며, 중앙 집중식으로 통신망 구성이 간편하여 구축 비용이 저렴하고 고장의 인지와 복구가 용이하나 중앙에 위치한 컴퓨터나 교환기가 고장이 발생할 경우에는 정보통신망 전체에 영향을 미칠 수 있다는 단점이 있다.

트리형(Tree Type)은 성형(Star Type)과 유사하나 일정 지역의 단말기기까지는 중앙의 컴퓨터나 교환기에 직접 연결되지만 일정 범위를 넘어서는 단말기기는 일정 지역에 설치된 단말기기에 추가로 연결하는 방식이다. 신호를 하위 단말기기에 분배하는 단방향 전송에 적합하며, 성형(Star)에 비해 통신 회선을 절약할 수 있고 일정 지역에 설치된 단말기기를 컴퓨터로 대체할 경우에는 분산처리시스템으로 사용할 수 있다.

링형(Ring Type)은 컴퓨터와 단말기기의 연결을 서로 이웃하는 기기끼리만 연결하는 방식이다. 양 방향으로 전송이 가능하고, 전송선로에 장애가 발생할 경우에 관리(발견 및 복구)가 용이하며, 우회 기능을 통한 신호 전달이 가능하도록 구성하여야 하는데 일반적으로 근거리 통신망(LAN)에 주로 사용한다.

버스형(Bus Type)은 1개의 전송선로에 다수의 컴퓨터와 단말기기를 연결하는 방식이다. 전송선로가 1개이므로 컴퓨터와 단말기기의 설치, 추가, 제거 등 구성이 용이하며 1개의 단말기기가 접속되는 노드의 고장은 그 노드에만 영향을 주고 다른 단말기기가 접속되는 다른 노드는 문제가 발생하지 않는다.

망형(Mesh Type)은 모든 컴퓨터와 단말기기를 서로 연결하는 방식이다. 전송선로에 장애가 발생할 경우에 우회전송이 용이하며, 전송회선 설치비용이 낮고 교환비용이 높을 경우에 사용하는데 공중전화망(Public Switched Telephone Network, PSTN)이나 공중데이터통신망(Public Switched Data Network, PSDN) 등 공용통신망에 주로 사용한다.

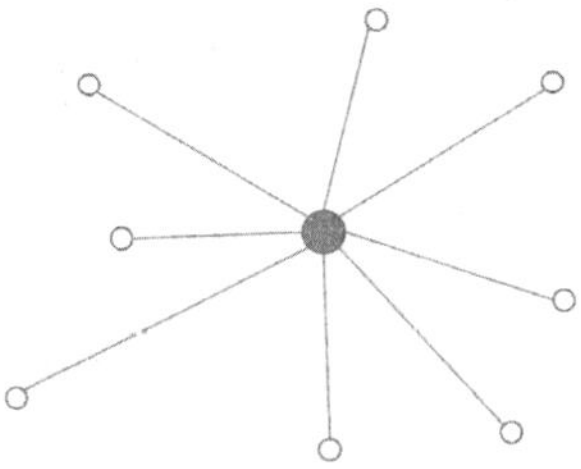

[성형]

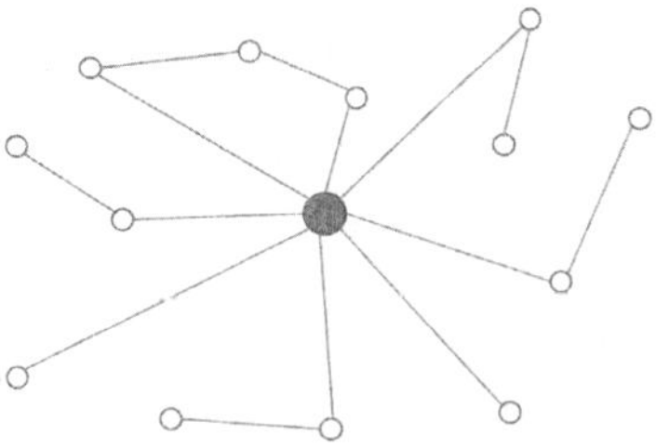

[트리형]

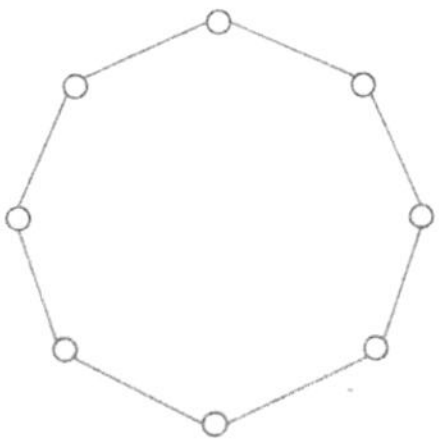

[링형]

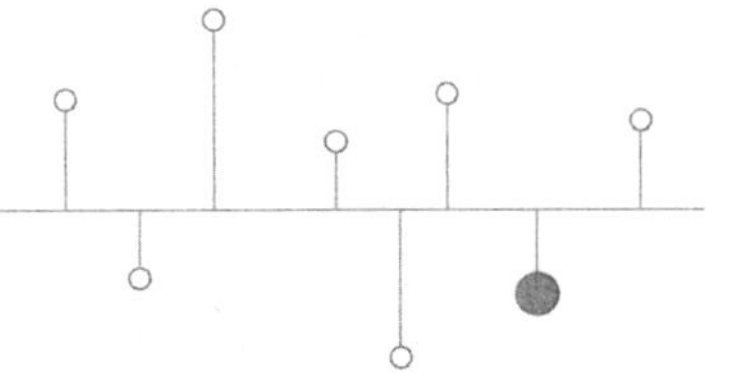

[버스형]

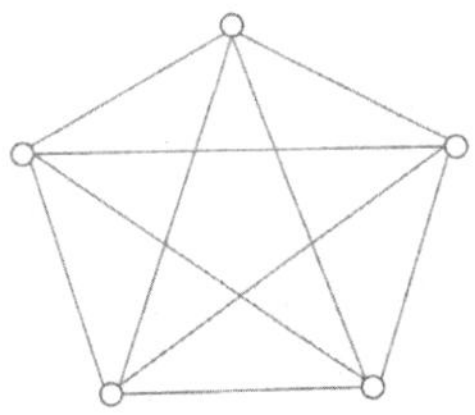

[망형]

[그림 2-11] 정보통신망의 형태

제3장 기계경비시스템

제1절 기계경비시스템의 개념

1. 기계경비시스템의 의의

1) 기계경비시스템의 정의

기계경비시스템(Electronic Security System)은 방범경보시스템(Security Alarm System), 시스템경비(System Security), 침입감지시스템(Intrusion Detection System), 도난경보시스템(Burglar Alarm System) 등 다양한 용어와 함께 사용되고 있다. 기계경비시스템에 대한 주요 정의를 살펴보면 다음과 같다.

1. 기계경비시스템(Electronic Security System)은 생명, 재산, 시설물의 안전보호를 목적으로 기계장치를 이용하여 24시간 365일 항상 같은 상태, 같은 조건으로 감시하여 완벽하게 경비목적물을 보호하고 지키는 것이며 크게 구분하면 로컬(Local) 기계경비와 무인 기계경비로 나뉜다.[65]
2. 방범경보시스템(Security Alarm System)은 경비업의 경비대상시설의 이상 유무를 경비대상시설 이외의 장소에 설치한 관제시설에서 원격으로 감시하고 필요할 때 경비업체의 근무자(대처요원)가 현장으로 출동하여 계약된 업무 혹은 필요한 업무를 수행하고, 사후에 필요한 사항을 기록 유지함으로써 고객에게 안심감, 만족감 및 편의감을 제공하는 시스템이다.[66]
3. 시스템경비(System Security)는 로컬(Local) 기계경비시스템과 무인 기계경비시스템으로 구분된다.[67]
4. 침입감지시스템(Intrusion Detection System)은 침입상황과 같은 이상상황을 현장에 설치된 각종 센서에서 감지하여 그 정보를 경보형태로 제공하여 이상상황에 적절하게 대응할 수 있도록 하는 시스템을 말한다.[68]

---

65) 이강열, 기계경비개론, 백산출판사, 2008, p.119.
66) 신상엽, 기계경비론, 백산출판사, 2008, p.63.
67) 안창훈 · 이강열 · 최주호, 시큐리티시스템 개론, 인포더, 2004, pp.48-49.
68) 정태황, 기계경비개론, 백산출판사, 2007, p.35.

5. 기계경비시스템(Electronic Security System)은 기계장치에 의해 감시하고 사람에 의해 조치하는 경비시스템으로 로컬(Local) 경비시스템과 무인 경비시스템으로 구분한다.69)

지금까지의 기계경비시스템 관련 정의를 기초로 다음과 같이 기계경비시스템을 정의하고자 한다. 기계경비시스템(Electronic Security System)은 사람의 생명과 재산, 시설물, 정보 등 중요한 자산을 보호하기 위하여 감지기 등 다양한 전자 · 전기 · 기계 장치를 이용하여 감시하고 이상이 발생할 경우 사람 및 기계장치의 상호 협력에 의해 대처하는 시스템을 말한다. 상주인력의 배치 유무에 따라 상주인력이 배치되는 로컬(Local) 기계경비시스템, 원격지의 관제센터 및 대처요원(출동요원)에 의해 운영되는 무인 기계경비시스템으로 구분한다.

2) 기계경비시스템의 기능

기계경비시스템의 기본기능은 지연기능(Delay Function), 감지기능(Detection Function), 감시기능(Monitoring Function), 그리고 대처기능(Response Function) 등 크게 4가지로 구분할 수 있다.70)

지연기능은 보호대상 또는 관리대상 시설에 불법적인 침입을 방해하거나 지연시키기 위하여 물리적인 저지를 통해 기계경비 서비스를 제공할 수 있는 시간을 확보하는 기능이다. [표 3-1]은 기계경비시스템의 지연기능을 이용한 지연시간을 예시한 것이다.

69) 한국경비협회, 한국경비협회규격(SPS KSAS 0001-1212) 제1항, 2005.
70) John Sanger, BASIC ALARM ELECTRONICS, BOSTON MA: Butterworth-Heinmann Publishers, 1987; 신상엽, 기계경비론, 백산출판사, 2008, pp.63-65, 재인용.

[표 3-1] 기계경비시스템의 지연기능을 이용한 지연시간[71]

구 분	지연 수단	지연 시간	감지 수단
1	담장 / 울타리	8~ 10 sec	외곽침입감지시스템
2	정원 / 마당	3 m/sec	마이크로웨이브 감지기
3	출입문 / 벽 / 창문	1~ 2 min	자석 감지기 유리충격 감지기
4	실내문	2~ 4 min	자석 감지기
5	금고 등 보호장치	3 min	열선 감지기 금고 감지기
최대 지연시간		9 min 20 sec	

감지기능은 감지기를 이용하여 이상상황을 감지하여 전기 또는 전자적으로 출력하는 것이며, 출력되는 신호를 처리하여 경보를 발하거나 신호를 전송하는 기능을 포함한다.

감시기능은 현장감시소 또는 원격감시소(중앙관리센터 또는 관제시설)에서 보호대상 또는 관리대상의 이상상황을 감시하고 지령할 수 있는 정보를 얻는 기능이다.

대처기능은 대처지시에 따라 기계경비업자가 경비대상 또는 관리대상 시설의 이상 발생 구역 또는 영역의 현장에 출동하여 인명을 보호하고 재산의 도난, 화재 등 위험발생을 방지하는 업무를 수행하는 기능이다.

2. 기계경비시스템의 종류

1) 로컬(Local) 기계경비시스템

로컬(Local) 기계경비시스템은 소수의 경비원으로 적합한 감지기와 감지된 장소의 영상을 볼 수 있는 CCTV 시스템을 이용하여 자체의 중앙관리센터에서 감시, 관리하고, 외부 침입자에 의해 침입신호가 중앙관리센터에 수신되면 상주 경비원이 출동 및 대처하는 시스템을 말한다.[72] 로컬 기계경비시스템은 일반적으로 학교, 공장, 공항, 항만 등 대규모 시설에서 주로 사용된다. 로컬 기계경비시스템의 구성은 감지장치, 경보장치, 주장치(컨트롤러, Controller), 확인장치, 통제장치(관제시설), 현장요원 등으로 구분할 수 있다. [그림 3-1]은 로컬 기계경비시스템의 구성을 나타낸 것이다.

71) U.S. ARMY CORPS OF ENGINEERS, NAVAL FACILITIES ENGINEERING COMMAND (Preparing Activity), AIR FORCE CIVIL ENGINEER SUPPORT AGENCY, UNIFIED FACILITIES CRITERIA-SECURITY ENGINEERING ELECTRONIC SECURITY SYSTEMS, 2006, p.14, 내용 재구성.

72) 안창훈 · 이강열 · 최주호, 시큐리티시스템 개론, 인포더, 2004, p.48.

감지장치는 자석 감지기, 열선 감지기, 유리 감지기, 금고 감지기, 충격 감지기, 진동 감지기, 초음파 감지기, 마이크로웨이브 감지기, 적외선 감지기 등 방범용 감지기와 화재 감지기, 가스 감지기 등 방재용 감지기 등의 기기로서 사람을 대신하여 침입, 화재 등 이상 유무를 감지한다. 경보장치는 감지기나 CCTV에 의한 이상신호에 따라 통제장치(관제시설)의 지시에 의해 경보를 발생하는 기기로서 비상등, 사이렌, 비상스위치 등이 이에 해당한다. 주장치는 경비대상에 설치된 감지기에서 전송되는 감지신호를 인식하고 이를 분석하여 평시 및 비상시 통신장치를 경유하여 원격지에 위치한 통제장치(관제시설)에 통보하며 비상시 경보장치를 동작시키는 역할을 담당한다. 확인장치는 감지장치가 통제장치(관제시설)로 보내오는 이상 유무에 대한 신호를 확인하기 위한 기기로서 CCTV 시스템이 대표적인데 카메라가 사람을 대신하여 주요 장소에 대한 영상정보를 모니터에 제공하여 사람이 현장을 감시할 수 있도록 하고 DVR(Digital Video Recorder) 등 기록장치를 이용하여 영상신호를 기록, 재생할 수 있도록 한다. 통제장치(관제시설)는 감지기의 감지신호나 CCTV의 영상신호를 방범, 방재 등 목적에 따라 처리하는 기기 또는 시설로서 사람이 상주하는 경우가 많다. 현장요원은 이상이 발생한 장소에 출동하여 후속조치를 하거나 정기·부정기 순찰 등 예방활동을 수행한다.

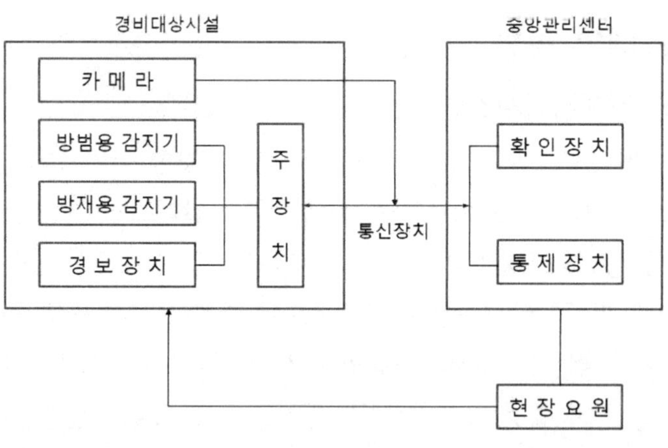

[그림 3-1] 로컬(Local) 기계경비시스템의 구성도

2) 무인 기계경비시스템

무인 기계경비시스템은 각종 감지기 및 컨트롤러를 설치한 다수의 감시 장소에 경비원을 배치하지 않고, 감시 장소에서 발생된 이상신호가 관제센터에 수신되면, 관제센터에서는 출동차량으로 지령하고 출동차량이 출동하여 대처하는 시스템으로 경비시설물을 무인화로 운영하며 모든 발생 상황에 대한 내용은 통신회선을 통해 관제센터로 송신하여 관리하고 방범, 화재, 가스, 비상 등의 서비스를 제공한다.[73] 무인 기계경비시스템은 경비원이 상주하지 않는 주택, 사무실, 상점, 공장 등 일반시설물을 대상으로 하며, 경우에 따라서는 관공서 등도 포함될 수 있다. 무인 기계경비시스템의 구성은 감지장치, 확인장치, 주장치(컨트롤러, Controller), 통신장치, 경보장치, 통제장치(관제장치), 출동요원 등으로 구분할 수 있다. [그림 3-2]는 무인 기계경비시스템의 구성을 나타낸 것이다.

무인 기계경비시스템의 구성요소는 감지장치, 확인장치, 주장치(컨트롤러, Controller), 통신장치, 경보장치는 앞서 설명한 로컬 기계경비시스템의 구성과 유사하다. 그러나, 통제장치(관제시설)가 경비대상 내에 설치되는 것이 아니라 원격지에 설치되고 경비요원(현장요원)이 상주하지 않고 출동요원(대처요원)이 운영된다는 점에서 차이가 있다.

감지장치는 자석 감지기, 열선 감지기, 유리 감지기, 금고 감지기, 충격 감지기, 진동 감지기, 초음파 감지기, 마이크로웨이브 감지기, 적외선 감지기 등 방범용 감지기와 화재 감지기, 가스 감지기 등 방재용 감지기 등의 기기로서 사람을 대신하여 침입, 화재 등 이상 유무를 감지한다. 확인장치는 감지장치가 통제장치(관제시설)로 보내오는 이상 유무에 대한 신호를 확인하기 위한 기기로서 CCTV 시스템이 대표적인데 카메라가 사람을 대신하여 주요 장소에 대한 영상정보를 모니터에 제공하여 사람이 현장을 감시할 수 있도록 하고 DVR(Digital Video Recorder), NVR(Network Video Recorder) 등 기록장치를 이용하여 영상신호를 기록 및 재생할 수 있도록 한다. 주장치는 경비대상에 설치된 감지기에서 전송되는 감지신호를 인식하고 이를 분석하여 평시 및 비상시 통신장치를 경유하여 원격지에 위치한 통제장치(관제시설)에 통보하며 비상시 경보장치를 동작시키는 역할을 담당한다. 통신장치는 통신기기 및 통신선로를 의미하며 주장치(컨트롤러)에서 송신하는 신호를 통제장치(관제시설)에 통보하는 역할을 담당하며 유·무선 통신이 가능한 공중회선, 전용회선이 이에 해당한다. 통제장치(관제시설)는 관제요원이 상주하면서 주장치(컨트롤러)가 송신한 경비대상의 평시 및 비상시 신호를 분석하고, 비상시 출동요원에게 상황을 전파하여 현장에 출동토록 하며, 경비대상의 소유주나 관리자에게는 관련상황에 대해 통보하고,

73) 안창훈·이강열·최주호, 시큐리티시스템 개론, 인포더, 2004, p.49.

경우에 따라서는 경찰, 소방, 병원, 시설 등 지원기관에도 통보하여 일련의 조치를 취하도록 한다. 현장요원(대처요원)은 이상이 발생한 장소에 출동하여 확인, 점검, 대응 등 일련의 조치를 하거나 정기·부정기 순찰 등 예방활동을 수행한다.

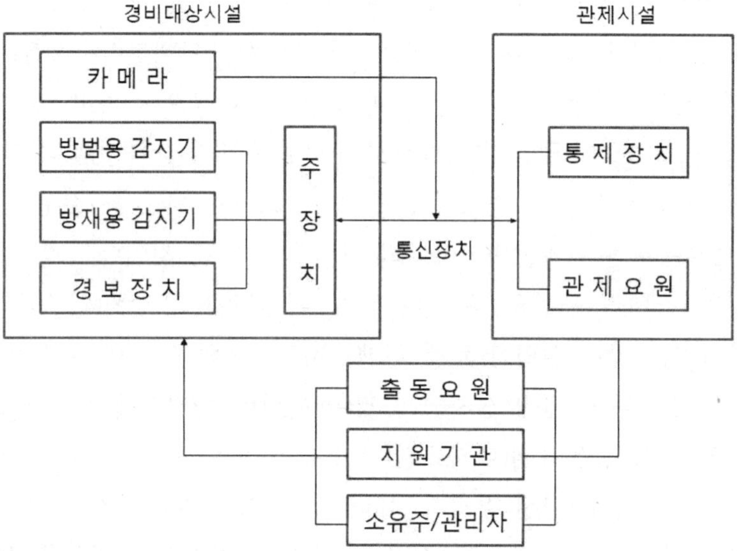

[그림 3-2] 무인 기계경비시스템의 구성도

3. 기계경비시스템의 사고

1) 기계경비시스템의 사고 종류

기계경비기스템의 사고는 "제3자의 행위 또는 서비스 제공에 반하는 행위로 대상물에 가해지는 위해"를 의미한다. 기계경비의 각종 사고는 경비업자의 고의와 과실이 인정될 경우 손해배상책임을 발생시키는 주요 원인으로 작용한다. 경비대상 시설에서 발생되는 사고의 종류에는 같이 침입과 도난미수, 도난사고, 화재, 인적피해, 제3자의 과실과 기타사항 등으로 분류될 수 있다. [표 3-2]는 기계경비시스템의 사고 종류와 내용을 나타낸 것이다.[74]

74) 이성진, 기계경비업의 손해배상에 관한 연구: 제도 및 운영상의 문제점과 개선방안을 중심으로, 계명대학교 대학원 박사학위논문, 2013, pp.71-77, 내용 재구성.

[표 3-2] 기계경비시스템의 사고 종류와 내용[75)]

구 분	사 고 내 용
침입과 도난미수	내부 침입의 목적 또는 침입을 통한 물품이나 금품의 절취를 위해 경비대상물 내·외부의 유리, 문, 벽 등의 파손을 시도하려다 실패하거나, 절취 목적을 달성하지 못하고 도주하는 경우
도난사고	경비대상시설에 침입하기 위해 외부에서 유리창 또는 문, 벽 등을 파손하거나, 파손 후 내부에서 범행 중 또는 물품을 가지고 도주하는 경우
화재	화재예방 업무를 제공 또는 제공하지 않는 경비계약에도 불구하고 경비대상시설에 어떠한 원인에 의해서든 화재가 발생하는 경우
인적피해	침입 과정에서 발생한 상해나 폭행 등 인적 피해가 발생하는 경우
제3자의 과실과 기타사항	제3자의 부주의로 인해 침입할 목적 없이 유리창 파손 또는 주위여건에 의해 발생한 계약처의 이상 상태 또는 당사기기의 파손

침입과 도난미수, 도난사고, 화재, 인적피해, 과실과 기타사항 등 사고를 유발하는 과실은 고객과실, 쌍방과실, 정상운용, 회사과실 등이 있다. 경비회사의 과실로 드러난 사고에 대해서는 경비업자는 손해배상책임을 부담해야 한다.

경비회사의 과실은 시스템, 출동운영 등 크게 2가지로 구분된다. 시스템 상의 과실은 신호 누락, 신호 미감지, 장비 불량, 통신선로 불량 등에 의해 발생한다. 출동운영 상의 과실은 경비계획 미흡, 구조변경 미확인, 관제 부실, 업무수행 과실, 출동 지연, 현장점검 소홀, 고객연락 미시행, AS 미처리 등에 의해 발생한다.

기계경비의 사고가 고객의 실수 등의 과실에 의해서도 발생하는 경우가 많으며, 주로 미경계, 고객관리 부주의, 시건장치 미시건, 영업 중 사고 등이 해당한다. 고객은 자신의 경비대상 시설에 설치된 기계경비 장치를 올바르게 작동시키고, 관리자로서의 최소한의 관리 노력이 필요하다. 기계경비 장비는 경비업자에게 소유권이 있고, 사용자는 이를 임대하여 사용하기 때문에 선량한 관리자의 의무로 기기의 사용에 있어 관리를 철저히 하여야 한다. 그렇지 않고 이를 그대로 방치하거나 관리상의 문제로 기계경비 시스템의 작동에 장애를 초래할 경우 이러한 원인으로 인하여 기계 경비 장비의 미작동, 미감지, 오경보 등이 발생하게 되어 사고의 발생과 피해의 증가에 원인으로 작용하게 된다.

---

75) 박주현, 민간경비실무론. 학문사, 2004, p.232, 내용 재구성; 이성진, 기계경비업의 손해배상에 관한 연구: 제도 및 운영상의 문제점과 개선방안을 중심으로, 계명대학교 대학원 박사학위논문, 2013, p.72, 재인용.

2) 기계경비시스템의 오경보

경보(Alarm)란 감지장치에서 감지된 신호로서 침입시 침입경보, 화재시 화재경보, 가스누출시 가스누출경보, 비상시 비상경보, 설비이상시 설비이상 경보 등이 있다. 오경보(False Alarm)는 범죄자의 침입에 의한 것이 아닌 감지기의 작동으로 이상신호를 전송하는 경우를 오경보라 한다(신상엽, 2005: 68). 오경보는 오보, 오발보라고도 하며, 잘못된 경보를 총칭하는 용어라 할 수 있다. 이는 경비대상시설 침입자에 의한 정상적인 경보가 아닌 다른 요인에 의해서 발보된 경보로서 사용자의 기기 조작실수, 설치된 기기의 결함, 기타 환경적 요인에 의해 비상상황이 아님에도 경보신호가 발생되는 비정상적인 경보를 말한다.[76]

기계경비시스템이 이상을 감지하게 되면 로컬(Local) 기계경비시스템의 경우는 현장요원이, 무인 기계경비시스템의 경우는 출동요원이 이상이 발생한 현장을 확인하고 필요한 조치를 취하게 된다. 그러나 사용자나 관리자의 실수, 시설장비의 결함, 자연환경 등에 의해 침입, 사고 등과 연관이 없는 기계경비시스템의 비정상적인 경보신호, 즉 오경보(False Alarm)가 발생하는 경우에는 원가 상승 등 기계경비 관련회사의 경영부담 증가, 고객의 불신에 따른 기계경비 서비스 이용률 하락, 경찰활동의 방해, 경찰의 기계경비 신뢰성 저하 등 부정적인 영향이 상당히 크다. 따라서 기계경비시스템의 오경보 문제는 지속적으로 해결해야 할 현안으로 대두되고 있다.

기계경비시스템의 오경보와 관련한 문제는 직접적으로는 침입자의 침입행위와 무관하게 불필요한 경보를 발생시켜 근무효율을 저해할 수 있으며, 간접적으로는 침입사건이 발생하였지만 감지기가 감지하기로 설계되었던 기능을 제대로 수행하지 못하여 발생하는 문제와 경보신호를 받고 운용자가 경보상황에 대하여 적절한 조치를 취하지 않았을 경우에 발생하는 문제가 있다.[77]

외국의 경우에는 기계경비시스템의 오경보에 대한 원인을 설비요소와 인간요소로 구분하고 있다. 설비요소는 설치의 결함, 서투른 배치, 장비 고유의 오보위험, 장비의 불안정, 장비의 오용, 부적절한 장치, 잘못된 설치, 과도한 장비의 감기구역범위, 과도한 센서의 민감성, 잘못 적용된 장비, 장비의 노후화, 전자상의 고장, 전류저항의 증가, 물리적인 느슨함 등의 있다. 인간요소는 부적절한 관제절차, 부적절 내지 불완전한 훈련, 신규 채용된 종업원·청소부·동료·관계자, 테스트 절차, 잘못된 코드나 열쇠, 메모리 고장, 패스카드의

---

76) 이강열, 기계경비개론. 도서출판 진영사, 2010, p.100; 박동균·김태민, 한국기계경비업무의 오경보 대응책, 시큐리티연구, 제30호, 2012, p.40.
77) 정태황, 기계경비개론, 백산출판사, 2007, p.16, 내용 재구성.

분실, 부적절한 관제실의 진행절차, 설치자의 관제국으로의 통보 망각, 관제실의 데이터 분실, 관제실의 잘못된 데이터 입력, 잘못된 지령절차, 잘못된 프로그램의 관리, 잘못된 프로그램의 계산횟수, 잘못된 코드 사용, 잘못된 포맷(format), 잘못된 수신기 번호 등 매우 다양하다.78)

우리나라의 경우에는 기계경비업무의 오경보 발생원인은 주로 사용자의 실수로 인한 오경보, 경비대상시설 주변 환경에 의한 오경보, 경비대상시설물에 의한 오경보, 동물 감지에 의한 오경보, 기기의 품질 이상 및 신뢰성 저하, 설계 실수로 인한 신호 발생, 공사 실수로 인한 신호 발생 등이다.79)

첫째, 사용자의 실수로 인한 오경보는 ① 출입시 지연시간(Delay time) 초과(입실후 세트상태를 해제상태로 전환하기까지의 지연시간 초과, ② 해제상태에서 세트 한 후 퇴실하기까지의 지연시간 초과 등), ③ 조작시 감지(세트시 사용자가 감지기에 감지된 상태로 세트 등), ④ 사용자 조작 실수(세트 실수, 감지기가 설치된 곳이 Open상태에서 세트 등) 등이다. 둘째, 경비대상시설 주변 환경에 의한 오경보는 ① 급작스런 냉·난방에 의해 온도변화에 의한 열선감지기 작동, ② 창문 열린 상태에서 바람에 의해 커튼이 날려 적외선감지기 작동, ③ 경비대상시설 주변의 대형차량 이동에 따른 진동으로 진동감지기 작동, ④ 짙은 안개로 인해 적외선 감지기 작동 등이다. 셋째, ① 경비대상시설물에 의한 오경보는 미시건 상태에서 문이 바람에 의해 열려 자석감지기 작동, ② 시설물 노후로 인한 흔들림에 의한 진동감지기 작동 등이다. 넷째, 동물 감지에 의한 오경보는 ① 쥐, 고양이, 개 등의 소동물이 경비대상구역내에 들어와 열선감지기 작동, ② 고양이 등의 소동물이 담 위에 올라가 적외선감지기 작동, ③ 바퀴벌레 등의 벌레가 열선감지기 위에 올라가 작동 등이다. 다섯째, 기기의 품질 이상 및 신뢰성 저하는 ① Noise나 서지 발생에 의한 감지기 작동, ② 전자파에 의한 감지기 작동, ③ 기기의 정상적 동작 불능으로 인한 오경보 등이다. 여섯째, 설계 실수로 인한 신호 발생은 ① 시큐리티 컨설턴트의 SP(Security Planning)활동 시 부적합한 감지기 선정과 위치 선정에 의해 잦은 오경보 발생(먼지가 많이 발생되는 장소에 적외선 감지기 설치 등), ② 감지기 규격에 부적합한 형태의 경비 설계 등이다. 일곱째, 공사 실수로 인한 신호 발생은 ① 규격에 부적합한 감지기 부착, ② 규정된 자재의 미사용으로 인한 이상 신호 발생 등이다. 마지막으로 기타 ① 취객이 셔터문에 부딪히는 등 셔터 흔들림으로

---

78) The Canadian Alarm and Security Association, 1998; 박병식 · 이상현 · 김철주 · 장전배, 기계경비업의 효율적인 관리방안: 오보대책 및 즉응체제 구축을 중심으로, 연구보고서 98-06, 1998, pp.115-116, 재인용.

79) 박동균 · 김태민, 한국기계경비업무의 오경보 대응책, 시큐리티연구, 제30호, 2012, pp.40-41; 이상철 · 김태민, 기계경비시스템 오경보 대책 방안. 한국스포츠리서치, 15(5), 2004, pp.192-193.

인한 셔터감지기 작동, ② 보수점검의 미비로 배선을 쥐가 훼손한 이상 신호 발생 등이다.

앞서 언급한 오경보의 원인에 대한 대응방안은 다음과 같다. 첫째, 사용자 측면에서는 사용자 교육, 오경보 경고장 발부 등 있다. 둘째, 생산자 및 설치업자 측면에서는 경보기기의 형식승인제도 도입, 경보기기 설치기준 마련, 정기적 관리 및 유지 · 보수 의무화, 방범설비사제도 도입 등이 있다. 셋째, 민간경비 대응 측면에서는 오경보의 보고 및 통계 · 기록유지, 대응체제 개선, 관제요원 등에 대한 실질적인 교육 실시 등이 있다. 넷째, 경찰의 대응방안으로는 선별신고 기준 명확화, 오경보 다발 업체 등에 대한 특별관리 강화, 경보에 대한 실질적인 대응 등이 있다. 다섯째, 민간경비 및 경찰의 협력증진 방안으로는 오경보 감소를 위한 대책위원회 설립, 전담연락관제도 운영, 상호교류 증진 등이 있다. 여섯째, 기타 대응응방안으로는 오경보 벌금제도 도입, 사용자 계몽 등이 있다.[80]

제2절 방범용 감지기

1. 감지기의 개념

1) 감지기의 의의

감지기(센서, Sensor)는 기본적으로 시각, 후각, 청각, 미각, 촉각 등 인간의 오감(五感)에 해당하는 기능을 선택적 또는 복합적으로 수행하고, 감지한 신호나 자극을 인간의 두뇌에 해당하는 마이크로프로세서(Micro Processor), 또는 컴퓨터에 전달하여 이를 판단하게 하는 기기이다(표 3-3 참조).

80) 김숙진, 무인기계경비시스템의 오경보 대응방안에 관한 연구, 동국대학교 행정대학원 석사학위논문, 2004, pp.108-109.

[표 3-3] 인간의 오감을 대신하는 감지기

인간의 감각	해당 감지기
시 각	광(光) 감지기
후 각	가스 감지기 / 온도 감지기
청 각	소리 감지기 / 압력 감지기
미 각	화학 감지기
촉 각	압력 감지기 / 온도 감지기 / 습도 감지기

감지기가 감지하는 물리량은 시각, 후각, 청각, 미각, 촉각 외에도 힘, 자기, 변위, 진동, 속도, 회전, 유량, 유속, 성분, 가시광선, 적외선, 자외선, 초음파, 전파, 방사선 등 매우 다양하다. 기계경비시스템에서 사용되는 감지기를 중심으로 알아보도록 한다.

2) 감지기의 분류

감지기는 가정, 방범, 화재, 시설, 안전, 교통, 의학, 환경 등 우리의 일상생활 및 산업현장에서 광범위하게 이용되고 있다. 감지기는 응용분야, 송신방법, 감지원리, 작용형식, 감지구역 등에 따라 분류할 수 있다. 감지기의 분류는 응용분야, 송신방법, 감지원리, 작용형식, 감지구역 별로 구분할 수 있으나, 실제로 중복되는 경우가 많으므로, 특정 항목을 지정하기는 어렵다(표 3-4 참조).

[표 3-4] 감지기의 분류81)

구 분		주 요 내 용
응용분야	방범용	침입 또는 이동을 감지하는 감지기
	방재용	화재, 침수 등 안전사고를 감지하는 감지기
송신방법	유선	감지신호를 유선으로 전달하는 감지기
	무선	지신호를 무선으로 전달하는 감지기
감지원리	광학적	빛의 성질을 이용하는 감지기
	전자적	전기, 자기를 이용하는 감지기
	역학적	힘과 운동의 관계를 이용하는 감지기
	열학적	열의 변화와 이동을 이용하는 감지기
	화학적	물질의 화학적 변화를 이용하는 감지기
작용형식	능동형	스스로 신호를 출력하는 감지기
	수동형	외부자극에 의해 신호를 출력하는 감지기
감지구역	점 경계	일정 지점을 감지하는 감지기

81) 이강열, 기계경비개론, 백산출판사, 2008, pp.148-151, 내용 재구성.

구 분		주요 내용
	면 경계	일정 면을 감지하는 감지기
	입체(공간) 경계	일정 공간을 감지하는 감지기

3) 감지기의 원리

시각, 후각, 청각, 미각, 촉각 등 인간의 오감을 대신하는 감지기는 여러 가지 물리효과를 이용하여 다양한 물리량을 감지한다. 이러한 물리효과로는 광전효과(光電效果, Photoelectric Effect), 열전효과(熱電效果, Thermoelectric Effect), 초전효과(招電效果, Pyroelectric Effect), 압전효과(壓電效果, Piezo-Electric Effect), 도플러효과(도플러 效果, Doppler Effect), 홀효과(홀 效果, Hall Effect), 자기저항효과(磁氣抵抗效果, Magnetoresistance Effect) 등이 있다.

(1) 광전효과(Photoelectric Effect)

빛이 반도체에 조사(照射)되면, 조사된 부분과 조사되지 않은 부분 사이에 전위차(기전력)가 발생하는 현상을 의미한다. 반도체 내부에는 자유전자들이 많이 존재하는데 빛을 조사하면 에너지가 전달되어 속도가 커진 자유전자가 반도체 외부로 방출된다.

(2) 열전효과(Thermoelectric Effect)

열이 전달된 부분과 전달되지 않은 부분 사이에 전위차(기전력)가 발생하는 현상을 의미한다. 대표적인 열전효과로는 두 개의 다른 도체로 개방회로를 만들고 각각의 접속점에 저온, 고온의 다른 온도를 유지하면 회로 내에 전위차가 발생하는 제벡 효과(Seedbeck Effec), 두 개의 다른 도체로 폐쇄회로를 만들고 전류를 흐리면 각각의 접속점에 온도차가 발생하는 펠티에 효과(Peltier Effec)가 있다. 이 외에도 부분적인 온도차가 있는 같은 금속에서 전류가 흐를 경우에 발열 또는 흡열 현상이 일어나는 톰슨 효과(Thomson Effect)가 있다.

(3) 초전효과(Pyroelectric Effect)

전기장 속에서 극성을 지니는 절연체인 유전체의 온도가 상승하면 유전체 내의 전하 배치가 변하고 분극이 발생하여 전위차(기전력)가 발생하는 현상을 의미한다. 파이로 효과(Pyroelectric Effect), 자발적 분극(Spontaneous Polarization) 등으로도 부른다.

(4) 압전효과(Piezo-Electric Effect)

어떤 종류의 결정판에 일정한 방향에서 압력을 가하면 결정판의 양면에 외력에 비례하는 양전하와 음전하가 발생하여 전위차(기전력)가 발생하는 현상을 의미한다. 대표적인 압전효과로는 수정 결정판의 양면에 압력을 가하면 다른 양면에 전위차(기전력)가 발생하는 피에조(Piezo) 효과가 있다.

(5) 도플러효과(Doppler Effect)

소리, 전파 등 파동의 파동 발생원과 관찰자의 상대 속도에 따라 진동수와 파장에 차이가 나는 현상을 의미한다. 파동 발생원이 이동하고 있을 때, 파동의 진행방향이 같으면 파동 발생원과 파동 간의 상대속도가 상쇄되어 파장이 짧아진다. 파동 발생원과 파동의 진행방향이 서로 반대이면 상대속도가 보강되어 파장이 길어진다. 관측자는 이렇게 변형된 파장을 감지하는데, 파동이 전달되는 속도는 일정하므로 짧은 파장은 높은 진동수, 긴 파장은 낮은 진동수를 관측하게 된다.

(6) 홀효과(Hall Effect)

자기장 속의 도체에 대하여 자기장의 직각방향으로 전류를 흐르는 경우 각각의 자기장과 전류에 직각방향으로 전기장이 발생하는 현상을 의미한다. 홀효과는 플레밍의 왼손법칙에 의해 설명할 수 있는데 자기장의 방향(B)과 전류가 흐르는 방향(I)을 알면 도체가 받는 힘의 방향(F)을 알 수 있다.

(7) 자기저항효과(Magnetoresistance Effect)

자기저항효과는 자성체의 전기저항이 자기의 방향과 전류의 방향에 따라 변화하는 현상을 의미한다. 도체에 자기장을 가할 경우 전기저항이 증가하고 그 증가하는 전기저항은 자기장 세기의 제곱에 비례한다. 정상 자기저항, 비등방성 자기저항, 거대 자기저항, 대규모 자기저항 등이 있다.

2. 주장치

1) 기능

주장치는 주제어기, 컨트롤러(Controller)라고도 하며 주로 경비대상시설 내에 설치된다. 사용자나 관제센터에서는 주장치를 통해 경비대상시설의 기계경비시스템을 관리할 수 있다(그림 3-3 참조).

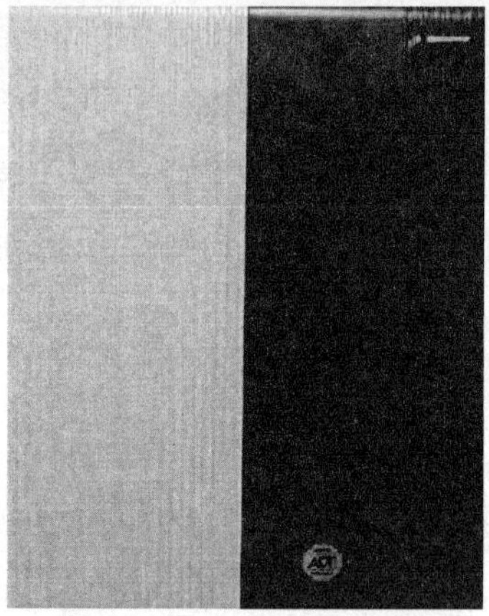

[그림 3-3] 주장치

2) 구성

주장치는 감시부, 제어부, 전원부, 표시부, 출력부, 경보부, 통신부, 조작부 등으로 구성된다(그림 3-4 참조).

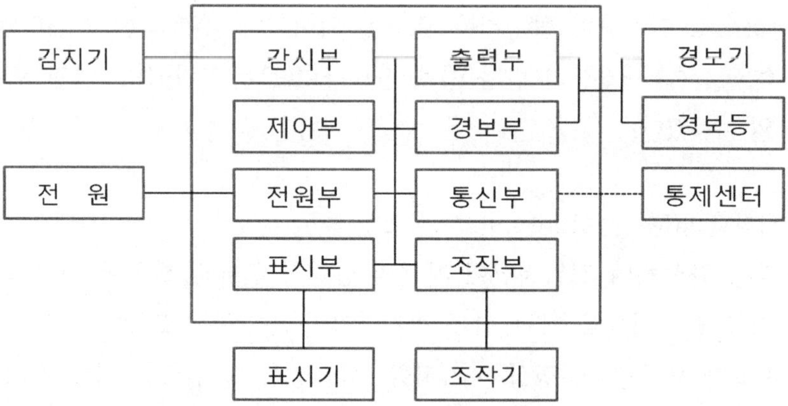

[그림 3-4] 주장치의 구성

감시부는 경비대상시설 내에 설치되어 있는 방범용 감지기, 방재용 감지기, 설비 감지기 등 각종 감지기와 통보기에서 보내오는 감지신호를 감지한다. 제어부는 사람의 두뇌와 같은 장치로서 감지 루프(LOOP) 감시 및 제어, 통신회선을 통한 신호전송 이상의 표시기능을 가지는데 감시부의 감지신호를 분석하여 전원부, 표시부, 조작부, 출력부, 경보부, 통신부 등을 제어한다. 전원부는 교류전원(AC)을 입력받아 직류(DC)로 출력시켜 감지기 또는 주변기기에 전원을 공급하고 예고 없는 정전 시에도 내장된 축전지로 연속적인 전원을 공급하는 장치이다. 표시부는 주장치 및 경비대상시설의 상태를 나타내며, 조작부는 경비대상시설의 사용자가 기기를 세트(Set), 해제(Open) 등 조작하거나 출동요원(대처요원)이 시스템을 관리하는데 사용된다. 출력부는 경비대상시설 내에 이상이 발생하였을 경우에 경보를 발생하며, 경보부는 경보등, 경보기 등을 의미한다. 통신부는 제어부에서 분석한 감지신호를 유선 및 무선 전송선로를 이용하여 원격지의 통제센터에 송신하고 통제센터의 지시신호를 수신하는 역할을 수행한다. 통신장치는 송신기에서 수신기로 감지신호를 신뢰성 있게 전송할 수 있도록 설계되어야 하며 기계경비시스템의 세부 규격과 전송선로의 성능과 부합되어야 한다. 전송선로 중단 등 통신 이상이 발생하면 통제센터에 경보 또는 고장 상태가 표시되어야 한다.

3) 설치기준[82)]

1. 경비구역 내에 설치하는 것을 원칙으로 한다.
2. 외부 침입자가 쉽게 접근할 수 없는 곳에 설치한다.
3. 인테리어, 공사의 편리성, 주장치 성능을 최대한 발휘할 수 있는 곳에 설치한다.
4. 콘크리트 벽면에 설치할 경우 칼블럭(시멘트나 벽돌로 된 벽에 나사를 고정시키기 위해 박는 플라스틱)을 이용하여 고정한다.
5. 뚜껑을 쉽고 안전하게 열 수 있도록 한다.
6. 전원은 상시 전원이 들어오는 곳에서 분기하며 누전차단기를 사용한다.
7. 연결된 선은 최소 15~30cm 정도 여유가 있어야 한다.
8. 주전원 박스 또는 전기 분전반으로부터 60cm 이상 떨어진 곳에 설치한다.
9. 전원장치의 프레임 접지(Frame Ground)는 분전반 접지와 결선한다.
10. 배수관, 습기가 있는 곳, 화기 근처에는 설치하지 않는다.
11. 가스배관으로부터 3m 이상 떨어진 곳에 설치한다.

---

82) 한국경비협회, 기계경비시스템 설치, 한국경비협회규격(SPS KSAS 0001-1213), 2005, p.2.

3. 방범용 감지기

1) 자석 감지기 · 벤트 감지기

(1) 기능

자석 감지기(Magnetic Sensor)는 문 또는 창문에 부착하여 문이나 창문의 개폐를 감지한다(그림 3-5 참조).

(2) 구성

자석 감지기는 문틀(창문틀)에 부착하는 센서부(리드 스위치, Reed Switch)와 문(창문)에 부착하는 자석부(영구자석)로 구성된다. 주장치와의 연결은 유선이 대부분이나 무선으로 연결되는 경우도 있다. 일반적으로 센서부(리드 스위치)와 자석부(영구자석)의 내부는 오보 및 수명을 고려하여 에폭시 처리를 한다.

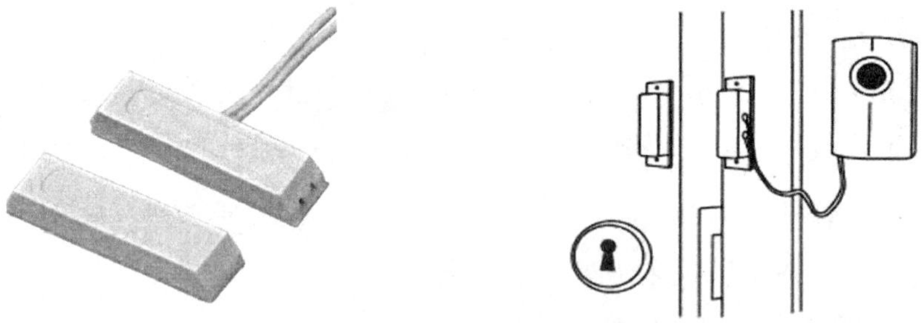

[그림 3-5] 자석 감지기

(3) 작동원리

자석 감지기의 핵심부품은 리드 스위치(Reed Switch)이다. 리드 스위치는 유리관 속에 자성체 리드와 불활성 가스를 함께 봉입한 구조이며 두 자성체 리드는 적당히 겹치면서 간격을 두도록 한다. 리드 스위치는 평상시에는 열린 상태이지만 자석을 갖다 대면 리드에 자속이 통과하여 자화되므로 서로 끌어당기게 되어 스위치가 닫히게 된다(그림 3-6 참조).[83] 문틀(창문틀)에 부착되는 센서부(리드 스위치)는 문(창문)에 부착되는 자석부(영구자석)에 의해 문(창문)이 닫혀 있을 때는 접점이 붙어 있다가 문(창문)이 개방될 때는 접점이 떨어져 문(창문)이 개방된 것을 감지한다.

---

83) 신윤기, 생활 속의 전기전자, 인터비전, 2007, p.311.

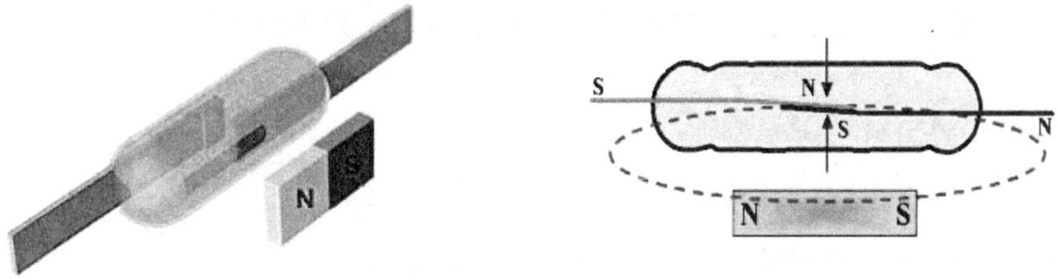

[그림 3-6] 리드 스위치

벤트 감지기(Vent Sensor)는 자석부의 수직, 수평, 전후 동작에 의한 자계의 변화를 감지하여 센서부(리드 스위치, Reed Switch)를 ON/OFF 시키는 센서로 창문이나 문에 부착하여 개폐 폭을 감지하는 방범용 센서이다. 동작거리가 길고 여러 용도의 개폐 부분에 적용 가능하며 방수구조로서 내부식성의 완전한 밀폐형이다(그림 3-7 참조).[84]

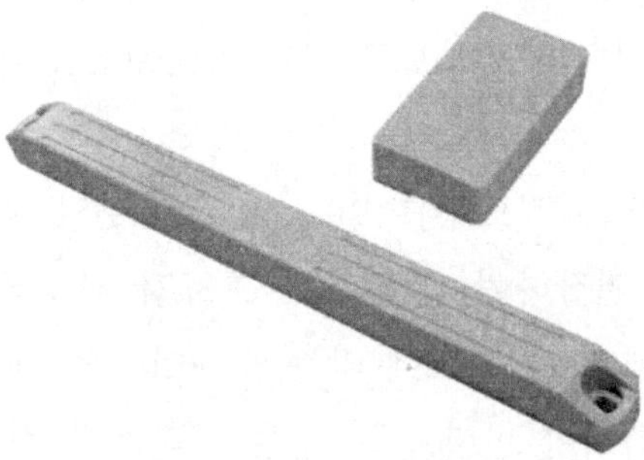

[그림 3-7] 벤트 감지기

(4) 제원

① **자석 감지기**

1. 모 델 : SASO-DS25B
2. 크 기 : 65x14x14mm(WxLxH)
3. 감지거리 : 25~55mm
4. 접점형식 : NC

---

84) 성원텔레콤, 벤트감지기[SHV-80], 2023.

5. 사용온도 : -20 ~ 50℃
6. 재 질 : Cover - ABS 수지, Magnet - FERRITE

② **벤트 감지기**

1. 모 델 : VT-1800
2. 크 기 : 센서부 45x26x13mm(WxLxH),
   자석부 172x14x14mm(WxLxH)
3. PULL-IN 거리 : 25mm 이상
4. 슬라이드 거리 : 150mm
5. 접점형식 : NC
6. 재 질 : Cover - ABS 수지, Magnet - FERRITE

(5) 설치기준

① **일반기준**[85)]

1. 센서부와 자석부는 될 수 있으면 가깝게 밀착되도록(Face to Face) 설치한다. 면과 면이 일치되도록 보조 브라켓(Bracket)나 스페이서(Spacer)를 이용한다.
2. 센서부에 연결되는 리드 와이어(Lead Wire)와 외부 선과의 연결 시, 될 수 있으면 납땜을 권장하며, 과전류가 흐르지 않도록 유의해야 한다.
3. 나무문과 철문에 따라 용도에 맞는 스페이서를 사용하여 최적의 조건으로 동작되도록 설치하여야 한다. 나무문은 플라스틱 스페이서를 사용하고, 철문은 알루미늄 스페이서를 사용한다.
4. 센서부와 자석부 간의 거리는 최대 40mm를 초과해서는 안된다.
5. 센서부에 충격을 주지 말아야 하며, 설치시 낙하에 의한 충격은 오동작의 원인이 될 수 있다.
6. 일반적으로 방수구조가 아니므로 수분이 있는 곳은 피하여야 한다.
7. 저용량이므로 자석 감지기를 직접 통한 벨, 부저, 램프 등의 동작은 하지 않는다.
8. 자석 감지기가 연결되는 수신반 또는 부하 등 간의 배선거리가 긴 경우에는 선간분포용량으로 인하여 서지전류에의한 제품파손 가능성이 있으므로 250미터 이내에서 사용을 권장한다.

---

85) 센서라인, 마그네트 스위치-2선식 매뉴얼 설명서, 2010.

② **유선 자석 감지기**[86]

1. 창문 틀이나 출입문 틀에는 센서부를 설치하고 창이나 문에는 자석부를 설치한다.
2. 선로 인출부는 부싱(Bushing) 등을 끼워 깔끔하게 처리한다.
3. 센서부와 자석부의 거리는 10mm 이내로 한다.
4. 철문에는 자력 상실을 방지하기 위하여 반드시 스페이서(Spacer)를 사용한다.
5. 센서부와 자석부는 일직선이 되도록 부착한다.
6. 내측 창이 열리면서 센서부가 파손될 수 있으므로 필요시 스토퍼(Stopper)를 부착한다.
7. 감지기 설치 완료 후 동작시켜 작동 여부를 확인한다.

③ **무선 자석 감지기**[87]

1. 출입문에 부착 시 문과 문틀이 잘 맞지 않아 틈새가 발생할 경우에는 브라켓(Bracket)을 사용하여 부착한다.
2. 자석부를 철문에 부착 시 자력상실을 방지하기 위하여 1개 이상의 스페이서(Spacer)를 사용한다.
3. 감지기에 충격을 주지 말아야 한다.
4. 감지기가 외부의 영향으로 오동작할 수 있는 장소인 무선국 설비, 고주파 발생지역, 고압선 등이 위치한 곳에는 부착을 피한다.
5. 감지기는 감지구역 내에만 부착한다.
6. 배터리는 저온에서보다 고온에서 방전이 심하여 수명이 짧아지기 때문에 기기를 설치할 경우에는 가능한 한 서늘한 곳에 위치하여야 한다.
7. 부착 완료 후 감지기를 작용하여 동작하는지 확인한다.

④ **벤트 감지기**[88]

1. 센서 설치는 내측 창 안쪽 틀과 일직선이 되는 위쪽에 설치한다.
2. 내측, 외측 창 모두 벤트 스위치를 설치할 수 없으므로 내측 창에는 벤트 스위치를 설치하며, 외측 창에는 자석 감지기를 설치한다.
3. 오픈(Open) 거리 초과를 방지하기 위하여 스토퍼(Stopper) 및 고정걸이를

86) 한국경비협회, 기계경비시스템 설치, 한국경비협회규격(SPS KSAS 0001-1213), 2005, p.4.
87) 한국경비협회, 기계경비시스템 설치, 한국경비협회규격(SPS KSAS 0001-1213), 2005, p.8.
88) 한국경비협회, 기계경비시스템 설치, 한국경비협회규격(SPS KSAS 0001-1213), 2005, p.6.

설치한다.

4. 센서부는 반드시 수직으로 설치되어야 하며 센서부와 자석부의 설치 각도는 90도가 되어야 한다.

2) 열선 감지기

(1) 기능

열선 감지기(Passive Infrared Radiation Sensor)는 실내의 벽 또는 천정에 설치하여 외부인의 침입 여부를 감지하며, 실외에 설치하는 경우도 있다(그림 3-8 참조).

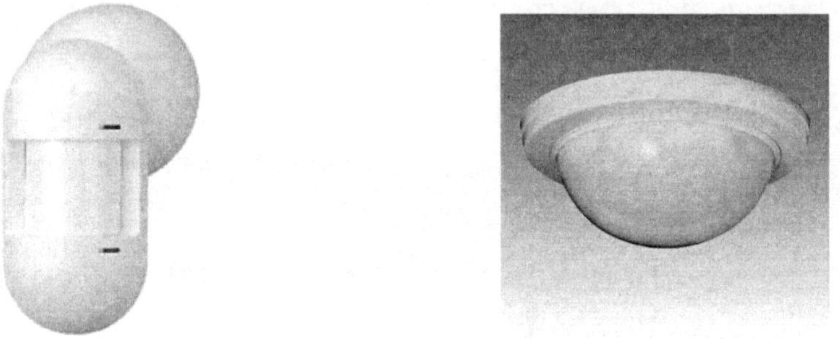

[그림 3-8] 열선 감지기

(2) 구성

열선 감지기는 빛을 모으는 광학계, 불필요한 빛을 차단하는 필터, 원적외선을 받는 감열소자, 감열소자에서 발생하는 전기신호를 증폭·처리·출력하는 전기회로 등으로 구성된다. 원적외선은 유리를 통과하지 못하기 때문에 광학계는 유리 렌즈가 아닌 플라스틱 재질의 프레넬 렌즈(Fresnel Lens)를 사용한다(그림 3-9 참조).

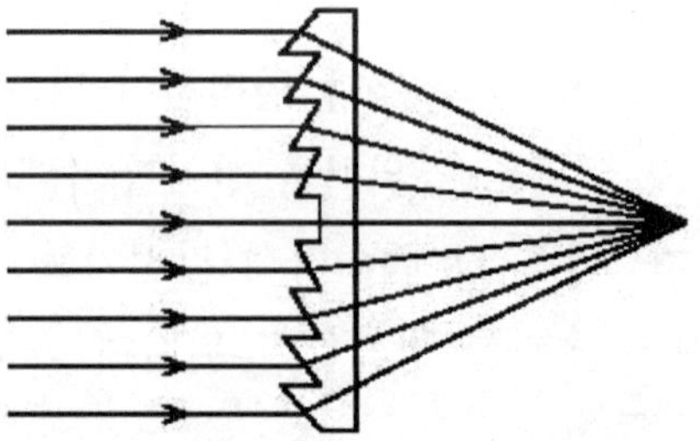

[그림 3-9] 프레넬 렌즈의 집광모형

(3) 작동원리

빛은 파장에 따라 자외선(0.1㎛~0.38㎛), 가시광선(0.38㎛~0.78㎛), 근적외선(0.78㎛~1.5㎛), 중적외선(1.5㎛~5㎛), 원적외선(5㎛~100㎛) 등으로 구분한다. 이 중에서 원적외선은 열선 감지기에, 근적외선은 적외선 감지기에 이용한다. 모든 물체는 절대 영도(零度, 0°K = -273℃)에서는 원적외선을 방사하는데 인체도 체온에 의해 원적외선(약 10㎛)을 방사한다. 열선 감지기는 경계하는 장소의 배경 온도와 침입자의 표면 온도와의 차이를 초전효과를 이용하여 원적외선 에너지의 변화로 감지하게 되며, 7~14㎛ 파장대의 원적외선을 선택적으로 인지한다.

[그림 3-10]은 열선 감지기의 감지구역(Sensitive Zone)을 나타낸 것이다. 열선 감지기의 감지구역은 침입자의 감지구역을 횡단하는 방향에서는 감도가 높고 종단하는 방향은 감도가 낮으므로 침입자의 이동경로(이동방향)에 대해 감지구역이 직각이 되도록 설치한다. [그림 3-11]은 열선 감지기와 침입자 진행방향과의 관계를 나타낸 것이다.

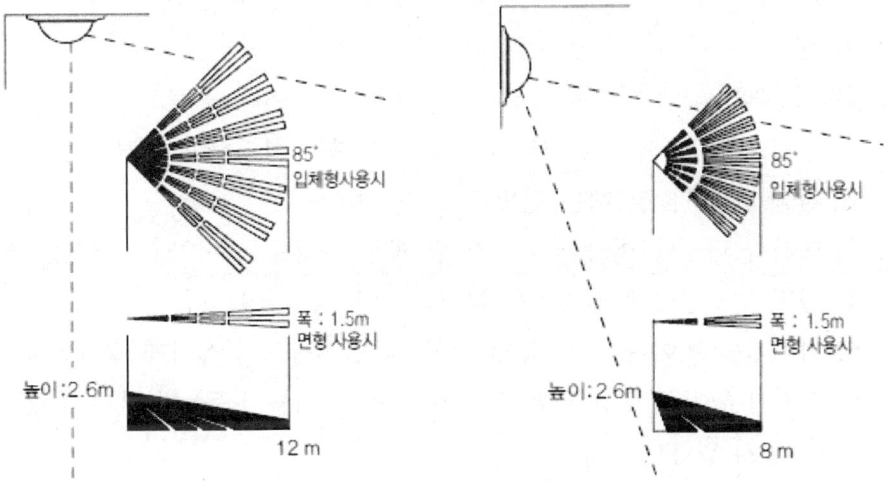

[그림 3-10] 열선 감지기의 감지구역89)

(4) 제원

1. 모　　델 : SL-0601
2. 크　　기 : 58x107x38mm(WxLxH)
3. 감지범위 : 10m (입체형: 85도)
4. 렌　　즈 : 프레넬 렌즈 (44존 입체경계)
5. 접점형식 : NC

---

89) 한화비전, 돔형 열선 감지기(SPI-0012DA) 사용설명서, 2010, p.5.

6. 동작전압 : DC 9.6~24V (소비전류 : 15mA)

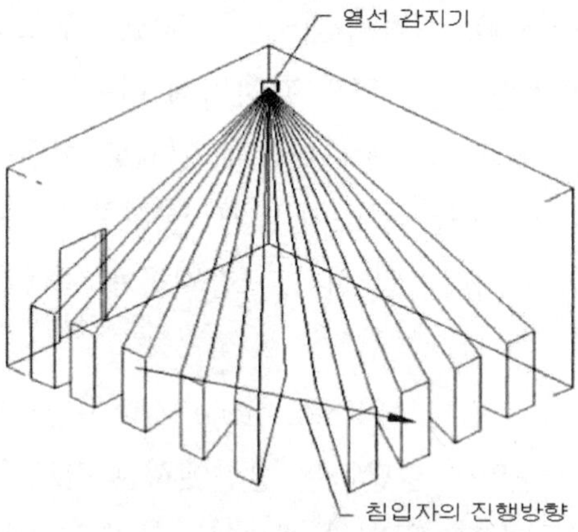

[그림 3-11] 열선 감지기와 침입자의 진행방향과의 관계

(5) 설치기준

① **일반기준**[90]

1. 전원 및 신호선 연결 시 외부 연결 단자를 확인하고 연결한다.
2. 천둥, 번개가 칠 때는 전원플러그를 뺀다.
3. 연기가 나거나 이상한 냄새가 날 때는 사용을 중단하고, 전원을 분리한다.
4. 전원 연결단자에 전원선을 확실히 고정 후 사용한다.
5. 감지기를 벽이나 천장 등에 설치 시 안전하고 확실하게 고정한다.
6. 감지기 위에 전도성 물질(드라이버, 동전, 쇠붙이 등) 및 물이 차있는 용기 등을 놓지 않는다.
7. 하나의 어댑터에 여러 대의 감지기를 연결해서 사용하지 않는다.
8. 습기 먼지나 그을음 등이 많은 장소에 설치하지 않는다.
9. 물건을 떨어뜨리거나 충격을 주지 않는다.
10. 진동이 심한 곳이나 자석종류가 있는 곳으로부터 멀리한다.
11. 직사광선이 들어오는 곳이나 난방기구 등 열이 나는 곳을 피한다.
12. 설치된 제품을 이동하고자 할 때에는 반드시 전원을 끄고 옮기거나 재설치한다.
12. 청소 시 제품의 각 부분에 직접 물을 뿌리지 않는다.

90) 한화비전, 돔형 열선 감지기(SPI-0012DA) 사용설명서, 2010, p.5.

13. 표면은 마른 수건으로 가볍게 닦는다.
14. 화학 약품이나 세척제 등은 표면을 변질시키고 칠을 벗겨지게 하므로 절대 사용하지 않는다.

② 유선 열선 감지기[91)]

1. 설치 높이는 지면으로부터 2~3m에 설치하는 것을 원칙으로 한다.
2. 감지기가 외부의 영향으로 오작동할 수 있는 장소는 부착을 피한다.
3. 급격한 온도변화를 일으킬 수 있는 에어컨, 환풍기, 난방기 등의 물체로부터 최대한 멀리 떨어진 곳에 부착한다.
4. 햇빛이나 자동차의 헤드라이트 등의 영향을 받을 수 있으므로 감지기에 외부 광선이 직접 닿지 않는 곳에 부착한다.
5. 가급적 창이나 창문을 향하여 부착하지 않는다.
6. 감지기 경계 존(Zone)을 가로지르는 방향으로 부착한다.
7. 옥외에는 설치할 수 없으며 차광물이 있는 곳에는 부착을 피한다.
8. 선로인입 부분은 실리콘 등으로 막아 곤충 및 공기가 유입되지 못하게 한다.
9. 감지기 설치 완료 후 동작시켜 작동여부를 확인한다.

③ 무선 열선 감지기[92)]

1. 콘크리트 벽면에 부착시 흔들림이 없도록 견고하게 부착한다.
2. 지면으로부터 2~3m 높이에 설치하는 것을 원칙으로 한다.
3. 센서가 외부의 영향으로 오작동할 수 있는 무선국 설비, 고주파 발생지역, 고압선 등의 장소는 부착을 피한다.
4. 급격한 온도 변화를 일으킬 수 있는 에어컨, 환풍기, 난방기 등의 물체로부터 최대한 먼 곳에 설치한다.
5. 햇빛이나 자동차의 헤드라이트 등의 영향을 받을 수 있으므로 감지기에 외부 광선이 직접 닿지 않는 곳에 부착한다.
6. 가급적 창이나 창문을 향하여 부착하지 않는다.
7. 감지기 경계 존(Zone)을 가로지르는 방향으로 부착한다.
8. 옥외에는 설치할 수 없으며 차광물이 있는 곳에는 부착을 피한다.

---

91) 한국경비협회, 기계경비시스템 설치, 한국경비협회규격(SPS KSAS 0001-1213), 2005, p.4.
92) 한국경비협회, 기계경비시스템 설치, 한국경비협회규격(SPS KSAS 0001-1213), 2005, pp.7-8.

9. 감지기 설치 완료 후 동작시켜 작동 여부를 확인한다.
10. 배터리 수명연장을 위하여 가능한 한 서늘한 곳에 설치한다.

3) 유리파손 감지기

(1) 기능

유리파손 감지기(Glass Break Sensor)는 판 유리, 안전 유리, 철망 유리 등이 설치된 창문 내부에 부착하여 반경 1~2m 범위 내의 유리가 파손되는 것을 감지한다(그림 3-12 참조).

(2) 구성

유리파손 감지기는 유리에 부착하여 유리가 파손될 때 발생하는 소리와 충격을 감지하는 마이크로폰(Micro Phone), 주파수 필터가 내장된 부착 면과 감지한 신호를 주장치에 전송하는 리드 선으로 구성된다.

(3) 작동원리

유리파손 감지기는 외부 침입에 의하여 유리가 파손되는 충격을 압전소자가 압전효과를 이용하여 전기적인 신호로 변환하여 감지한다.

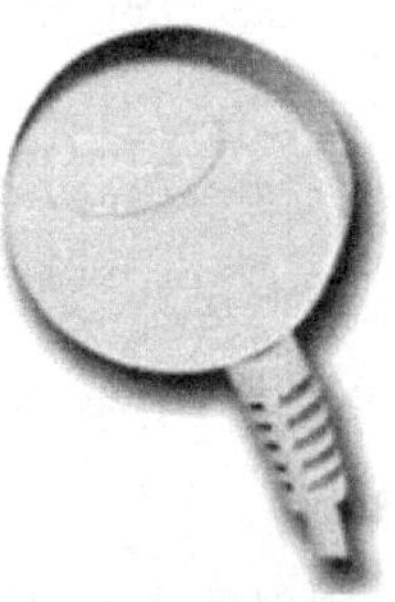

[그림 3-12] 유리파손 감지기

(4) 제원

1. 모　　델 : GBS-5M
2. 크　　기 : Ø32.8mm, 두께 8.7mm (무게 11g)
3. 감지범위 : 반경 2.5m 이내

4. 주 파 수 : 0.6~3.4 kHz
5. 유리두께 : 2~20mm
6. 동작전압 : 무전원
7. 접점형식 : NC
8. 재　　질 : ABS 수지

(5) 설치기준[93]

1. 부착 부분을 깨끗이 닦는다.
2. 유리면에 선팅(Tinting)이 되어있으면 감지거리가 짧아지므로 선팅을 제거하고 부착한다.
3. 감지기는 유리 모서리의 상단이나 하단에 3~6cm 정도 떨어진 곳에 부착한다.
4. 유리의 가로 또는 세로의 길이가 2m가 넘으면 감지기를 추가한다.
5. 양면테이프를 사용하여 감지기를 부착하면 유리에 충격이 가해지더라도 흡수되어 감지될 수 없으므로 유의한다.
6. 감지기는 떨어지지 않도록 견고하게 부착한다.

4) 음향 감지기

(1) 기능

음향 감지기(Audio Sensor)는 유리충격 감지기와는 달리 유리 표면에 부착하지 않고 유리창에서 이격된 장소에 설치하여 유리가 파손되는 것을 감지한다(그림 3-13 참조).

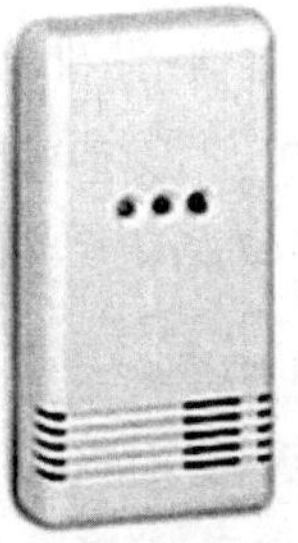

[그림 3-13] 음향 감지기

93) 한국경비협회, 기계경비시스템 설치, 한국경비협회규격(SPS KSAS 0001-1213), 2005, p.4.

(2) 구성

음향 감지기는 유리가 파손될 때 발생하는 음향 및 충격파를 청취하기 위한 압전소자를 포함한 마이크로폰(Micro Phone)이 내장되어 있다.

(3) 작동원리

유리는 파손되거나 깨질 경우 유리 고유의 주파수(15Hz~21kHz)가 발생하는데 유리표면이 팽창계수를 벗어나 균열되기까지의 굴절음(15Hz), 외부로부터 물체가 유리면에 부딪칠 때 내부에서 측정되는 음(250Hz), 유리판이 균열될 때의 균열음(5kHz), 균열된 유리가 분리되면서 송출하는 날카로운 음(21kHz) 등이 있다.[94] 음향 감지기는 압전효과를 이용하여 음향을 전기적인 신호로 변환한다.

(4) 제원

1. 모　　델 : 2100EX
2. 감지범위 : 7.5m
3. 감지유형 : 음향 및 충격 동시
4. 주 파 수 : 0.6~3.4 kHz
5. 동작전압 : DC 10~14V (30mA)
6. 경보표시 : 음향(노란색), 충격(녹색), 경보(적색)
7. 사용온도 : 0~50℃

(5) 설치기준[95]

1. 최적 위치는 유리창 쪽과 같은 벽면이다.
2. 유리 가까이 설치하며, 감도는 현장에 맞게 조정한다.
3. 공기의 막힘이 없는 곳으로 천정이나 맞은편 벽면에 부착한다.
4. 음파와 충격파를 방해하는 장애물이 없는 곳에 부착한다.
5. 진동이나 음이 발생하는 에어컨이나 팬, 환풍기, 스피커 등을 피하여 부착한다.
6. 창문 커버가 있다면 음파와 충격파를 커버가 흡수하므로 주의하여야 한다.
7. 이중유리나 필름을 붙인 유리는 진동이 흡수되어 감지범위가 1/2 정도 저하되므로 음향 감지기 부착을 피해야 한다.

---

94) 이강열, 기계경비개론, 2008, p.196, 내용 재구성.
95) 한국경비협회, 기계경비시스템 설치, 한국경비협회규격(SPS KSAS 0001-1213), 2005, p.4.

8. 주택 내부에는 부착하지 않는다.

5) 진동 감지기

(1) 기능

진동 감지기(Vibration Sensor)는 벽, 금고 등에 부착하여 과다한 진동이나 진동에 의한 파손 여부를 감지한다(그림 3-14 참조).

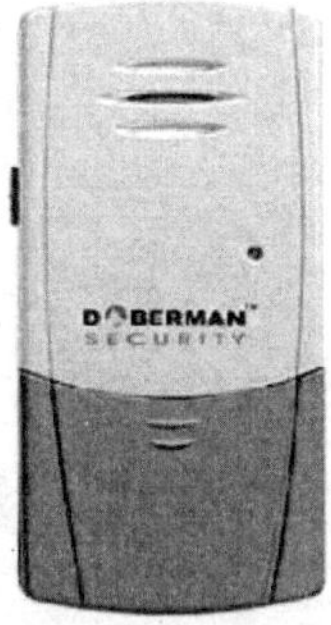

[그림 3-14] 진동 감지기

(2) 구성

진동 감지기는 외부에서 가해지는 충격으로 발생하는 진동을 인지하기 위해 본체 내부에 압전소자가 내장되어 있다.

(3) 작동원리

외부의 침입에 발생하는 진동의 진폭이나 속도가 일정 기준 이상이 되면 압전효과를 이용하여 전기적인 신호로 변환한다.

(4) 제원

1. 모　　델 : SH-10
2. 크　　기 : 62x89x28mm(WxLxH)
3. 감지범위 : 4m
4. 동작전압 : DC 9.6~15V (33mA)
5. 경보표시 : 경계시 - LED ON / 감지시 - LED OFF
6. 사용온도 : -10~55℃

7. 재 질 : ABS 수지
8. 중 량 : 90g

(5) 설치기준[96]

1. 진동이 발생할 수 있는 지역은 피한다.
2. 외부 통행인에 의해 진동이 발생되는 곳은 설치하지 않는다.
3. 경비구역 내의 실내에 설치한다.

6) 충격 감지기

(1) 기능

충격 감지기(Shock Sensor)는 금고 등 중요물품이 보관되어 있는 건물의 벽, 기둥 등에 설치하며 착암기, 해머 등 무거운 도구를 사용하여 벽, 기둥에 충격을 가하거나 파손하는 경우에 이를 감지하는 감지기로서 벽 감지기(Wall Sensor)라고도 한다(그림 3-15 참조).

(2) 구성

충격 감지기는 본체 내부에 충격을 인지하기 위한 압전소자, 시간 간격 설정을 위한 타이머, 감지기 보호를 위한 탬퍼 스위치(Tamper Switch) 등으로 구성되어 있다.

(3) 작동원리

충격 감지기는 2회 이상의 큰 충격이나 반복적인 작은 충격을 감지할 경우 압전소자가 경보신호를 생성한다. 통상적으로 첫 번째 충격 이후 두 번째 충격이 20초 이내에 발생하거나, 1분에 3회 이상의 큰 충격이 가해질 경우에 작동한다. 또한 케이블이 절단되는 경우에도 경보신호를 발생한다.

[그림 3-15] 충격 감지기

96)안창훈 · 이강열 · 최주호, 시큐리티시스템 개론, 인포더, 2004, p.87.

(4) 제원

1. 모　　델 : SL-10
2. 크　　기 : 62x89x27mm(WxLxH)
3. 감지범위 : 4m
4. 동작전압 : DC 9.6 ~ 15V (33mA)
5. 사용온도 : -1 ~ 5℃
6. 재　　질 : ABS 수지
7. 중　　량 : 90g

(5) 설치기준[97]

1. 감지기 부착 위치는 현장 상황에 따라 적절히 부착한다.
2. 설치 완료 후 감지대상 벽면 부위에 충격을 가하여 작동 여부를 확인한다.
3. 금고 내부 철판이 등분되어 있으면 각각의 철판에 감지기를 부착한다.
4. 금고의 외부와 접하는 모든 면에 감지기를 부착한다.

7) 초음파 감지기

(1) 기능

초음파 감지기(Ultrasonic Sensor)는 초음파의 특성을 이용하여 실내의 침입자를 감지하거나 금고, 쇼케이스 등 주요시설 접근을 감지하는 감지기로서 주로 벽 또는 천정에 설치한다(그림 3-16 참조).

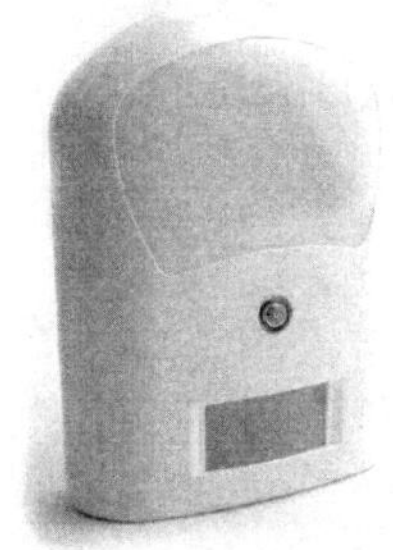

[그림 3-16] 초음파 감지기

97) 한국경비협회, 기계경비시스템 설치, 한국경비협회규격(SPS KSAS 0001-1213), 2005, p.5.

(2) 구성

초음파 감지기는 초음파를 외부로 보내는 송신기, 반사되어 돌아오는 초음파를 수신하는 수신기, 신호를 처리하는 신호처리기 등으로 구성된다. 초음파 감지기의 송신기와 수신기는 일반적으로 압전소자를 이용하여 초음파를 생성하고 송·수신한다.

(3) 작동원리

사람이 들을 수 있는 음파의 주파수, 즉 가청주파수는 통상 20Hz ~ 20kHz의 범위이며 가청주파수보다 높은 대역의 주파수를 가진 음파를 초음파라고 한다. 초음파는 직진성, 반사성 등의 특징을 갖고 있다. 초음파 감지기는 송신된 초음파의 주파수(25kHz 또는 40kHz)와 침입자에 반사되어 돌아오는 수신된 초음파의 주파수 차이를 기본적으로 이용한다.

초음파 감지기는 능동형(Active) 초음파 감지기와 수동형(Passive) 초음파 감지기로 구분하며, 일반적으로 초음파 감지기를 지칭할 경우는 통상적으로 능동형 초음파 감지기를 의미한다. 능동형 초음파 감지기는 초음파 송신기와 초음파 수신기로 구성되어 침입자를 감지하며, 수동형 초음파 감지기는 침입자가 실내로 침입을 시도할 때 창문이나 문 등의 금속 표면을 손상시켜 발생하는 소리(가청음파부터 초음파까지의 주파수 범위)를 감지한다.

특히 초음파 도플러 감지기(Ultrasonic Radar Sensor, Ultrasonic Sensor with Doppler Effect)는 평상시는 송신된 초음파의 주파수와 수신된 초음파의 주파수가 동일하나 침입자나 기타 장애물이 나타나는 경우에는 송신된 초음파의 주파수와 수신된 초음파의 주파수가 달라지는데 이때 초음파 감지기가 경보신호를 발생한다.

(4) 제원

1. 모 델 : MD-400
2. 크 기 : 54x93x13mm(WxLxH)
3. 감지범위 : 5m / 80
4. 동작전압 : DC 12 ~ 18V (32~57mA)
5. 주 파 수 : 40kHz
6. 사용온도 : -20 ~ 50℃
7. 중 량 : 90g

(5) 설치기준[98]

1. 도플러 효과의 원리상 감지기 부근이나 가까이에 이동에 대한 감도가 높아 경계 정면을 횡단하는 움직임의 감지가 어려운 경우가 있으므로 감지기 설치는 침입자의 이동방향의 정면이나 배후가 되도록 설치한다.
2. 경비대상에 전화나 벨 같이 초음파 성분을 포함하는 음의 발생이 없는 곳에 설치한다.
3. 같은 건물 안에 기종이 다른 초음파 감지기가 있으면 발진 주파수 간섭에 의해 오작동이 일어날 수 있으므로 기종을 통일하고 초음파를 발생하는 다른 기기가 있는지를 확인한다.
4. 주위의 잡음이나 냉·난방 설비에 의한 바람소리 등의 영향을 받지 않도록 감지기를 설치한다.

8) 적외선 감지기

(1) 기능

열선 감지기가 인체에서 발생하는 원적외선을 감지하는 수동형(Passive)인데 비해, 적외선 감지기(Active Infrared Detector)는 적외선 투광기와 적외선 수광기를 갖춘 능동형(Active)으로서 실내·외에 모두 사용되며 주로 담장, 창문 등에 설치되어 침입 여부를 감지한다(그림 3-17 참조).

(2) 구성

적외선 감지기는 적외선 발광다이오드를 내장하여 적외선을 투광하는 투광기, 포토 다이오드(또는 포토 트랜지스터)를 내장하여 투광기에서 투광된 적외선을 수광하는 수광기, 그리고 투광과 수광을 용이하게 하는 광학계 등으로 구성된다.

(3) 작동원리

적외선 감지기는 투광기에서 투광되는 근적외선(0.78~1.5㎛)을 수광기에서 감지하는 것으로 침입자가 투광기와 수광기를 통과하여 적외선의 주파수 변동이나 수신이 중단되면 경보신호를 생성한다. 오경보 방지를 위하여 전력질주(50ms), 빠른 보행(100ms), 일반보행(250ms), 느린보행(350ms), 월담(500ms) 등 감지속도(응답속도)를 설정하고 다단 투광기·수광기 구성 등도 고려할 수 있다.

---

98) 이강열, 기계경비개론, 백산출판사, 2008, pp.199-200; 신상엽, 기계경비론, 백산출판사, 2008, pp.120-121, 내용 재구성.

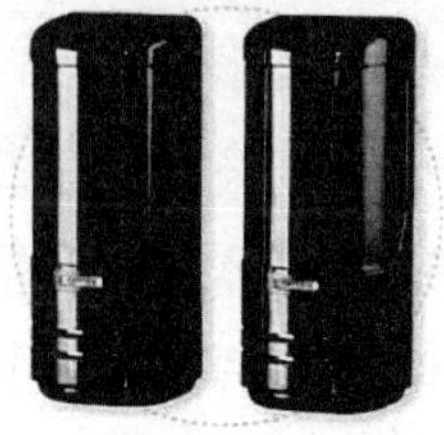

[그림 3-17] 적외선 감지기

(4) 제원

1. 모　　델 : PB-IN-100HF (실내 · 외 겸용)
2. 경계거리 : 100m
3. 검출방식 : 근적외선 차단
4. 응답속도 : 50~700ms
5. 동작전압 : DC 10~30V (70mA)
5. 광축조정 : 수평 ±90° , 수직 ±7°
6. 사용온도 : -20~60℃
7. 재　　질 : PC 수지
8. 중　　량 : 1.2kg

(5) 설치기준[99]

① **벽면에 설치할 경우**

1. 배관 공사시 주변 색상과 어울리는 몰드(Mold)나 파이프(Pipe) 등을 이용하여 바닥이나 천정에 배관한다.
2. 감지기로 연결되는 부분은 몰드(Mold) 등을 이용하여 배관한다.
3. 파이프의 연결 부분은 방수가 되게 한다.
4. 감지기 설치높이는 창틀에서부터 감지기 중앙까지 하단은 20~30cm, 상단은 50~90cm 정도로 한다.
5. 흔들림이 없도록 견고하게 고정한다.

99) 한국경비협회, 기계경비시스템 설치, 한국경비협회규격(SPS KSAS 0001-1213), 2005, p.6.

② **담장에 설치할 경우**

1. 폴(Pole) 사용을 원칙으로 한다.
2. 폴(Pole)은 앵커나 볼트 등을 사용하여 흔들림이 없도록 고정한다.
3. 폴(Pole)은 내측 면 설치가 원칙이나 부득이한 경우에는 담장 위에 설치한다.
4. 배관 배선은 경비구역 안쪽으로 한다.
5. 감지기 설치높이는 담 위에서 감지기 중앙까지 하단은 20~30cm, 상단은 50~90cm 정도로 한다.
6. 필요한 경우에는 탬퍼(Tamper)를 설치한다.

③ **평지나 정원에 설치할 경우**

1. 폴(Pole)을 이용하여 감지기를 부착한다.
2. 폴(Pole)은 흔들림이 없도록 가급적 거푸집을 만들어 고정한다.
3. 배관 배선은 가급적 노출되지 않도록 매립하여 배관·배선한다.
4. 거푸집은 시멘트, 자갈, 모래를 1:2:3의 비율로 배합하여 넣고 양생이 되면 폴(Pole) 밑면의 고정구멍과 일치하게 볼트를 매입한다.
5. 콘크리트가 양생되면 와셔 등으로 폴(Pole)을 단단히 고정한다.
6. 폴(Pole)이 고정되면 박스와 폴(Pole) 간에 배관을 한 다음 폴(Pole)의 인출구로 선을 인출하여 감지기를 부착한다.
7. 감지기 설치 높이는 지면에서부터 감지기 중앙까지 하단은 20~40cm, 상단은 70~100cm 정도로 한다.
8. 필요한 경우에는 탬퍼(Tamper)를 설치한다.
9. 수풀을 피하고 설치한다.

9) 셔터 감지기(Shutter Sensor)

(1) 기능

셔터 감지기(Shutter Sensor)는 상점 등에 설치된 셔터, 대문, 창문 등 출입문을 무단으로 올려서 침입하는 침입자를 감지하는 감지기로서 자석식 셔터 감지기, 적외선식 셔터 감지기 등이 있다(그림 3-18 참조).

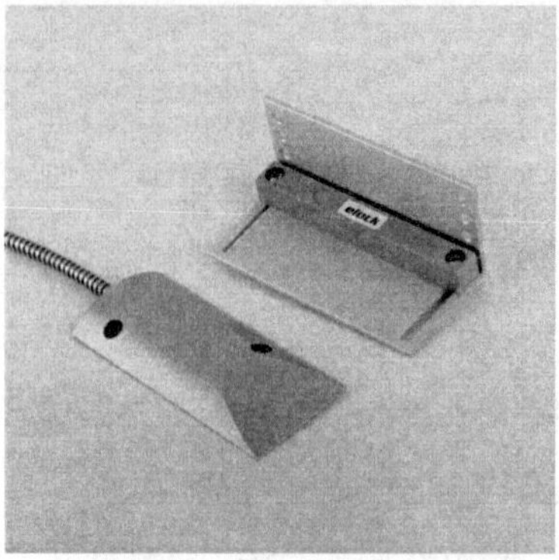

[그림 3-18] 셔터 감지기

(2) 구성

자석식 셔터 감지기는 셔터 틀에 부착하는 센서부(리드 스위치, Reed Switch)와 셔터에 부착하는 자석부(영구자석)로 구성되어 있고, 적외선 셔터 감지기는 적외선 투광기와 수광기가 내장된 본체와 셔터에 부착하는 반사판으로 구성된다.

(3) 작동원리

자석식 셔터 감지기는 셔터가 닫혀 있는 상태에서는 정상상태를 유지하나 셔터가 올려가면 셔터 면에 설치된 자석부(영구자석)도 같이 올라가므로 경보신호가 발생한다. 적외선식 셔터 감지기는 평상시는 적외선 투광기에서 송출되는 적외선이 셔터 면의 반사판에서 반사되어 적외선 수광기에 적외선이 수광되어 정상상태를 유지하나 셔터가 올라가면 적외선 수광기에 적외선이 수광되지 않으므로 경보신호가 발생한다.

(4) 제원

1. 모　　델 : SS-20VC (자석식)
2. 크　　기 : 101x32x14.7mm(WxLxH)
3. 근접거리 : 20±5mm
4. Pull-in　: 90±5mm
5. Drop-out : 140±10mm
6. 사용온도 : -20~80℃
7. 재　　질 : 복합 PP

(5) 설치기준

① **자석식 셔터 감지기**[100)]

1. 지면으로부터 2m 이상인 곳에 설치한다.
2. 벽면에 센서부를 부착하고 셔터 면에 자석부를 부착한다.
3. 센서부가 설치되는 곳은 칼블럭을 설치하여 흔들림이 없어야 한다(흔들림에 의한 오보를 방지하기 위하여 응답속도를 1~2초로 설정)
4. 센서부와 자석부의 거리는 전면 9cm, 상하 1cm 이내로 부착한다.
5. 센서부와 자석부는 볼트와 너트를 이용하여 흔들림이 없도록 고정한다.

② **적외선식 셔터 감지기**[101)]

1. 투광기에서 투광한 적외선이 셔터의 흔들림에 의해 수광기로 수광되지 않는 경우에 오동작을 예방하기 위하여 감지응답속도를 1~3초 정도로 설정한다.
2. 대형 문이나 대형 셔터의 경우 문짝과 문틀의 이격거리가 많이 발생되므로 동작거리가 긴 경우에는 적외선식 셔터 감지기가 적합하다.
3. 반사판 밑 부분으로는 반사가 되지 않도록 무광 페인트를 칠한다.

10) 마이크로웨이브 감지기(Microwave Sensor)

(1) 기능

마이크로웨이브 감지기(Microwave Sensor)는 능동형(Active) 감지기로서 주로 담장, 울타리 등 실외에 설치하여 침입자를 감지한다(그림 3-19 참조).

(2) 구성

마이크로웨이브 감지기는 마이크로웨이브를 생성하는 송신기, 마이크로웨이브를 수신하는 수신기로 구성되어 있는데 이를 대향식 마이크로웨이브 감지기라고 한다. 마이크로웨이브 감지기는 송신기, 수신기 설치 수에 따라 일단(Monostatic) 마이크로웨이브 감지기, 다단(Multistatic) 마이크로웨이브 감지기로 구분할 수 있다. 마이크로웨이브 도플러 감지기(Microwave Radar Sensor, Microwave Sensor with Doppler Effect)는 송신기와 수신기가 함께 내장되어 있어 마이크로웨이브 송신 후 반사되어 수신되는 마이크로웨이브의 주파수 변화를 인지하여 경보신호를 생성한다.

---

100) 한국경비협회, 기계경비시스템 설치, 한국경비협회규격(SPS KSAS 0001-1213), 2005, p.5.
101) 안창훈 · 이강열 · 최주호, 시큐리티시스템 개론, 인포더, 2004, pp.80-81.

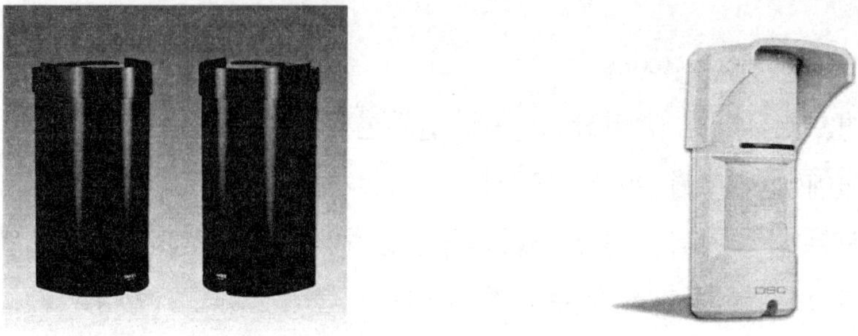

[대향식]　　　　[도플러식]

[그림 3-19] 마이크로웨이브 감지기

(3) 작동원리

마이크로웨이브는 300~3,000MHz의 UHF(Ultrahigh Frequency), 3~300GHz의 SHF(Superhigh Frequency)를 지칭하는데 파장의 범위가 1mm부터 1m 사이의 전파들을 모두 의미하며 마이크로파라고도 한다. 전파 중에서 파장이 짧아 빛과 유사한 특성이 있으므로 직진성, 반사성을 이용하여 통신기술에 이용한다.

마이크로웨이브 감지기의 원리는 기본적으로 적외선 감지기와 유사하다. 송신기에서 10GHz 또는 24GHz 주파수를 가진 마이크로웨이브가 송신되면 수신기에서 이를 수신하는 것으로 침입자가 송신기와 수신기 사이를 통과하여 마이크로웨이브의 주파수 변동이나 수신이 중단되면 경보신호를 생성한다. 마이크로웨이브 감지기는 직진성, 반사성 등이 강한 마이크로웨이브를 사용하므로 악천후에는 강하나 주변 진동이나 다른 마이크로웨이브에 의한 간섭에는 상대적으로 취약하다. 따라서 오경보를 방지하기 위하여 다단 송신기/수신기 구성 등의 방법을 고려해야 한다. [그림 3-20]은 마이크로웨이브 감지기의 작동원리를 예시한 것이다.

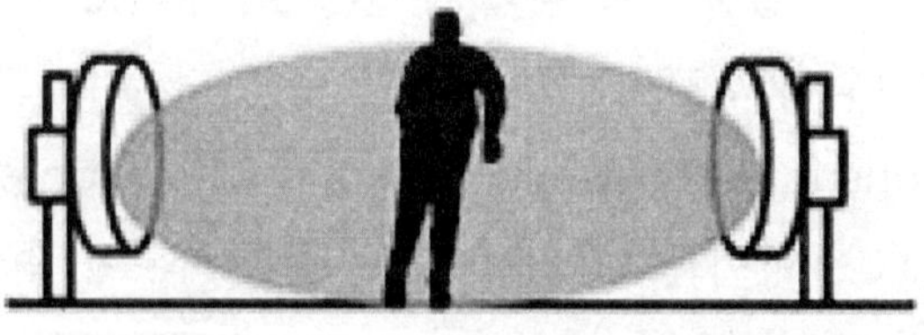

[그림 3-20] 마이크로웨이브 감지기 작동원리

(4) 제원

1. 모　　델 : ERMO482/50
2. 주 파 수 : 10.58GHz
3. 경계거리 : 50, 80, 120, 200m
4. 검출방식 : 마이크로웨이브 차단
5. 감지크기 : 40kg 이상의 사람이 침입 시도 시 경보 발생
6. 감지속도 : 초당 15m까지의 이동물체가 있을 경우 경보
7. 동작전압 : DC 13.8V, AC 19V, 120mA (12V, 2Ah Battery 내장)
8. 사용온도 : -25~55℃

(5) 설치기준[102)]

① 대향식 마이크로웨이브 감지기

1. 벽면이나 높이 1.0~1.5m의 폴(Pole)에 취부하여 설치한다.
2. 전파를 횡단하며 차단하지 않더라도 감지영역과 평행하게 움직이는 차량 등의 부피가 큰 금속물체가 전파에 영향을 주어 오경보를 발하게 하는 것에 대비하여 설치해야 한다.
3. 경계영역이 좁은 경비대상시설에는 적합하지 않다.
4. 건 다이오드(Gun Diode)의 경시변화로 경계거리가 감소하는 것에 대비해야 한다.

② 마이크로웨이브 도플러 감지기

1. 주위의 진동에 의한 영향을 받지 않도록 감지기를 설치한다.
2. 움직이는 장식물이나 커튼 등을 제거하고 설치해야 한다.
3. 같은 옥내에 전파의 상호간섭에 의한 오작동이 없도록 한다.

11) 콤비네이션 감지기(Combination Sensor)

(1) 기능

콤비네이션 감지기(Combination Sensor)는 2가지 이상의 기능을 가지는 방범용 감지기를 의미한다. [그림 3-21]은 적외선 감지기와 마이크로웨이브 감지기의 기능을 동시에 갖춘 콤비네이션 감지기를 예시한 것이다.

102) 신상엽, 기계경비론, 2008, 백산출판사, pp.122-124.

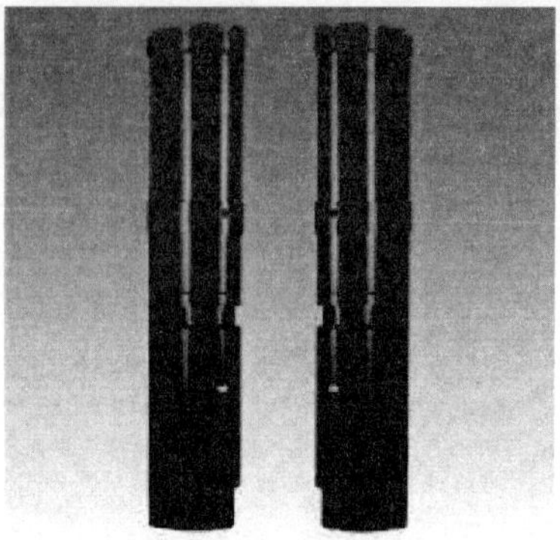

[그림 3-21] 콤비네이션 감지기

(2) 구성

콤비네이션 감지기의 종류는 여러 가지가 있다. 열선 감지기와 초음파 감지기 기능, 열선 감지기와 마이크로웨이브 감지기 기능, 마이크로웨이브 감지기와 적외선 감지기 기능을 동시에 갖춘 콤비네이션 감지기 등이 있다.

(3) 작동원리

콤비네이션 감지기의 원리는 각각의 방범용 감지기의 작동원리을 동시에 수행하는 것이다. 다만, 각각의 방범용 감지기의 출력이 동시에 생성될 경우에만 경보신호를 생성하는 AND(논리곱) 기능과 어느 한쪽에서 출력이 생성될 경우에 경보신호를 생성하는 OR(논리합) 기능으로 구분하여 작동하게 된다.

(4) 제원

1. 모　　델 : CON-IN 100HF (실외용)
2. 기　　능 : 적외선 감지기 + 마이크로웨이브 감지기
   (적외선 LED 및 10.525GHz 마이크로웨이브 사용)
3. 검출방식 : 적외선 및 마이크로웨이브 차단
4. 도달거리 : 적외선(1km), 마이크로웨이브(200m)
5. 동작전압 : DC 10.5~26V (310mA)
6. 사용온도 : -25~60℃
7. 재　　질 : PE 수지
8. 무　　게 : 수광기(3,150g), 투광기(3,300g)

(5) 설치기준

콤비네이션 감지기는 열선 감지기, 초음파 감지기, 적외선 감지기, 마이크로웨이브 감지기 등 다양한 감지기의 특징을 가지고 있다. 따라서 콤비네이션 감지기의 설치기준은 각각의 방범용 감지기의 설치기준을 각각 충족할 수 있어야 한다.

12) 라이다 감지기(Lidar Sensor)

(1) 기능

라이다 감지기(Lidar Sensor)는 빛 탐지 및 범위측정(Light Detection And Ranging)을 의미하는 라이다(Lidar)를 이용하는 감지기이며, '레이저 스캔 감지기(Laser Scan Sensor)'라고도 한다(그림 3-22, 그림 3-23 참조). 라이다는 영어로 'Light Detection And Ranging'의 약자이나 그 이름의 기원을 따지면 'Light'와 'Radar(Radio Detection and Ranging)'를 혼합하여 만든 합성어이다. 즉 라이다는 "전파 대신에 빛을 쓰는 레이다"를 뜻하는 것으로, 라이다는 전통적인 레이다와 원리가 같으나 그 사용하는 전자기파의 파장이 다르다. 라이다 감지기는 레이저 펄스를 발사하고, 그 빛이 주위의 대상 물체에서 반사되어 돌아오는 것을 받아 물체까지의 거리 등을 측정함으로써 주변의 모습을 정밀하게 그려낼 수 있다. 기계경비시스템이나 외곽침입감지시스템에서는 눈에 보이지 않는 레이저 벽이나 높은 경계 지역을 만들어 방해가 되는 침입을 감지하여 집, 건물, 통제구역을 보호할 수 있다. 실내 애플리케이션의 경우 매우 작은 물체 감지를 가능하게 하는 고해상도 모드로 설정할 수 있으며, '실내 투척 모드'로 설정하여 통제된 지역에 던져지는 물체를 감지할 수도 있으며, 지형과 환경에 구애받지 않고 효율적인 외곽 감시를 지원할 수도 있다.[103]

라이다 감지기(Lidar Sensor)는 차세대 과학화 감시 솔루션으로 물체나 사람에 대한 감지기술을 통해 오경보를 획기적으로 줄이고 침입위치 정보를 제공하는 신뢰성 있는 가상 물리보안 경계체계를 제공한다. 360도 전방위 감시와 3D 공간 분석, 머신러닝(Machine Learning) 기술을 통해 실내·외, 조명, 날씨에 제한 없이 실시간으로 물체나 사람을 구분하고, 탐지하여 추적하고, 경계상황에 정보를 제공할 수 있다.[104] 감지기에서 방출되는 레이저 파장은 눈에 절대 안전하도록 제작되며, 물체의 반사파장을 감지하여, 정확한 위치를 제공함으로서, 다양한 알람 설정이 가능하다.[105]

103) 한국물리학회, 물리학백과, 2022; 선진인포섹, RED SCAN mini, 2021; 선진인포섹, RED SCAN, 2024.
104) 씨큐리티, CQLIDAR-3D-SENSOR-3D 라이다(Lidar) 감시 시스템, 2021.
105) 금성시큐리티, VFENCE F-501, 2014.

(2) 구성

레이저는 출력이 낮은 것이라도, 직시하면 실명의 위험성이 있어 주의가 필요하기 때문에, 레이저광선의 파장 등에 의해서 클래스를 나눈다. 일반적으로 레이저 스캔 감지기의 레이저 광선은 클래스 1(Max. 0.015mW)이기 때문에 인체나 눈에 악영향은 거의 없다.[106)]

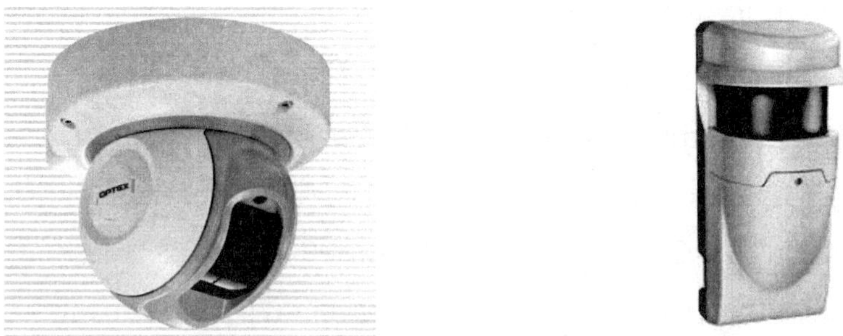

[그림 3-22] 라이다 감지기[107)]

(3) 작동원리

레이저빛의 펄스를 발사해 측정 대상물에 맞닿아 그 반사광을 수광할 때까지의 시간을 측정하여 거리로 환산하는 Time Of Flight 방식을 사용하며, 이 방식은 GHz단위의 수정 클럭으로 시간을 정확하게 측정할 수 있다.[108)]

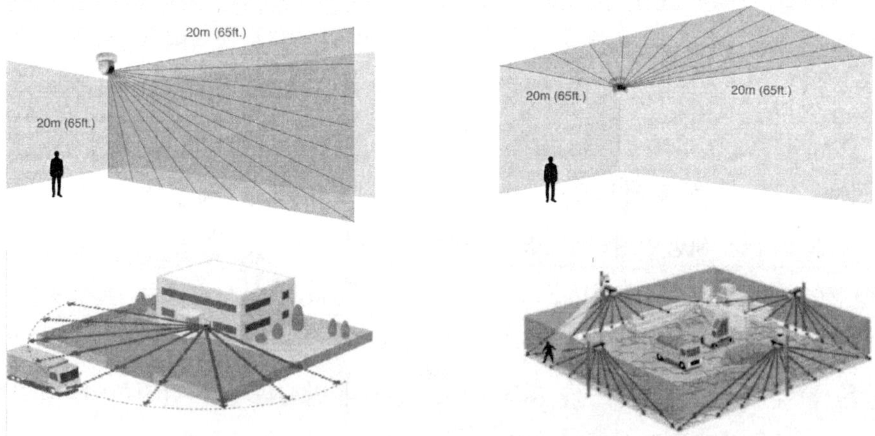

[그림 3-23] 라이다 감지기의 감지영역[109)]

---

106) 선진인포섹, RED SCAN mini, 2021; 선진인포섹, RED SCAN, 2024.
107) 선진인포섹, RED SCAN mini, 2021; 선진인포섹, RED SCAN, 2024.
108) 선진인포섹, RED SCAN mini, 2021; 선진인포섹, RED SCAN, 2024.
109) 선진인포섹, RED SCAN mini, 2021; 선진인포섹, RED SCAN, 2024.

(4) 제원[110)]

1. 모 델 : RLS-2020S (실내용 및 실외용)
2. 기 능 : Infrared Laser Scan 감지 방식
3. 레이저 보호등급 : Class 1
4. 감지영역 : 20 x 20m, 95도
5. 감지거리 : 반경 10% 반사율에서 1~21m
5. 동작전압 : DC 10.5~30VDC
(500mA max. 12VDC, 250mA max. 24VDC)
6. 사용온도 : -40~60℃
7. 무 게 : 1.0kg

(5) 설치기준

설치높이(수직모드)는 실내 2m이상, 실외 6m이상이며, 알람 출력시간은 약 2초이다. 레이저 광선은 시력에 손상을 가하지 않도록 클래스1을 사용하여야 한다.[111)]

13) 금고 감지기

(1) 기능

금고 감지기(Vault Sensor)는 금품을 보관하는 금고, 금융기관의 CD/ATM 코너와 중요 서류 및 물품을 보관하는 장소의 출입문에 설치하여 금고에 접근하거나, 금고를 파손하거나, 금고문을 개방하는 것을 감지하여, 도난 및 파손을 방지하는 감지기이다(그림 3-24 참조).

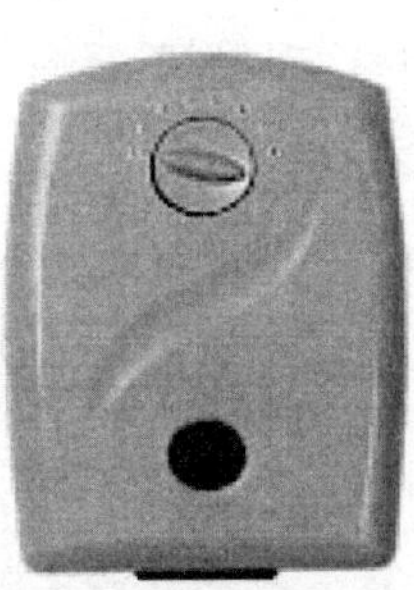

[그림 3-24] 금고 감지기

110) 선진인포섹, RED SCAN mini, 2021; 선진인포섹, RED SCAN, 2024.
111) 선진인포섹, RED SCAN mini, 2021; 선진인포섹, RED SCAN, 2024.

(2) 구성

금고 감지기는 감지기 부분과 감지기를 설치하기 위한 브라켓(Bracket), 그리고 각각의 부품을 연결하는 연결부(Joint)로 구성되어 있다.

(3) 작동원리

금고 감지기는 자석 감지기, 진동 감지기, 열선 감지기, 마이크로웨이브 감지기 등의 원리를 다각적으로 응용하여 금고 접근, 금고 파괴 및 금고 개방을 감지할 수 있다.[112] 금고 감지기는 금고나 문에 가해지는 충격을 감지하여 경보신호를 생성한다. 또한, 금고나 문에 대한 비정상적인 개폐가 있을 때 경보신호를 출력하는 탬퍼(Tamper) 기능이 있다.

(4) 제원

1. 모　　델 : CS-10N (실내용)
2. 감지거리 : 4 ~ 10m
3. 동작전압 : DC 9.6 ~ 15V (40mA)
4. 재　　질 : ABS 수지
5. 사용온도 : -10 ~ 55℃
6. 무　　게 : 감지기(170g), 브라켓(55g), 연결부(85g)

(5) 설치기준[113]

1. 금고문의 개방을 최우선적으로 감지하도록 부착한다.
2. 감지기를 부착할 곳의 표면을 깨끗이 닦아 이물질을 제거한다.
3. 접착력을 높이기 위해 실리콘이나 접착제 등을 사용하여 부착한다.
4. 선로는 반드시 결선 박스에서 결선한다.
5. 선로는 최대한 팽팽하게 하여야 하며 늘어짐이 없어야 한다.

14) 매트 스위치(Mat Switch)

(1) 기능

매트 스위치(Mat Switch)는 현관이나 출입문 입구, 기타 바닥에 설치하여 침입자가 매트를 밟을 경우 경보신호를 발생하는 감지기이다(그림 3-25 참조).

---

112) 신상엽, 기계경비론, 백산출판사, 2008, p.125.
113) 한국경비협회, 기계경비시스템 설치, 한국경비협회규격(SPS KSAS 0001-1213), 2005, p.5.

(2) 구성

매트 스위치는 수지고무로 된 외피 내에 상부와 하부에 도전판을 설치하고 그 사이에 절연판이 도전판을 부분적으로 지지하도록 설치하여 면(面) 스위치 역할을 하도록 구성한다. 매트 스위치와 유사한 기능을 하는 감지기로는 압전 매트가 있으며 매트 스위치는 면(面) 스위치를 이용하는데 비해 압전 매트는 압전소자를 이용하는 점에서 차이가 있다.

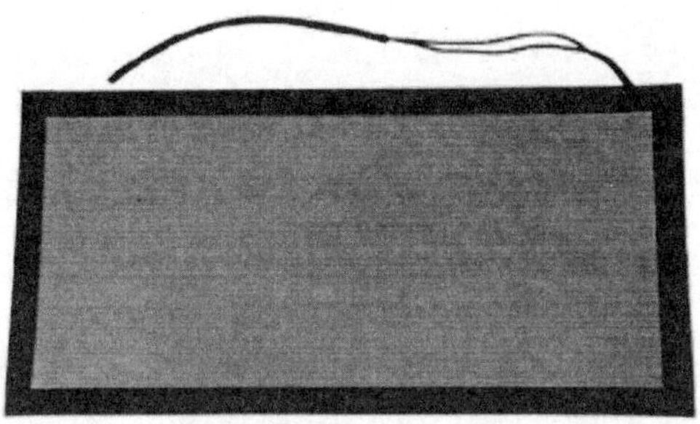

[그림 3-25] 매트 스위치

(3) 작동원리

침입자가 매트 스위치를 밟으면 위부분과 아랫부분에 설치된 도전판이 접속되어 경보신호를 발생한다. 매트 스위치는 면(面) 스위치로서 넓은 면적을 감지할 수 있다.

(4) 제원

1. 모　　델 : 매트 스위치
2. 크　　기 : 350x700x11mm, 480x700x11mm,
   600x1,000x11mm (WxLxH)
3. 표면모양 : 수지고무
4. 방 수 성 : 방수형
5. 동작전압 : DC 24V (0.5A)
6. 작동하중 : 10kg 이상(100㎟)
7. 사용온도 : -20 ~ 50℃

(5) 설치기준[114)]

1. 누수의 위험이 있는 곳에서 사용하는 것을 피한다.
2. 무감지를 없애기 위하여 넓게 설치해야 한다.
3. 경시변화에 의한 노후상태를 수시로 확인하여 잘 관리해야 한다.

15) 경보기

(1) 기능

경보기(Siren)는 감지기의 경보신호를 주장치가 접수하여 경보음을 발생하는데 사용하는 기기이다(그림 3-26 참조).

(2) 구성

경보기는 경보신호 수신부와 경보음을 발생하는 스피커(Speaker) 등으로 구성되며 유선 경보기, 무선 경보기 등으로 구분할 수 있다.

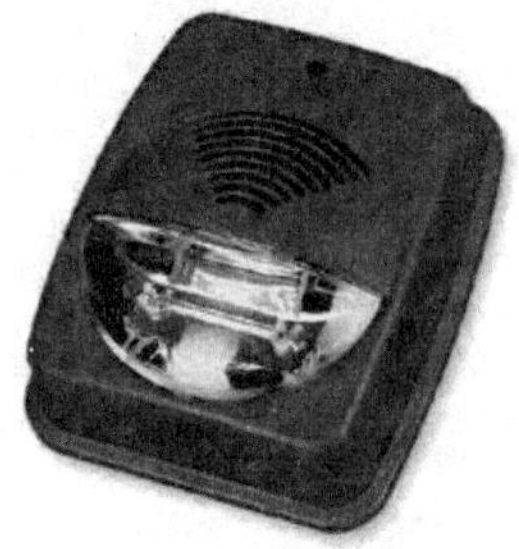

[그림 3-26] 경보기

(3) 설치기준[115)]

1. 보안이 취약한 지역이나 경비 목적물 근처에 부착한다.
2. 특별한 사항이 없으면 주장치의 윗부분에 부착한다.
3. 주택에는 고객과 협의하여 부착한다.
4. 보안이 취약한 지역은 필요시 외부에 2중으로 부착한다.
5. 벽면이나 콘크리트에 설치하는 경우에는 견고하게 부착한다.
6. 고객의 요구가 없더라도 범죄가 우려되는 경비구역에 부착할 수 있다.

114) 신상엽, 기계경비론, 백산출판사, 2008, p.90.
115) 한국경비협회, 기계경비시스템 설치, 한국경비협회규격(SPS KSAS 0001-1213), 2005, p.2.

16) 경보등

(1) 기능

경보등(Strobe Light)은 감지기의 경보신호를 주장치가 접수하여 경보를 조명으로 발생하는데 사용하는 기기이다(그림 3-27 참조).

(2) 구성

경보등은 경보신호 수신부, 경보조명을 발생하는 램프(Lamp) 등으로 구성되며 유선 경보등, 무선 경보등으로 구분할 수 있다. 램프는 경보 발생 시 점멸을 반복하고 경보기와 함께 사용하는 것이 일반적이다.

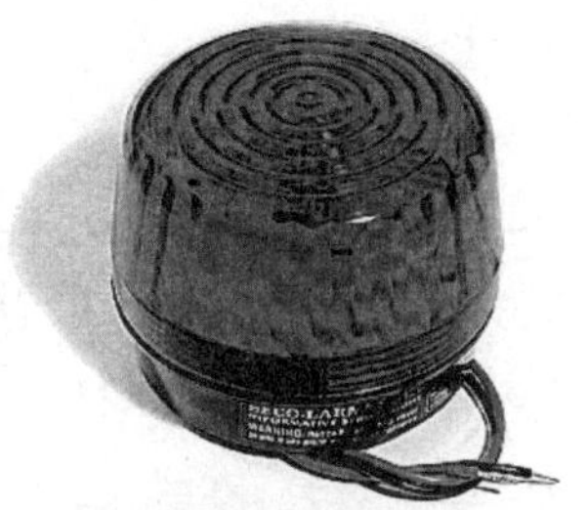

[그림 3-27] 경보등

(3) 설치기준[116]

1. 보안 취약지점이나 침입을 알리기 쉬운 곳에 부착한다.
2. 외부에 잘 보이는 곳에 부착한다.
3. 이상 발생시 경보등이 동작하도록 주장치의 알람 단자에 결선한다.
4. 벽면이나 콘크리트에 설치할 경우 견고하게 부착한다.
5. 가능한 한 경비구역 외부에 부착한다.

17) 비상 스위치

(1) 기능

비상스위치(Emergency Switch)는 은행, 상점 등 경비대상시설에서 상주하는 사용자가 침입, 화재, 사고 등 비상상황이 발생하였을 때 관제센터나 경찰, 소방 등 공공기관에 통보하기 위한 기기이다. 비상스위치는 손을 사용하는 일반 비상스위치, 발을 사용하는 발판 비상스위치, 그리고 유선 비상스위치, 무선 비상스위치로 구분한다(그림 3-28 참조).

---

116) 한국경비협회, 기계경비시스템 설치, 한국경비협회규격(SPS KSAS 0001-1213), 2005, pp.2-3.

(2) 구성

비상스위치는 스위치부와 경보신호 송신부로 구성된다.

(3) 작동원리[117)]

① **유선 비상스위치**

1. 사용자가 쉽게 사용할 수 있는 곳에 부착한다.
2. 문 근처에 설치하는 경우는 문이 열리는 쪽에 부착한다.
3. 바닥으로 배선할 때 몰드 등을 사용하며 몰드가 깨져서 선이 눌리지 않도록 한다.
4. 다른 사람들의 손이 닿기 쉬운 곳에는 부착하지 않는다.

② **무선 비상스위치**

1. 수신기는 주장치 주변에 부착하는 것을 원칙으로 한다.
2. 수신불가 지역이 없는지 방문을 닫고 확인한다.
3. 수신불가 지역이 있으면 수신기를 수신가능 지역으로 이동, 부착한다.
4. 감지기 설치 완료 후 동작시켜 작동 여부를 확인한다.

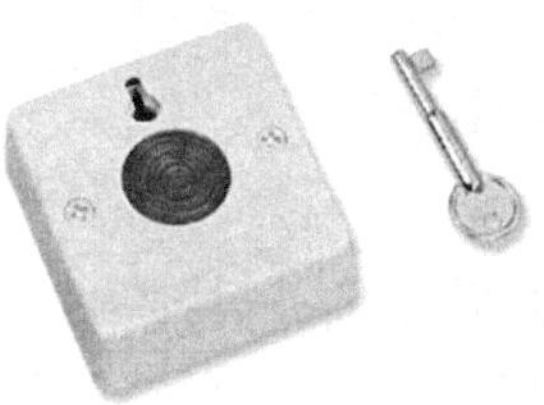

[일반식]

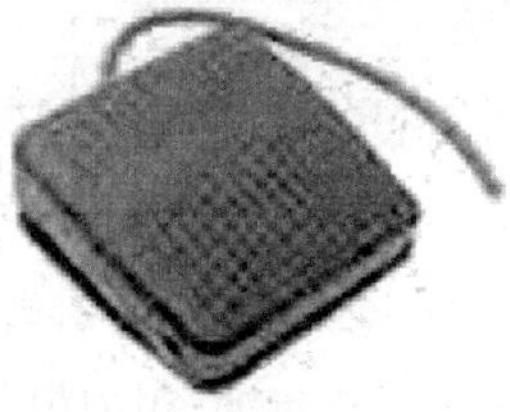

[발판식]

[그림 3-28] 비상스위치

117) 한국경비협회, 기계경비시스템 설치, 한국경비협회규격(SPS KSAS 0001-1213), 2005, pp.7-8.

제3절 방재용 감지기

1. 방재용 감지기의 개념

1) 방재용 감지기

기계경비의 주요 제공업무는 일반적인 방범업무뿐만 아니라 화재통보 제공업무, 비상통보 제공업무, 가스누출통보 제공업무, 구급통보 제공업무, 생활리듬 감지 제공업무, 설비이상통보 제공업무, 설비제어 제공업무 등 다양하다.

방재용 감지기는 기계경비에서 매우 중요한 위치를 차지하는데 화재, 가스누출 등 안전사고를 예방하거나 안전사고가 발생할 경우에 이를 감지하여 주장치에 신호를 전달하며, 주장치는 로컬(Local) 기계경비시스템의 경우에는 현장요원에게, 무인 기계경비시스템의 경우에는 관제요원에게 통보하는 기능을 담당한다. 최근에는 기계경비 관련업체에서도 방범 등 경비서비스 외에 화재, 설비이상 등 방재 및 안전 서비스로 영역을 확대하고 있기 때문에 방재용 감지기에 대한 이해가 필요하다.

2) 소방시설

소방시설은 소화설비, 경보설비, 피난구조설비, 소화용수설비, 그 밖에 소화활동설비로서 대통령령으로 정하는 것을 말한다.[118]

1. 소화설비: 물 또는 그 밖의 소화약제를 사용하여 소화하는 기계 · 기구 또는 설비로서 다음 각 목의 것
   가. 소화기구
      1) 소화기
      2) 간이소화용구: 에어로졸식 소화용구, 투척용 소화용구, 소공간용 소화용구 및 소화약제 외의 것을 이용한 간이소화용구
      3) 자동확산소화기
   나. 자동소화장치
      1) 주거용 주방자동소화장치
      2) 상업용 주방자동소화장치

---

118) 소방시설 설치 및 관리에 관한 법률(법률 제119160, 시행 2023. 7. 1) 제2조(정의); 소방시설 설치 및 관리에 관한 법률 시행령(대통령령 제33321호, 시행 2023. 3. 7) [별표 1] 소방시설.

3) 캐비닛형 자동소화장치

4) 가스자동소화장치

5) 분말자동소화장치

6) 고체에어로졸자동소화장치

다. 옥내소화전설비[호스릴(hose reel) 옥내소화전설비를 포함한다]

라. 스프링클러설비등

1) 스프링클러설비

2) 간이스프링클러설비(캐비닛형 간이스프링클러설비를 포함한다)

3) 화재조기진압용 스프링클러설비

마. 물분무등소화설비

1) 물분무소화설비

2) 미분무소화설비

3) 포소화설비

4) 이산화탄소소화설비

5) 할론소화설비

6) 할로겐화합물 및 불활성기체(다른 원소와 화학반응을 일으키기 어려운 기체를 말한다. 이하 같다) 소화설비

7) 분말소화설비

8) 강화액소화설비

9) 고체에어로졸소화설비

바. 옥외소화전설비

2\. 경보설비: 화재발생 사실을 통보하는 기계 · 기구 또는 설비로서 다음 각 목의 것

가. 단독경보형 감지기

나. 비상경보설비

1) 비상벨설비

2) 자동식사이렌설비

다. 자동화재탐지설비

라. 시각경보기

마. 화재알림설비

바. 비상방송설비

사. 자동화재속보설비

아. 통합감시시설

자. 누전경보기

차. 가스누설경보기

3. 피난구조설비: 화재가 발생할 경우 피난하기 위하여 사용하는 기구 또는 설비로서 다음 각 목의 것

가. 피난기구

1) 피난사다리

2) 구조대

3) 완강기

4) 간이완강기

5) 그 밖에 화재안전기준으로 정하는 것

나. 인명구조기구

1) 방열복, 방화복(안전모, 보호장갑 및 안전화를 포함한다)

2) 공기호흡기

3) 인공소생기

다. 유도등

1) 피난유도선

2) 피난구유도등

3) 통로유도등

4) 객석유도등

5) 유도표지

라. 비상조명등 및 휴대용비상조명등

4. 소화용수설비: 화재를 진압하는 데 필요한 물을 공급하거나 저장하는 설비로서 다음 각 목의 것

가. 상수도소화용수설비

나. 소화수조·저수조, 그 밖의 소화용수설비

5. 소화활동설비: 화재를 진압하거나 인명구조활동을 위하여 사용하는 설비로서 다음 각 목의 것

가. 제연설비

나. 연결송수관설비

다. 연결살수설비

라. 비상콘센트설비

마. 무선통신보조설비

바. 연소방지설비

소방시설과 관련한 주요용어의 정의는 다음과 같다.[119]

1. "소방시설등"이란 소방시설과 비상구(非常口), 그 밖에 소방 관련 시설로서 대통령령으로 정하는 것으로 방화문 및 자동방화셔터를 말한다.
2. "특정소방대상물"이란 건축물 등의 규모 · 용도 및 수용인원 등을 고려하여 소방시설을 설치하여야 하는 소방대상물로서 대통령령으로 정하는 것을 말한다.
3. "화재안전성능"이란 화재를 예방하고 화재발생 시 피해를 최소화하기 위하여 소방대상물의 재료, 공간 및 설비 등에 요구되는 안전성능을 말한다.
4. "성능위주설계"란 건축물 등의 재료, 공간, 이용자, 화재 특성 등을 종합적으로 고려하여 공학적 방법으로 화재 위험성을 평가하고 그 결과에 따라 화재안전성능이 확보될 수 있도록 특정소방대상물을 설계하는 것을 말한다.
5. "화재안전기준"이란 소방시설 설치 및 관리를 위한 다음 각 목의 기준을 말한다.
   가. 성능기준: 화재안전 확보를 위하여 재료, 공간 및 설비 등에 요구되는 안전성능으로서 소방청장이 고시로 정하는 기준
   나. 기술기준: 가목에 따른 성능기준을 충족하는 상세한 규격, 특정한 수치 및 시험방법 등에 관한 기준으로서 행정안전부령으로 정하는 절차에 따라 소방청장의 승인을 받은 기준
6. "소방용품"이란 소방시설등을 구성하거나 소방용으로 사용되는 제품 또는 기기로서 대통령령으로 정하는 것을 말한다.[120]

---

119) 소방시설 설치 및 관리에 관한 법률(법률 제119160, 시행 2023. 7. 1) 제2조(정의); 소방시설 설치 및 관리에 관한 법률 시행령(대통령령 제33321호, 시행 2023. 3. 7) 제4조(소방시설등).

120) 소방시설 설치 및 관리에 관한 법률 시행령(대통령령 제33321호, 시행 2023. 3. 7) 제6조(소방용품), [별표 3] 소방용품(제6조 관련).

1. 소화설비를 구성하는 제품 또는 기기
   가. 별표 1 제1호가목의 소화기구(소화약제 외의 것을 이용한 간이소화용구는 제외한다)
   나. 별표 1 제1호나목의 자동소화장치
   다. 소화설비를 구성하는 소화전, 관창(菅槍), 소방호스, 스프링클러헤드, 기동용 수압개폐장치, 유수제어밸브 및 가스관선택밸브
2. 경보설비를 구성하는 제품 또는 기기
   가. 누전경보기 및 가스누설경보기

3) 자동화재탐지설비

(1) 자동화재탐지설비의 정의

자동화재탐지설비는 건물 내에 발생한 화재를 초기단계에서 자동적으로 발견하여 관계자에게 통보하는 설비를 말한다. 열, 연기 또는 불꽃을 감지하는 감지기, 화재발생 장소를 알리는 수신기, 화재발생을 알리는 발신기, 발신기의 신호를 받아 수신기에 발신하는 중계기, 음향에 의해 화재를 알리는 벨, 사이렌 등의 음향장치, 그리고 표시등, 전원, 배선 등으로 구성한다.121)

그러나, 소방시설 설치 및 관리에 관한 법률(법률 제19160호, 시행 2023. 7. 4), 소방시설 설치 및 관리에 관한 법률 시행령(대통령령 제33321호, 시행 2023. 3. 7) 등 관련 법규에는 자동화재탐지설비에 대한 구체적인 정의는 없다. 자동화재탐지설비 및 시각경보장치의 화재안전성능기준(NFPC 203)(소방청고시 제2022-47호, 시행 2022. 12. 1), 자동화재탐지설비 및 시각경보장치의 화재안전기술기준(NFTC 203) (소방청고시 제2022-224호, 시행 2022. 12. 1)에서 자동화재탐지설비 및 시각경보장치의 설치 · 유지 및 안전관리에 필요한 사항을 규정하고 있다. 동 기준에서 정의하고 있는 주요 용어를 기술하면 다음과 같다.122)

1. "경계구역"이란 특정소방대상물 중 화재신호를 발신하고 그 신호를 수신 및 유효하게 제어할 수 있는 구역을 말한다.
2. "수신기"란 감지기나 발신기에서 발하는 화재신호를 직접 수신하거나 중계기를 통하여 수신하여 화재의 발생을 표시 및 경보하여 주는 장치를 말한다.
3. "중계기"란 감지기 · 발신기 또는 전기적인 접점 등의 작동에 따른 신호를 받아 이를 수신기에 전송하는 장치를 말한다.

나. 경보설비를 구성하는 발신기, 수신기, 중계기, 감지기 및 음향장치(경종만 해당한다)

3. 피난구조설비를 구성하는 제품 또는 기기
   가. 피난사다리, 구조대, 완강기(지지대를 포함한다) 및 간이완강기(지지대를 포함한다)
   나. 공기호흡기(충전기를 포함한다)
   다. 피난구유도등, 통로유도등, 객석유도등 및 예비 전원이 내장된 비상조명등
4. 소화용으로 사용하는 제품 또는 기기
   가. 소화약제[별표 1 제1호나목2) 및 3)의 자동소화장치와 같은 호 마목3)부터 9)까지의 소화설비용만 해당한다]
   나. 방염제(방염액 · 방염도료 및 방염성물질을 말한다)
5. 그 밖에 행정안전부령으로 정하는 소방 관련 제품 또는 기기

121) 서울시 소방방재본부, 소방검사실무, 2001, p.251.

122) 자동화재탐지설비 및 시각경보장치의 화재안전성능기준(NFPC 203) (소방청고시 제2022-47호, 시행 2022. 12. 1) 제3조(정의).

4. "감지기"란 화재 시 발생하는 열, 연기, 불꽃 또는 연소생성물을 자동적으로 감지하여 수신기에 화재신호 등을 발신하는 장치를 말한다.
5. "발신기"란 수동누름버턴 등의 작동으로 화재 신호를 수신기에 발신하는 장치를 말한다.
6. "시각경보장치"란 자동화재탐지설비에서 발하는 화재신호를 시각경보기에 전달하여 청각장애인에게 점멸형태의 시각경보를 하는 것을 말한다.

(2) 자동화재탐지설비의 경계구역[123)]

자동화재탐지설비의 경계구역은 다음 각호의 기준에 따라 설정하여야 한다. 다만, 감지기의 형식승인 시 감지거리, 감지면적 등에 대한 성능을 별도로 인정받은 경우에는 그 성능 인정범위를 경계구역으로 할 수 있다.

1. 하나의 경계구역이 둘 이상의 건축물에 미치지 아니하도록 할 것
2. 하나의 경계구역이 둘 이상의 층에 미치지 아니하도록 할 것
3. 하나의 경계구역의 면적은 600제곱미터 이하로 하고 한변의 길이는 50미터 이하로 할 것

계단(직통계단외의 것에 있어서는 떨어져 있는 상하계단의 상호간의 수평거리가 5미터 이하로서 서로 간에 구획되지 아니한 것에 한한다. 이하 같다) · 경사로(에스컬레이터경사로 포함) · 엘리베이터 승강로(권상기실이 있는 경우에는 권상기실) · 린넨슈트 · 파이프 피트 및 덕트 기타 이와 유사한 부분에 대하여는 별도로 경계구역을 설정하되, 하나의 경계구역은 높이 45미터 이하(계단 및 경사로에 한한다)로 하고, 지하층의 계단 및 경사로(지하층의 층수가 1일 경우는 제외한다)는 별도로 하나의 경계구역으로 하여야 한다.

외기에 면하여 상시 개방된 부분이 있는 차고 · 주차장 · 창고 등에 있어서는 외기에 면하는 각 부분으로부터 5미터 미만의 범위 안에 있는 부분은 경계구역의 면적에 산입하지 아니한다. 스프링클러설비 · 물분무 등 소화설비 또는 제연설비의 화재감지장치로서 화재감지기를 설치한 경우의 경계구역은 해당 소화설비의 방호구역 또는 제연구역과 동일하게 설정할 수 있다.

---

123) 자동화재탐지설비 및 시각경보장치의 화재안전성능기준(NFPC 203) (소방청고시 제2022-47호, 시행 2022. 12. 1) 제4조(경계구역).

2. 화재 감지기

1) 열 감지기

열 감지기는 감지온도에 따라 차동식, 정온식으로 구분하고, 감지구역에 따라 분포형, 스포트형으로 구분하며, 복합적 기능을 수행하는 것을 보상식이라고 한다(표 3-5 참소).

[표 3-5] 열 감지기의 구분

구 분	감지온도	기 능
감지온도	차동식	주위온도가 일정 상승률 이상이 되면 작동
	정온식	주위온도가 일정 온도 이상이 되면 작동
	보상식	차동식과 보상식을 복합적으로 이용
감지구역	분포형	넓은 범위에서의 열효과에 의하여 작동
	스포트형	일국소의 열효과에 의하여 작동
	보상식	분포형과 스포트형을 복합적으로 이용

(1) 차동식 분포형 열 감지기

차동식 분포형 열 감지기는 주위온도가 일정 상승률 이상이 되고 광범위한 열 효과의 축적에 의하여 작동하며 공기관식, 열전대식, 열반도체식으로 구분하고 감도에 따라 1종, 2종, 3종으로 구분한다.

① 공기관식 열 감지기

공기관식 열 감지기는 열을 감지하는 감열부, 감열부에서 전해진 공기의 팽창을 감지하는 검출부로 구성된다. 화재가 발생하면 공기관 내의 공기가 팽창하게 되고 검출부 내의 다이어프램(Diaphragm)이 부풀어 올라 전기접점(NO접점, A접점)이 접촉하여 수신기에 화재신호를 전송한다. 검출부에는 리크 홀(Leak Hole)이 있어 난방, 취사 등과 같이 완만한 온도 상승에 의해서는 공기가 유출되어 화재경보가 발생하지 않는다(그림 3-29 참조).

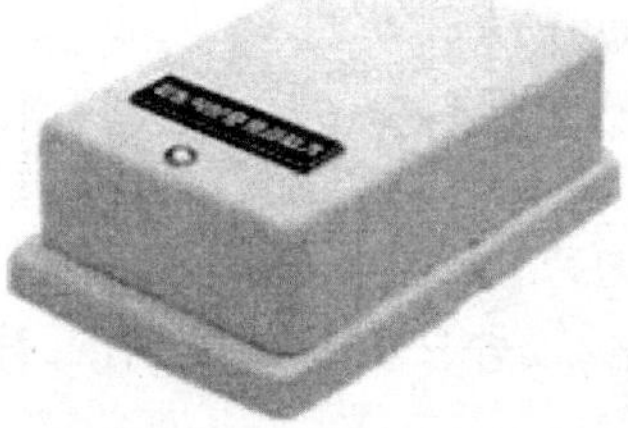

[그림 3-29] 공기관식 열 감지기

② 열전대식 열 감지기

열전대식 열 감지기는 열기전력을 발생하는 열전대부, 열전대부에서 전해진 열기전력을 감지하는 검출부로 구성된다. 화재가 발생하면 열에 의해 열전대부의 온도가 상승하여 다른 종류의 금속판의 상호 간에 열기전력에 의한 전류가 흘러서 전기접점(NO접점, A접점)이 접촉하여 수신기에 화재신호를 전송한다.

③ 열반도체식 열 감지기

열반도체식 열 감지기는 열기전력을 발생하는 감열부, 감열부에서 전해지는 열기전력을 감지하는 검출부로 구성된다. 화재가 발생하면 열에 의해 수열판의 온도가 상승하여 열반도체 소자에 열기전력에 의한 전류가 흐르게 되고 전기접점(NO접점, A접점)이 접촉하여 수신기에 화재신호를 전송한다.

(2) 차동식 스포트형 열 감지기

차동식 스포트형 열 감지기는 주위온도가 일정 상승률 이상이 되고 일국소의 열 효과에 의하여 작동하며, 공기팽창을 이용하거나 열기전력을 이용하고 감도에 따라 1종, 2종으로 구분한다. 화재 시 온도상승에 의해 감열부의 공기가 팽창하면 전기접점(NO접점, A접점)이 접촉하여 수신기에 화재신호를 전송한다(그림 3-30 참조).

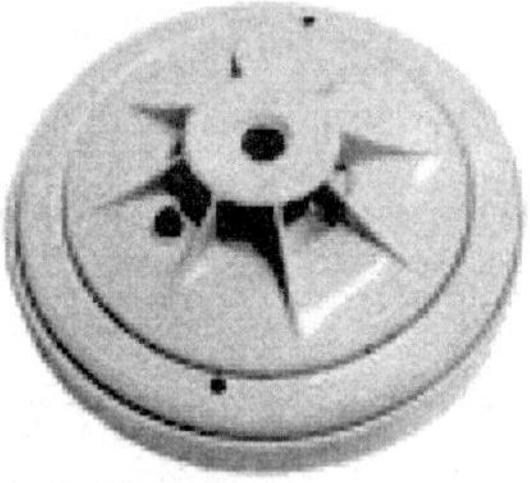

[그림 3-30] 차동식 스포트형 열 감지기

(3) 정온식 스포트형 열 감지기

정온식 스포트형 열 감지기는 일국소의 주위온도가 일정온도 이상으로 되면 작동하며, 금속의 팽창, 액체(기체) 팽창, 금속 용융, 가용절연물을 이용하거나 반도체의 열 효과를 이용한다. 감도에 따라 특종, 1종, 2종으로 구분한다(그림 3-31 참조).

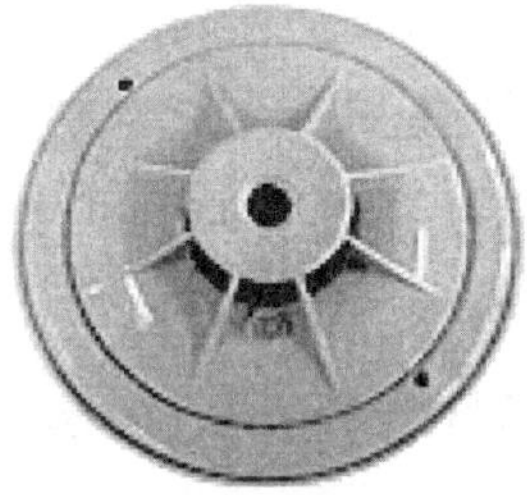

[그림 3-31] 정온식 스포트형 열 감지기

① **바이메탈(Bimetal)을 이용하는 방법**

일정온도가 되면 서로 다른 팽창계수를 가진 두 금속을 접합한 바이메탈(Bimetal)이 구부려지기 시작하며 설정온도에 도달하게 되면 전기접점(NO접점, A접점)이 접촉하여 수신기에 화재신호를 전송한다.

② **금속의 팽창계수 차를 이용하는 방법**

팽창계수가 큰 외부 금속판과 절연 내부 금속판을 조합하여 금속 간의 팽창 차이에 의해 전기접점(NO접점, A접점)이 접촉하여 수신기에 화재신호를 전송한다.

③ **액체의 팽창을 이용하는 방법**

수열체에 있는 반전판이 열을 받아 적정온도에 도달하면 반전판 내의 액체가 기화하여 전기접점(NO접점, A접점)이 접촉하면 수신기에 화재신호를 전송한다.

④ **가용절연물을 이용한 방법**

일국소의 주위 온도가 일정온도 이상으로 올라가면 감열부의 가용절연물이 녹아 2개의 전선이 전기접점(NO접점, A접점)이 접촉하여 수신기에 화재신호를 전송한다.

⑤ **감열반도체를 이용하는 방법**

반도체는 열을 받으면 전기저항이 서서히 감소하다가 일정온도이상이 되면 급격히 전기저항이 감소하는 특성을 갖는다. 이러한 반도체의 특성을 이용하여 수신기에 화재신호를 전송한다.

(4) 정온식 감지선형 열 감지기

정온식 감지선형 열 감지기는 외관이 전선 모양으로 되어 있는 것으로 일국소의 주위온도가 일정한 온도 이상이 되면 작동하며, 감도에 따라 특종, 1종, 2종으로 구분한다. 2개의 전선 전체를 감열부로 구성하고 전선 외부에 일정온도 이상이 되면 용해되는 물질로 전기적 절연을 하여 화재 시 2개의 전선이 전기접점(NO접점, A접점)이 접촉하여 수신기에 화재신호를 전송한다(그림 3-32 참조).

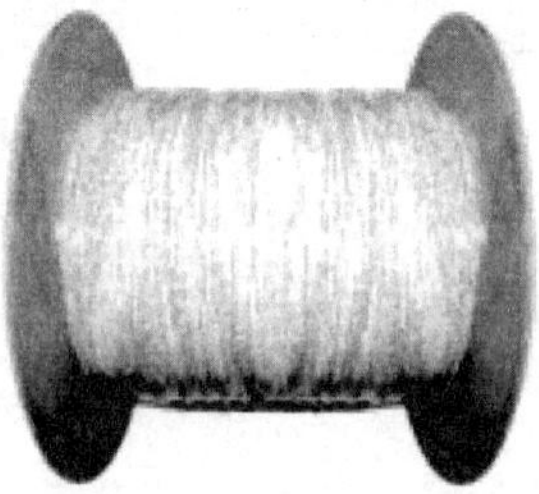

[그림 3-32] 정온식 감지선형 열 감지기

(5) 보상식 스포트형 열 감지기

보상식 스포트형 열 감지기는 차동식과 정온식의 성능을 복합적으로 가지며, 감도에 따라 1종, 2종으로 구분한다. 화재 시 주위 온도가 일정온도 상승률 이상으로 급격히 상승하면 차동식 스포트형의 원리에 따라, 주위 온도가 일정온도에 도달하면 정온식의 원리에 따라 전기접점(NO접점, A접점)이 접촉하여 수신기에 화재신호를 전송한다(그림 3-33 참조).

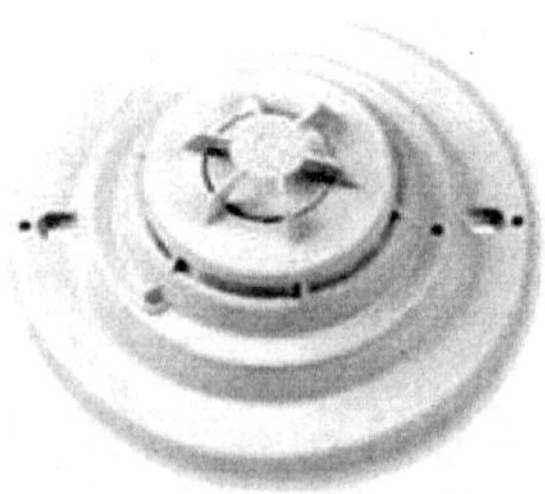

[그림 3-33] 보상식 스포트형 열 감지기

2) 연기 감지기

연기 감지기는 감지방식에 따라 이온화식 연기 감지기, 광전식 연기 감지기, 복합형 연기 감지기 등으로 구분하며, 감도에 따라 1종, 2종, 3종으로 구분한다.

(1) 이온화식 연기 감지기

이온화식 연기 감지기는 내부·외부 이온실, 신호증폭회로, 스위칭회로, 작동표시장치 등으로 구성된다. 이온실에 들어있는 Americium 241(Am241) 등 소량의 방사성 물질에 의해 내부의 공기가 이온화되어 이온전류가 발생하는데, 평시에는 내부 및 외부 이온실의 전압이 평형을 이루나 화재 시에는 연기입자에 의해 외부 이온실의 이온전류가 변화하여 내부 이온실과의 이온전류 불균형이 발생하는 것을 감지한다(그림 3-34 참조).

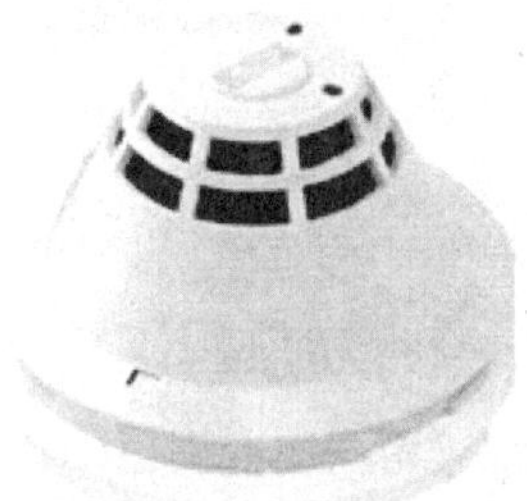

[그림 3-34] 이온화식 연기 감지기

(2) 광전식 연기 감지기

광전식 감지기는 발광부, 수광부, 차광판, 신호증폭회로, 스위칭회로, 작동표시장치 등으로 구성된다. 외부 광원의 영향을 받지 않는 암실의 한 쪽에서 반대 방향으로 빛을 조사하면 연기가 없는 경우는 빛의 방향과 직각 방향에 부착된 광전소자의 입사광량은 매우 적으나 화재 시 연기가 암상자로 유입되면 빛이 연기에 반사되어 광전소자의 입사광량이 증가하고 그 결과 광전소자의 저항이 변화하여 수신기에 화재신호를 전송한다(그림 3-35 참조).

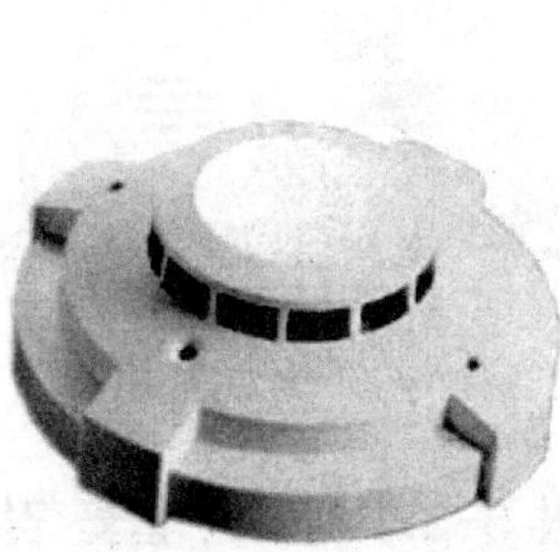

[그림 3-35] 광전식 연기 감지기

(3) 복합형 화재 감지기

복합형 화재 감지기는 정확한 화재 여부를 판단하고 오경보를 방지하기 위하여 하나의 감지기에 두 가지 이상의 감지원리를 조합하여 화재를 감지하는 감지기로서 열 복합형 화재 감지기, 연기 복합형 화재 감지기, 열 · 연기 복합형 화재 감지기 등이 있다(그림 3-36 참조).

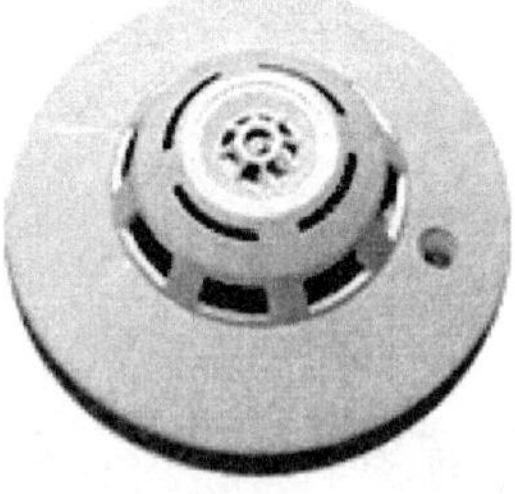

[그림 3-36] 열 · 연기 복합형 화재 감지기

3) 불꽃 감지기

화재에 의한 불꽃(화염)에서 발생하는 광원은 파장에 따라 자외선, 가시광선, 적외선 등으로 구분된다. 화재의 형태에 해당하는 광원을 식별해 내는 것이 불꽃 감지기이다. 불꽃 감지기의 종류는 자외선(UV) 불꽃 감지기, 적외선(IR) 불꽃 감지기, 복합형 불꽃 감지기(UV/IR 또는 IR/IR) 등이 있다.

(1) 자외선 불꽃 감지기

자외선 불꽃 감지기는 주로 광전효과를 이용한 자외선 센서(UV Tron)를 내장하여 화재 시 발생하는 불꽃에서 방사되는 자외선(0.09~0.38㎛) 에너지를 검출하는 감지기이다. 짧은 파장의 자외선을 사용하기 때문에 연기, 먼지 등 부유물에 의하여 자외선이 흡수되어 감도가 다소 낮아 주로 실외용으로 사용한다(그림 3-37 참조).

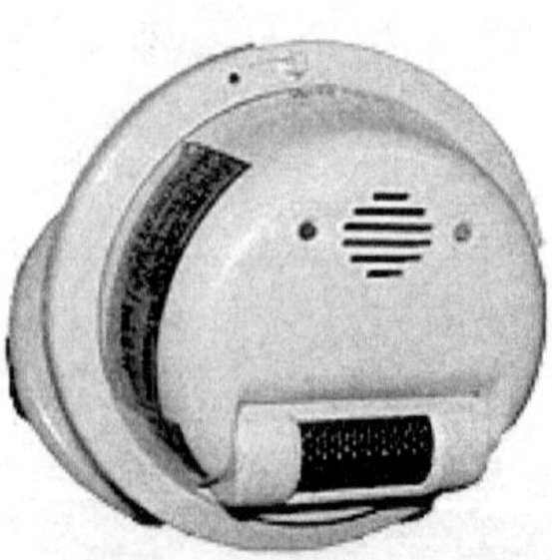

[그림 3-37] 자외선 불꽃 감지기

(2) 적외선 불꽃 감지기

적외선 불꽃 감지기는 주로 초전효과를 이용한 적외선 센서(IR 센서)를 내장하여 화재 시 발생하는 불꽃에서 방사되는 적외선(0.78~5㎛) 에너지를 검출하는 감지기이다. 긴 파장의 적외선을 이용하기 때문에 연기, 먼지 등 부유물에 거의 영향을 받지 않아 감도가 높으므로 주로 실내용으로 사용한다(그림 3-38 참조).

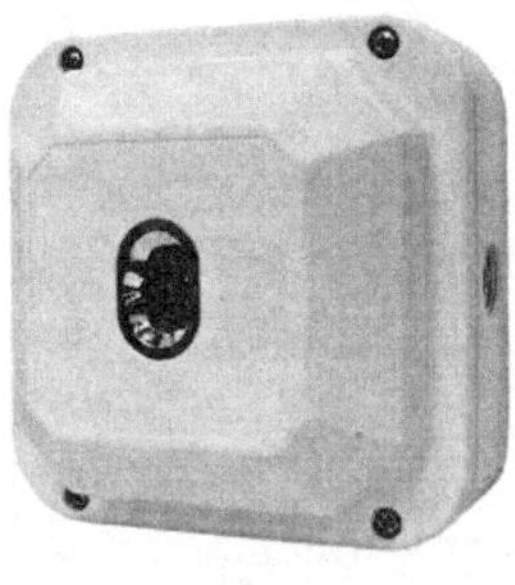

[그림 3-38] 적외선 불꽃 감지기

(3) 복합형 불꽃 감지기

복합형 불꽃 감지기는 UV/IR 복합형 불꽃 감지기, IR/IR 복합형 불꽃 감지기로 구분된다. UV/IR 복합형 불꽃 감지기는 화재 시 자외선(UV)과 적외선(IR)이 동시에 방사될 경우에 한하여 불꽃으로 인식하는 감지기이다. 그러나 UV/IR 복합형 불꽃 감지기는 자외선 감지기의 단점을 가지고 있어 적외선 파장 폭을 넓힌 IR/IR 복합형 불꽃 감지기도 사용된다(그림 3-39 참조).

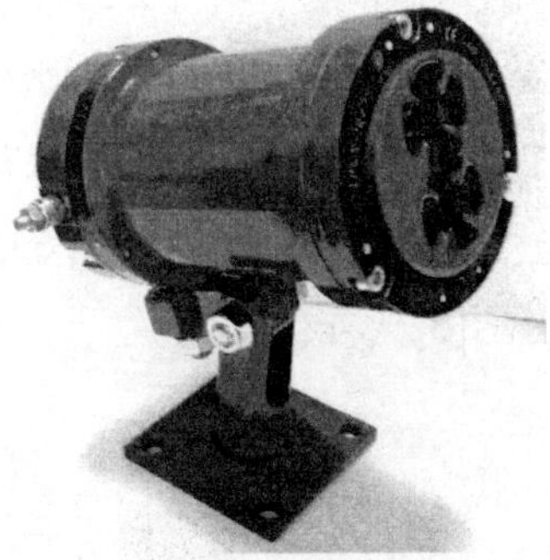

[그림 3-39] 복합형 불꽃 감지기(UV/IR)

4) 화재 감지기 설치기준[124)]

(1) 부착높이에 따른 감지기의 종류

자동화재탐지설비의 감지기는 부착 높이에 따라 다음 표에 따른 감지기를 설치하여야 한다(표 3-6 참조).

[표 3-6] 소방대상물 높이 당 감지기 설치기준

부착높이	감지기의 종류
4m 미만	차동식(스포트형, 분포형), 보상식 스포트형, 정온식(스포트형, 감지선형), 이온화식 또는 광전식(스포트형, 분리형, 공기흡입형), 열복합형, 연기복합형, 열연기복합형, 불꽃감지기
4m 이상 8m 미만	차동식(스포트형, 분포형), 보상식 스포트형, 정온식 (스포트형, 감지선형) 특종 또는 1종, 이온화식 1종 또는 2종, 광전식(스포트형, 분리형, 공기흡입형) 1종 또는 2종, 열복합형, 연기복합형, 열연기 복합형, 불꽃감지기
8m 이상 15m 미만	차동식 분포형, 이온화식 1종 또는 2종, 광전식(스포트형, 분리형, 공기흡입형) 1종 또는 2종, 연기복합형, 불꽃감지기
15m 이상 20m 미만	이온화식 1종, 광전식(스포트형, 분리형, 공기흡입형) 1종, 연기복합형, 불꽃감지기
20m 이상	불꽃감지기, 광전식 (분리형, 공기흡입형) 중 아날로그 방식

[비고]

1) 감지기별 부착 높이 등에 대하여 별도로 형식승인을 받은 경우에는 그 성능 인정 범위 내에서 사용할 수 있다.
2) 부착 높이 20m 이상에 설치되는 광전식 중 아날로그방식의 감지기는 공칭감지농도 하한값이 감광율 5%/m 미만인 것으로 한다.

다만, 지하층·무창층 등으로서 환기가 잘되지 아니하거나 실내면적이 40제곱미터 미만인 장소, 감지기의 부착면과 실내바닥과의 거리가 2.3미터 이하인 곳으로서 일시적으로 발생한 열·연기 또는 먼지 등으로 인하여 화재신호를 발신할 우려가 있는 장소(수신기를 설치한 장소를 제외한다)에는 불꽃감지기, 정온식감지선형감지기, 분포형감지기, 복합형감지기, 광전식분리형감지기, 아날로그방식의 감지기, 다신호방식의 감지기, 축적방식의 감지기 중 적응성 있는 감지기를 설치하여야 한다.

(2) 연기 감지기 설치장소

계단·경사로·복도·엘리베이터 승강로 또는 이와 유사한 장소 및 특정소방대상물의 취

124) 자동화재탐지설비 및 시각경보장치의 화재안전성능기준(NFPC 203) (소방청고시 제2022-47호, 시행 2022. 12. 1) 제7조(감지기).

침 · 숙박 · 입원 등 이와 유사한 용도로 사용되는 거실에는 연기감지기를 설치해야 한다.

(3) 감지기의 설치기준

감지기는 다음 각 호의 기준에 따라 설치하여야 한다. 다만, 교차회로방식에 사용되는 감지기, 급속한 연소 확대가 우려되는 장소에 사용되는 감지기 및 축적기능이 있는 수신기에 연결하여 사용하는 감지기는 축적기능이 없는 것으로 설치하여야 한다.

1. 감지기(차동식분포형의 것을 제외한다)는 실내로의 공기유입구로부터 1.5미터 이상 떨어진 위치에 설치할 것
2. 감지기는 천장 또는 반자의 옥내에 면하는 부분에 설치할 것
3. 보상식스포트형감지기는 정온점이 감지기 주위의 평상시 최고온도보다 일정 온도 이상 높은 것으로 설치할 것
4. 정온식감지기는 주방 · 보일러실 등으로서 다량의 화기를 취급하는 장소에 설치하되, 공칭작동온도가 최고주위온도보다 일정 온도 이상 높은 것으로 설치할 것
5. 차동식스포트형 · 보상식스포트형 및 정온식스포트형 감지기는 그 부착 높이 및 특정소방대상물에 따라 다음 표에 따른 바닥면적마다 1개 이상을 설치할 것(표 3-7 참조)

[표 3-7] 소방대상물 부착높이/바닥면적 당 감지기 설치기준

(단위 ㎡)

<table>
<tr><th colspan="2" rowspan="3">부착높이 및
소방대상물의 구분</th><th colspan="7">감지기의 종류</th></tr>
<tr><th colspan="2">차동식
스포트형</th><th colspan="2">보상식
스포트형</th><th colspan="3">정 온 식
스포트형</th></tr>
<tr><th>1종</th><th>2종</th><th>1종</th><th>2종</th><th>특종</th><th>1종</th><th>2종</th></tr>
<tr><td rowspan="2">4m 미만</td><td>주요구조부가 내화구조로 된 특정소방대상물 또는 그 부분</td><td>90</td><td>70</td><td>90</td><td>70</td><td>70</td><td>60</td><td>20</td></tr>
<tr><td>기타 구조의 특정소방대상물 또는 그 부분</td><td>50</td><td>40</td><td>50</td><td>40</td><td>40</td><td>30</td><td>15</td></tr>
<tr><td rowspan="2">4m 이상
8m 미만</td><td>주요구조부가 내화구조로 된 특정소방대상물 또는 그 부분</td><td>45</td><td>35</td><td>45</td><td>35</td><td>35</td><td>30</td><td></td></tr>
<tr><td>기타 구조의 특정소방대상물 또는 그 부분</td><td>30</td><td>25</td><td>30</td><td>25</td><td>25</td><td>15</td><td></td></tr>
</table>

6. 스포트형감지기는 45도 이상 경사되지 아니하도록 부착할 것
7. 공기관식 차동식분포형감지기는 다음의 기준에 따를 것

가. 공기관의 노출부분은 감지구역마다 20미터 이상이 되도록 할 것

나. 공기관과 감지구역의 각 변과의 수평거리는 1.5미터 이하가 되도록 하고, 공기관 상호간의 거리는 6미터(주요구조부를 내화구조로 한 특정소방대상물 또는 그 부분에 있어서는 9미터) 이하가 되도록 할 것

다. 공기관은 도중에서 분기하지 아니하도록 할 것

라. 하나의 검출부분에 접속하는 공기관의 길이는 100미터 이하로 할 것

마. 검출부는 5도 이상 경사되지 아니하도록 부착할 것

바. 검출부는 바닥으로부터 0.8미터 이상 1.5미터 이하의 위치에 설치할 것

8. 열전대식 차동식분포형감지기는 다음의 기준에 따를 것

가. 열전대부는 감지구역의 바닥면적 18제곱미터(주요구조부가 내화구조로 된 특정소방대상물에 있어서는 22제곱미터)마다 1개 이상으로 할 것. 다만, 바닥면적이 72제곱미터(주요구조부가 내화구조로 된 특정소방대상물에 있어서는 88제곱미터) 이하인 특정소방대상물에 있어서는 4개 이상으로 하여야 한다.

나. 하나의 검출부에 접속하는 열전대부는 20개 이하로 할 것.

9. 열반도체식 차동식분포형감지기는 다음의 기준에 따를 것

가. 감지부는 그 부착높이 및 특정소방대상물에 따라 다음 표에 따른 바닥면적마다 1개 이상으로 할 것. 다만, 바닥면적이 다음 표에 따른 면적의 2배 이하인 경우에는 2개(부착높이가 8미터 미만이고, 바닥면적이 다음 표에 따른 면적 이하인 경우에는 1개) 이상으로 하여야 한다(표 3-8 참조)

[표 3-8] 열반도체식 차동식 분포형 감지기 설치기준

(단위 ㎡)

부착높이 및 소방대상물의 구분		감지기의 종류	
		1종	2종
8m 미만	주요구조부가 내화구조로된 특정소방대상물 또는 그 구분	65	36
	기타 구조의 특정소방대상물 또는 그 부분	40	23
8m 이상 15m 미만	주요구조부가 내화구조로 된 특정소방대상물 또는 그 부분	50	36
	기타 구조의 특정소방대상물 또는 그 부분	30	23

나. 하나의 검출기에 접속하는 감지부는 2개 이상 15개 이하가 되도록 할 것. 다만, 각각의 감지부에 대한 작동여부를 검출기에서 표시할 수 있는 것(주소형)은 형식

승인 받은 성능인정범위내의 수량으로 설치할 수 있다.

10. 연기감지기는 다음의 기준에 따라 설치할 것

가. 감지기의 부착높이에 따라 다음 표에 따른 바닥면적마다 1개 이상으로 할 것(표 3-9 참조)

[표 3-9] 바닥면적에 따른 연기 감지기 부착높이

(단위 ㎡)

부 착 높 이	감지기의 종류	
	1종 및 2종	3종
4m 미만	150	50
4m 이상 20m 미만	75	

나. 감지기는 복도 및 통로에 있어서는 보행거리 30미터(3종에 있어서는 20미터)마다, 계단 및 경사로에 있어서는 수직거리 15미터(3종에 있어서는 10미터)마다 1개 이상으로 할 것

다. 천장 또는 반자가 낮은 실내 또는 좁은 실내에 있어서는 출입구의 가까운 부분에 설치할 것

라. 천장 또는 반자부근에 배기구가 있는 경우에는 그 부근에 설치할 것

마. 감지기는 벽 또는 보로부터 0.6미터 이상 떨어진 곳에 설치할 것

11. 열복합형감지기의 설치에 관하여는 제3호 및 제9호를, 연기복합형감지기의 설치에 관하여는 제10호를, 열연기복합형감지기의 설치에 관하여는 제5호 및 제10호 나목 또는 마목을 준용하여 설치할 것

12. 정온식감지선형감지기는 다음의 기준에 따라 설치할 것

가. 보조선이나 고정금구를 사용하여 감지선이 늘어지지 않도록 설치할 것

나. 단자부와 마감 고정금구와의 설치간격은 10센티미터 이내로 설치할 것

다. 감지선형 감지기의 굴곡반경은 5센티미터 이상으로 할 것

라. 감지기와 감지구역의 각부분과의 수평거리가 내화구조의 경우 1종 4.5미터 이하, 2종 3미터 이하로 할 것. 기타 구조의 경우 1종 3미터 이하, 2종 1미터 이하로 할 것

마. 케이블트레이에 감지기를 설치하는 경우에는 케이블트레이 받침대에 마감금구를 사용하여 설치할 것

바. 지하구나 창고의 천장 등에 지지물이 적당하지 않는 장소에서는 보조선을 설치하

고 그 보조선에 설치할 것

사. 분전반 내부에 설치하는 경우 접착제를 이용하여 돌기를 바닥에 고정시키고 그 곳에 감지기를 설치할 것

아. 그 밖의 설치방법은 형식승인 내용에 따르며 형식승인 사항이 아닌 것은 제조사의 시방(示方)에 따라 설치할 것

13. 불꽃감지기는 다음의 기준에 따라 설치할 것

가. 공칭감시거리 및 공칭시야각은 형식승인 내용에 따를 것

나. 감지기는 공칭감시거리와 공칭시야각을 기준으로 감시구역이 모두 포용될 수 있도록 설치할 것

다. 감지기는 화재감지를 유효하게 감지할 수 있는 모서리 또는 벽 등에 설치할 것

라. 감지기를 천장에 설치하는 경우에는 감지기는 바닥을 향하여 설치할 것

마. 수분이 많이 발생할 우려가 있는 장소에는 방수형으로 설치할 것

바. 그 밖의 설치기준은 형식승인 내용에 따르며 형식승인 사항이 아닌 것은 제조사의 시방에 따라 설치할 것

14. 아날로그방식의 감지기는 공칭감지온도범위 및 공칭감지농도범위에 적합한 장소에, 다신호방식의 감지기는 화재신호를 발신하는 감도에 적합한 장소에 설치할 것

15. 광전식분리형감지기는 다음의 기준에 따라 설치할 것

가. 감지기의 수광면은 햇빛을 직접 받지 않도록 설치할 것

나. 광축(송광면과 수광면의 중심을 연결한 선)은 나란한 벽으로부터 0.6m 이상 이격하여 설치할 것

다. 감지기의 송광부와 수광부는 설치된 뒷벽으로부터 1m이내 위치에 설치할 것

라. 광축의 높이는 천장 등(천장의 실내에 면한 부분 또는 상층의 바닥하부면을 말한다) 높이의 80 % 이상일 것

마. 감지기의 광축의 길이는 공칭감시거리 범위이내 일 것

바. 그 밖의 설치기준은 형식승인 내용에 따르며 형식승인 사항이 아닌 것은 제조사의 시방에 따라 설치할 것

(4) 감지기의 설치에 대한 예외기준

1. 화학공장 · 격납고 · 제련소와 전산실 또는 반도체 공장 등의 장소에는 각각 광전식분리형감지기 또는 불꽃감지기를 설치하거나 광전식공기흡입형감지기 등을 설치할 수 있다.

2. 화재발생을 유효하게 감지할 수 없는 장소 또는 감지기의 기능이 정지되기 쉽거나 화재발생의 위험이 적은 장소로서 감지기의 유지관리가 어려운 장소 등에는 감지기를 설치하지 않을 수 있다.
3. 일시적으로 발생한 열 · 연기 또는 먼지 등으로 인하여 화재신호를 발신할 우려가 있는 장소에는 해당 장소에 적응성 있는 감지기를 설치할 수 있다.

3. 자동화재탐지설비 관련기기

1) 발신기

(1) 기능

발신기는 화재신호를 수신기에 수동으로 발신하는 장치이다. 감지기는 화재 시 사람을 거치지 않고 자동적으로 화재신호를 수신기에 전송하는 반면, 발신기는 수동으로 스위치를 눌러서 화재신호를 수신기에 전달한다.[125] 표시등은 발신기의 상부에 설치하여 발신기의 위치를 알려주는 적색등이며 발신기의 위치에서 가장 가까운 거리에 설치한다(그림 3-40 참조).

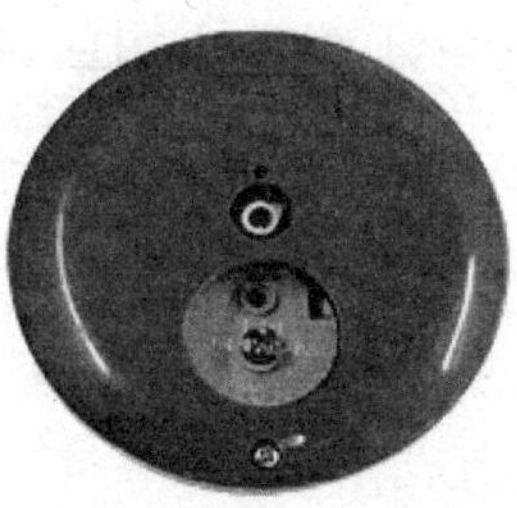

[발신기]

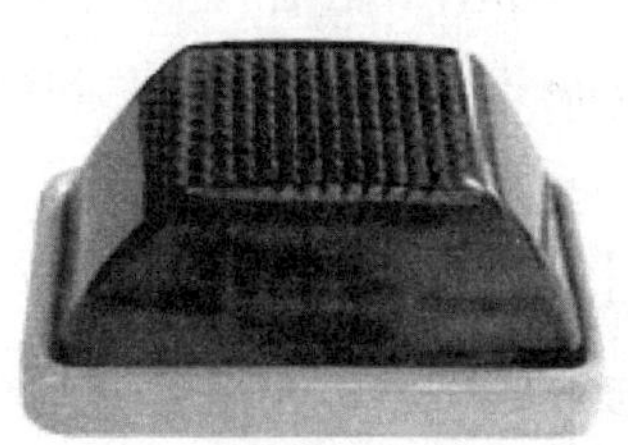

[표시등]

[그림 3-40] 발신기와 표시등

(2) 종류

발신기는 P형 발신기, T형 발신기, M형 발신기 등으로 구분되는데 구체적인 기능은 다음과 같다.

1. P형 발신기 : 수동에 의하여 공통인 신호를 수신기에 전송하는 발신기(1급은 발신과 동시에 전화 잭을 꽂으면 통화가 가능하나 2급은 불가능).
2. T형 발신기 : 수동에 의하여 각 발신기의 공통인 신호를 수신기에 전송하는 발신기(발신과 동시에 통화가 가능).

125) 소방방재청, 자동화재탐지설비의 화재안전기준(NFSC 203) 해설서, 새롬출판사, 2007, pp.3-6.

3. M형 발신기 : 수동에 의하여 각 발신기의 고유의 신호를 수신기에 전송하는 발신기.

(3) 설치기준

자동화재탐지설비의 발신기는 다음 각 호의 기준에 따라 설치하여야 한다.[126]

1. 조작이 쉬운 장소에 설치하고, 스위치는 바닥으로부터 0.8미터 이상 1.5미터 이하의 높이에 설치할 것
2. 특정소방대상물의 층마다 설치하되, 해당 특정소방대상물의 각 부분으로부터 하나의 발신기까지의 수평거리가 25미터 이하가 되도록 할 것. 다만, 복도 또는 별도로 구획된 실로서 보행거리가 40미터 이상일 경우에는 추가로 설치하여야 한다.
3. 제2호에도 불구하고 제2호의 기준을 초과하는 경우로서 기둥 또는 벽이 설치되지 아니한 대형공간의 경우 발신기는 설치 대상 장소의 가장 가까운 장소의 벽 또는 기둥 등에 설치할 것
4. 발신기의 위치를 표시하는 표시등은 함의 상부에 설치하되, 그 불빛은 부착면으로부터 15도 이상의 범위 안에서 부착지점으로부터 10미터 이내의 어느 곳에서도 쉽게 식별할 수 있는 적색등으로 하여야 한다.

2) 중계기

(1) 기능

중계기는 감지기 또는 발신기에서 보낸 화재신호나 가스누설신호를 수신하여 수신기 또는 소화설비 제어반 등에 발신하는 장치이다. 중계기는 P형 수신기용과 R형 수신기용이 있는데 일반적으로 R형 수신기와 연결되어 감지기나 발신기로부터 전송되는 신호를 변환시켜 각 회선별로 고유의 신호를 수신기에 발신한다(그림 3-41 참조).[127]

(2) 설치기준

자동화재탐지설비의 발신기는 다음 각 호의 기준에 따라 설치하여야 한다.[128]

---

126) 자동화재탐지설비 및 시각경보장치의 화재안전성능기준(NFPC 203) (소방청고시 제2022-47호, 시행 2022. 12. 1) 제9조(발신기).
127) 소방방재청, 자동화재탐지설비의 화재안전기준(NFSC 203) 해설서, 새롬출판사, 2007, pp.3-6.
128) 자동화재탐지설비 및 시각경보장치의 화재안전성능기준(NFPC 203) (소방청고시 제2022-47호, 시행 2022. 12. 1) 제6조(중계기).

1. 수신기에서 직접 감지기회로의 도통시험을 행하지 아니하는 것에 있어서는 수신기와 감지기 사이에 설치할 것
2. 조작 및 점검에 편리하고 화재 및 침수등의 재해로 인한 피해를 받을 우려가 없는 장소에 설치할 것
3. 수신기에 따라 감시되지 아니하는 배선을 통하여 전력을 공급받는 것에 있어서는 전원입력측의 배선에 과전류 차단기를 설치하고 해당 전원의 정전이 즉시 수신기에 표시되는 것으로 하며, 상용전원 및 예비전원의 시험을 할 수 있도록 할 것

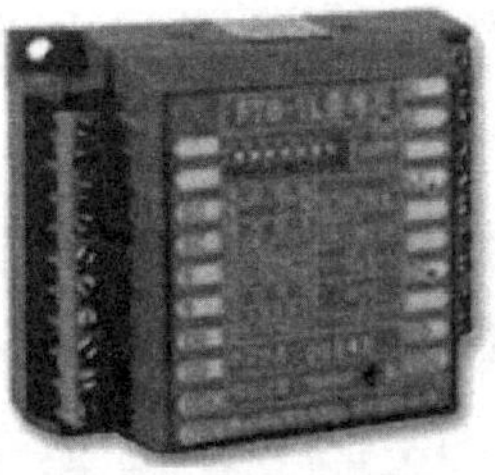

[그림 3-41] 중계기

3) 수신기

(1) 기능

수신기는 각 경계구역별로 배치된 감지기, 발신기, 중계기에 의해 보내어진 감지신호 또는 화재신호를 수신하여 기록 및 표시에 의해 화재가 발생한 구역(경계구역과 일치)을 판별하게 하고 관계자에게 경보를 발신하기 위해 설치된 장치이다. 수신기는 소방대상시설 관계자에게 음향장치를 사용하여 알리고 기타 화재 발생에 따라 필요한 시설과 피난상의 시설기능을 동시에 연동한다(그림 3-42 참조)[129].

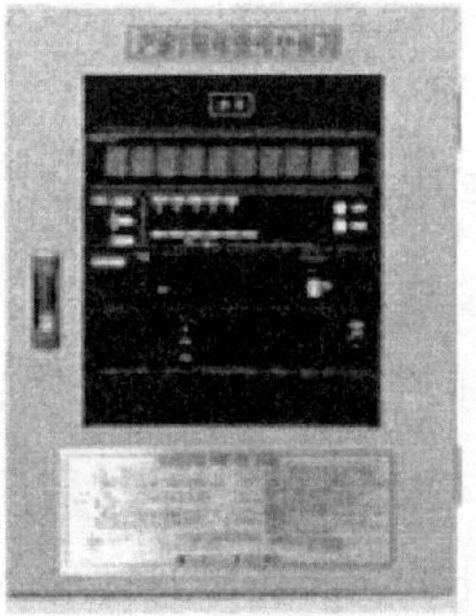

[그림 3-42] 수신기

129) 소방방재청, 자동화재탐지설비의 화재안전기준(NFSC 203) 해설서, 새롬출판사, 2007, pp.3-4.

(2) 종류

수신기는 P형 수신기, R형 수신기, M형 수신기, GP형 수신기, GR형 수신기 등으로 구분되는데 구체적인 기능은 다음과 같다.

1. P형 수신기(Proprietary) : 가장 기본이 되는 형태의 수신기로 신호전달은 각 경계구역별로 개별 신호선에 의한 공통신호 방식의 수신기이다.
2. R형 수신기(Record) : 전압 강하 및 간선 수의 증가에 따른 문제점으로 인하여 중계기(신호변환장치)를 사용하고 대형 건물의 경우에 적용하며 신호전달은 다중통신선에 의한 고유신호 방식의 수신기이다.
3. M형 수신기(Municipal) : 발신기(M형)를 이용하여 소방서에 설치된 수신기에 화재발생을 통보하는 화재속보설비를 겸한 것으로 신호전달은 개별 신호선에 의한 공공용도의 수신기이다(일본, 미국 등에서 사용).
4. GP형 수신기 : 가스누설 신호를 받는 수신기를 G형 수신기라고 하며, P형 수신기의 기능과 가스누설 경보기의 수신부 기능을 겸한 수신기이다.
5. GR형 수신기 : R형 수신기의 기능과 가스누설 경보기의 수신부 기능을 겸한 수신기이다.

(3) 설치기준[130]

자동화재탐지설비의 수신기는 다음 각 호의 기준에 적합한 것으로 설치하여야 한다.

1. 해당 특정소방대상물의 경계구역을 각각 표시할 수 있는 회선수 이상의 수신기를 설치할 것
2. 해당 특정소방대상물에 가스누설탐지설비가 설치된 경우에는 가스누설탐지설비로부터 가스누설신호를 수신하여 가스누설경보를 할 수 있는 수신기를 설치할 것

자동화재탐지설비의 수신기는 특정소방대상물 또는 그 부분이 지하층·무창층 등으로서 환기가 잘되지 아니하거나 실내면적이 40제곱미터 미만인 장소, 감지기의 부착면과 실내바닥과의 거리가 2.3미터 이하인 장소로서 일시적으로 발생한 열·연기 또는 먼지 등으로 인하여 감지기가 화재신호를 발신할 우려가 있는 때에는 축적기능 등이 있는 것(축적형감지기가 설치된 장소에는 감지기회로의 감시전류를 단속적으로 차단시켜 화재를 판단하는 방식 외의 것을 말한다)으로 설치하여야 한다.

---

130) 자동화재탐지설비 및 시각경보장치의 화재안전기준(NFSC 203) (소방청고시 제2019-35호) 제5조(수신기).

수신기는 다음 각 호의 기준에 따라 설치하여야 한다.

1. 수위실 등 상시 사람이 근무하는 장소에 설치할 것
2. 수신기가 설치된 장소에는 경계구역 일람도를 비치할 것
3. 수신기의 음향기구는 그 음량 및 음색이 다른 기기의 소음 등과 명확히 구별될 수 있는 것으로 할 것
4. 수신기는 감지기 · 중계기 또는 발신기가 작동하는 경계구역을 표시할 수 있는 것으로 할 것
5. 화재 · 가스 · 전기 등에 대한 종합방재반을 설치한 경우에는 해당 조작반에 수신기의 작동과 연동하여 감지기 · 중계기 또는 발신기가 작동하는 경계구역을 표시할 수 있는 것으로 할 것
6. 하나의 경계구역은 하나의 표시등 또는 하나의 문자로 표시되도록 할 것
7. 수신기의 조작 스위치는 바닥으로부터의 높이가 0.8미터 이상 1.5미터 이하인 장소에 설치할 것
8. 하나의 특정소방대상물에 둘 이상의 수신기를 설치하는 경우에는 수신기를 상호 간 연동하여 화재발생 상황을 각 수신기마다 확인할 수 있도록 할 것
9. 화재로 인하여 하나의 층의 지구음향장치 배선이 단락되어도 다른 층의 화재통보에 지장이 없도록 각 층 배선 상에 유효한 조치를 할 것

4) 음향장치 및 시각경보장치

(1) 음향장치 및 시각경보장치

음향장치는 화재의 발생을 감지기가 감지하여 음향으로 경보하는 방법으로서 벨, 사이렌 등이 사용되고 있다(그림 3-43 참조). 자동화재탐지설비의 음향장치는 다음 각 호의 기준에 따라 설치해야 한다.[131)]

1. 주음향장치는 수신기의 내부 또는 그 직근에 설치할 것
2. 층수가 11층(공동주택의 경우에는 16층) 이상의 특정소방대상물은 발화층에 따라 경보하는 층을 달리하여 경보를 발할 수 있도록 할 것
3. 지구음향장치는 특정소방대상물의 층마다 설치하되, 해당 특정소방대상물의 각 부분으로부터 하나의 음향장치까지의 수평거리가 25미터 이하가 되도록 하고, 해당층의

131) 자동화재탐지설비 및 시각경보장치의 화재안전성능기준(NFPC 203) (소방청고시 제2022-47호, 시행 2022. 12. 1) 제8조(음향장치 및 시각경보장치).

각 부분에 유효하게 경보를 발할 수 있도록 설치할 것

4. 음향장치는 다음 각 목의 기준에 따른 구조 및 성능의 것으로 하여야 한다.
   가. 정격전압의 80퍼센트의 전압에서 음향을 발할 수 있는 것으로 할 것. 다만, 건전지를 주전원으로 사용하는 음향장치는 그러하지 아니하다.
   나. 음량은 부착된 음향장치의 중심으로부터 1미터 떨어진 위치에서 90데시벨 이상이 되는 것으로 할 것
   다. 감지기 및 발신기의 작동과 연동하여 작동할 수 있는 것으로 할 것
5. 제3호에도 불구하고 제3호의 기준을 초과하는 경우로서 기둥 또는 벽이 설치되지 아니한 대형공간의 경우 지구음향장치는 설치 대상 장소의 가장 가까운 장소의 벽 또는 기둥 등에 설치할 것

청각장애인용 시각경보장치는 소방청장이 정하여 고시한 「시각경보장치의 성능인증 및 제품검사의 기술기준」에 적합한 것으로서 다음 각 목의 기준에 따라 설치해야 한다.132)

1. 복도·통로·청각장애인용 객실 및 공용으로 사용하는 거실(로비, 회의실, 강의실, 식당, 휴게실, 오락실, 대기실, 체력단련실, 접객실, 안내실, 전시실, 기타 이와 유사한 장소를 말한다)에 설치하며, 각 부분으로부터 유효하게 경보를 발할 수 있는 위치에 설치할 것
2. 공연장·집회장·관람장 또는 이와 유사한 장소에 설치하는 경우에는 시선이 집중되는 무대부 부분 등에 설치할 것
3. 설치높이는 바닥으로부터 2미터 이상 2.5미터 이하의 장소에 설치할 것 다만, 천장의 높이가 2미터 이하인 경우에는 천장으로부터 0.15미터 이내의 장소에 설치해야 한다.
4. 시각경보장치의 광원은 전용의 축전지설비 또는 전기저장장치(외부 전기에너지를 저장해 두었다가 필요한 때 전기를 공급하는 장치)에 의하여 점등되도록 할 것. 다만, 시각경보기에 작동전원을 공급할 수 있도록 형식승인을 얻은 수신기를 설치한 경우에는 그렇지 않다.

하나의 특정소방대상물에 둘 이상의 수신기가 설치된 경우 어느 수신기에서도 지구음향장치 및 시각경보장치를 작동할 수 있도록 해야 한다.

132) 자동화재탐지설비 및 시각경보장치의 화재안전성능기준(NFPC 203) (소방청고시 제2022-47호, 시행 2022. 12. 1) 제8조(음향장치 및 시각경보장치).

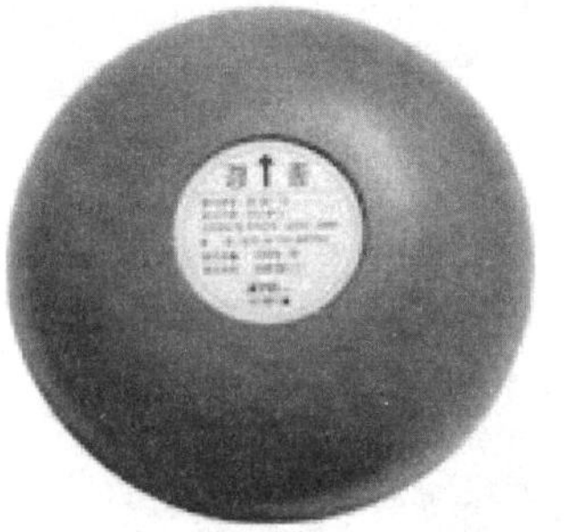
[음향장치]

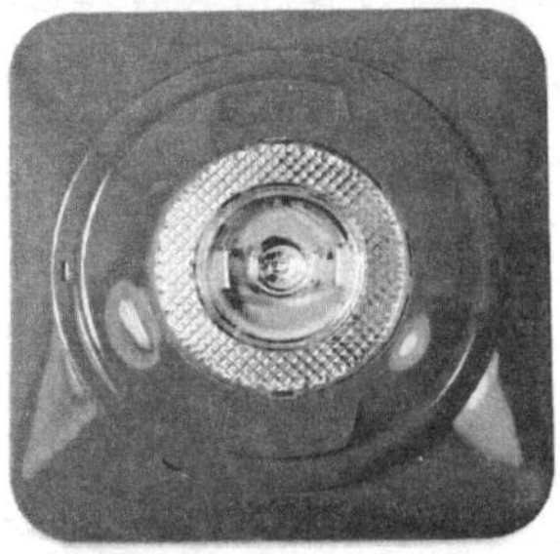
[시각경보장치]

[그림 3-43] 음향장치

(2) 비상경보 및 비상방송 설비

비상경보 및 비상방송 설비는 감지기, 발신기 등 자동화재탐지설비 또는 기타 방법에 의해서 감지된 화재를 신속하게 소방대상시설 내부에 있는 사람에게 경보하여 대피하게 하거나 초기소화진압을 위한 장치이다(그림 3-44 참조).

비상경보설비는 화재가 발생할 경우 수동으로 조작하여 음향장치를 통하여 화재를 알리게 되며 비상벨 설비, 자동식 사이렌 설비 및 단독 경보형 감지기 등이 있다. 비상방송설비는 자동화재탐지설비의 감지기가 작동하거나 화재발견자가 수동으로 조작하여 수신기에 화재신호를 보내면 증폭기가 작동하여 마이크 또는 음향기기를 조작하여 비상경보 방송을 한다.

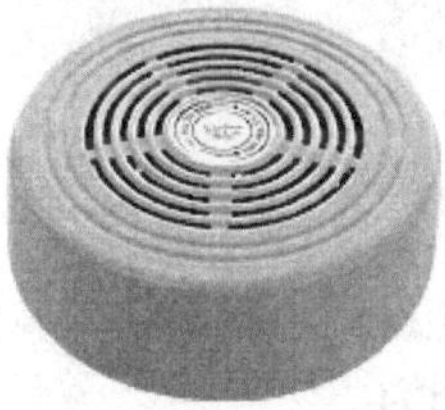
[비상경보설비]

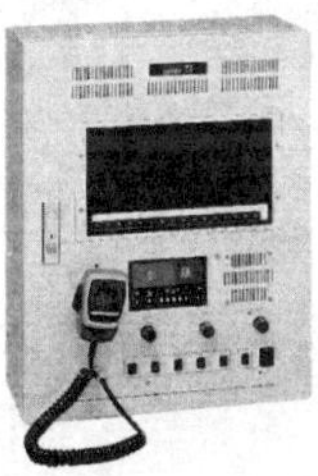
[비상방송설비]

[그림 3-44] 비상경보 및 비상방송설비

(3) 자동화재속보설비

자동화재속보설비는 소방대상시설에서 화재가 발생할 경우에 신속하게 소방관서에 통보하기 위한 설비로서, 화재가 발생하면 사람이 수동으로 조작하지 않더라도 자동적으로 화재신고를 소방관서에 통보한다. 자동화재속보설비는 A형 자동화재속보기와 B형 자동화재속보기로 구분되는데 A형 자동화재속보기는 P형, R형, GR형 수신기로부터 발하는 화재신호를 수신하여 20초 이내에 소방대상시설의 위치를 3회 이상 소방관서에 자동적으로 통보하여 주며, B형 자동화재속보기는 P형 수신기와 A형 자동화재속보기의 기능을 통합한 것이다(그림 3-45 참조).

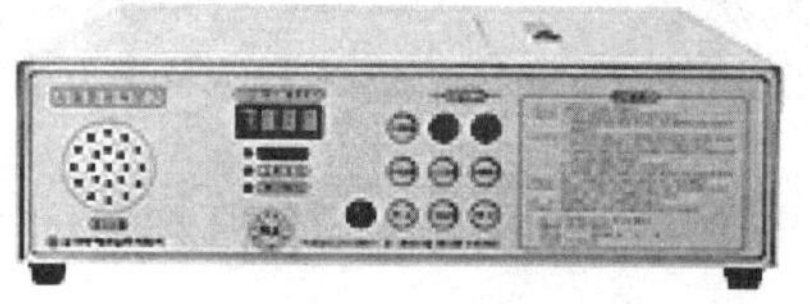

[그림 3-45] 자동화재속보설비

(4) 기타기기

① **가스누설 감지기**133)

가스누설 감지기는 접촉연소식 가스누설 감지기와 반도체식 가스누설 감지기가 있다(그림 3-46 참조).

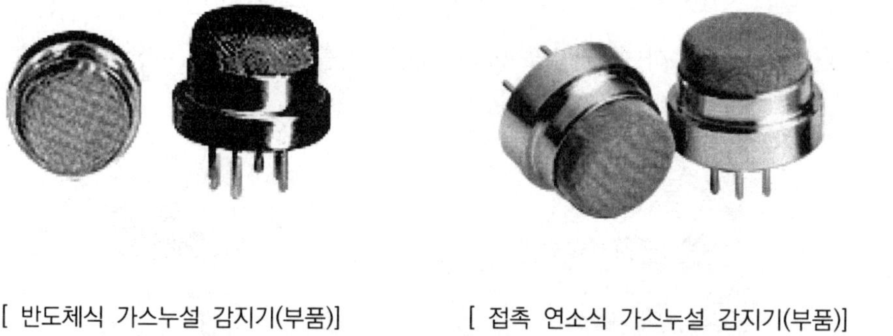

[반도체식 가스누설 감지기(부품)] [접촉 연소식 가스누설 감지기(부품)]

[그림 3-46] 가스누설 감지기

반도체식 가스센서는 세라믹 반도체 표면에 가스가 접촉했을 때 발생하는 전기전도도의 변화를 이용한다. 대부분 대기 중에서 가열하여 사용되는 일이 많아 고온에서도 안정적인 금속산화물(세라믹스)이 주로 사용된다.

접촉연소식 가스누설 감지기는 가연성 가스가 산소와 반응하면 반응열을 전기신호로 변환해서 가스누설을 감지하며 수증기나, 온도, 습도 및 다른 가스의 영향

133) KNC, '가스센서의 원리와 응용' 등, http://www.newcera.co.kr, 검색일: 2010. 7. 1, 내용 재구성.

을 적게 받는다. 금속의 경우 온도가 상승하면 저항값이 커지는데 대부분의 가연성 가스는 탄화수소이며 이들 가스가 완전히 산화되어 물(H_2O)과 이산화탄소(CO_2)로 될 때 발열량이 가장 크다. 가스의 완전 산화는 저온에서는 일어나기 어렵고, 일어나더라도 그 반응속도는 상당히 늦다. 반응속도를 높이기 위해 완전 산화를 촉진하는 백금(Platinum, Pt), 팔라듐(Palladium, Pd) 등의 촉매를 사용한다.

가스누설 감지기의 설치기준은 다음과 같다(그림 3-47 참조).

1. 가스는 공기보다 가벼운 가스의 그룹과 무거운 가스의 그룹으로 대별되는데 공기보다 가벼운 가스를 감지할 때는 천정 면에서 30cm 이내에, 공기보다 무거운 가스의 경우는 바닥면에서 30cm 이내에 설치한다(가스 감지기를 내장하여 가스누설을 감지하는 기기를 가스경보기라고 한다.
2. 도시가스가 실내에서 누설된 경우 폭발 농도까지 될 때까지는 상당한 시간이 필요하며 가스가 상승 또는 강하하면서 수평방향으로 확산하는 성질이 있으므로 실내에서 가스의 흐름을 차단하는 것이 없으면 가스기구나 가스설비까지의 수평거리가 4m 이내인 곳에 설치한다.
3. 연소기구의 바로 위 및 배기, 온기, 연기 등이 직접 닿을 우려가 있는 장소, 부엌설비, 가구 등에 가려 가스가 유통하기 어려운 장소, 급기구나 환기팬 등의 부근으로 외기에 의해 누설가스가 희석될 우려가 있는 장소, 주위 온도 또는 복사에 의해 경보기의 주위 온도가 50°C 이상, 또는 -20°C 이하로 되는 장소, 욕실처럼 물이 튀거나 물방울이 붙기 쉬운 장소, 싱크대 위, 빌딩 등의 보일러실처럼 야간은 전원을 끊거나 사용 시에만 전원을 넣는 장소, 옥외 등의 장소를 피해야 한다.

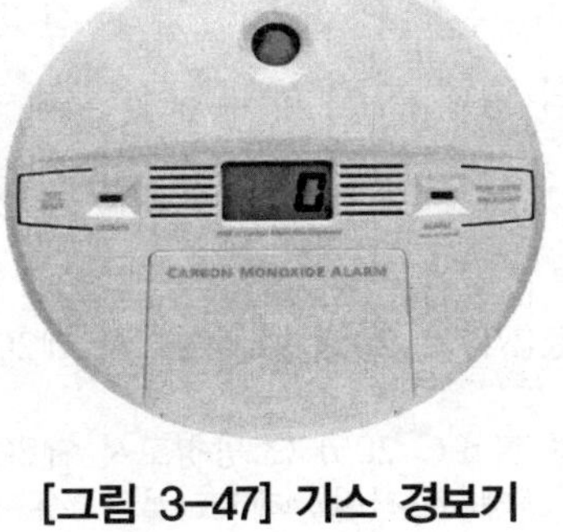

[그림 3-47] 가스 경보기

② **누전 경보기**

누전 경보기는 내화구조가 아닌 건축물로서 벽, 바닥 또는 천장의 전부나 일부를 불연재료 또는 준불연재료가 아닌 재료에 철망을 넣어 만든 건물의 전기설비로부터 누설전류를 탐지하여 경보를 발하는 기기로서, 변류기와 수신부로 구성된 것을 말한다. 수신부란 변류기로부터 검출된 신호를 수신하여 누전의 발생을 해당 특정소방대상물의 관계인에게 경보하여 주는 것(차단기구를 갖는 것을 포함한다)을 말한다. 변류기란 경계전로의 누설전류를 자동적으로 검출하여 이를 누전경보기의 수신부에 송신하는 것을 말한다(그림 3-48 참조).134)

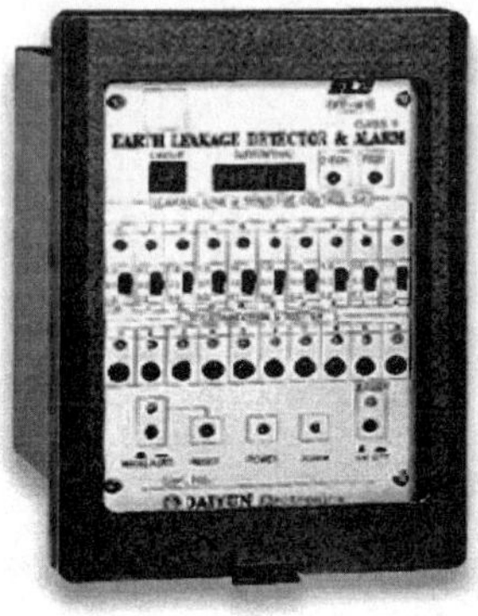

[그림 3-48] 누전 경보기

경보장치는 수신기 내부에 음향장치가 있어 공칭전압을 수신기가 증폭시켜 음향을 발하여 주는 것과 수신부와 음향장치가 따로 분리되어 있는 것이 있다. 차단기는 누설전류를 차단하여 기기 고장 및 안전사고 발생을 예방한다.

누전 경보기는 다음의 각 호의 방법에 따라 설치해야 한다.135)

1. 경계전로의 정격전류가 60암페어를 초과하는 전로에 있어서는 1급 누전경보기를, 60암페어 이하의 전로에 있어서는 1급 또는 2급 누전경보기를 설치할 것
2. 변류기는 특정소방대상물의 형태, 인입선의 시설방법 등에 따라 옥외 인입선의 제1지점의 부하측 또는 제2종 접지선 측의 점검이 쉬운 위치에 설치할 것

134) 누전경보기의 화재안전성능기준(NFPC 205) (소방청고시 제2022-49호, 시행 2022. 12. 1) 제3조(정의).
135) 누전경보기의 화재안전성능기준(NFPC 205) (소방청고시 제2022-49호, 시행 2022. 12. 1) 제4조(설치방법 등), 제5조(수신부), 제6조(전원), 제7조(설치 · 유지기준의 특례).

3. 변류기를 옥외의 전로에 설치하는 경우에는 옥외형으로 설치할 것
4. 수신부는 옥내의 점검에 편리한 장소에 설치하되, 가연성의 증기·먼지 등이 체류할 우려가 있는 장소의 전기회로에는 해당 부분의 전기회로를 차단할 수 있는 차단기구를 가진 수신부를 설치해야 한다. 이 경우 차단기구의 부분은 해당 장소 외의 안전한 장소에 설치해야 한다.
5. 수신부는 화재, 부식, 폭발의 위험성이 없고, 습도, 온도, 대전류 또는 고주파 등에 의한 영향을 받지 않는 장소에 설치해야 한다.
6. 음향장치는 수위실 등 상시 사람이 근무하는 장소에 설치해야 하며, 그 음량 및 음색은 다른 기기의 소음 등과 명확히 구별할 수 있는 것으로 해야 한다.
7. 전원은 「전기사업법」에 따른 기술기준에 따라야 한다.
8. 전원은 분전반으로부터 전용회로로 하고, 각 극에 개폐기 및 15암페어 이하의 과전류 차단기(배선용 차단기에 있어서는 20암페어 이하의 것으로 각 극을 개폐할 수 있는 것)를 설치 할 것
9. 전원을 분기할 때에는 다른 차단기에 따라 전원이 차단되지 아니하도록 할 것
10. 전원의 개폐기에는 누전경보기용임을 표시한 표지를 할 것
11. 소방본부장 또는 소방서장은 기존건축물이 증축·개축·대수선되거나 용도변경 되는 경우에 있어서 이 기준이 정하는 기준에 따라 해당 건축물에 설치해야 할 누전경보기의 배관·배선 등의 공사가 현저하게 곤란하다고 인정되는 경우에는 해당 설비의 기능 및 사용에 지장이 없는 범위 안에서 이 기준의 일부를 적용하지 않을 수 있다.

③ 유도등 및 유도표지136)

'유도등'은 화재 시에 피난을 유도하기 위한 등으로서 정상상태에서는 상용전원에 따라 켜지고 상용전원이 정전되는 경우에는 비상전원으로 자동전환되어 켜지는 등을 말한다. '피난구유도등'은 피난구 또는 피난경로로 사용되는 출입구를 표시하여 피난을 유도하는 등을 말한다. '통로유도등'은 피난통로를 안내하기 위한 유도등으로 복도통로유도등, 거실통로유도등, 계단통로유도등을 말한다. '복도통로유도등'이란 피난통로가 되는 복도에 설치하는 통로유도등으로서 피난구의 방향을 명시하는 것을 말한다. '거실통로유도등'이란 거주, 집무, 작업, 집회, 오락 그 밖에 이와 유사한 목적을 위하여 계속적으로 사용하는 거실, 주차장 등

136) 유도등 및 유도표지의 화재안전성능기준(NFPC 303) (소방청고시 제2023-40호, 시행 2024. 1. 1) 제3조(정의).

개방된 통로에 설치하는 유도등으로 피난의 방향을 명시하는 것을 말한다. '계단통로유도등'이란 피난통로가 되는 계단이나 경사로에 설치하는 통로유도등으로 바닥면 및 디딤 바닥면을 비추는 것을 말한다. '객석유도등'이란 객석의 통로, 바닥 또는 벽에 설치하는 유도등을 말한다.

'피난구유도표지'란 피난구 또는 피난경로로 사용되는 출입구를 표시하여 피난을 유도하는 표지를 말한다. '통로유도표지'란 피난통로가 되는 복도, 계단 등에 설치하는 것으로서 피난구의 방향을 표시하는 유도표지를 말한다. '피난유도선'이란 햇빛이나 전등불에 따라 축광하거나 전류에 따라 빛을 발하는 유도체로서 어두운 상태에서 피난을 유도할 수 있도록 띠 형태로 설치되는 피난유도시설을 말한다. '입체형'이란 유도등 표시면을 2면 이상으로 하고 각 면마다 피난유도표시가 있는 것을 말한다. '3선식 배선'이란 평상시에는 유도등을 소등 상태로 유도등의 비상전원을 충전하고, 화재 등 비상시 점등 신호를 받아 유도등을 자동으로 점등되도록 하는 방식의 배선을 말한다(그림 3-49 참조).

④ **비상조명등**

'비상조명등'은 화재발생 등에 따른 정전 시 안전하고 원활한 피난활동을 할 수 있도록 거실 및 피난통로 등에 설치되어 자동 점등되는 조명등을 말한다. '휴대용비상조명등'이란 화재발생 등으로 정전 시 안전하고 원활한 피난을 위하여 피난자가 휴대할 수 있는 조명등을 말한다(그림 3-49 참조).[137]

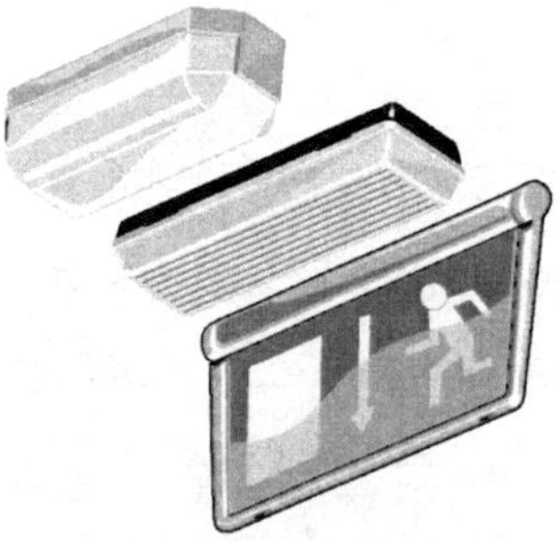

[유도등]

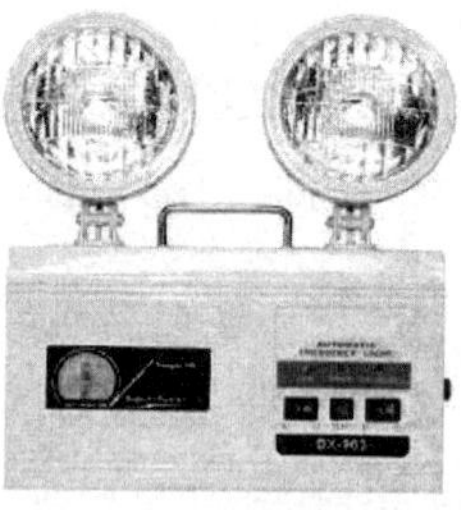

[비상조명등]

[그림 3-49] 유도등과 비상조명등

137) 비상조명등의 화재안전성능기준(NFPC 304) (소방청고시 제2022-54호, 시행 2022. 12. 1) 제3조(정의).

⑤ **스프링클러(Sprinkler)**

스프링클러는 화재가 발생한 경우에 방호구역에 설치된 감지기 또는 헤드가 화재를 감지하고 일정온도 이상 이르면 헤드가 개방되어 소화수가 방사됨으로써 화재를 진압하는 고정식 소화설비이다. 스크링클러는 습식 스프링클러, 건식 스프링클러, 준비작동식 스프링클러, 부압식 스프링클러, 일제살수식 스프링클러 등으로 구분할 수 있다. 스프링클러의 헤드 종류는 감열부 유무에 따라 폐쇄형 헤드, 개방형 헤드로 구분하고, 부착 방식에 따라 상향형 헤드, 하향형 헤드, 측벽형 헤드로 구분하며(그림 3-50 참조), 기타(특수형)는 리세스드 헤드, 조기진압형 헤드, 주거형 헤드, 인랙 헤드 등으로 구분한다.[138]

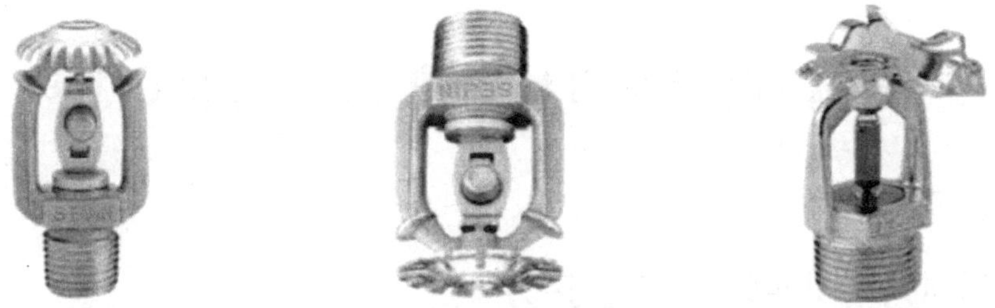

[상향형]　[하향형]　[측벽형]

[그림 3-50] 부착 방식에 따른 스프링클러 헤드 구분

⑥ **비상전원**

외부에서 유입되는 상용전원이 정전, 사고 등으로 인하여 예기치 않게 중단될 경우에 상용전원이 복구될 때까지 소방대상시설 내의 주요기기가 일정시간 동안 작동할 수 있도록 전원을 공급하는 장치이다. 일반적으로 비상전원은 경유, 등유 등을 이용한 발전기나 니켈-가드뮴(Ni-Cd) 전지 등을 활용한 2차 전지를 사용할 수 있으며, 정전 시나 정전 복구 시에는 자동 전환되어야 한다. 또한, 상용전원은 축전지 또는 교류전압의 옥내간선으로서 배선 도중에 다른 배선을 분기하지 않아야 한다(그림 3-51 참조).

138) 마재윤 · 최진만, 소방학개론, 도서출판 윤성사, 2022, pp.369-377.

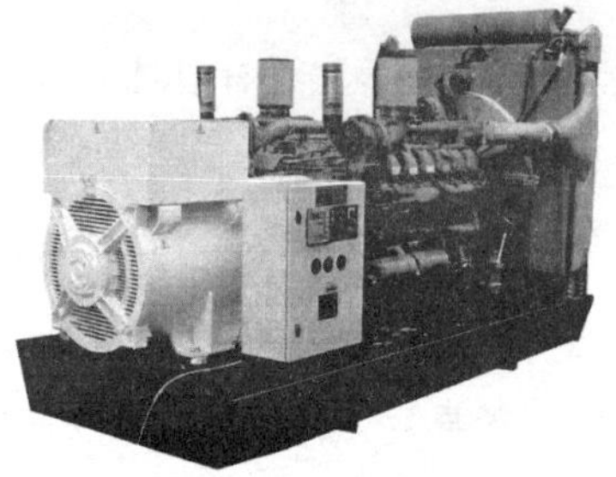

[비상발전기]

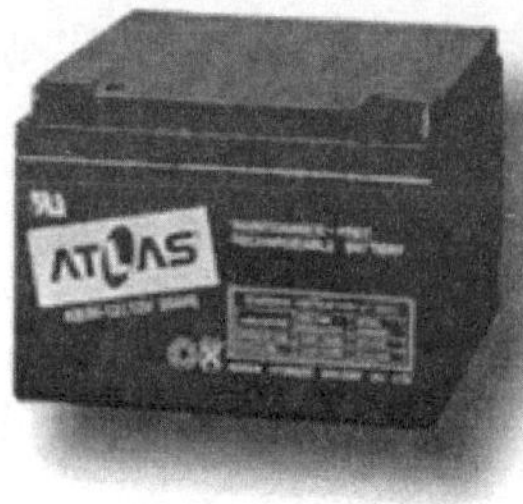

[축전지]

[그림 3-51] 비상발전기와 축전지

제4절 기계경비시스템의 주요용어139)

1. 무인 기계경비시스템의 주요용어

구 분	주 요 설 명
무인 기계경비시스템	경비대상 시설물에 각종 감지기를 설치하여 이상이 발생할 경우에 원격지의 관제센터에서 신호를 수신하고, 출동요원이 대처하는 시스템
로컬(Local) 기계경비시스템	경비대상 시설물에 감지기, 출입통제장치, 영상감시장치 등을 설치하여 이상 발생시 자체 관제센터에서 신호를 수신, 상주 경비요원에게 감지신호의 유형 및 위치에 대해 통보하여 업무 협조하는 형태의 시설경비시스템
시큐리티 (Security)	고객의 생명, 재산, 정보 등을 안전하게 보호하는 것
시큐리티시스템 (Security System)	고객의 생명, 재산, 정보 등을 안전하게 보호하기 위한 시스템
세트 (Set, Arm)	시큐리티시스템을 감지할 수 있는 상태로 조작하는 것
해제 (Open, Disarm)	시큐리티시스템을 감지할 수 없는 상태로 조작하는 것
세트실수 (Setting Mistake)	세트시 완전한 확인조치를 취하지 않은 상태에서 발생시킨 신호
해제실수 (Open Mistake)	해제시 완전한 확인조치를 취하지 않은 상태에서 발생시킨 신호
감지기 (Sensor)	침입 등의 이상 상태를 감지하여 신호를 발생하는 기기
감지	감지기가 어떤 요인에 의하여 동작하는 것

139) 한국경비협회, 한국경비협회규격(SPS KSAS 0001-1212), 2005, pp.2-9, 내용 재구성.

구 분	주 요 설 명
(Sensing)	
경보 (Alarm)	생명, 재산 또는 정보에 대한 위험 존재의 경고로서 감지장치에서 감지된 신호나 그 것을 말하는 것
경보상태 (Alarm Condition)	위험 출현에 대한 경보시스템의 반응에 의해서 신호가 발생된 상태
경보시스템 (Alarm System)	위험 출현에 따른 이상 상태를 탐지하여 알리도록 고안된 시스템
시큐리티회사 (Security Company)	시큐리티시스템을 설치, 유지, 관리하는 회사
경비구역 (Security Area)	경비대상물을 보호하기 위해 설치된 기기가 위험을 탐지할 수 있는 구역
경비대상물 (Security Objects)	약정된 경비구역 범위 내에서 보호해야 하는 생명과 재산
고객 (Customer)	시큐리티회사의 서비스를 제공받는 사람이나 단체
오경보 (False Alarm)	실제 위험 출현 외의 우연한 자극이나 설계기준과 다른 요인에 의하여 발생되는 신호
존 (Zone)	감지기를 경비계획에 따라 감시구역별로 구분해 놓은 일정 영역
신호송신기 (Communicator)	통신망을 이용하여 신호를 송출하는 기기
단선 (Line Failure)	주장치와 관제센터 간에 통신이 두절된 상태
정상상태 (Normal Condition)	시스템이 완전하게 동작할 수 있도록 준비된 상태
고장상태 (Fault Condition)	규격에 요구된 기능을 발휘하지 못하는 상태
출동요원 (Patrol Guard)	관제요원의 지령에 따라 경비구역에 출동하여 적절한 행동을 취하는 사람
침입신호 (Burglar Alarm)	경비구역을 무단으로 출입하여 발생하는 신호
지령 (Command)	경비구역에서 발생한 정보를 출동요원에게 전달하는 절차
관제센터 (Alarm Monitoring Center)	경비구역에서 수신된 정보에 대처할 수 있도록 통제하는 업무를 처리하는 센터
관제시스템 (Alarm Monitoring System)	경비구역에서 수신된 정보를 관찰하고 통제하기 위한 시스템
노세트 (No Set)	약정된 시간에 통보 없이 세트 시키지 않는 것
비정기해제 (Irregular Open)	약정된 시간 외에 해제를 하는 것
무감지	어떤 요인에 의한 이상 상태를 인지하지 못함

구 분	주 요 설 명
(No Sensing)	
전용회선 (Leased Line)	사용자가 원하는 두 지점 간을 연결하여 독점 사용하는 회선
공중회선 (Public Line)	전화선을 이용하여 통신하는 회선
무선통신망 (Wireless Communication)	무선으로 통신하는 망
조사설계 (Security Planning)	경비구역에 설계자가 방문하여 경비계획을 수립하는 것
통신 단자함 (Main Distribution Frame)	공중회선이나 전용회선이 접속되어 있는 단자함
최종 출입문 (Entry & Exit Door)	세트, 해제를 목적으로 하는 문
종단저항 (End of Line Resister)	감지기의 선로 감시를 목적으로 존의 마지막 감지기에 연결하는 저항
탬퍼 (Tamper)	경보시스템에 대한 고의의 방해를 감시하기 위한 기능
비밀번호 (Password)	주장치를 세트 또는 해제하기 위한 번호
시큐리티 카드 (Security Card)	주장치를 세트 또는 해제하기 위한 카드
시큐리티 도면 (Security Drawing)	주장치, 감지기 등의 설치된 위치를 표시해 놓은 도면
주장치 (Control Panel)	경비구역에서 발생되는 정보를 수신하여 관제센터로 송신하는 장치
로컬 주장치 (Local Control Panel)	경비구역의 구분과 확장을 위하여 사용하는 주장치
카드 리더기 (Card Reader)	시큐리티 카드를 판독하여 세트, 해제를 하는 장치
화재 이보기 (Fire Alarm Transfer)	화재 발생 경보를 주장치로 전달하는 장치
출입관리기 (Console)	시큐리티시스템을 세트 또는 해제하기 위한 기기
사이렌 (Siren)	경보신호 발생을 외부로 알리는 음향장치
프린터 (Printer)	기기동작 상태나 조작 내용을 인쇄하는 장치
경보등 (Strobe Light)	경보신호 발생시 섬광이 반복적으로 동작되어 외부에 알리는 기기
음성통보장치 (Voice Information Device)	기기 동작 상태나 조작 내용을 음성으로 알려주는 장치
전원장치	감지기 및 주변기기에 안정된 직류(DC) 전원을 공급하는 장치

구 분	주 요 설 명
(Power Supply)	
존 확장기 (Zone Expander)	주장치 1대로 경비구역을 감시할 수 없을 때 존을 추가시키는 장치
출동 (Alarm Dispatching)	관제센터의 지령으로 현장에 출동하는 것
자석 감지기 (Magnetic Sensor)	자계에 의한 접점의 변화를 이용하는 감지기로 대상물의 이격상태를 감지하는 감지기
열선 감지기 (Passive Infrared Sensor)	원적외선의 변화량을 감지하는 감지기로 경비구역 내에서 움직이는 침입자를 감지하는 감지기
적외선 감지기 (Infrared Sensor)	근적외선을 이용한 감지기로 침입자에 의한 적외선 빔의 차단을 감지하는 감지기
금고 감지기 (Vault Sensor)	금고에 부착되어 감지기의 이탈, 충격, 단선 등 금고의 개폐나 손상을 감지하는 감지기
셔터 감지기 (Shutter Sensor)	자계 또는 적외선에 의한 접점의 변화를 이용하는 감지기로 셔터의 오르내림을 감지하는 감지기
벽충격 감지기 (Wall Shock Sensor)	진동을 이용한 감지기로 벽면에 가해지는 충격을 감지하는 감지기
CD충격 감지기 (Cash Dispenser Shock Sensor)	진동을 이용한 감지기로 CD기에 가해지는 충격을 감지하는 감지기
벤트 감지기 (Vent Sensor)	자계에 의한 접점의 변화를 이용한 감지기로 창문을 일부 개방하고 세트할 수 있는 감지기
유리파손 감지기 (Glass Break Sensor)	진동을 이용한 감지기로 유리에 가해지는 충격을 감지하는 감지기
음향 감지기 (Audio Sensor)	진동과 음향을 이용한 감지기로 유리에 가해지는 충격과 유리 파손 시의 음향을 감지하는 감지기
누수 감지기 (Leaking Water Sensor)	전류의 변화량을 이용한 감지기로 누수로 인한 단락을 감지하는 감지기
장력 감지기 (Tension Sensor)	자계에 의한 접점의 변화를 이용한 감지기로 케이블의 늘어짐이나 절단을 감지하는 감지기
비상스위치 (Emergency Switch)	인명 및 재산에 중대한 위험이 발생했거나 긴급대처가 필요한 경우 수동으로 동작시키는 스위치
화재 감지기 (Fire Sensor)	화재시 발생하는 열, 연기 또는 화염을 감지하는 장치
가스 감지기 (Gas Sensor)	가스 유입에 의한 저항치의 변화로 가스의 누출을 감지하는 장치
무선 감지기 (Wireless Sensor)	발생된 신호를 무선으로 전송하는 감지기
분전반 (Distributing Switch Board)	주장치나 전원장치에 교류(AC) 전원을 공급하기 위한 전기의 집합장소

2. 로컬(Local) 기계경비시스템의 주요용어

구 분	주 요 설 명
주차관리시스템 (Parking Control System)	차량의 출입을 관리하기 위한 시스템
근태관리시스템 (Time & Attendance Control System)	직원의 근태 현황을 관리하기 위한 시스템
출입관리시스템 (Access Control System)	특정 장소의 출입을 관리하기 위한 시스템
해상도 (Resolution)	화상의 섬세한 부분이 어느 정도 세밀한지 나타내는 척도
카메라 (Camera)	렌즈를 통과한 입사광을 전기적 신호로 변환하여 수상기로 전송하는 기기
렌즈 (Lens)	피사체의 입사광을 카메라로 전달하는 기기
하우징 (Housing)	외부환경으로부터 카메라를 보호하는 덮개
브라켓 (Bracket)	카메라를 고정하기 위한 기구
팬틸트 (Pan/Tilt)	카메라를 상하좌우로 회전시키는 기기
투광등 (Search Light)	어두운 곳에서 피사체를 식별하기 위한 조명등
수신기 (Receiver)	조정기에서 신호를 받아 카메라, 렌즈, 팬틸트, 투광등 등에 전달하는 기기
조정기 (Controller)	원거리의 카메라, 렌즈, 팬틸트, 투광기 등을 제어하는 기기
모니터 (Monitor)	영상신호를 화상으로 보여주는 장치
분할기 (Splitter)	여러 대의 카메라 영상을 한 개의 화면에 나누어 주는 기기
순차표시기 (Auto Selector)	여러 대의 카메라 영상을 한 개의 화면에 순차적으로 전환하는 기기
문자시간표시기 (ID Time Date Generator)	수상기 화면상에 시간, 숫자, 문자 등을 표시하는 기기
다중영상기록표시기 (Multiplexer)	여러 대의 카메라 영상을 수상기에 표시하거나 녹화기에 기록하는 기기
영상분배기 (Video Distribution Amplifier)	카메라 영상을 여러 대의 수상기로 나누어주는 기기

구 분	주 요 설 명
녹화기 (Recorder)	카메라 영상을 기록하는 기기
도어락 (Door Lock)	출입문을 개폐하는 장치
전기정 (Electronic Lock)	출입문을 전기적으로 개폐하는 장치
퇴실버튼 (Egress Button)	전기정을 해제하기 위한 버튼
영상감시시스템 (Closed Circuit Television, CCTV)	카메라를 설치하여 영상으로 상황을 감시하기 위한 시스템(CCTV 시스템)

제4장 CCTV 시스템

제4장

CCTV 시스템

제1절 CCTV 시스템의 개념

1. CCTV 시스템의 의의

1) CCTV 시스템의 정의

CCTV는 Closed Circuit Television의 약자로서 우리말로는 '폐쇄회로 텔레비전'이라고 한다(그림 4-1 참조). CCTV는 방범, 산업, 교육, 병원 등 공공의 목적이 아닌 특정 목적을 위해 촬영한 영상정보를 특정 인물에게 전송하는 텔레비전 시스템이다. CCTV의 상대적인 개념으로 영상정보를 불특정 다수에게 전송하는 개방회로 텔레비전(Open Circuit Television)이 있는데 한국방송(KBS), 문화방송(MBC), 서울방송(SBS) 등 공중파 방송이 이에 해당한다.

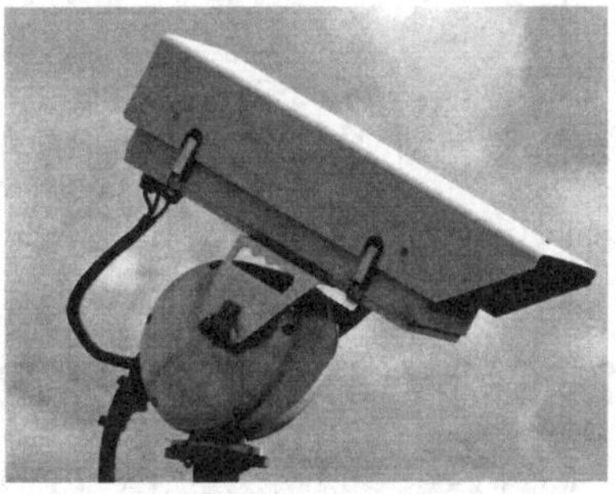

[그림 4-1] CCTV

2) CCTV 시스템의 용어[140)]

개인정보보호법은 '폐쇄회로 텔레비전'을 '고정형 영상정보처리기기' 및 '이동형 영상정보처리기기'로 구분하고 있다.

'고정형 영상정보처리기기'는 "일정한 공간에 설치되어 지속적 또는 주기적으로 사람 또는 사물의 영상 등을 촬영하거나 이를 유·무선망을 통하여 전송하는 장치로서 대통령령으로 정하는 장치"를 의미한다. 구체적으로 고정형 영상정보처리기기의 범위는 '폐쇄회로텔레비전' 및 '네트워크카메라'로 구분할 수 있다. '폐쇄회로 텔레비전'은 "일정한 공간에 설치된 카메라를 통하여 지속적 또는 주기적으로 영상 등을 촬영하거나 촬영한 영상정보를 유무선 폐쇄회로 등의 전송로를 통하여 특정 장소에 전송하는 장치, 그리고 촬영되거나 전

140) 개인정보보호법(법률 제19234호, 시행 2023.3.14) 제2조(정의) 7호, 7의2호; 개인정보보호법(대통령령 제33723호, 시행 2024.1.1) 제3조(영상정보처리기기의 범위).

송된 영상정보를 녹화 · 기록할 수 있도록 하는 장치"를 의미한다. '네트워크 카메라'는 "일정한 공간에 설치된 기기를 통하여 지속적 또는 주기적으로 촬영한 영상정보를 그 기기를 설치 · 관리하는 자가 유무선 인터넷을 통하여 어느 곳에서나 수집 · 저장 등의 처리를 할 수 있도록 하는 장치"를 의미한다.

'이동형 영상정보처리기기'는 "사람이 신체에 착용 또는 휴대하거나 이동 가능한 물체에 부착 또는 거치하여 사람 또는 사물의 영상 등을 촬영하거나 이를 유 · 무선망을 통하여 전송하는 장치로서 대통령령으로 정하는 장치"를 의미한다. 구체적으로 이동형 영상정보처리기기의 범위는 '착용형 장치', '휴대형 장치', '부착 · 거치형 장치' 등으로 구분할 수 있는데, '착용형 장치'는 "안경 또는 시계 등 사람의 신체 또는 의복에 착용하여 영상 등을 촬영하거나 촬영한 영상정보를 수집 · 저장 또는 전송하는 장치", '휴대형 장치'는 "이동통신단말장치 또는 디지털 카메라 등 사람이 휴대하면서 영상 등을 촬영하거나 촬영한 영상정보를 수집 · 저장 또는 전송하는 장치", '부착 · 거치형 장치'는 "차량이나 드론 등 이동 가능한 물체에 부착 또는 거치하여 영상 등을 촬영하거나 촬영한 영상정보를 수집 · 저장 또는 전송하는 장치"를 의미한다.

2. CCTV 시스템의 구성요소

CCTV는 통상적으로 CCTV 시스템이라고 부르는데, CCTV 시스템의 3대 기본요소로 사물을 촬영하여 전기신호로 변환하는 촬상부(撮像部), 전기신호를 유선 또는 무선으로 원격지로 전송하는 전송부(傳送部), 전송된 전기신호를 영상으로 재생하여 표시하는 수상부(受像部)가 있다. 이외에 3대 기본요소를 제어하는 제어부(制御部), 영상을 기록 및 재생하는 재생부(再生部) 등이 있다(그림 4-2 참조).

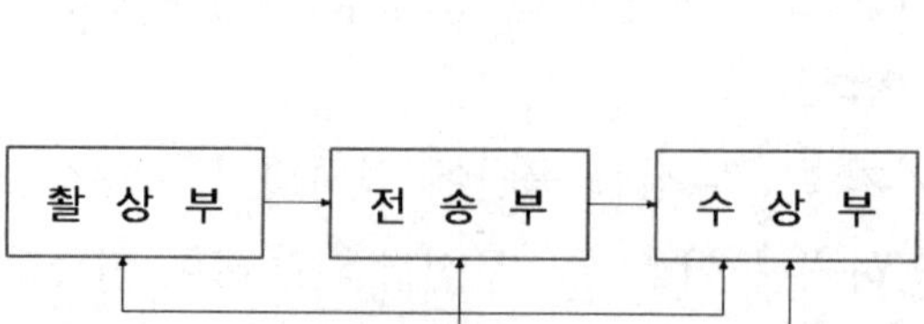

[그림 4-2] CCTV 시스템의 구성요소

3. CCTV 시스템의 설치유형

CCTV 시스템은 원거리 관찰, 보이지 않는 영역 관찰, 다수인에 의한 동시 관찰, 지속적이고 집중적인 관찰, 환경이 열악하거나 근접이 불가능한 장소의 관찰 등에 이용되는데 분야별로는 공업용 텔레비전(ITV, Industrial TV), 교육용 텔레비전(ETV, Educational TV), 의료용 텔레비전(MTV, Medical TV), 화상전화 등으로 구분할 수 있으며[141] CCTV 시스템의 설치유형에 따른 구분은 [표 4-1]과 같다.[142]

[표 4-1] CCTV 시스템의 설치유형

구 분		설 치 유 형
공공기관	외부감시	교통흐름조사용 CCTV 교통법규위반 등 단속용 CCTV 터미널의 각종 불법행위 감시용 CCTV 방범용 CCTV 수배차량감지용 CCTV 밀수감시용 CCTV 총기류 밀반입 감시용 CCTV 산불감시용 CCTV 등
	내부감시	지하철 구내 및 객차에서의 CCTV 공공경기장에서의 CCTV 공공기관 민원창구의 CCTV 경찰서 유치장 및 군 영창 CCTV 부랑인 쉼터 CCTV 등
개 인	외부감시	주민에 의한 공공장소 방범 CCTV 개인주택 외부감시용 방범 CCTV 등
	내부감시	피고용인 대상 CCTV 금융기관 CCTV 일반버스 CCTV 기숙학원 CCTV 지하주차장 및 엘리베이터 CCTV 등

141) 안창훈 · 이강열 · 최주호, 시큐리티시스템 개론, 인포더, 2004, p.114.
142) 김학신, 범죄예방을 위한 경찰의 CCTV 활용과 기본권 보호에 관한 연구, 책임보고서 2008-9, 치안정책연구소, 2008, pp.7-10, 내용 재구성.

제2절 CCTV 시스템의 구성

1. 촬상부

1) CCTV 카메라

(1) CCTV 카메라의 종류

CCTV 카메라(CCTV Camera)는 촬영한 영상을 전기신호로 변환하는 기기로서 일반 카메라와 기본원리는 동일하다. 그러나 CCTV 카메라는 설치조건이 양호한 실내는 물론, 환경이 열악한 실외나 외부인에게 노출되지 않도록 설치해야 하는 등 다양한 조건을 충족하여야 한다.

CCTV 카메라는 돔 카메라(Dome Camera), 박스 카메라(Box Camera), 회전형 카메라(PTZ Camera, Pan-Tilt-Zoom Camera), 적외선 카메라(IR Camera), 소형 카메라 등 기본적인 외형을 통해 구분할 수 있다(그림 4-3 참조).[143)]

돔 카메라는 방수가 되지 않기 때문에 매장, 복도, 엘리베이터 등에서 실내용으로 사용하며 주로 천정에 부착되어 사용하고 천정에 불가피하게 부착이 안 될 경우에는 벽부형 브라켓(Bracket)을 이용해서 벽면에 부착하기도 한다. 고정렌즈를 사용할 경우에는 최대한 넓게 보는데 목적을 두며, 가변렌즈를 사용할 경우에는 고정렌즈에 비해 2배 정도 확대할 수 있다.

박스 카메라는 하우징을 부착하는 카메라로서 지하주차장, 놀이터, 외곽경계 등 광범위하게 사용된다. 렌즈는 주로 가변렌즈를 사용하며 감시영역에 따라서 렌즈 사양을 결정한다.

회전형 카메라는 팬, 틸트 및 줌을 통해 넓은 영역을 커버하며 신속하게 원하는 상세 이미지를 제공한다. 최근에는 네트워크 키보드 없이도 마우스만 이용하여 키보드보다 더 빠르고 정확한 컨트롤이 가능한 스마트 UX 컨트롤을 제공하며, 강력한 모터의 힘으로 빠른 반응 속도를 가진다. 또한, 빛과 어둠에 대해 보다 폭넓은 표현력과 매끄러운 계조는 실제 눈으로 보는 것과 같은 생생한 이미지를 표현한다. 탁월한 영상기능, 빠른 반응속도, 편리한 조작성, 안정적인 내구성을 갖추고 있다.[144)]

---

143) SNARA, http://www.snara.co.kr, 검색일: 2010. 1.10, 내용 재구성.
144) IDIS, IDIS OVERVIEW - 인공지능 CCTV 솔루션, 2021, p.26.

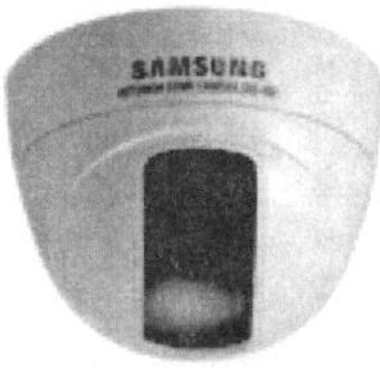

[돔 카메라]

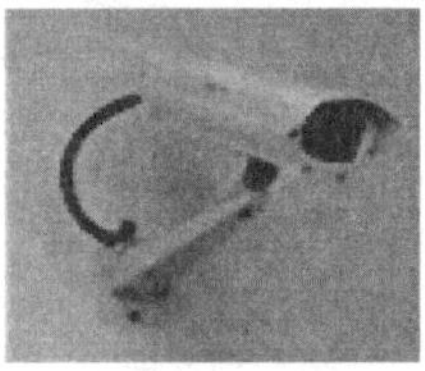

[박스 카메라]

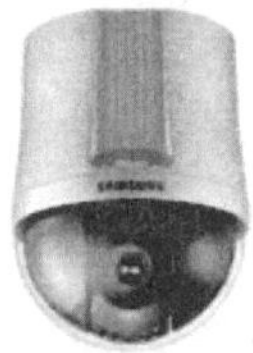

[회전형 카메라]

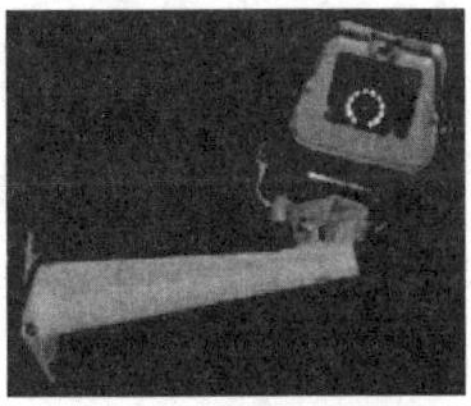

[적외선 카메라]

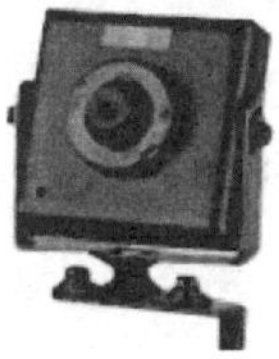

[핀홀 카메라]

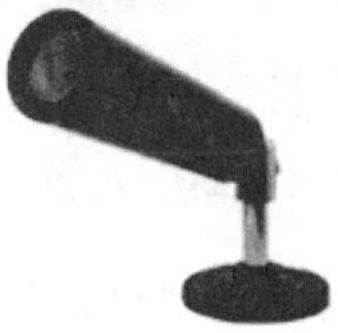

[불릿 카메라]

[그림 4-3] CCTV 카메라의 종류

적외선 카메라는 야간에 조명이 없거나 미약한 지역에서 적외선 LED(Light Emitting Diode)를 이용하여 영상을 볼 수 있도록 하는데 주간에는 컬러영상을 보여주고 야간에는 흑백영상을 볼 수 있다. 기본원리는 방사율을 활용하여 열을 탐지하고 이미지화하는 것으로 온도의 색상 표현이라는 단순 1차원적인 역할만 하는 것이나 최근에는 영상 이미지와 열화상 이미지를 하나로 합쳐 완벽한 열화상 감시 보안시스템을 구축할 수 있다. 적외선 카메라와 유사한 개념으로 저도도 카메라가 있는데, 사람의 눈으로 사물의 식별이 어려운 저조도 환경에서 완벽하게 사물을 분별할 수 있는 강력한 노이즈 억제력을 가졌으며, 낮에는 빛의 응집력을 극대화한 강력한 수광력으로 선명하고 깨끗한 이미지를 표현한다. 이미지 센서, 카메라 렌즈, 이미지 프로세싱 능력 등 저조도 환경에 필요한 3가지가 준비되어야 한다.[145)]

소형 카메라로는 핀홀 카메라(Pin-Hole Camera)와 불릿 카메라(Bullet Camera)가 있다. 핀홀 카메라는 주로 카메라의 위치를 노출시키지 않을 목적으로 사용되는데 바늘구멍만한 구멍만 뚫려있어도 그 구멍을 통해 감시할 수 있다. 불릿 카메라는 사이즈가 작고 생김새가 총알과 비슷한데 노출되는 구멍의 크기가 핀홀 카메라보다는 크지만, 브라켓 등을 달아서 사용할 수 있으므로 설치가 용이하다는 장점이 있다.

---

145) IDIS, IDIS OVERVIEW - 인공지능 CCTV 솔루션, 2021, p.30, 36.

(2) 모바일 카메라(Mobile Camera) · 지능형 영상감시 솔루션

휴대성이 좋은 모바일 카메라(Mobile Camera), 영상분석이 가능한 지능형 영상감시 솔루션 등에 대하여 알아보도록 한다(그림 4-4 참조).[146]

모바일 카메라는 '바디캠(Body Cam)'이라고도 하며 경찰관, 소방관, 경비요원 등 소중한 생명과 재산을 지키는 인원들의 안전과 채증의 역할을 수행한다. 일반적으로 모바일 카메라를 통해 촬영되는 영상은 내부 메모리에만 저장이 되어 실시간 영상 확인이 어렵고, 모바일 카메라가 파손되거나 분실되었을 때에는 그 영상을 확인할 방법이 없다는 단점이 있다. 최근에는 스마트폰과 바디캠을 VMS와 실시간 연동하여 언제 어디서나 녹화된 영상을 바로 확인하고, 실시간 스트리밍을 하여 다수의 사용자가 동시에 실시간 영상을 확인할 수 있다. 나아가 모바일 카메라의 영상 전송과 저장은 위 · 변조가 어려운 보안 솔루션을 적용하여 증거 영상으로도 활용할 수 있다.[147]

지능형 영상감시 솔루션은 영상을 촬영하는 CCTV 카메라, 영상을 분석하는 CCTV 관제요원으로 구성되는 기존 CCTV 시스템이 인간의 실수나 잘못된 판단, 그리고 과다한 인건비 소요 등의 단점을 가지고 있는 것을 보완하기 위한 것이다. 지능형 영상감시 솔루션은 카메라에서 입력되는 영상을 실시간으로 분석하여 움직임이 있는 물체를 검지, 추적 및 분류한다. 검지, 추적 및 분류된 물체가 보안 정책에 해당하는 이벤트를 발생시켰는지를 판단하여 감시자에게 실시간 경보를 하고, 관련 비디오 및 이벤트 정보를 저장하며 사후 이벤트 기반의 효율적인 비디오 검색을 가능하게 한다.[148]

지능형 영상감시 솔루션은 물리적인 보안(Security) 분야 이외에 안전(Safety) 분야까지 확대 적용할 수 있는 차세대 영상감시 시스템으로 스마트관제 솔루션, 딥러닝 기반의 지능형 영상감시, 지능형 영상분석, 지능형 객체추적, 지능형 얼굴인식 및 얼굴정보매칭, 지능형 차량정보인식, 지능형 교통분석, 영상 모니터링, 영상 저장분배 등의 기능을 갖춘 CCTV 시스템을 의미한다. 스마트관제 솔루션은 딥러닝 알고리즘이 접목된 스마트 모니터링 기능을 지원하고 관제효율을 극대화한 것이다.

딥러닝 기반의 지능형 영상감시는 마스터 카메라에서 객체를 감지한 후 연동된 슬레이브 카메라를 통해 감지된 객체를 추적하는 자동 PTZ 추적 기능을 제공하며, 지능형 영상 분석을 향상시킬 수 있는 딥러닝 기반 검지 및 검출로 인식된 보행자의 속성, 차량의 종류를

---

146) CUDO Communication, **지능형 영상감시 솔루션** SMART-AI - **딥러닝 기반 객체인식 지능형** CCTV **시스템**, 2022, pp.27-41.
147) IDIS, IDIS OVERVIEW - **인공지능** CCTV **솔루션**, 2021, p.68.
148) IDIS, IDIS OVERVIEW - **인공지능** CCTV **솔루션**, 2021, p.68; CUDO Communication, **스마트관제 솔루션**, https://cudo.co.kr, **검색일**: 2024.1.20.

실시간으로 분석하여 제공한다. 지능형 영상분석은 영상 내 이동하는 사람, 차량 등 객체를 자동으로 감지하고 추적하여 정해진 이벤트 감지를 수행하며 이외에도 영상 표출, 녹화, 검색, 재생이 하나의 소프트웨어로 가능하며 PTZ 카메라의 제어 및 프리셋 투어링을 지원하는 지능형 영상분석 소프트웨어이다.

지능형 객체추적은 다수의 고정형(마스터) 카메라에서 이벤트를 발생시키는 이동 물체를 회전형(슬레이브) 카메라가 자동으로 추적하면서 지속적으로 확대된 영상을 확보해 주는 지능형 자동 PTZ 추적 소프트웨어이다. 지능형 얼굴인식 및 얼굴정보매칭은 딥러닝 기술을 기반으로 하는 올인원시스템으로 CCTV 카메라를 이용하여 얼굴을 감지하고, 추적한 후 나이 예측, 성별 판별, 얼굴 인식 등을 수행하는 지능형 얼굴분석 및 인식 소프트웨어이다. 지능형 차량정보인식은 자동 PTZ 추적기술의 제공과 확대된 회전형 카메라의 영상 내 차량번호판을 실시간으로 인식하고 관심차량을 실시간으로 감지하여 알려주는 지능형 차량번호인식 소프트웨어이다.

지능형 교통분석은 도로 및 터널에 보행자, 낙하물, 교통정체, 역주행 등의 돌발사고가 발생할 경우에 알람을 발생시키고 방향, 속도, 차종분류 등 도로의 교통량 분석 등에 최적화된 지능형 영상분석 소프트웨어이다. 영상 모니터링은 객체 및 이벤트 감지 정보를 표출, 검색하고 PTZ 카메라를 제어하여 영상분석 관련 설정을 원격지에서 수행할 수 있는 모니터링 소프트웨어이다. 영상 저장분배는 외부에서 연동되는 비디오 전송 및 저장, 제어 등과 같은 기능을 제공하는 영상저장분배 소프트웨어이다.

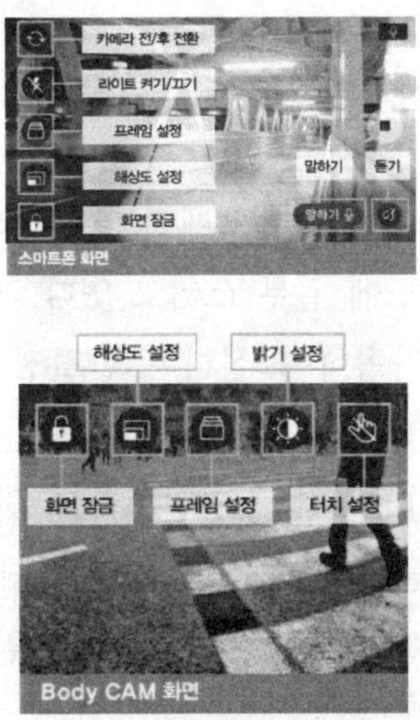

[모바일 카메라]

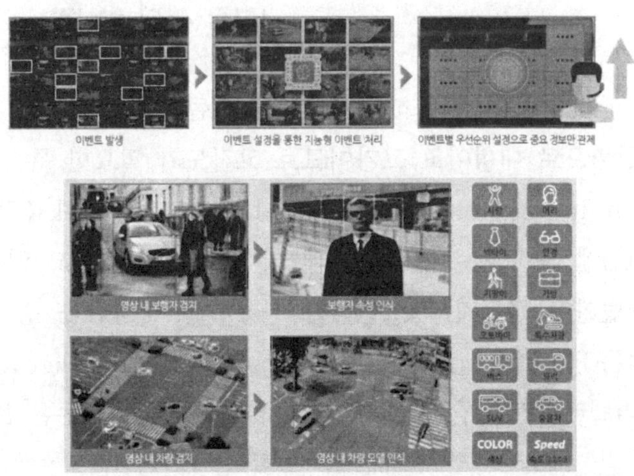

[지능형 영상감시 솔루션]

[그림 4-4] 모바일 카메라(화면) / 지능형 영상감시 솔루션(화면)[149)]

2) 촬상소자

(1) 촬상소자

촬상소자는 인체 중 눈의 망막에 해당되는 부분이며, CCTV 카메라 중 중요한 부분 중의 하나이다. 일반적으로 피사체에 반사된 빛을 받아서 전기적 에너지로 전환시키는 역할을 담당한다. 최초의 촬상소자는 진공관을 이용한 촬상관(Image Pickup Tub)을 사용했으나 최근에는 CCD(Charge Coupled Device), CMOS(Complementary Metal Semiconductor) 등 반도체를 이용한 고체촬상소자를 많이 사용한다.

(2) 촬상관(Image Pickup Tub)

촬상관(Image Pickup Tub)은 카메라 속에 장착되어 피사체의 광학상을 전기신호로 변환하는 진공관을 말하며 이미지 오시콘(Image Orthicon), SIT관(Silicon Intensifier Target Tube) 등이 있다(그림 4-5 참조).[150]

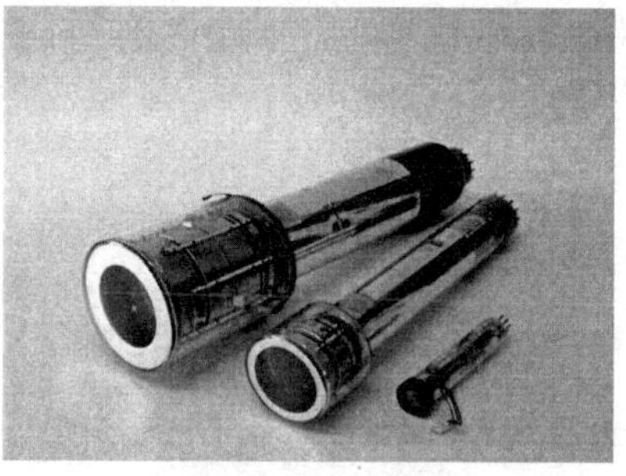

[그림 4-5] 촬상관

광전면(光電面)을 사용하는 이미지오시콘(Image Orthicon)은 흑백텔레비전 시대의 주된 촬상관으로 대형이고 고가이므로 고감도가 필요한 특수용도에 일부 쓰이고 있다. SIT관(Silicon Intensifier Target Tube)은 광전자를 수kW로 가속하여 실리콘 단결정 타겟(Target)에 충격을 주어 1,000배 이상의 이득을 얻고 있는 대표적 초고감도 촬상관이다.

광전변환에 광전기 전도현상을 사용하는 촬상관을 광전기전도형 촬상관이라고 하는데 플럼비콘(Plumbicon), 새티콘(Saticon), 비디콘(Vidicon) 등이 있다. 플럼비콘과 새티콘은 컬러텔레비전 방송용으로 널리 쓰이는데, 플럼비콘은 PIN 다이오드 구조이고 저암전류

149) CUDO Communication, 지능형 영상감시 솔루션 SMART-AI - 딥러닝 기반 객체인식 지능형 CCTV 시스템, 2022, pp.27-41.

150) YAHOO, http://kr.dictionary.search.yahoo.com, 검색일: 2010. 1.10.

(低暗電流), 고감도, 저잔상을 처음 실현하였으며, 새티콘은 고감도, 저잔상인 동시에 높은 해상력과 낮은 플레어((Flare)가 특징으로 경제성도 뛰어나 방송용, 업무용(특히 소형카메라용), 고정세도(高精細度) TV용, 단관 컬러용 등 다방면에 사용되고 있다.

(3) 고체촬상소자(Solid State Image Sensor)

전기 및 전자 기술 발전에 따라 반도체를 이용한 고체촬상소자(Solid State Image Sensor)가 개발되기 시작하였다. 고체촬상소자는 촬상관에 비해 소형이고 경량이며, 촬영한 영상에 전자적, 자기적 변형이 발생하지 않아 잔상이 적게 발생하고, 내구성이 뛰어난 특징을 가지고 있다. 고체촬상소자를 사용한 CCTV 카메라를 '고체카메라'라고 한다(그림 4-6 참조).

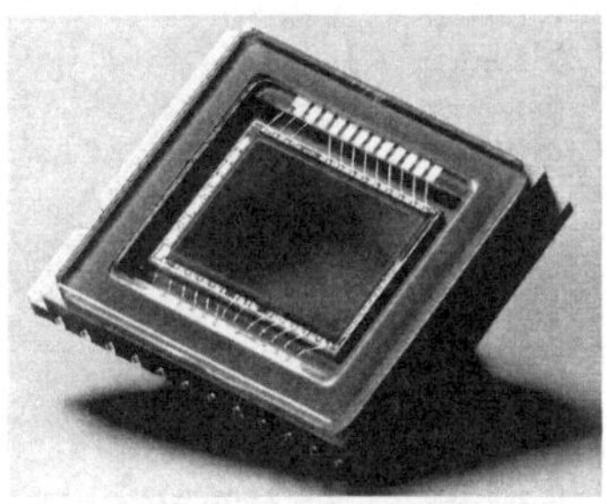

[그림 4-6] 고체촬상소자

고체촬상소자는 화소마다 포토 다이오드(Photo Diode)라는 일종의 광센서가 배치되어 있으며 광센서가 빛을 받으면 전기에너지 형태의 신호를 발생시킨다. 고체촬상소자는 CCD(Charge Coupled Device), CMOS(Complementary Metal Semiconductor), 포비온(Foveon) 등이 있다.[151]

CCD(Charge Coupled Device)는 내부 회로 설계상 CCD는 화소에서 받아들인 신호를 모아서 읽어낸 뒤 마지막에 증폭시키는 과정을 거치기 때문에 상대적으로 구조가 단순하다. 따라서 빛을 받아들이는 화소의 면적이 크고 고감도이다. 고체촬상소자 개발 초기에는 CCD 방식이 감도가 좋고 화질이 더 좋았기 때문에 많이 사용되었으나 소비전력이 많고, 신호전송 도중 잡신호의 영향을 받기 쉬우며 DSLR(디지털 일반 반사식, Digital Single-Lens Reflex, Digital SLR) 카메라에 사용되는 고체촬상소자와 같이 크기가 커지면 신호 읽기에 시간이 걸려 요즘에는 소형 디지털카메라에 주로 사용된다. CCTV 카메라

151) 중앙일보, DSLR카메라 용어, 2009.12.17, p.E18, 내용 재구성.

도 소형 카메라에 속하기 때문에 고체촬상소자로 CCD를 많이 사용했으나, 최근에는 CMOS를 많이 사용한다.

CMOS(Complementary Metal Semiconductor)는 각 화소 내에 신호 증폭회로를 설치해 직접 증폭된 신호를 읽어내므로 전송속도가 빠르고 신호 전송 도중 잡신호의 영향도 CCD에 비해 덜 받는다. 대신 신호 증폭의 불균형을 해소하는 회로가 필요하고, 화소의 면적이 작아지는 것은 단점이다. 그래도 신호를 읽는 방법을 다채널화하거나 부분 읽기를 할 수 있어 고속촬영에 유리하다. 소비전력과 발열이 작은 것이 큰 장점이며 카메라 뒷면 모니터를 보면서 촬영하는 라이브 뷰(Live View) 기능에 적합하다. 대부분의 DSLR 카메라가 사용하는 고체촬상소자 방식이다.

포비온(Foveon)은 포토 다이오드의 소재인 실리콘 결정이 푸른빛은 비교적 표면에서, 붉은빛은 약간 깊은 부분에서 흡수한다는 점에 착안해 만들어졌다. 따라서 한 화소에서 빨강, 녹색, 파랑의 모든 신호를 끌어낼 수 있다. 촬영 대상이 원색에 가까워도 해상력이 떨어지지 않으며 존재하지 않는 거짓색이 나타나지 않는다는 특징이 있다.

3) 렌즈(Lens)

CCTV 카메라의 렌즈는 피사체에서 반사되는 빛을 모아서 촬상소자에 영상을 제공하는 기능을 담당하는데 이는 인간의 눈에 있는 수정체가 안구 뒤에 위치한 망막 위에 초점을 맞추는 것과 유사하다. 인간의 눈과 같이 카메라 렌즈는 피사체의 영상이 촬상소자에 비치게 한다.

(1) 렌즈의 종류

CCTV 시스템에 사용하는 렌즈는 고정초점 렌즈(Fixed Focal Lens), 줌 렌즈(Zoom Lens), 가변초점 렌즈(Vari-Focal Lens), 파노라마 렌즈(Panoramic Lens), 핀홀 렌즈(Pin-Hole Lens), 특수 렌즈(Special Lens) 등이 있다(그림 4-7 참조).

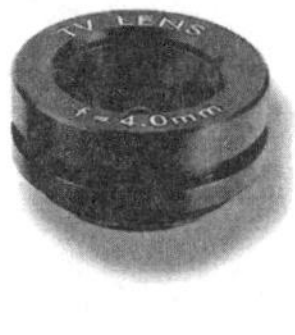
[고정초점 렌즈]

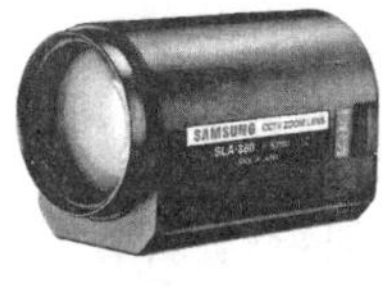
[줌 렌즈]

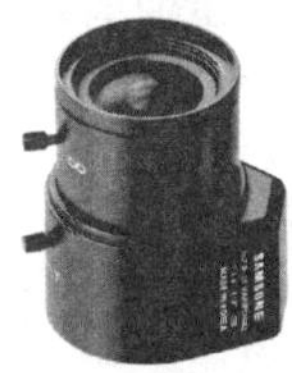
[가변초점 렌즈]

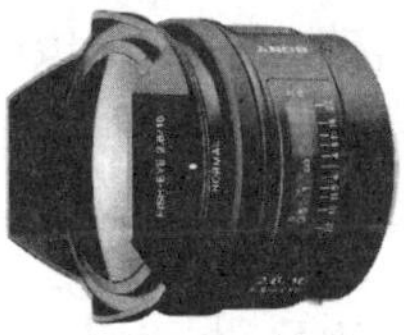
[파노라마 렌즈]

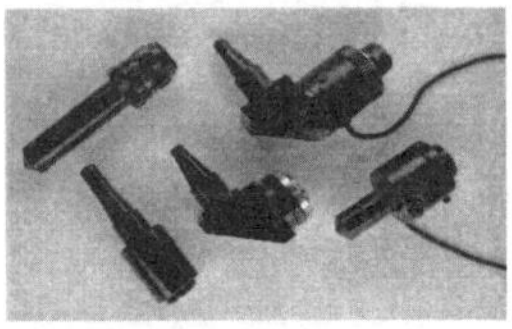
[핀홀 렌즈]

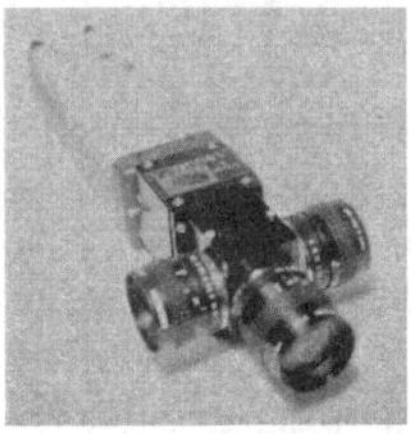
[특수 렌즈]

[그림 4-7] CCTV 렌즈의 종류

고정초점 렌즈는 특정지점에 초점이 고정되어 있는 렌즈로서 수동으로 초점을 고정하고 조리개로 수동 또는 자동으로 조정할 수 있다. 고정초점 렌즈는 화각에 따라서 협각(Narrow Angle), 일반(Normal Angle), 광각(Wide Angle) 렌즈로 구분할 수 있다. 또한, 고정초점 렌즈 중에서 원근감이나 시각 등이 인간의 시각과 비슷한 렌즈를 표준 렌즈(Normal Lens)라고 하며 초점거리는 50mm이다.

줌 렌즈는 고정초점 렌즈와는 달리 초점거리를 가변할 수 있다. 따라서 근거리부터 원거리에 이르기까지 피사체를 촬영할 수 있다. 줌 렌즈의 초점은 수동 또는 자동으로 조정할 수 있으며 촬상소자의 크기에 따라 초점거리는 일반적으로 10.5~105mm 정도이고 화각은 협각일 경우 2.0~4.8, 광각일 경우 18.6~45.5도 정도이다.

가변초점 렌즈는 고정초점 렌즈가 사용되는 장소에서 기능을 확대하기 위하여 사용되는 가변형 초점거리 렌즈를 의미하는데 줌 렌즈보다 소형이고 저렴하다. 다초점 렌즈는 줌 렌즈와 마찬가지로 수동 또는 자동으로 초점거리를 조정할 수 있으며 초점거리는 일반적으로 3~50mm 정도이고 화각은 5~90도 정도이다.

파노라마 렌즈는 화각의 제한으로 감시가 불가능한 사각지대가 발생할 수밖에 없는 일반 카메라의 단점을 보완하여 소위 360도 방향 전체를 볼 수 있는 기능을 가진 렌즈로서 어안(魚眼) 렌즈라고도 한다. 사각지대 없이 전방위적 감시가 가능하여 넓은 구역을 모니터링하거나 사건을 감지할 수 있으며 신속하고 매끄러운 디워핑 기술을 사용하여 감시 현장에 실제 있는 것과 같은 탁월한 성능을 가질 수도 있다.[152] 과거에는 여러 개의 카메라와 렌즈를 사용하여 360도를 볼 수 있었으나 현재는 그 기능이 대폭 향상되었다. 일반적으로 파노라마 렌즈는 수평으로 360도, 수직으로 90도의 화각을 가진다.

핀홀 렌즈는 CCTV 카메라를 은밀한 장소에 설치하여 감시할 필요성이 있을 때 사용하는 렌즈이다. 초소형 핀홀 렌즈는 저가 카메라에 사용되고 있다. 특수렌즈는 특수한 목적을 수행하기 위한 렌즈로서 카메라의 광축에 수직한 현장을 촬영하기 위한 직각 렌즈, 유연하고 단단한 광섬유를 이용한 가변형 광섬유 렌즈, 3개 방향을 동시에 촬영할 수 있는 3중 분기 렌즈, 프리즘을 부착하여 비밀촬영이 가능한 프리즘 렌즈 등 다양한 종류가 있다.

(2) 마운트(Mount)

카메라에 렌즈를 장착할 때 렌즈의 대안부의 기준면과 촬상소자면과의 거리를 정확히 하는 후초점거리를 맞춤으로써 명확한 상을 얻도록 하는데 이를 마운트(Mount)라고 한다(그림 4-8 참조). 마운트는 C마운트(CMount)와 CS마운트(CSMount) 등 2종으로 규격화되어 있는데 촬상관 카메라에 적합한 C마운트는 촬상소자면과 렌즈 앞면과의 거리가 17.5mm, 고체촬상소자에 적합한 CS마운트는 촬상소자면과 렌즈 앞면과의 거리가 12.5mm이다.[153]

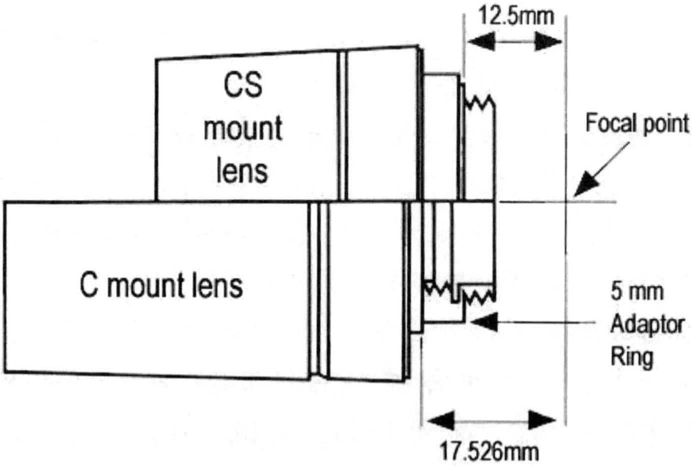

[그림 4-8] C마운트와 CS마운트[154]

152) IDIS, IDIS OVERVIEW - 인공지능 CCTV 솔루션, p.29, 2021.
153) 신상엽, 기계경비론, 백산출판사, 2008, p.272.
154) JETVIEWCCTV, http://www.jetviewcctv.com, 검색일: 2010. 1.10.

3) 주변기기

(1) 하우징(Housing)

CCTV 카메라는 비교적 환경이 양호한 실내 설치 외에 온도, 가스, 습기, 먼지, 직사광선, 강우, 염분, 화합물, 쓰레기 등 열악한 환경과 고의적인 손괴가 발생할 수 있는 실외 설치도 고려해야 한다. 하우징(Housing)은 CCTV 카메라를 안전하게 보호하고 필요에 따라서는 보이지 않도록 위장하는 기능을 한다. 하우징은 표준형, 위장형 등 다양한 형태가 있는데 [그림 4-9]는 하우징의 주요 설치사례를 정리한 것이다.

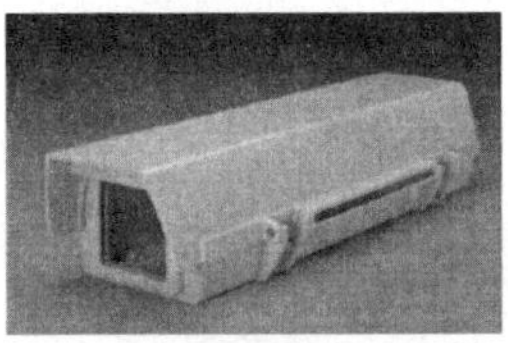
[표준형]

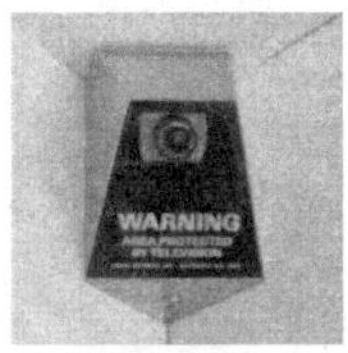

[엘리베이터]

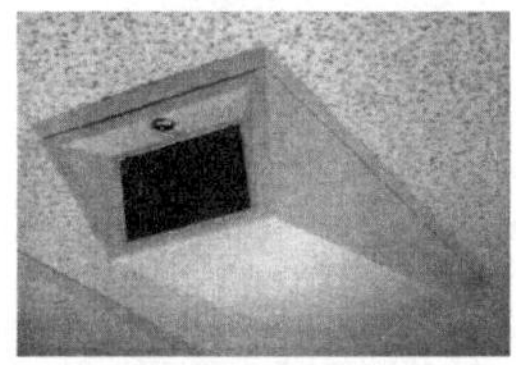
[천정형]

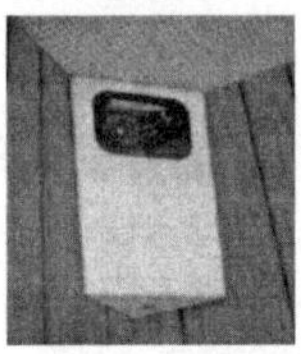
[코너형]

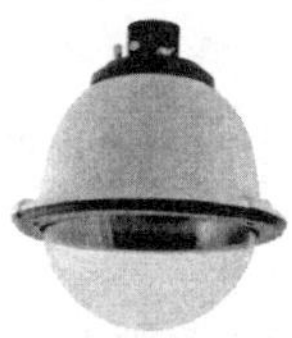
[위장형]

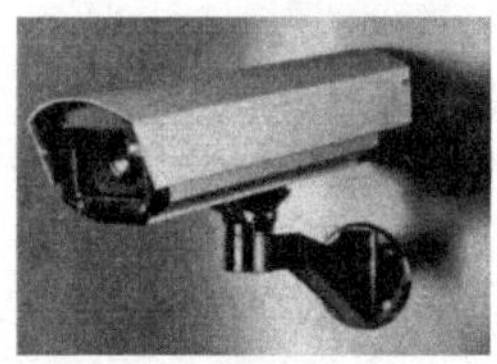
[부착형]

[그림 4-9] 하우징 설치사례[155]

이 외에도 하우징은 저온으로부터 카메라를 보호하기 위한 히터를 장착하거나 하우징 앞 물기나 먼지를 제거할 수 있도록 와이퍼를 장착하는 경우도 있다. 제철소 용광로에 설치되는 카메라를 보호하기 위하여 수냉식 또는 공랭식으로 카메라를 냉각시키고 내열 유리를 장착하기도 한다. 화학공장이나 폭발성 가스, 증기가 존재하는 장소에서 카메라를 보호하기 위하여 방폭설비를 장착하는 방폭형 하우징을 운용하기도 한다.[156]

(2) 브라켓(Bracket)

CCTV 카메라는 벽면, 천정, 기둥 등 다양한 장소에 설치할 수 있어야 하는데 카메라 자체로서는 설치하기 어렵다. 따라서 이러한 장소에 카메라를 지지하여 설치가 가능하도록

155) JETVIEWCCTV, http://www.jetviewcctv.com, 검색일: 2010. 1.10.
156) 정태황, 기계경비개론, 백산출판사, 2007, pp.197-198.

하는 기기가 브라켓(Bracket)이다. 브라켓은 설치 장소 및 용도에 따라 다양한 종류가 있는데 [그림 4-10]은 주요 브라켓을 예시한 것이다.

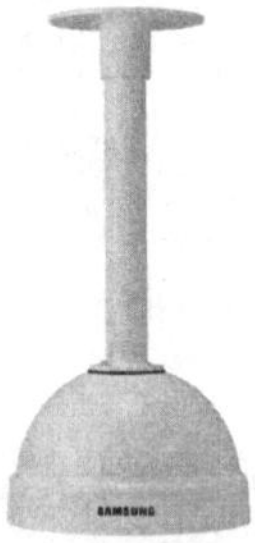

[천정형]

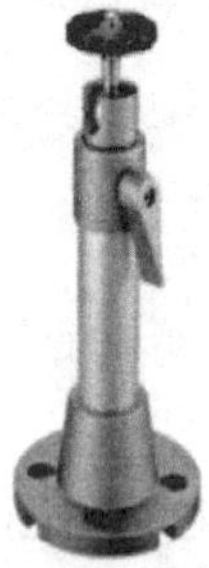

[기둥형]

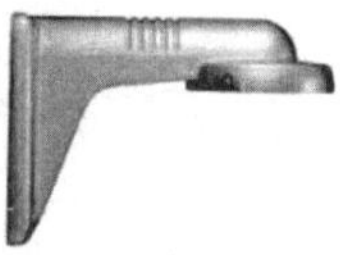

[벽부형]

[그림 4-10] 브라켓

(3) 팬틸트(Pan/Tilt)

CCTV 시스템의 촬영 범위를 확대하기 위하여 카메라의 위치를 원격에서 조정할 필요가 있다. 팬틸트(Pan/Tilt)는 카메라를 지지하고 사용자가 보내는 전기적 신호를 카메라 방향조정 수신기(Signal Receiver/Driver)가 카메라를 상하좌우로 구동하여 넓은 범위의 촬영이 가능한 기기이다. 팬틸트는 실내용과 실외용이 있는데 카메라의 무게, 렌즈의 성능, 하우징의 크기 등을 고려해야 한다.[157] [그림 4-11]은 실외용, 실내용, 고속줌형 등 주요 팬틸트를 예시한 것이다.

팬틸트에 장착하는 카메라의 렌즈는 주로 줌 렌즈를 사용하는데 팬틸트와 줌 렌즈의 조합은 최고로 넓은 촬영범위를 보장한다. 그러나 팬틸트와 줌 렌즈의 조합은 특정지역을 촬영할 때 순간적으로 사각지대가 발생할 수 있으므로 주의해야 한다.

157) 실내용 팬틸트(SPT-2500)의 경우를 살펴보면 좌우 355, 상 10 , 하 60 범위 내에서 상하, 좌우 동작 각도를 조절 할 수 있고, 최대 적재 용량은 4.5Kg의 무게를 견딜 수 있으며, 케이스는 고강도 플라스틱으로 제작되었다(한화비전, Indoor PAN/TILT Drive SPT-2500 사용설명서, 2008, p.10).

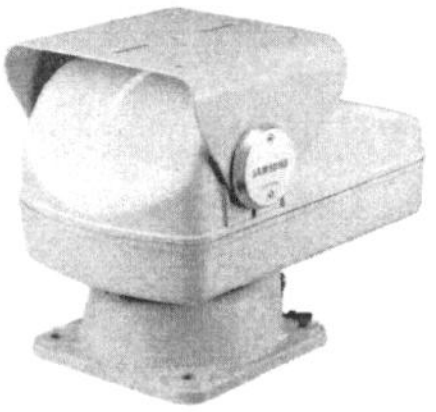

[실외용]

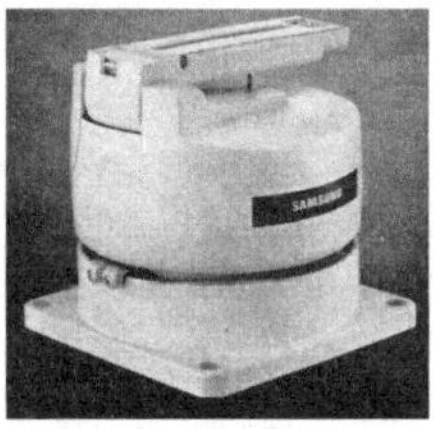

[실내용]

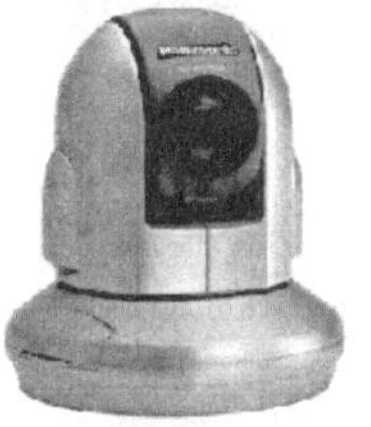

[고속줌형]

[그림 4-11] 팬틸트

최근에는 포지셔닝 카메라(Positioning Camera)에 대한 개념도 많이 부각되고 있다. 포지셔닝 카메라는 PT(Pan-Tilt) 메카니즘 기술과 영상 기술을 융합하여 고성능 PTZ(Pan-Tilt-Zoom Camera) 카메라 시스템을 구축하는 핵심 역할을 한다. 포지셔닝 카메라는 극한의 풍속을 견딜 수 있는 설계, 최고의 Pan/Tilt 안정성 보장, 자동 탈주(탈조) 검출 및 보정으로 Pan/Tilt 정확도 유지, 본체에서 카메라 및 투광기 전원 동시 공급, 실외 설치의 안정성과 편의성, 구동 정밀도, 하우징의 신호를 본체 내부로 직접 연결, 최소 감시 사각 영역 지원, 컴팩트 사이즈 등이 요구된다.[158] [그림 4-12]는 포지셔닝 카메라를 예시한 것이다.

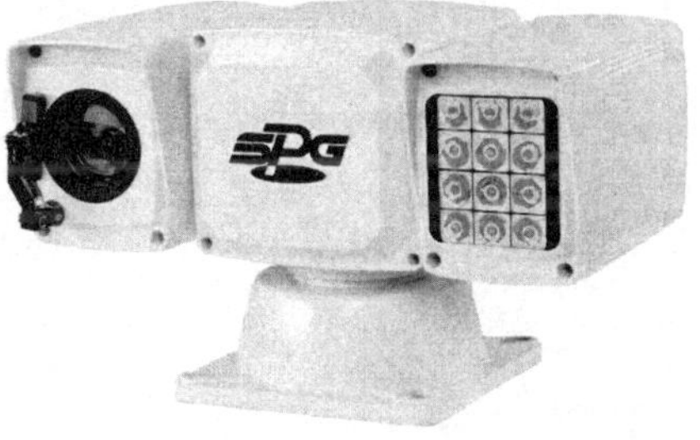

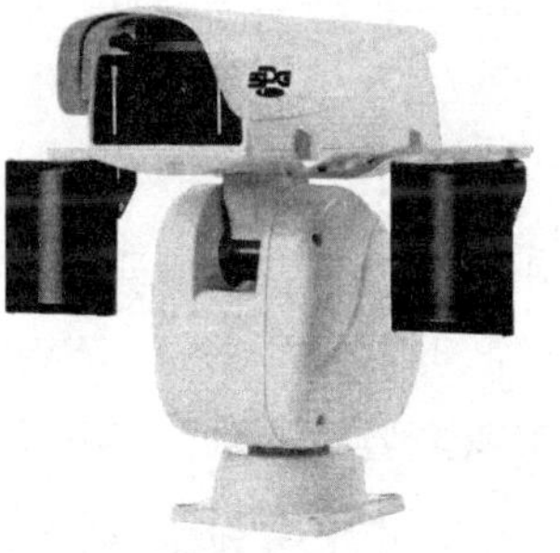

[그림 4-12] 포지셔닝 카메라[159]

158) SPG, **포지셔닝 카메라**, 2021, pp.2-3; SPG, Long-Range Positioning System - Model No. SNS-90000, 2021, p.1.

159) SPG, SNP-30202R/SNS-30202W, 2024, p.1; SPG, SNP-5300M, 2024, p.1.

4) 촬상부 설치기준[160)]

(1) 카메라(Camera)

1. 흔들림이 없도록 견고하게 설치하여 카메라의 초점이 틀어지지 않도록 고정한다.
2. 사람의 손이 직접 닿지 않는 높이에 설치한다.
3. 카메라의 위치는 가능한 한 피사체의 정면에 설치한다.
4. 촬상부가 태양이나 밝은 피사체를 향하지 않도록 설치한다.
5. 촬상부에 먼지나 지문이 묻지 않도록 주의하여 설치한다.
6. 낙하, 충격, 진동에 주의하여 설치한다.
7. 온도가 높거나 낮은 곳에는 설치할 수 없다(단, 일반 카메라에 국한하며 특수 카메라 설치는 가능하다).
8. 고압선 주변이나 고주파 발생지역에는 설치하지 않는다.
9. 물기나 습기가 있는 곳은 피한다.
10. 사각 지역이 발생하지 않도록 설치한다.
11. 유지보수가 용이하게 설치한다.

(2) 하우징(Housing)

1. 브라켓(Bracket)에 흔들림이 없도록 견고하게 설치한다.
2. 현장상황에 맞게 노출형이나 돔형 하우징을 설치한다.
3. 옥외 설치는 온도조절 팬히터가 장착된 하우징을 권장한다.
4. 유지보수가 용이하도록 설치한다.
5. 주변 환경 및 인테리어에 맞는 제품을 사용한다.

(3) 브라켓(Bracket)

1. 흔들리거나 떨어지지 않도록 견고하게 설치한다.
2. 부식되거나 녹슬지 않는 재질을 사용한다.
3. 현장 상황에 맞는 브라켓을 선택한다.
4. 주변 환경 및 인테리어에 맞는 제품을 사용한다.

---

160) 한국경비협회, 기계경비시스템 설치, 한국경비협회규격(SPS KSAS 0001-1213), 2005, p.9; 한국경비협회, 경비지도사 기본교육과정, 2001, pp.229-231; 한화비전, Indoor PAN/TILT Drive SPT-2500 사용설명서, 2008, p.4, 내용 재구성.

(4) 팬틸트(Pan/Tilt)

1. 팬틸트에 부착하는 보조장치의 무게를 고려하여 설치한다.
2. 옥외에 설치할 때는 기본적으로 눈이나 비를 피할 수 있는 것을 설치한다.
3. 회전 반경을 고려하여 설치한다.
4. 위험을 유발시킬 수 있다고 생각되는 것은 부착하지 않는다.
5. 불안정한 스탠드나 삼각대, 선반, 탁자 등에 올려놓지 않는다.
6. 가열기나 동력기 근처에 설치되어서는 안되며 통풍이 양호한 곳에 설치한다.
7. 주변 환경 및 인테리어에 맞는 제품을 사용한다.

(5) 투광등(Search Light)

1. 카메라 사양에 알맞은 밝기의 조명을 사용한다.
2. 불빛이 카메라에 직접 입사되지 않도록 설치한다.
3. 알람 연동용 조명은 즉시 켜지는 조명을 사용한다.

(6) 수신기(Receiver)

1. 수신기는 다른 사람의 접근이 어려운 곳에 설치한다.
2. 비, 먼지, 눈과 같은 환경의 영향을 받지 않도록 외부함을 설치한다.
3. 외부함에는 반드시 잠금장치를 설치한다.
4. 인입 케이블은 수신기 밑으로 넣어서 설치한다.

2. 전송부

1) 통신선로

(1) 기본개념

CCTV 시스템은 기본적으로 촬상부, 전송부, 수상부로 구성된다. 따라서 카메라는 모니터와 이격된 장소에 설치되므로 영상신호가 어느 지점에서 다른 지점으로 이동하기 위해서는 통신선로에 의해 전송되어야 한다. 카메라와 모니터 사이의 거리는 수십m, 수십km의 단거리에서부터 또는 수만km 이상의 장거리일 수도 있다. 또한 통신선로가 건물 내부, 건물 외부, 지하 등 다양한 경로를 거쳐야 할 수도 있다. 특히 컬러 영상신호는 흑백 영상신호에 비해 복잡하고 왜곡되기 쉬우므로 통신선로 선정에 유의해야 한다. CCTV 시스템의 촬상부에서 수상부까지 영상신호를 보내기 위한 통신선로는 유선통신 선로와 무선통신 선로로 구분할 수 있다. 양질의 영상신호가 전송되기 위해서는 개별 통신선로의 특성과

CCTV 시스템의 설치환경을 고려하여 최적의 통신선로가 선정하여야 한다.

최근에는 장거리를 지원하는 무선 일체형 고효율 시스템, 대규모 고화질 영상을 보장하는 통합관리시스템, 유선의 단점을 극복한 시스템, 간단한 구성방식으로 유연한 시스템 설계 및 간편한 설치, 디지털 방식으로 케이블 노후화에 따른 품질 저하 없음, 신설 구축, 추가, 유지보수 비용의 절감 등의 장점을 가진 무선 CCTV 시스템이 부각되고 있다. 무선 CCTV 시스템은 손쉬운 유지관리, 유선으로 인한 장애 최소화 등 무선 CCTV 편의성, 설치가 어려운 외곽지역 설치시간, 비용 절감 등 장거리 운영 가능, 1:N 구성으로 기존 아날로그 구성대비 간단한 네트워크 방식의 간단한 배선, 카메라 증설, 이동시 배관·배선 최소한 설치 가능 등 추가설치 및 유지보수 용이, 정전, 전원차단, 누전차단, 낙뢰트랩에 대비한 전원 보호장치 세트 포함 가능, 케이블의 노후화, 단선으로 인한 화질저하 극복 등 문제 차단 등의 특징을 가지고 있다.161)

(2) 유선통신

유선통신은 동축케이블(Coaxial Cable), 꼬임쌍 전선(Twisted Pair Cable), 광섬유(Fiber Optics), 근거리 통신망(LAN), 광역 통신망(WAN), 인터넷(Internet) 등이 있는데 광섬유는 다른 유선통신에 비해 장거리 영상신호 전송이 가능하며 근거리 통신망(LAN), 광역통신망(WAN), 인터넷(Internet) 등은 디지털 영상신호를 컴퓨터 네트워크가 존재하는 원거리 장소에 용이하게 전송할 수 있다.

① **동축케이블(Coaxial Cable)**

대부분의 영상신호 전송은 동축케이블(Coaxial Cable)을 이용한다. 동축케이블은 카메라와 모니터에 접속하기 용이하며 영상신호를 손실 없이 전송할 수 있다는 장점이 있다. 동축케이블의 특성임피던스는 일반적으로 50Ω, 75Ω 등 2가지가 가장 많이 사용되며 카메라와 모니터의 특성임피던스에 유연하게 대응할 수 있다. 동축케이블은 이중 절연으로 400m 이내에서 영상신호 증폭 없이 양질의 영상신호를 전송할 수 있다. [그림 4-13]은 동축케이블의 구조를 설명한 것이다.

161) MBro, 무선장거리CCTV시스템, 2019, p.4.

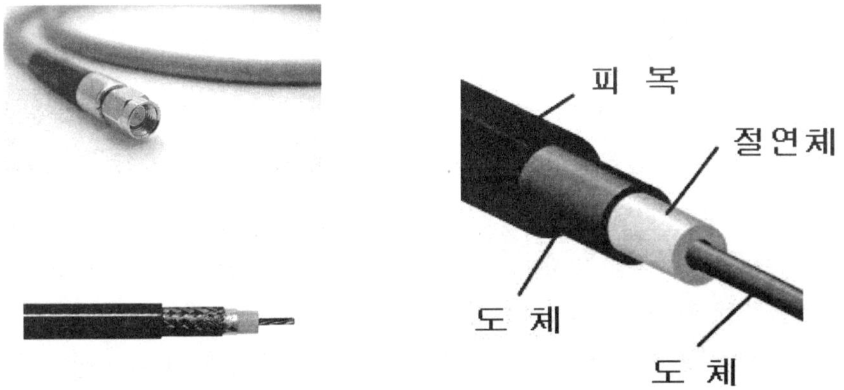

[그림 4-13] 동축케이블의 구조

② **꼬임쌍 전선**(Twisted Pair Cable)

꼬임쌍 전선(Twisted Pair Cable)은 동축케이블에 비해 CCTV 시스템의 영상 신호 전송에 있어서 덜 이용되었으나 1990년대 이후 기술의 발달로 각광을 받고 있다. 그 이유는 동축케이블에 비해 상대적으로 원거리 전송이 가능하고, 선로의 가격이 저렴하며, 많은 지역에서 꼬임쌍 전선이 가설되어 있고, 송신기와 수신기가 저렴하며, 전기잡음에 강하기 때문이다. 꼬임쌍 전선은 1,000m 이내에서 영상신호 증폭 없이 양질의 영상신호를 전송할 수 있다(그림 4-14 참조).

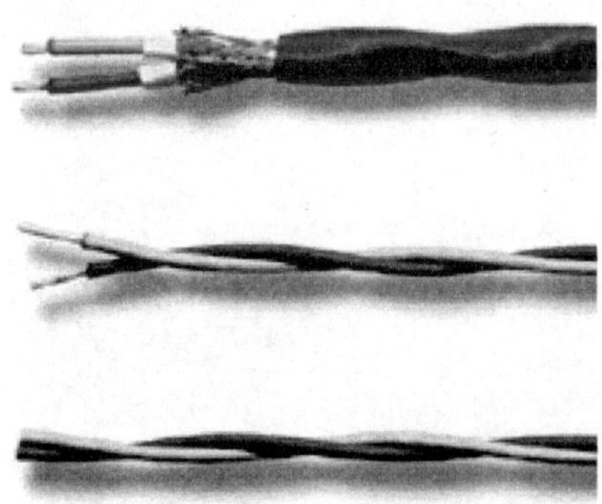

[그림 4-14] 꼬임쌍 전선

③ 광섬유(Fiber Optics)

광섬유(Fiber Optics)는 빛을 이용하여 정보를 전송할 수 있는 특징을 가진다. 광섬유 내에서 빛의 전파 원리는 굴절률이 높은 물질에서 낮은 물질로 빛이 진행될 때, 그 경계면에서 일정한 각도 내의 빛이 모두 반사되는 전반사의 원리에 있으며, 광섬유 코어(Core)로 입사된 빛은 굴절률이 높은 코어 층과 굴절률이 낮은 클래딩(Cladding) 층의 경계면에서 반사되어 광섬유 코어 부분을 따라 전파된다. 이러한 광섬유의 주성분은 실리카(Silica) 유리로 이루어져 있으며, 그 구조는 굴절률이 높아질수록 저마늄(Ge)을 첨가한 광섬유 중심(Core) 부분과 그 중심을 보호하는 클래딩(Cladding) 부분으로 구성된다.162)

광섬유(Fiber Optics)를 이용한 통신인 광통신은 다른 유선선로에 비해 장거리 전송이 가능하고, 기상이나 전자장비의 간섭에 대해 강하며, 광대역 전송이 가능하고, 충격에 강하며, 보안성이 뛰어나다는 장점을 가지고 있다. 반면에 다른 유선선로에 비해 고도의 기술이 필요하다는 단점이 있다. [그림 4-15]는 광섬유의 구조를 나타낸 것이다.

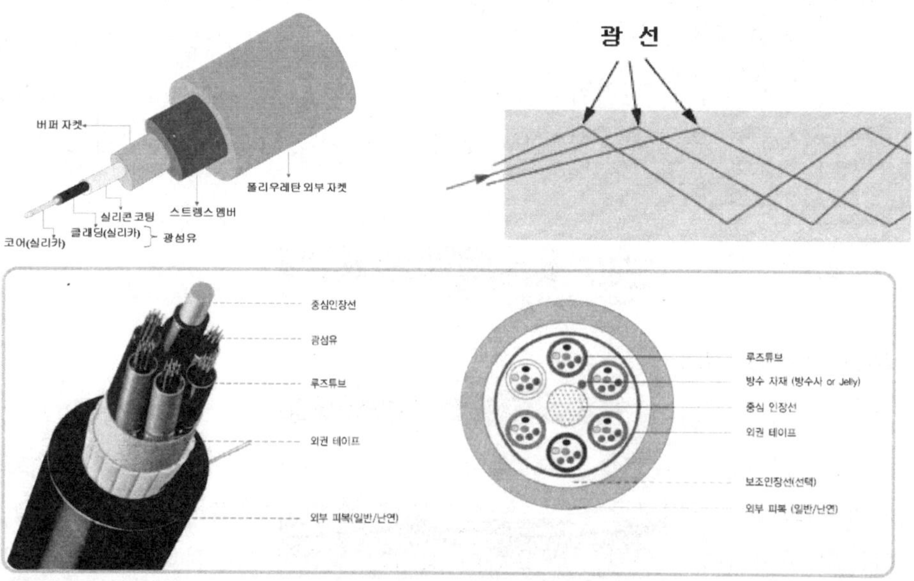

[그림 4-15] 광섬유의 구조163)

162) 에프비지코리아, 주조물 안전성 모니터링을 위한 광섬유 센서, 2019.
163) 해리알앤디, HARRY R&D Product Guide - Optical Communication & Solution1, 2015, p.1.

④ **기타선로**

근거리 통신망(LAN), 광역 통신망(WAN), 인터넷(Internet) 등의 유선선로는 디지털 영상신호 위주의 CCTV 시스템의 영상신호 전송에서 많이 사용되고 있다. 다수 지역 및 장소에 산재한 많은 컴퓨터와 컴퓨터 간의 정보통신망은 영상신호 전송에 대단히 적합하며 유용하다. 전 세계에 걸쳐 구축된 컴퓨터 통신망은 디지털 영상신호, 음향신호, 그리고 명령신호를 자유롭게 전송할 수 있다.

(3) 무선통신[164)]

무선통신은 RF 무선전송(Radio Frequency, RF), 마이크로웨이브(Microwave, M/W), 위성통신(Satellite Telecommunication), 무선 인터넷(3G, 4G, 5G, WiFi) 등이 있다. 카메라에서 모니터로 아날로그 영상신호를 무선으로 실시간으로 전송할 경우에는 전파를 이용하는 것이 경제적이고 효율적이다. 디지털 영상신호를 전송할 경우에는 무선 인터넷을 이용하면 어떤 장소에도 손쉽게 영상신호와 조종신호를 송신할 수 있으나 무선전송은 상대적으로 보안에 취약하다는 단점이 있다.

① **RF 무선통신(Radio Frequency, RF)**

RF 무선통신(Radio Frequency, RF)은 VHF 또는 UHF 대역 전파를 이용한다(그림 2-10, 표 2-18, 그림 4-16 참조). RF 무선전송은 한 지점에서 다른 지점으로 영상신호를 전달할 때 물체에 대한 투과성이 높고, 굴절성이 높아 가시성을 요구하지 않는 장점이 있는 반면에 보안성이 약하고 대역폭이 상대적으로 좁아 영상신호의 품질이 저하될 수 있다.

② **마이크로웨이브(Microwave)**

마이크로웨이브(Microwave, M/W)는 CCTV 영상신호 전송을 위해 1 ~ 75GHz 주파수 대역을 이용한다(그림 2-10, 표 2-18, 그림 4-16 참조). 빛에 근접하는 주파수를 가진 마이크로웨이브는 직진성, 반사성이 뛰어나 영상신호를 송·수신하는데 반사판과 도파관을 사용하며 장거리 전송이 가능하나, 자연현상에 의한 신호 손실과 마이크로웨이브 반사가 어려운 가시성이 없는 곳에서는 통신이 어렵다.

---

164) Herman Kruegle, CCTV Surveillance - Analog and Digital Video Practices and Technology, Burlington: Elsevier Butterworth -Heinemann, 2007, pp.182-188; 내용 재구성.

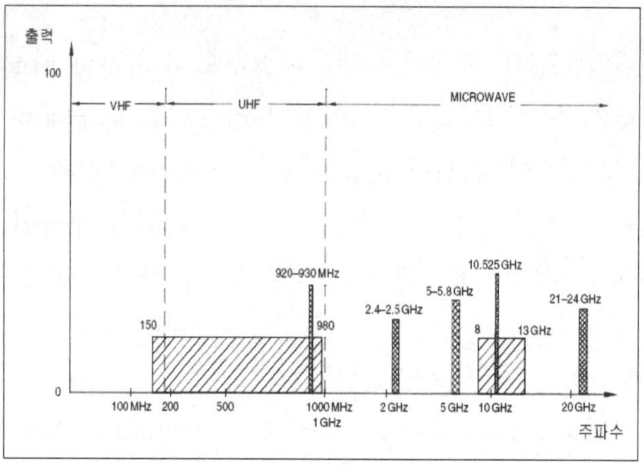

[그림 4-16] RF 및 M/W 주파수 대역

③ **위성통신(Satellite Telecommunication)**

영상신호의 마이크로웨이브 전송은 통신위성을 이용할 수도 있다. 마이크로웨이브를 송신할 수 있는 위성안테나가 통신위성으로 영상신호를 전송하면 통신위성이 영상신호를 증폭한 후에 다시 영상신호를 필요로 하는 다른 장소에서 마이크로웨이브를 수신할 수 있는 위성안테나로 영상신호를 송신하는 방식이다. [그림 4-17]은 마이크로웨이브와 위성통신에서 사용하는 마이크로웨이브 안테나를 예시한 것이다.

[마이크로웨이브]　　[위성통신]

[그림 4-17] 마이크로웨이브 및 위성통신 안테나

2) 영상압축[165)]

CCTV 카메라가 촬영한 영상신호를 그대로 전송하거나 저장할 경우 통신선로의 과부하, 전송시간의 지연, 저장공간의 부족 등 문제가 발생할 수 있다. 디지털 데이터로 생산된 영상신호는 다양한 압축기술을 이용하여 전송하거나 저장할 필요가 있는데 이러한 기술을 영상압축(Video Signal Compression)이라고 한다. 디지털 데이터 압축기술은 무손실(Lossless Compression) 압축과 손실(Lossy Compression) 압축으로 나눌 수 있다.

무손실 압축의 의미는 카메라에서 촬영된 영상신호의 모든 화소가 데이터의 손실 없이 압축되어 통신선로를 통하여 모니터에 완전하게 전송되고 복원되는 것을 의미한다. 무손실 압축은 100%에 달하는 복원율을 감안할 때 압축비율이 상대적으로 낮아 고품질의 영상신호가 필요한 경우에 사용한다.

손실 압축은 극히 일부의 데이터의 손실을 허용하는 대신 고비율의 압축을 진행하므로 대부분의 압축기술은 손실 압축을 이용한다. 영상신호의 손실 여부는 일반인의 눈으로는 확인하기 어렵다.

영상신호 압축기술은 크게 JPEG(Joint Picture Experts Group), M-JPEG (Moving-Joint Picture Experts Group), MPEG-1 · MPEG-2 · MPEG-4 (Moving Picture Experts Group), JPEG 2000, Wavelet, H.262, H.263, H.264, H.265, H.266 등이 있다. H.264는 기존 MPEG-4 Part 2보다 발전된 비디오 코딩으로 AVC(Advanced Video Coding)라고도 한다. H.265는 MPEG-H Part.2 규격으로 압축효율이 높아서 HEVC(High Efficiency Video Coding)라고도 하며, H.264에 비해 압축률이 최대 50%까지 더 높다. H.266은 H.265(HEVC)에 이은 차세대 비디오 코덱으로 FVC(Future Video Coding)라고도 하며, H.265(HEVC)보다 2배 이상의 압축률을 목표로 하고 있다. CCTV 영상신호 압축에는 M-JPEG, MPEG-2, MPEG-4, Wavelet, H.262, H.263, H.264, H.265, H.266 등이 이용될 수 있다.

165) Herman Kruegle, CCTV Surveillance - Analog and Digital Video Practices and Technology, Burlington: Elsevier Butterworth –Heinemann, 2007, pp.217-225; 내용 재구성.

3. 수상부

1) 모니터

(1) 모니터의 종류

CCTV 시스템의 촬상부에서 촬영한 영상신호는 전송부를 거쳐 수상부에 수신되어 모니터에서 재생된다. 모니터는 여러 가지 종류가 있는데 CRT(Cathode Ray Tube, 음극선관), LCD(Liquid Crystal Display, 액정 디스플레이), PDP(Plasma Display, 플라즈마 디스플레이), LED(Light Emitting Diode Display, 발광 다이오드 디스플레이) 등이 있다. 1990년대 들어서 LCD, PDP, LED 등 디지털 영상기기들이 가격 하락, 성능 향상, 공간 활용 등의 장점으로 CCTV 시스템에서 CRT를 대체하고 대부분 사용되고 있다.

① 흑백 및 컬러 모니터

CCTV 시스템에 사용되는 모니터는 색상의 구현 여부에 따라 흑백 또는 컬러 모니터로 구분할 수 있다.

흑백 모니터는 CRT(Cathode Ray Tube, 음극선관) 형태로 주로 생산되었는데 1990년대까지 CCTV 시스템에서 가장 많이 사용되었으며 현재에도 일부 사용되고 있다. CCTV 시스템에서 일반적으로 선호하는 흑백 모니터는 9inch 모니터로 약 1m 거리에서 떨어진 좌석에 앉은 사람이 최적의 상태로 시청할 수 있기 때문이며, 2개 이상의 흑백 모니터를 연결하여 사용하기도 한다.

컬러 모니터는 3~27inch까지 다양한 크기로 생산되어 광범위하게 사용되고 있으며 모니터 크기나 시청거리는 흑백 모니터와 유사하다. 컬러 모니터는 빨강(Red), 초록(Green), 파랑(Blue) 등 빛의 3원색(RGB)를 이용하여 다양한 색을 구현한다. CRT, LCD, PDP, LED 모니터 모두 컬러 영상을 구현할 수 있다.

② CRT, LCD, PDP, LED 모니터

모니터는 디스플레이(Display)에 따라 CRT, LCD, PDP, LED 등으로 구분할 수 있다. [그림 4-18]은 CRT, LCD, PDP, LED 모니터를 예시한 것으로 LCD, PDP, LED모니터의 외형은 거의 유사하여 구분하기 어렵다.

CRT모니터는 음극선관을 이용하는 것으로 저렴한 가격을 기반으로 과거에 광범위하게 사용되었다. LCD모니터는 액정을 이용하는 것으로 다양한 크기의 화면을 구현할 수 있고 부피가 작아 지속적으로 사용이 늘고 있다. PDP모니터는 높은 해상도, 뛰어난 밝기, 넓은 화면, 고화질 영상 등의 우수한 품질을 가지고 있어 CCTV 시스템의 모니터로 각광을 받고 있으나 높은 가격이 단점으로 작용하고 있다. LED모니터는 전기를 가하면 빛을 발하는 반도체인 발광다이오드(Light Emitting Diode, LED), 즉 광반도체를 이용한 것이다. LED는 가시광선 LED(VLED), 적외선 LED(IR LED), 자외선 LED(UV LED) 등 다양한 빛을 방출할 수 있다. 또한, 빛의 색상이나 온도, 밝기 등을 제어할 수 있어 단순히 빛을 밝히는 광원이 아닌, 다양한 기능을 갖춘 조명을 만들 수 있다.166)

[CRT]　　　　[LCD / PDP / LED]

[그림 4-18] CRT, LCD, PDP, LED 모니터

(2) 화면비율

모니터의 화면비율은 일반 TV의 표준 화면비율인 4:3(수평x수직)이 과거에 많이 사용되고 있으며, 고화질 HDTV(High Definition Television, 고화질 TV)의 화면비율인 16:9(수평x수직)가 현재 가장 많이 사용되고 있다. 있다.

표준 화면비율(4:3)은 과거부터 현재까지 장기간 동안 CRT와 LCD의 화면비율로서 이용되어 왔다. 반면에 고화질 화면비율(16:9)은 와이드 스크린 디스플레이(Wide-Screen Display) 용도로 개발되었다. 고화질 화면비율(16:9)은 CCTV 모니터 분야에는 공항 활주로, 항공기 계류장, 군중운집장소 등 화각이 넓은 지역에서의 활용도가 높다. 고화질 HDTV는 표준 화면비율(4:3)에 비해 수평 비율이 상대적으로 크고 높은 해상도를 갖고 있으므로 최소, 최대 시청 거리가 표준 화면비율과 다르다. [그림 4-19]는 표준 화면비율(4:3)을 사용하는 일반 TV와 고화질 화면비율(16:9)을 사용하는 HDTV를 예시한 것이다.

166) 삼성전자, https://news.samsungsemiconductor.com, 검색일: 2024. 1.22.

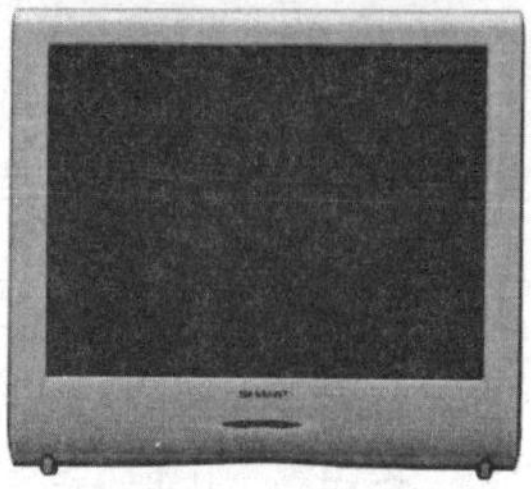

[표준 화면비율(4:3)]

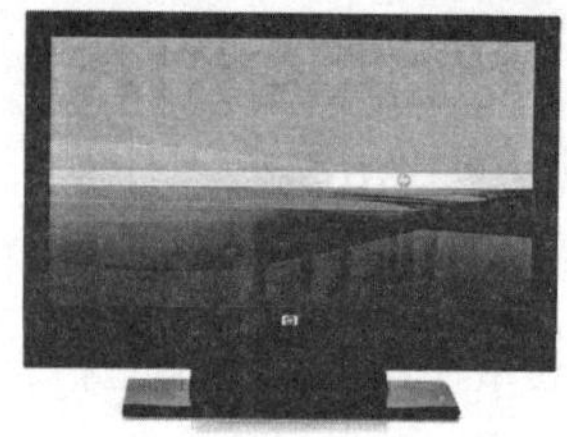

[고화질 화면비율(16:9]

[그림 4-19] 화면비율 비교

(3) 전송방식

영상신호의 전송방식은 아날로그 TV(Analog TV), 디지털 TV(Digital TV)에 따라 차이가 있다.

아날로그 TV(Analog TV)를 위한 영상신호 전송방식은 크게 NTSC(National Television System Committee), PAL(Phase Alternation by Line System), SECAM(System, Electronique Avec Memoire) 등 3가지가 있다.

NTSC 방식은 미국의 NTSC가 흑백 TV, 컬러 TV 전송규격을 제정하기 위하여 개발한 것으로 컬러 TV에서는 휘도신호와 색신호로 컬러 영상을 구현하고, 흑백 TV에서는 휘도신호만으로 흑백 영상을 구현한다. NTSC 방식은 흑백이나 컬러의 구별 없이 송신과 수신이 가능하다는 장점이 있다. NTSC 방식의 주사선수는 525개, 필드주파수는 60 field/sec이며 우리나라를 비롯하여 미국, 캐나다, 일본, 대만, 멕시코, 필리핀 등이 운용하고 있다. PAL 방식은 독일에서 개발한 것으로 NTSC의 결함인 장거리 전송 시 색상 일그러짐 현상을 경감시킨다는 장점이 있다. PAL 방식의 주사선수는 625개, 필드주파수는 50 field/sec이며 독일, 영국, 중국, 브라질, 북한 등이 운용하고 있다. SECAM 방식은 프랑스에서 개발한 것이다. SECAM 방식의 주사선수는 625개, 필드주파수는 50 field/sec이며 프랑스, 러시아, 구 동구권에서 사용하고 있다.

디지털 TV(Digital TV)를 위한 영상신호 전송방식은 미국식인 ATSC(Advanced Television System Committee) 방식. 유럽식인 DVB(Digital Video Broadcasting) 방식 등 2가지로 구분할 수 있다.[167)]

ATSC(Advanced Television System Committee) 방식은 비디오(영상), 오디오(소리)

167) 주일엽, 기계경비기획설계, 도서출판 진영사, 2012, p.274.

신호의 압축 및 전송 기술에 대한 표준으로 비디오 신호는 MPEG-2로, 오디오 신호는 AC-3로 압축하고 전송기술은 VSB(Vestigial Side Band)을 이용하는데, 대용량 정보전송과 고화질이 가능하고 개인용컴퓨터(PC)와 호환성이 높으며 기존의 NTSC 방식과 주파수 대역(6MHz)이 동일해 호환이 용이한 방식이나, 전파방해가 상대적으로 많은 도심지나 산악지역 등에서 수신율이 낮아진다는 단점이 있다. DVB(Digital Video Broadcasting) 방식은 비디오(영상), 오디오(소리) 신호의 압축 기술에 대한 표준을 MPEG-2를 기본으로 하며, DVB-S(Satellite, 위성), DVB-C(Cable, 케이블), DVB-T(Terrestrial, 지상파) 등으로 구분할 수 있는데, 특히 DVB-T(Terrestrial, 지상파) 방식은 ATSC 방식에 비해 TV화면에 영상이 겹쳐서 나타나는 '고스트' 현상이 현저하게 줄어들어 난시청 지역이 적고 이동수신이 용이한 장점이 있으나 화질이 다소 나쁘고 채널 대역폭이 7, 8MHz로 국내(한국) 적용에 어려움이 많다는 단점이 있다. 디지털 TV는 기존 아날로그 방식 대신에 디지털방식에 의해 방송되는 고화질·고음질을 구현하므로 화질이 기존방식보다 5배 이상 선명하고 음질은 CD수준이다. 디지털 TV는 아날로그 TV에 비해 잡음과 화면겹침 현상을 줄여주고 전송과정에서 발생하는 신호 오류를 자동적으로 교정할 수 있으며, 신호를 압축해 보내기 때문에 아날로그 방송보다 훨씬 많은 양의 정보를 전송할 수 있으므로 다양한 데이터 방송 서비스가 가능하다.

2) 녹화장치

(1) 기본개념

CCTV 카메라가 촬영하여 전송한 영상신호는 모니터에서 화면으로 구현되고 난 후에 모니터 화면에서 즉시 영구적으로 사라진다. CCTV 영상신호는 실시간 활용도 중요하지만 사건이나 사고 발생 이후 확인 차원에서 영상신호를 재생할 필요가 있으므로 일정기간 동안의 영상자료 보관이 필요하다. 영상신호의 기록을 위한 대표적인 녹화장치로는 VCR(Video Cassette Recorder), DVR(Digital Video Recorder), NVR(Network Video Recorder)이 있다.

(2) 녹화장치의 종류

① VCR(Video Cassette Recorder)

영상신호 기록을 위해 자기(磁氣) 저장매체가 광범위하게 사용되고 있다. VCR(Video Cassette Recorder)은 표준 VHS 카세트 형식을 주로 사용하는데 이것보다 작은 8mm 소니(Sony) 형식은 휴대용으로 많이 사용되고 있다. 고화질 영상을 기록하기 위하여 Super VHS와 Hi-8 형식도 사용된다.

CCTV 시스템에서 VCR을 포함한 대부분의 기기는 연중 지속적으로 작동되어야 하는데 VCR은 카세트(Cassette)의 녹화시간 제한에 따른 수시 교환 등의 단점이 있다. 이를 보완하기 위하여 1990년대 후반부터 VCR 제조사들은 타임랩스(Time-Laps) VCR을 개발하여 시판하고 있는데 일반 VCR이 1초당 30프레임(frame), 60필드(field)를 녹화하는데 비해 타임랩스 VCR은 전체 필드를 녹화하지 않고 일부 필드만 녹화하고 카세트 기록속도를 1/3~1/6로 줄여서 녹화시간을 3~6배 연장하는 방법을 사용한다. 일반 VCR이 6시간 정도 밖에 녹화하지 못하는데 비해 타임랩스(Time-Laps) VCR은 최대 720시간까지 녹화가 가능하다. [그림 4-20]은 일반 VCR, 타임랩스 VCR, 그리고 카세트테이프를 예시한 것이다.

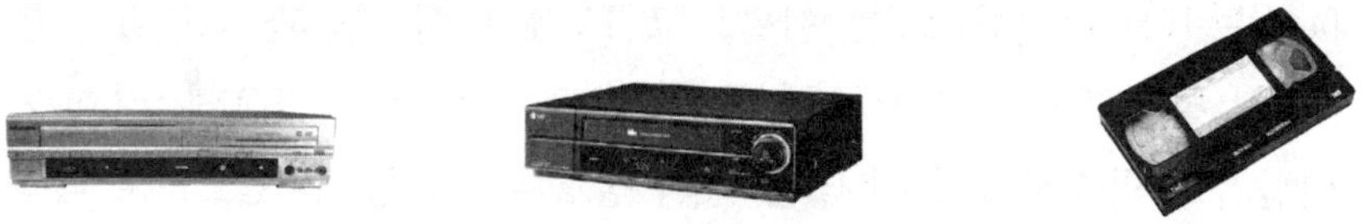

[일반 VCR]　　[타임랩스 VCR]　　[카세트테이프]

[그림 4-20] VCR

② **DVR(Digital Video Recorder) · NVR(Network Video Recorder)**

DVR(Digital Video Recorder, 디지털 비디오 레코더)은 감시용 카메라로 입력된 영상 데이타인 아날로그 신호를 디지털 신호로 전환, 동화상 국제 압축 표준으로 영상을 압축·복원, 장시간 녹화 및 재생하여 볼 수 있는 고해상도의 녹화 시스템 방식이다. 동축케이블 부설, 카메라 증설시 비용 추가, 부설장치 다수, 녹화시간 제약 등의 단점이 있다. NVR(Network Video Recorder, 네트워크 비디오 레코더)은 IP카메라와 대응되어 사용이 가능한 CCTV 녹화기로서 카메라, 비디오 네트워크, 레코더, 모니터 전체를 디지털화한 감시 장치이며, 시스템 저장장치 선택의 유연성으로 자유롭게 녹화 시간을 결정할 수 있고, 대역폭 범주 내 거의 무한으로 감시카메라 설치가 가능하며, 부설장치가 적어 상대적으로 쉬운 설치 및 관리로 효율 대비 저비용이 소요된다.[168]

168) 두산백과 두피디아, https://www.doopedia.co.kr; 네이버 지식백과, https://terms.naver.com, 검색일: 2024. 1.20.

기존의 VCR은 DVR과 NVR의 출현으로 거의 사용하지 않고 있는데, 디지털 중심의 영상기술의 발전으로 CCTV 카메라, IP 카메라, 그리고 기타 주변기기들이 DVR과 NVR의 사용이 필수적으로 수반하기 때문이다. 최근에는 DVR과 NVR의 구분도 어려워지면서 결국 NVR로 기술이 집약되고 있다. NVR의 주요 특징을 예시하면 다음과 같다(그림 4-21 참조).[169)]

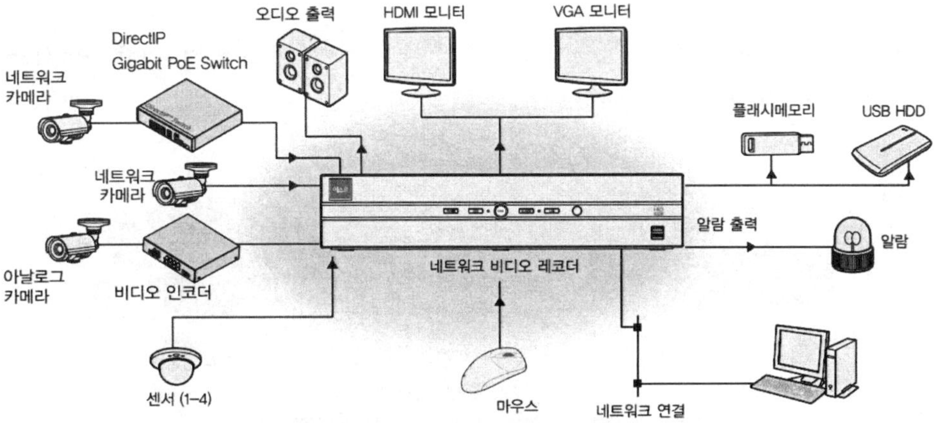

[그림 4-21] NVR의 구성도[170)]

1. 16채널 네트워크 카메라의 실시간 감시 지원
2. 네트워크 카메라 Zero Configuration 지원
3. 카메라 설정 없이 네트워크 카메라 접속 가능
4. UHD 해상도 지원
5. H.265 지원
6. 최대 Full HD 480ips 녹화
7. 1 HDMI, 1 VGA 출력 영상 출력 지원
8. 빠르고 손쉬운 검색 모드 제공 (타임랩스, 이벤트 로그, 움직임, 검색)
9. 실시간 감시, 녹화, 재생, 원격전송 기능의 동시작업 가능
10. 사용자 위주의 그래픽 사용자 인터페이스(GUI)와 다중언어 제공

169) 에스원(S1), 네트워크 비디오 레코더(H.265, 16CH) - VRN10200NVR IDIS H.265 NVR, 2024. p.10.

170) 에스원(S1), 네트워크 비디오 레코더(H.265, 16CH) - VRN10200NVR IDIS H.265 NVR), 2024. p.10.

11. 다양한 녹화 모드 (스케줄, 이벤트, 프리-이벤트, 긴급)
12. PoE(Power over Ethernet) 지원 카메라 연결
13. 2 USB 2.0 포트, 1 USB 3.0 제공 (마우스, S/W 업그레이드 및 재생영상 저장)
14. 내부 SATA HDD 4BAY 지원, eSATA 2 포트 지원
15. 4 알람 입력, 1 알람 출력 지원, 1알람 리셋 지원
16. 자체진단 기능과 이를 이용하여 HDD 상태 등 시스템 상태를 시스템 이벤트로 알림용)

[그림 4-22]는 DVR/NVR 및 외장저장장치를 예시한 것이며, [표 4-2]은 VCR, DVR/NVR의 기능을 비교한 것이다.

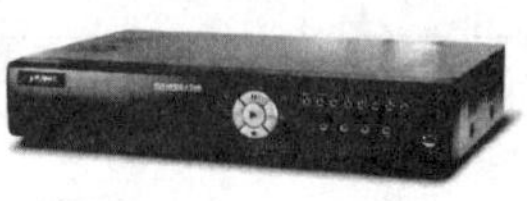

[DVR / NVR]

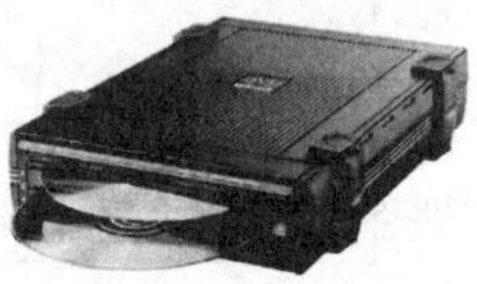

[외장저장장치]

[그림 4-22] DVR, NVR 및 외장저장장치171)

[표 4-2] VCR과 DVR/NVR의 기능 비교172)

구 분	VCR	DVR / NVR
신호처리	아날로그	디지털
전송매체	동축케이블, 광케이블	인터넷, 공용회선, 전용회선
저장매체	카세트	HDD, DAT, DVD, SSD
검색방식	순차검색 (장시간)	즉시검색 (단시간)
재생화질	저화질	고화질
화면분할	별도 기기 사용	자체 분할기능 내장
움직임 감시기능	별도 기기 사용	자체 감시기능 내장
팬틸트/줌 제어	별도 기기 사용	자체 제어기능 내장
원거리 감시	불가	가능
저장매체 관리	카세트 교체 및 보관	반영구적 사용
확장성	불가	가능
영상전송	불가	가능

171) DVR과 NVR의 외형은 구분하기 어려운 관계로, 1개만 예시하였다.
172) 안창훈 · 이강열 · 최주호, 시큐리티시스템 개론, 인포더, 2004, p.138, 내용 재구성.

3) 주변기기

(1) 동작감지기(Video Motion Detector)

일반적인 CCTV 시스템은 감시, 감지, 평가, 대응 등 4가지 활동을 수행해야 하는데 동작감지기(Video Motion Detector, VMD)는 CCTV 시스템이 감시, 감지, 평가 기능을 담당하고 사람에게 정확하고 상세한 정보를 제공할 수 있도록 한다. 최근에는 인공지능 기능을 포함한 동작감지기도 있는데 통행인원 계수, 공공장소 물건 방치, 주차장 차량 손괴, 인명구조 감지 등 다양하게 활용되고 있다. 동작감지기는 CCTV 시스템을 관리하는 사람이 24시간 모니터를 응시하지 않아도 기술적으로 이를 해결하여 사람에게 통보할 수 있으므로 인력 절감 및 집중도 향상을 기대할 수 있다(그림 4-23 참조).

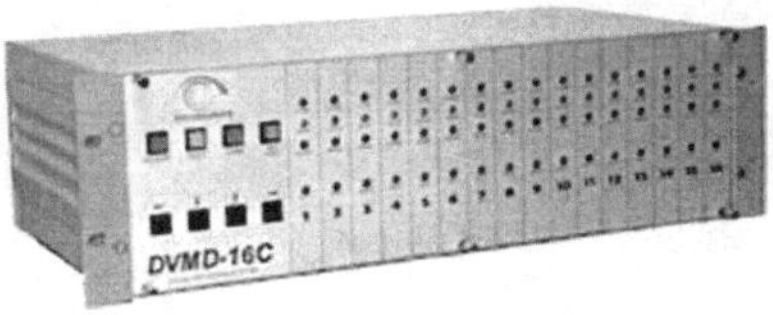

[그림 4-23] 동작감지기

(2) 영상절환기(Video Switcher)

CCTV 시스템은 1대의 카메라 설치를 기초로 하고 있으나, 다수의 카메라를 다수의 장소에 설치하여 동시에 감시할 필요성이 있다. 만약 다수의 카메라 영상신호를 해당 카메라 수량과 같은 모니터를 설치하여 운용한다면 설치공간이 부족과 함께 이를 관리하는 근무자의 피로 증가와 능력의 한계에 부딪힐 것이다.

영상절환기(Video Switcher, 영상전환기라고도 한다)는 다수의 카메라에서 전송하는 영상신호를 순차적으로 1대의 모니터에 일정시간씩 구현하고 전환하여 이러한 문제점을 해결한다. 영상절환기의 화면전환 시간이 짧으면 이상 유무를 판단하는데 어려움이 있고, 너무 길면 다음 확인까지 상당한 기간이 소요되어 사건이나 사고를 인지하지 못하는 문제가 발생할 수 있으므로 이를 적절히 조화할 수 있어야 한다(그림 4-24 참조).

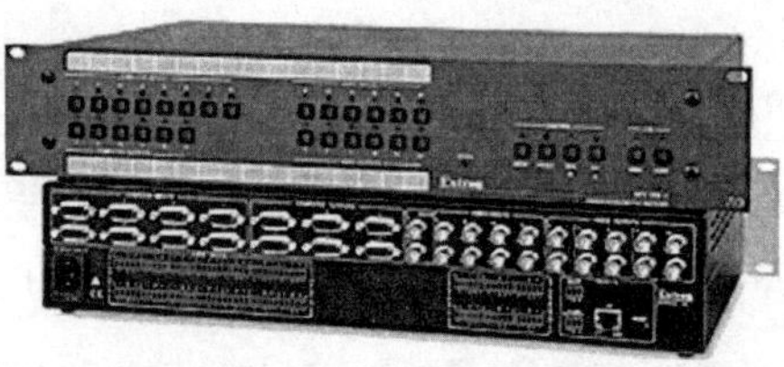

[그림 4-24] 영상절환기

(3) 화면분할기(VideoSplitter) · 시간문자발생기(IDTimeDateGenerator)

화면분할기(Video Splitter)는 다수의 카메라에서 전송되는 영상신호를 1대의 모니터로 동시에 볼 수 있도록 하는 기기이다. 화면분할기는 모니터의 수를 줄여 운용 공간을 확보하고, 관리하는 사람이 시청해야 하는 모니터의 수를 줄여주며, 녹화장치의 수도 감소시키는 장점을 가진다. 시간문자발생기(ID Time Date Generator) 등 영상주석장비는 화면분할된 모니터에 시간, 날짜, 카메라 수, 카메라 설치장소 등 다양한 정보를 제공할 수도 있다(그림 4-25 참조).

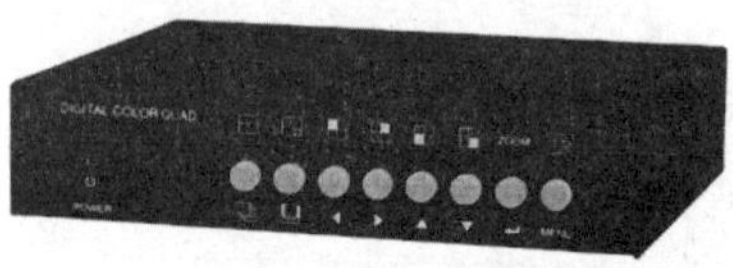

[화면분할기]

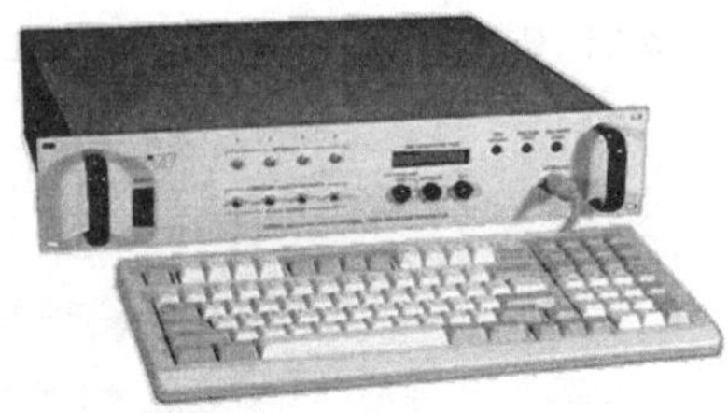

[시간문자발생기]

[그림 4-25] 화면분할기 및 시간문자발생기

(4) 영상다중화장치(Video Multiplexer, Video MUX)

영상, 음향 등 다양한 정보를 1개의 전송선로를 통하여 전송하는 기기를 다중화장치(Multiplexer, MUX)라고 한다. 영상다중화장치(Video Multiplexer, Video MUX)는 영상절환기, 화면분할기 등의 기능을 수행할 수 있으며, 영상신호를 다양하게 처리할 수 있다(그림 4-26 참조).

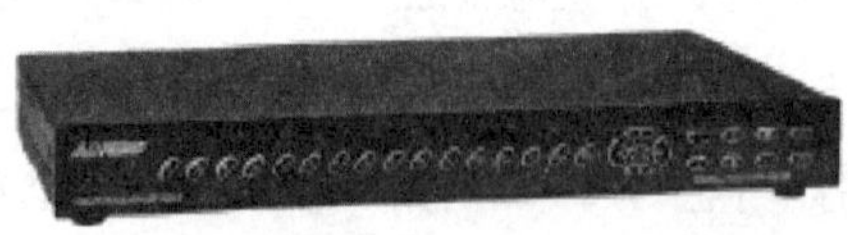

[그림 4-26] 영상다중화장치

(5) 컨트롤러(Controller)

컨트롤러(Controller)는 CCTV 시스템의 수상부에 위치한 사람이 원격지에 소재한 카메라, 수신기의 동작을 제어하는 기기이다. 1대의 컨트롤러로 수백 대의 카메라를 제어할 수 있고, 조이스틱(Joystick), 키 버튼(Key Button) 등을 이용하여 원격제어가 가능하다(그림 4-27 참조).

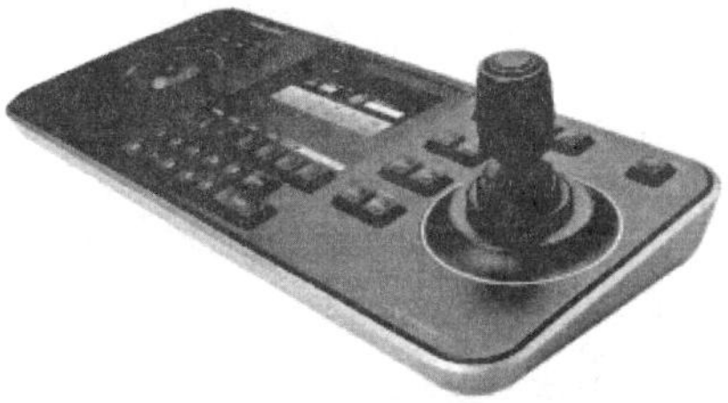

[그림 4-27] 컨트롤러

4) 수상부 설치기준[173)]

(1) 모니터(Monitor)

1. 감지거리를 감안하여 수상기의 크기를 선택한다.
2. 적절한 시야를 확보할 수 있도록 높이를 고려하여 설치한다.
3. 통풍이 용이한 곳에 설치하여 방열이 잘되도록 한다.
4. 벽면에서 15cm 이상 떨어진 곳에 설치한다.
5. 강전이나 자성이 발생하는 곳은 피한다.
6. 배후가 밝은 장소는 피한다.
7. 직사광선이나 조명이 직접 입사되지 않도록 설치한다.
8. 흔들리지 않고 평평한 장소에 설치한다.
9. 습기나 화기가 있는 곳은 피한다.
10. 온도변화가 심한 곳, 먼지나 습기가 많은 곳은 피한다.

(2) 주변기기[174)]

1. 감시자가 조작하기 쉬운 곳에 설치한다.
2. 실내에서 주로 사용한다.
3. 다른 사람의 조작을 방지하기 위하여 기기수용함에 설치한다.
4. 기기수용함이 없는 경우는 모니터와 가까운 곳 하단에 설치한다.
5. 흔들리지 않고 평평한 장소에 설치한다.

---

173) 한화비전, System Controller SCC-3100A 사용설명서, 2008년, p.5; 한국경비협회, 기계경비 시스템 설치, 한국경비협회규격(SPS KSAS 0001-1213), 2005, pp.10-11; 한국경비협회, 기계경비지도사 교과과정 - 기계경비 기획 및 설계, 한국경비협회, 2001, pp.230-231.

174) 조정기(Controller), 화면분할기(Splitter), 영상절환기(Video Switcher), 동작감지기(VMD), 영상다중화장치(MUX), 시간문자발생기(ID Time Date Generator), 녹화기(Recorder) 등이 해당한다.

6. 직사광선, 화기(열기)로부터 최대한 이격시킨다.
7. 주위에 습기나 이물질이 많은 곳은 피한다.
8. 강한 자성, 전파가 있는 장소 설치는 피한다.
9. 기기 사이에 일정 간격을 유지하여 통풍이 잘되도록 한다. 벽면으로부터 뒷면은 10cm 이상, 옆면은 5cm 이상 이격시킨다.
10. 진동이나 충격을 받을 수 있는 장소는 피하여 설치한다.

제3절 CCTV 시스템의 조명장치

1. 조명장치

조명장치는 CCTV 시스템에 있어서 대단히 중요하나 일반적으로 CCTV 시스템 설치과정에서 간과되는 경향이 있다. CCTV 시스템이 설치된 이후 모니터를 통해 보이는 화면은 실제 사물과는 상당한 차이가 있으며 화질도 떨어질 수 있다. 조명장치가 부실하게 설치된 CCTV 시스템이 야간에 차량을 훼손하는 장면을 촬영한다면 차량을 훼손한 사람의 신원을 구분하기가 상당히 어려울 것이다. 반대로 조명장치가 충분히 설치되거나 저조도 카메라를 장착한 CCTV 시스템은 차량을 훼손한 사람을 보다 선명히 촬영할 수 있을 것이다.[175]

CCTV 시스템에서 조명장치는 침입자로 하여금 심리적 위축감을 형성하고, 침입자를 포착하는데 도움을 준다. 또한, 근무자에게는 시계를 넓혀주고, 침입자에게는 역광을 통해 행동에 지장을 주고, 피사체에 대한 정확한 정보를 획득하는데 도움을 줄 수 있다.

2. 조명장치의 구분

1) 조명의 종류

(1) 백열등(Incandescent Lamp)

백열등(Incandescent Lamp)은 일반가정, 사무실, 학교, 공장 등 많은 장소에서 사용하는 램프로서 스위치를 켜면 바로 점등이 된다. 백열등은 가격이 저렴한데 비해 에너지 효율이 낮은 편이다(그림 4-28 참조).

---

175) 저조도 카메라(SHC-737)는 최저조도가 COLOR 0.05Lux(50 IRE, F1.2), 0.0002Lux(F1.2, SENS-UP), 흑백 0.0025Lux(50 IRE, F1.2), 0.00001Lux(F1.2, SENS-UP)의 성능을 가진다(한화비전, Super Vision at Ultra Low Light SHC-737 사용자 설명서, 2008, p.30).

[그림 4-28] 백열등

(2) 형광등(Fluorescent Lamp)

형광등(Fluorescent Lamp)도 보통 일반가정, 사무실, 학교, 공장 등 많은 장소에서 사용하는 램프이다. 형광등은 와트(Watt) 당 62루멘(lm)[176]의 광속으로 매우 효율적이다. 다만, 램프 내에 수은 증기가 들어 있어 온도 변화에 민감하므로 온도가 낮은 옥외에서는 잘 사용하지 않으며 전파간섭의 원인이 되기도 한다(그림 4-29 참조).

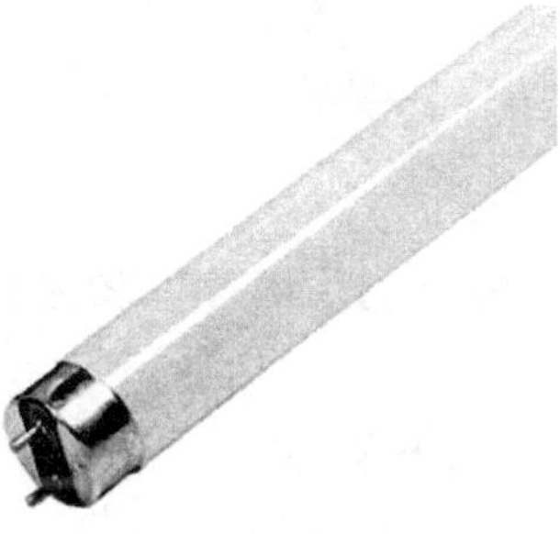

[그림 4-29] 형광등

(3) 수은등(Mercury-Vapor Lamp)

수은등(Mercury-Vapor Lamp)은 보통 보안등으로 많이 사용되며 백열등에 비해 수명이 길다. 수은등은 스위치를 켜면 완전 점등 시까지 시간이 걸리나 전력이 50% 정도 강하되어도 작동이 가능하다(그림 4-30 참조).

176) 루멘(lm)은 광원으로부터 나오는 빛(가시광)의 총량인 광속(Luminous Flux)을 의미한다.

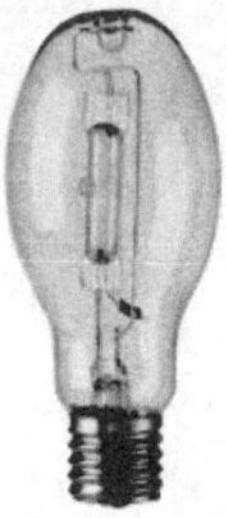

[그림 4-30] 수은등

(4) 메탈할라이드등(Metal-Halide Lamp)

메탈할라이드등(Metal-Halide Lamp)은 고압 수은등의 발광판 내에 할로겐 화합물을 봉입한 것이다. 메탈할리이드등도 수은램프와 마찬가지로 전력 강하에도 작동할 수 있고 수명도 길다. 하지만 전력이 20초 이상 강하될 경우에는 램프가 꺼질 수 있다(그림 4-31 참조).

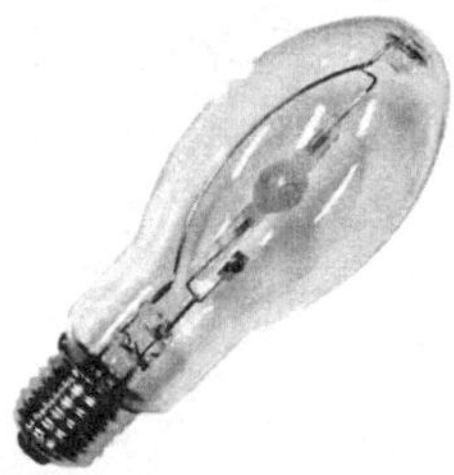

[그림 4-31] 메탈할라이드등

(5) 나트륨등(Sodium-Vapor Light)

나트륨등(Sodium-Vapor Light)은 부드러운 황색 빛을 방사하며 수은등보다 더 효율적이다. 나트륨등은 황색 빛이 백색 빛에 비해 안개에 대한 투과율이 높기 때문에 안개가 많은 지역이나 매연이 많은 도로, 교량 등에 사용한다(그림 4-32 참조).

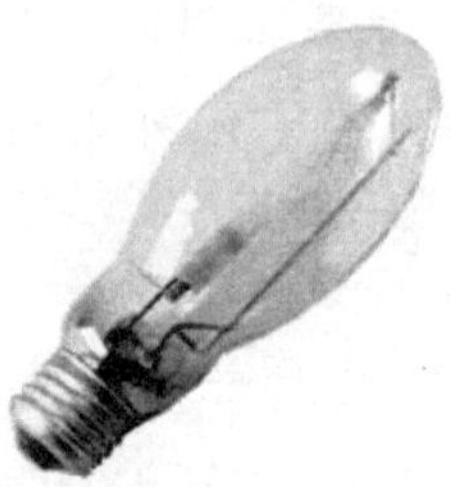

[그림 4-32] 나트륨등

(6) 석영등(Quartz Lamp)

석영등(Quartz Lamp)은 매우 밝은 백색 빛을 방사하는데 백열등과 마찬가지로 점등 속도가 빠르다. 석영등은 1,500~2,000와트(W)의 고전력을 소모하며 외곽침입 감지펜스나 방호벽 등에 사용할 수 있다(그림 4-33 참조).

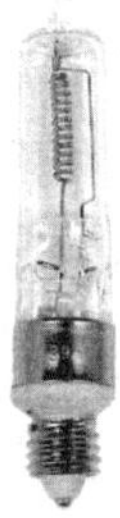

[그림 4-33] 석영등

(7) 할로겐등(Halogen Lamp)

할로겐등(Halogen Lamp)은 램프 내부에 크세논(Xenon) 가스를 주입하며 강한 백색 빛을 방사한다. 할로겐등은 주로 차량의 전조등에 많이 사용되는데 수명이 길어 선호도가 높다(그림 4-34 참조).

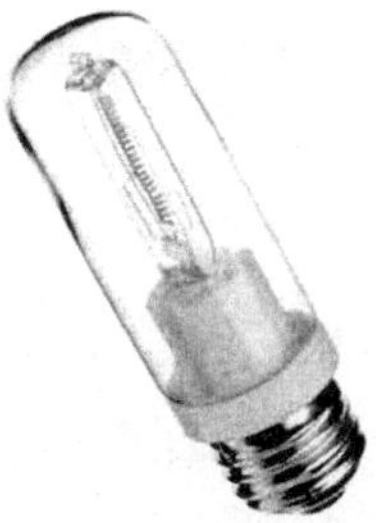

[그림 4-34] 할로겐등

(8) LED등(LED Lamp)

LED등(LED Lamp)은 전기를 가하면 빛을 발하는 반도체인 발광다이오드(Light Emitting Diode, LED)를 이용한다. LED등은 정보 표시용의 저휘도 LED와 조명용의 고휘도 LED로 나뉜다. LED등은 비교적 긴 내구성을 가지며, 열에 의한 열화가 내구성의 결정 요인이다(그림 4-35 참조).[177]

177) 삼성전자, https://news.samsungsemiconductor.com, 검색일: 2024. 1.22; 나무위키,

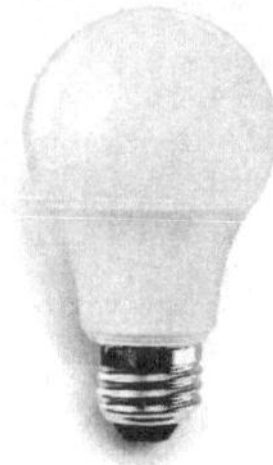

[그림 4-35] LED등

2) 조명의 형태

(1) 투광(Floodlight)

투광(Floodlight)은 특정 지역에 좁은 폭의 빔을 매우 밝게 집중적으로 조사(照射)하는 것으로 내부에서 외부로 조사하는데 효율적이다(그림 4-36 참조).

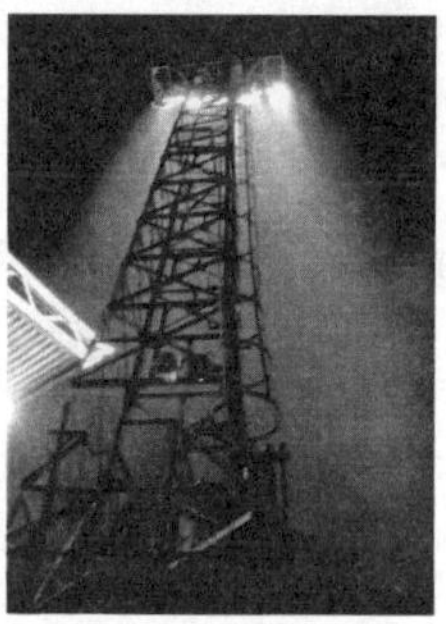

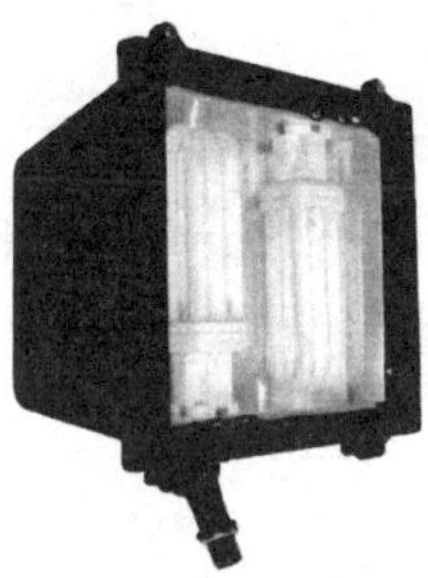

[그림 4-36] 투광

(2) 프레넬 렌즈(Fresnel Lens)

프레넬 렌즈(Fresnel Lens)는 길고 수평의 빔을 조사하는데 등대 불빛이 좋은 사례이다. 기계경비에서는 침입자에 대하여 집중할 수 있으며 경계 내부에는 조사하지 않는다(그림 4-37 참조).

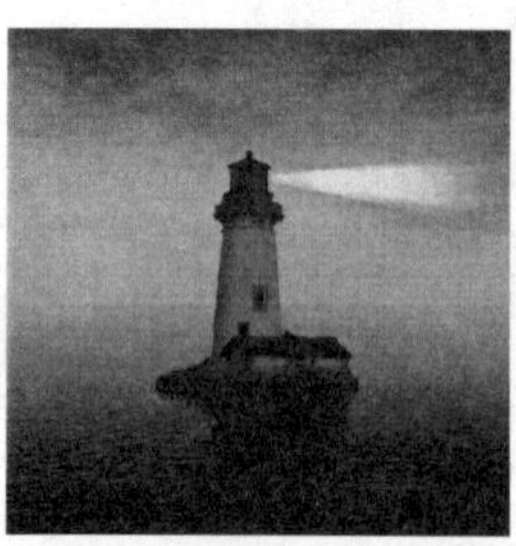

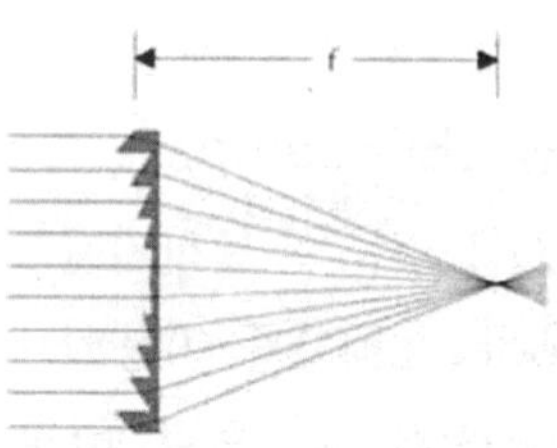

[그림 4-37] 프레넬 렌즈

---

https://namu.wiki/w/LED, 검색일: 2024. 1.22.

(3) 서치라이트(Searchlight)

서치라이트(Searchlight)는 좁게 초점을 맞추는 백색등으로 경계 외부는 물론 내부에서도 사용할 수 있다. 서치라이트는 상점, 레스토랑의 개점행사나 공연 등 주요행사에서 사용할 수도 있다(그림 4-38 참조).

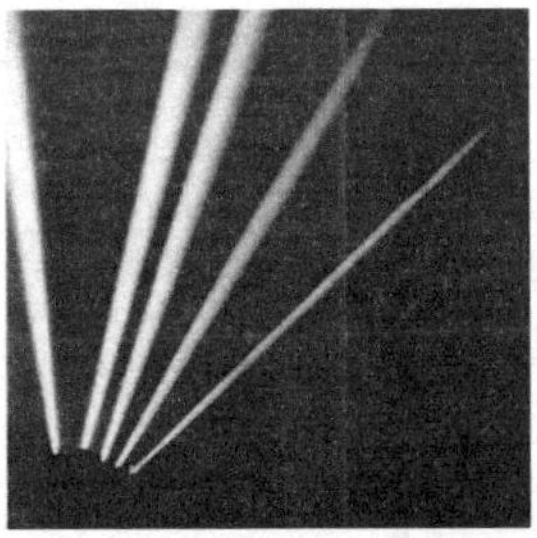

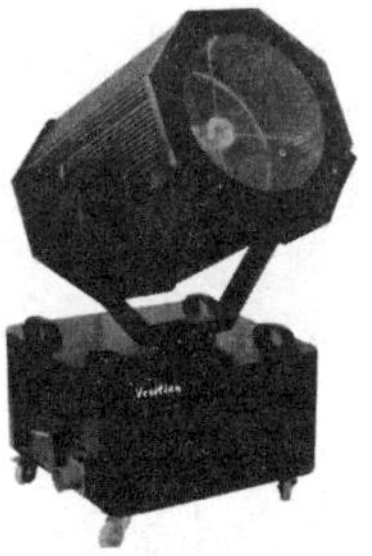

[그림 4-38] 서치라이트

(4) 가로등(Street Lamp)

가로등(Street Lamp)은 주요한 방범등의 하나이며 주차장, 차량 진입로에 설치하거나 경계에 따라 설치할 수도 있다(그림 4-39 참조).

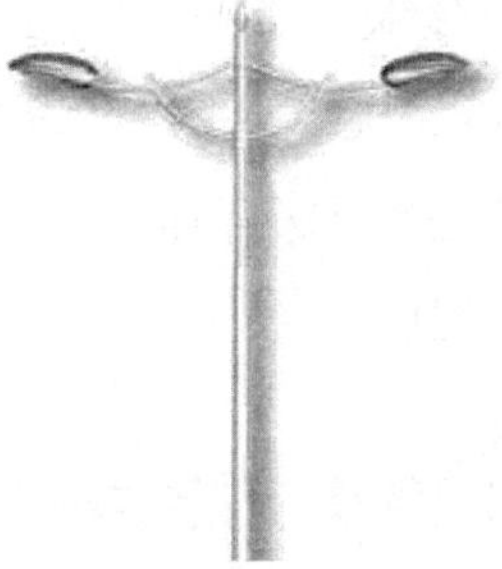

[그림 4-39] 가로등

3. 조명장치의 설치기준

1) 조명 설치

CCTV 시스템에서 조명은 선명한 영상을 촬영하는데 매우 중요하다. 충분한 조명이 설치되지 않는 CCTV 시스템은 외곽을 감시하는데 있어서 정상적인 기능을 발휘할 수 없다. CCTV 시스템이 보다 효율적으로 기능하기 위해서는 다음과 같은 사항을 준수하여야 한다.

1. 전체적으로 균형된 조명이 사용되어야 한다. 이는 피사체에 음영이 생기지 않아 양호한 영상을 촬영할 수 있게 한다.
2. CCTV 카메라는 조명이 직접 조사되지 않도록 조명 아래에 설치되어야 한다. CCTV 카메라와 조명이 같은 방향을 향하도록 설치하는 것도 고려할 수 있다.
3. CCTV 카메라의 특성에 맞는 조명의 스펙트럼 일치도 고려해야 한다. 옥외에 CCTV 카메라를 설치할 때 카메라 렌즈와 조명의 스펙트럼 일치는 대단히 중요하다.

2) 조명 배선

조명 배선을 위해서는 다음과 같은 사항에 준수해야 한다.

1. 배선은 반드시 규정된 전선을 사용해야 하며 손상, 손괴, 기상조건 등에 의한 손실을 최소화하기 위해 지하 설치도 고려해야 한다.
2. 일부 조명이 중단되어도 전반적인 경계지역 조명이 가능하도록 배선한다.
3. 관리자가 수동으로 조명을 켜는 것 외에도 어둠, 적외선 감지기, 동작 감지기에 의해 자동으로 조명이 켜지도록 한다.

3) 조명 관리

최적의 조명 상태를 유지하기 위하여 기술적인 유지가 필요한데 유지는 손상된 장치의 수리뿐만 아니라 예방적 유지도 요구된다. 조명 수준은 시간이 경과할수록 감소한다. 노후되고 오염된 조명은 50% 이하로 밝기가 줄어든다. 조명 관리를 위해서는 다음과 같은 사항을 준수해야 한다.

1. 모든 전기회로를 점검한다.
2. 노후 부품은 교체하거나 수리한다.
3. 느슨해진 연결 부위는 조인다.
4. 절연부의 노후 여부를 점검한다.
5. 조명이 제대로 설치되었는지 점검한다.
6. 조명은 수시로 청소를 실시한다.
7. 조도계를 사용하여 수시로 조도를 확인한다.

제4절 CCTV 시스템의 주요용어

구 분	주 요 설 명
가변초점렌즈 (Vari-Focal Lens)	초점거리를 가변할 수 있는 렌즈
가시광선 (Visible Light)	인간의 눈으로 볼 수 있는 빛
감도 (Sensitivity)	각종 기기나 센서가 입력에 대해 응답하는 정도로서 광학에서는 빛을 느끼는 정도를 약칭
고스트 (Ghost)	수신된 영상에 그림자가 생기는 현상으로 원래의 신호보다 빠르거나 늦을 때에 화면 상에 나타나는 현상
고정초점렌즈 (Fixed Lens)	초점거리가 고정된 렌즈
고체촬상소자 (Solid State Image Sensor)	감광 소자를 사용하여 주사 방식으로 영상을 획득하는 소자
광각렌즈 (Wide-Angle Lens)	표준렌즈보다 초점거리가 짧은 렌즈를 말하며 화각이 넓음
광색 (Light Appearance)	광원의 색은 색온도로서 나타낼 수 있는데, 전구색(따뜻한 색감)은 3,300K 이하, 백색(미색의 부드러운 색감)은 3,300~5,000K, 주광색(시원한 색감)은 5,000K 이상
광도 (Luminous Intensity)	빛의 강도를 말하여 광원으로부터 어느 방향으로 얼마만큼의 광량이 방출되는지를 의미하며, 단위는 cd(칸데라)
구경 (Aperture)	빛의 강도를 조절하는 다양한 렌즈 직경
구경비 (Aperture Ratio)	광학계의 입사렌즈의 직경(D)과 초점거리(f)와의 비(D:f)로서 광학계의 밝기를 표시하며, 렌즈의 F값은 구경비의 역수로 f/D로 표시
데시벨 (Decibel, dB)	입력대 출력을 나타내는 수치로서 기준이 되는 전력 P1과 비교대상의 전력 P2를 log값으로 비교
동기신호 (Sync Signal)	영상전송 계통에서 수신측의 재현동작을 송신측과 맞추기 위하여 이용하는 신호
동작감지기 (Motion Detector)	야간 또는 사람의 왕래가 빈번하지 않는 지역에서 물체가 움직이는 것만을 녹화하게 하는 장비
램프효율	소모하는 전기에너지가 빛으로 전환되는 효율성
렌즈 (Lens)	피사체에 초점을 맞추기 위해 한 개 이상의 광학유리로 만들어진 광학 기구
룩스 (Lux)	빛의 강도를 측정하는 단위
망원렌즈	유효 초점거리가 실제 렌즈의 길이보다 길게 만들어진 렌즈

구 분	주 요 설 명
(Telephoto Lens)	
모니터 (Monitor)	영상신호를 화상으로 재현하기 위한 장치
모아레 (Moire)	특정한 피사체(규칙적인 상하 줄무늬, 빗살무늬, 체크무늬)를 특정한 크기로 촬영하면 아지랑이 모양의 불규칙한 색상이 겹쳐 보이는 현상
백라이팅 (Back Lighting)	피사체의 배경을 조명하는 보조광선
백초점거리 (Back Focal Distance)	렌즈의 최종 굴절면의 정점부터 상 초점면까지의 거리
블루밍 (Blooming)	영상 중의 밝은 부분에서 주위로 번지는 현상이 발생하는 것
비월주사 (Interlace Scanning)	주사선을 한 줄씩 건너뛰면서 주사하는 2회 수평주사를 통해 한 장의 그림을 완성하는 주사방식
색수차 (Chromatic Aberration)	빛의 파장에 따라 렌즈 등 광학부품의 굴절율이 다르기 때문에 발생하는 결상위치, 확대배율 등의 수차
색신호 (Color Signal)	컬러 영상에서 색에 관한 정보를 갖는 신호의 총칭
색온도 (Color Temperature)	열을 방사하는 물체의 색을 절대온도의 단위로 나타낸 것으로 색온도가 높을수록 차가운 광색을 갖게 되고 색온도가 낮을수록 따뜻한 광색을 가짐
셔터 (Shutter)	정해진 시간 동안 CCD나 필름을 빛에 노출시키기 위해 열리고 닫히는 장치
수동조리개렌즈 (Manual-Iris Lens)	조리개를 고정위치로 설정하여 사용하는 렌즈
수직주사 (Vertical Scanning)	화면을 구성하는 화소의 신호 값을 수평주사선에 수직인 방향으로 순차적으로 읽는 것, 또는 같은 방법으로 순차기록 또는 표시하는 것
수직해상도 (Vertical Resolution)	수직방향의 공간해상도. 단위는 본 또는 LINE을 사용
수평주사 (Horizontal Scanning)	화면을 구성하는 화소의 신호 값을 수평방향으로 순차적으로 읽는 것, 또는 같은 방법으로 순차기록 또는 표시하는 것
수평해상도 (Horizontal Resolution)	수평방향의 공간해상도 (단위는 본 또는 LINE을 사용)
순차주사 (Progressive Scanning)	영상의 주사방법의 일종으로 1프레임 기간 내에 모든 주사선을 순서에 따라 주사하는 방법
신호대 잡음비 (Signal to Noise Ratio)	신호와 잡음과의 비율(S/N Ratio)로서 대부분 신호와 잡음의 전력비로 표시하지만 전압비로 나타내는 경우도 있음
어안렌즈 (Fisheye Lens)	초점거리 17mm 이하의 단초점 렌즈로 술통형의 왜곡을 만들어 내는 특수 렌즈이며 극도로 넓은 시계표현이 가능

구 분	주 요 설 명
역광 (Back Light)	피사체의 뒤쪽에서 카메라를 향해 광선이 비추는 것을 의미
연색성 (Color Rendering)	조명된 사물의 색재현 충실도를 나타내는 광원의 성질을 말하며 연색지수란 자연광에서 본 사물의 색과 특정 조명에서의 경우 어느 정도 유사한가를 수치로 나타낸 것
영상분배기 (VDA)	1대의 카메라 영상신호를 다수의 영상 모니터에 공급하는 장비
영상절환기 (Switcher)	2대 이상의 카메라에서 전송하는 영상신호를 1대의 모니터로 선택 또는 전환
와치독 (Watch Dog)	시스템 상에서 스스로 오류를 감지하여 대처하는 기능
유효화소수	실제로 영상의 형성에 관계하는 화소의 숫자
인포커스 (In Focus)	촬영시 초점이 맞춰진 것을 의미
자동이득제어 (Automatic Gain Control)	송·수신과 관련하여 출력을 항상 일정하게 유지하기 위해 자동으로 이득을 제어하는 기능(AGC)
자동조리개제어 (Automatic Iris Control)	촬영조도의 변화에 따라 적절한 노광을 얻기 위해 조리개 조정을 자동으로 하는 기능
자동초점조정 (Automation Focus)	렌즈의 초점 조정을 자동으로 하는 기능
잡음 (Noise)	본래신호 이외의 모든 것이며 영상과 음성의 품질을 평가하는 수치의 하나로서 신호(S)와 잡음(N)의 비를 S/N 비로 표현
장초점 렌즈	표준렌즈보다 초점거리가 길며 화각이 좁은 렌즈
적목현상 (Red-Eye Effect)	플래쉬를 사용한 촬영에서 인물의 눈동자가 빨갛게 표현되는 현상
전하결합소자 (Charge Coupled Device)	촬상관을 대신하는 신개념의 촬상장치로서 빛 에너지를 전기적인 신호로 변환하는 고체촬상소자(CCD)
조도 (Illuminance)	입사하는 광속을 단위 면적당으로 환산한 값으로 단위는 룩스(LUX, LX)
조리개 (Iris)	카메라 렌즈의 구경을 조절하여 필름면에 도달되는 빛의 밝기와 피사계 심도를 조절하는 기구로서 F값으로 표현. F값의 범위는 F1.4~22로 F치가 낮을수록 빛을 많이 통과
종횡비 (Aspect Ratio)	표준 TV시스템에서 화면 넓이와 높이 간 비율로서 NTSC 방식과 PAL방식은 수평대 수직 비율이 4:3이며, WIDE방식의 경우는 16:9
주사 (Scanning)	2차원의 화상을 시간적인 전기신호로 전송하기 위해 화상을 화소로 분해하고 화소의 신호 값을 일정한 순서와 방법으로 읽어내는 동작
주사방식 (Scanning Standard)	화상을 구성하기 위해 정해진 주사에 관한 방식
주사선수	수직귀선 기간을 포함한 1프레임의 화면을 나타내는 주사선의 수

구 분	주 요 설 명
(Number of Scanning Lines)	로 NTSC 방식은 525본, PAL 방식과 SECOM 방식은 625본
줌렌즈 (Zoom Lens)	광학계의 일부를 광축에 따라 이동시킴으로써 피사체의 위치를 변화시키지 않고 초점거리를 연속적으로 변화시킬 수 있는 렌즈
줌비 (Zoom Ratio)	줌렌즈 또는 가변초점렌즈에서 최대 초점거리와 최소 초점거리와의 비율
지터 (Jitter)	텔레비전 화면상에서 화상이 수평방향으로 불안정하게 흔들리는 현상
집광렌즈 (Condenser Lens)	결상을 목적으로 하지 않고, 단지 빛을 모으는 역할을 하는 렌즈
초점 (Focus)	렌즈를 통하여 들어온 빛이 상을 맺는 위치
초점거리 (Focal Length)	무한대에 초점을 맞추었을 때 렌즈의 광학적 중심에서 초점면까지의 거리로서 렌즈 중심으로부터 초점거리까지의 초점거리가 짧을수록 넓은 화각(광각)을 얻을 수 있음
촬상관	피사체에 반사된 빛을 받아서 전기적 에너지로 전환시키는 진공관 소자
최소피사체거리 (Minimum Object Distance)	피사체에 초점을 맞출 수 있는 렌즈의 최소 근접거리로서 렌즈 앞부터 피사체까지의 거리로 측정
최저피사체조도 (Minimum Object Illumination)	촬상소자 또는 그것을 이용하는 카메라에서 촬영이 가능한 최저의 피사체 밝기
컨버터 (Converter)	신호를 변환하는 장치
크로스컬러 (Cross Color)	컬러TV 시스템에서 휘도신호에 혼입된 칼라신호 성분에 의해 화상의 재생에 문제를 일으키는 현상
크로스토크 (Cross Talk)	통신회선에서 타 회선의 전력의 일부가 스며들어 본래의 통신 내용과는 다른 내용이 혼입되는 현상
프레임 크기 (Frame Size)	영상을 표시하는데 사용하는 화면의 크기
프레임 (Frame)	TV나 영화에서 한 장의 그림을 의미하는데 NTSC방식에서는 525본의 주사선으로 1프레임이 구성되고, 1초당 30프레임으로 구성
플래쉬 (Flash)	어두운 곳에서 촬영할 경우 밝은 빛을 순간적으로 비추어 밝게 해주는 것
플레어 (Flare)	렌즈로 들어오는 빛이 렌즈 면이나 렌즈 경통 내 혹은 카메라 본체 내에서 반사되어 선명도를 떨어지게 하는 것
플렌지 백 (Flange Back)	렌즈 마운트의 부착 기준면에서 결상면까지의 거리
플리커 (Flicker)	명암이 시간에 따라 교대로 바뀌는 경우에 느껴지는 점멸현상
피사계 심도	렌즈가 초점을 맞추었을 때 사진이 선명하게 나타나는 범위

구 분	주 요 설 명
(Depth of Field)	
피사체	촬영되는 대상물
핀홀 렌즈 (Pin-Hole Lens)	카메라를 숨겨서 사용하기 위해서 작은 크기로 만든 렌즈
필드 (Filed)	TV 주사에서 1회의 수직 주사로써 구성되는 화면. NTSC방식에서는 주사선 525본이 기수 필드와 우수 필드로 구성
하우징 (Housing)	열악한 환경조건에서도 양호한 영상을 얻을 수 있도록 카메라를 보호하는 장치
해상도	카메라가 어느 정도 섬세히 피사체를 볼 수 있는가를 정량적으로 표시한 것
화각	영상을 잡을 수 있는 범위의 각도로서 렌즈의 mm수가 낮을수록 화각의 범위는 넓음
화소 (Pixel)	화상을 형성하는 최소의 단위로서 화소수가 많을수록 해상도가 높은 영상을 얻음
후초점 (Back Focus)	렌즈 최종면의 정점에서 상이 맺히는 결상면까지의 거리
휘도 (Luminance)	빛나는 정도로서 빛을 내는 넓이로 빛의 양을 나눈 것으로 어떤 방향으로부터 본 물체의 밝기이며 단위는 cd/㎡, nt(니트)
휘도신호 (Luminance Signal)	화상의 휘도를 표시하는 전기신호
C/CS마운트 (C/CS Mount)	카메라와 렌즈와의 대표적인 결합구조로서 C마운트 렌즈인 경우, 플렌지의 거리가 17.5mm이고, CS마운트인 경우는 12.5mm
F값 (F-Number)	렌즈의 밝기를 나타내는 수치로서 광학계의 초점거리를 f, 구경을 D로 했을 때 F=f/D로 표시
NTSC (National Television Systems Committee)	표준화된 비디오 출력방식의 하나로 우리나라가 채택하고 있는 비디오 출력의 방식이며, 유럽지역에서는 PAL방식을 사용. NTSC방식의 주사선은 525개, PAL 방식의 주사선은 625개
RGB	빛 처리의 기본이 되는 색 신호처리 체계를 상징하며 빛의 3원색인 적색(Red), 녹색(Green), 청색(Blue)의 첫 영문자들을 따서 만든 약자
Video Decoder	아날로그 비디오 신호를 디지털 정보로 변환하는 장치
Video Encoder	디지털 정보를 아날로그 비디오 신호로 변환하는 장치

제5장 출입통제시스템

제5장 출입통제시스템

제1절 출입통제시스템의 개요

1. 출입통제시스템의 의의

1) 출입통제시스템의 개념

출입통제시스템(Access Control System, ACS)은 관리지역(Controlled Area)에 대하여 인원, 물품, 차량이 들어오고(Ingress) 나가는 것(Egress)을 통제하는 시스템을 말한다.[178] 출입통제시스템은 허가받지 못한 인원, 차량의 출입을 제한하고 위험한 물품, 물질 등의 반입을 사전에 예방할 수 있으며, 외곽 담장, 장벽, 침입감지장치 등 다른 종류의 기기를 보완하고, 인원, 물품, 정보 등 중요자산의 손실 감소를 예방한다.

출입통제시스템은 외부로부터의 침입 방지를 위한 보안 개념으로서 '보호의 깊이'(Depth of Protection)에 대해 이해할 필요가 있다. 1차 보호(Line · Fence · Outdoor Protection)는 담장 등 외곽으로부터의 침입감시 및 통제를 위한 외곽감시기능으로, 건물내부 특정지역의 중요한 사유재산을 외부침입자로부터 보호하기 위해서는 침입자의 최초 접근 가능지점인 외부담장, 울타리와 정문 및 후문 지역에 물리적인 장벽인 외곽침입감지시스템을 설치한다. 2차 보호(Area · Space Protection)는 건물침입에 대한 침입감시 및 통제를 위한 출입통제기능으로, 건물의 출입문, 로비, 계단실, 유리창 및 벽면 등을 감시하기 위하여 출입통제시스템을 설치한다. 3차 보호(Point · Object Protection)는 대상에 대한 직접보호 기능으로, 건물 내 중요한 재산이나 정보가 보관되어 있는 사무실이나 방, 금고 등을 감시하기 위하여 카드 및 생체인식 시스템에 의해 신원을 확인하고 인가자에 한해 출입을 허용한다.[179]

---

178) Secretary of Defense, UNIFIED FACILITIES CRITERIA (UFC) - SECURITY ENGINEERING ELECTRONIC SECURITY SYSTEMS, 2006, p.24.

179) KRLAI, http://www.krlai.com, 검색일: 2010. 2. 1.

2) 출입통제시스템의 목적

출입통제시스템의 목적은 크게 4가지로 구분된다. 첫째, 외부인들을 효과적으로 통제할 수 있도록 하는 허가 받지 않은 사람들의 출입 통제, 둘째, 외부인들에 대해서는 엄격하게 출입을 통제하는 반면에 출입을 허가 받은 사람들에게는 불편이나 방해 없이 출입이 가능토록 하는 허가 받은 사람들의 출입 허용, 셋째, 유형 또는 무형의 자산을 소지하고 나가는 경우에 누구라도 출입문에서 확인할 수 있도록 하는 주요 자산 임의 반출 금지, 넷째, 생활 또는 업무에 영향을 미칠 수 있는 허가받지 않은 물품 반입 금지 등으로 구분된다.180) 이와 같은 목적을 달성하기 위하여 최신의 전자(비밀번호, 카드 등), 생체기술(지문, 홍체인식 등)을 컴퓨터 프로그램과 연계하여 출입인원의 식별 및 통제, 정확한 데이터의 산출 및 통계를 수행하는 출입통제시스템을 필요로 한다.181)

3) 출입통제시스템의 구성

출입통제시스템은 기본적으로 출입통제 중앙장치, 출입통제 컨트롤러, 출입통제 소프트웨어, 출입통제 확인장치, 출입통제 저지장치 등으로 구분된다. [그림 5-1]은 출입통제시스템의 기본구성을 나타낸 것이다.

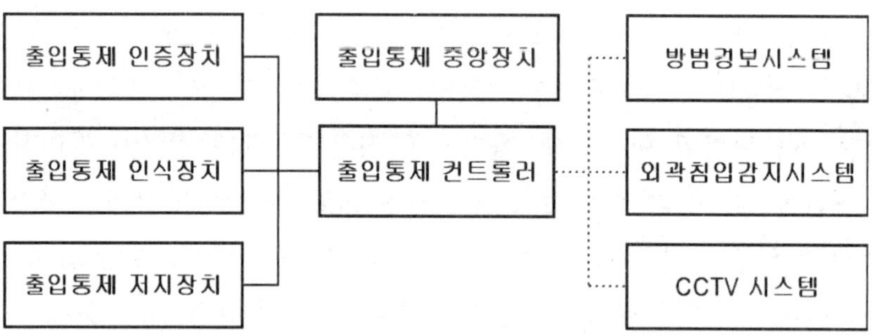

[그림 5-1] 출입통제시스템의 기본구성

출입통제 제어장치는 출입통제 중앙장치와 출입통제 컨트롤러로 구분할 수 있다. 출입통제 중앙장치는 출입통제시스템 전체를 관리하는 기능을 수행하는데 독립형 시스템, 중규모형 시스템, 대규모형 시스템 등 설치 및 운용 방식에 따라 그 성능 및 규모가 달라진다. 출입통제 컨트롤러는 출입통제 중앙장치와 연결되어 출입통제 확인장치, 출입통제 저지장치 등 세부기기를 제어하며 각종 출입통제 기록을 출입통제 중앙장치와 공유한다.

---

180) GUARDTEC, http://www.guardtec.com, 검색일: 2010. 1. 2.
181) INTEROUSE, http://www.interouse.com, 2010. 1. 2.

출입통제 확인장치는 특정 인원 또는 차량이 출입통제시스템이 설치된 통제지역을 출입하고자 할 때 사전에 발급된 휴대용 카드 또는 사람의 신체적, 행동적 특징인 생체정보를 이용하여 출입을 허가하거나 거부할 수 있도록 인식 또는 인증하는 기기를 의미한다. 출입통제 확인장치가 사람이나 차량의 정보를 수집하여 출입통제 컨트롤러에 전송하면 출입통제 중앙장치 또는 출입통제 컨트롤러의 판단에 따라 출입통제 저지장치가 개방되거나 폐쇄되어 사람이나 차량의 출입을 통제한다. 출입통제 확인장치는 카드인식 또는 생체인식을 이용하는데 휴대용 카드에 사용할 수 있는 것은 마그네틱 카드(Magnetic Card), 위건드 카드(Wiegand Card), RFID 카드(RFID Card), 바코드(Bar Code), QR코드(QR Code) 등이 있으며, 생체정보 확인장치는 지문 인식(Fingerprint Identification), 망막 인식(Retina Identification), 홍채 인식(Iris Identification), 정맥 인식(Vein Recognition), 음성 인식(Voice Recognition), 손모양 인식(Hand Geometry Identification), 얼굴 인식(Facial Recognition), 서명 인식(Signature Identification), 다중 생체인식(Multimodel Biometrics) 등으로 구분할 수 있다. 출입통제 확인장치는 사용의 편의성과 출입통제의 목적을 고려하여 결정되며 통상적으로 사용의 편리성이 높아질수록 보안성이 낮고, 사용의 편리성이 낮아질수록 보안성이 높아지는 관계가 있다.

출입통제 저지장치는 평시 사람이나 차량의 출입을 제한하고 비인가자의 강제적인 출입 시도를 거부하는 기기를 의미한다. 사람의 출입을 제어하기 위한 모든 문은 인원통제 저지장치를 설치하는데 주로 전기정(Electrical Lock), 시큐리티 게이트(Security Gate), 비상문, 회전문 등이 있다. 차량통제 저지장치는 차단기(Barrier Gate), 차량하부검색시스템, 볼라드(Bollard), 로드 블럭(Road Block), 타이어 킬러(Tire Killer), 이중접이식 출입문(Bi-Folding Fast Gate) 등이 있다.

2. 출입통제시스템의 연계

1) 출입통제시스템의 연계

출입통제시스템에서 수집하는 다양한 정보는 기계경비시스템, CCTV 시스템, 외곽침입감지시스템 외에 근태관리시스템, 식당관리시스템, 정보자산 관리 시스템, 엘리베이터 시스템, 조명 및 공조 시스템 등 건물 관리에 필요한 여러 시스템과 연동하여 운용할 수 있을 뿐만 아니라 독자적인 출입통제시스템 운영에서 발생할 수 있는 여러 단점들을 극복해 낼 수 있다. 이러한 시스템 간의 연동은 건물 관리의 효율성 증대, 관리인력 감소, 건물 운영 비용 감소, 운영의 편의성 증대 등의 긍정적인 효과를 기대할 수 있다. 출입통제시스템은 외부인들의 무단출입 제어, 깨끗하고 쾌적한 작업환경 유지, 도난 및 사고의 사전 예방과 감소, 사용자들의 보안의식 및 자부심 고취, 대외적 이미지 제고, 주차장 및 기타 시설관리의 효율성 등의 효과를 기대할 수 있다.

2) 출입통제시스템의 연계사례[182)]

(1) 기계경비시스템

기본적인 출입통제시스템은 사전 등록된 사용자 여부를 판단하여 출입을 허가하는 시스템으로서 불순한 의도를 가지고 정상적이지 않은 방법을 통해 침입하는 자를 감지하는 기계경비시스템과는 시스템의 목적이 다소 다르다. 그러나 시스템의 특성상 출입통제시스템과 기계경비시스템은 유사한 구조의 하드웨어 구조를 가지고 있기 때문에 개별적인 시스템 구축이 이루어질 경우 시스템에 대한 중복 투자가 이루어질 가능성이 높다.

따라서 일정규모 이상의 빌딩들의 경우 기계경비시스템에서의 통신 모듈을 출입통제시스템과 연동하여 기본적인 기계경비에 대한 기능을 출입통제시스템이 수행한 후 방범 설정과 해제, 이상 상황 발생 시의 상황 데이터를 기계경비시스템의 통신모듈에 전달한 후 통신모듈은 이러한 상황 데이터를 기계경비 서비스 제공업체 등에 제공하는 형태로 운영하고 있다. 이러한 서비스 구성이 이루어지기 위해서 출입통제시스템은 기본적인 기능 이외에 기계경비시스템에서 사용하는 각종 감지기의 입력을 수신할 수 있는 기능을 가질수도 있다.

(2) CCTV 시스템

건물 내에서 발생하는 모든 상황을 현장에 직접 찾아가지 않고도 1차적으로 관제센터 내에서 눈으로 확인할 수 있도록 하는 시스템이 바로 CCTV 시스템이다. 출입통제시스템의 경우 생체인식이 아닌 다른 방법으로 적용할 경우 인식매체를 대여하거나, 분실했을 경우 부정사용의 가능성이 발생하게 된다. 따라서 최상의 보안성을 유지하기 위해서는 생체인식 방법을 이용한 사용자 인증방식을 적용해야 하나, 비용과 운영 효율성, 사용자의 편리성을 고려하여 높은 보안등급을 요구하는 곳이 아닌 한 대부분의 경우 다른 장치들을 이용하고 있다.

이러한 출입통제시스템의 단점을 극복하기 위하여 건물 내에 설치된 CCTV 시스템과 연계한다. 높은 보안 수준을 요구하는 곳에 CCTV 시스템이 설치되어 사용자 인증이 발생할

---

182) 이근호, 무선식별(RFID) 기술, TTA저널 89호, 2004; 김영민, 900MHz RFID태그를 이용한 출입보안시스템의 보안 취약성 및 보안 대책, 건국대학교 정보통신대학원 석사학위논문, 2008, pp.43-44; GUARDTEC, http://www.guardtec.com, 검색일: 2010. 1. 2, 내용 재구성.

경우 출입통제시스템은 CCTV 시스템에 녹화 명령을 보내며 녹화되고 있는 동영상은 출입통제시스템의 관제센터 출입통제 중앙장치(서버)에 전송된다. 관리자는 사전엔 등록된 사용자의 사진과 현재 현장에서 사용하고 있는 사용자의 얼굴을 현장에서 바로 확인 할 수 있으며, 만약 실제 사용자와 다른 사람이 사용하고 있을 경우에는 바로 현장에 출동하여 출입을 통제할 수 있다. 또한 출입통제시스템과 CCTV 시스템의 연계는 외부 침입자가 발생할 때 현장을 바로 녹화하여 현장에서 발생하고 있는 모든 상황을 실시간으로 확인할 수 있는 기능을 제공할 수도 있다.

(3) 근태관리시스템

자동화 시스템이 구축되는 건물 내에 상주하는 인원은 적게는 수백 명에서 많게는 수천 명에 이르며 이러한 인원을 관리하는 것 역시 건물 자동화 분야에 있어서 중요한 기능 중 하나이다. 현재 건물 내에 상주하고 있는 인원에 대한 관리, 개별 인원의 출퇴근 관리, 특정 인원의 현재 위치 파악 등을 출입통제시스템과 연계하여 운영할 수 있다. 출입을 허가하기 위해 반드시 인증 절차를 거치게 되며 사용자 인증과정에서 발생하는 모든 데이터를 저장하고 이를 이용해 인원 추적, 근태 관리 데이터로 사용하게 된다.

출입통제 중앙장치(서버)는 기업 내 인사DB와 연동하여 사용자 데이터를 전송받게 되며 인사DB 내에 사용자 인증을 위한 데이터를 추가한다. 출입통제시스템은 하루 단위로 최초 출입이 발생한 시간과 최종 출입이 발생한 시간의 데이터를 이용, 이를 출·퇴근 시간으로 인지하여 이러한 결과를 다시 인사DB에 전송하여 근태관리 데이터로 이용한다. 또한 특정 인원의 현재 위치를 파악하기 위해 마지막으로 출입한 위치를 통보하기 위한 기능도 인사DB와 연동하여 구축할 수 있다.

(4) 식당관리시스템

일정 규모 이상의 인원이 출입하는 건물의 경우 대부분 자체적으로 구내식당을 운영하고 있으며 이러한 경우 출입통제 시스템의 사용자 인증 수단을 이용해 급식 인원의 확인 및 결제에 이용한다. 식당의 입구, 또는 특정 장소에 리더를 설치하여 급식을 하는 인원은 사용자 인증을 받게 되며, 출입통제시스템은 이렇게 식당에서 발생한 사용자 데이터를 따로 보관하여 일정 단위별로 인사DB에 전송한 후 급식인원 파악 및 자체적인 결제 수단으로 사용된다.

(5) 정보자산 관리 시스템

기업 내에서 발생하는 정보유출을 방지하기 위해 여러 가지 정보보안 수단이 설치 운영되고 있다. 하지만 근본적으로 이러한 정보 자산이 생성, 수정, 삭제되는 말단의 장치는 바로 사용자의 컴퓨터이며, 이중 노트북 컴퓨터의 경우 휴대의 편의성으로 인해 외부 반출 및 반입이 자유로운 특성을 가지고 있다. 기업들은 이러한 노트북 컴퓨터의 운영특성을 파악하여 노트북의 반·출입을 철저히 통제하고 있지만, 내부 은닉 후 반출 또는 불가피한 업무 특성상의 반출, 외부 방문자의 반입 등 보안상의 문제점들이 발생하고 있다.

이러한 문제점들을 해결하기 위하여 기업들은 컴퓨터, 노트북, PDA 등의 정보 기기에 태그(Tag)를 장착하여 외부 반출 시 사전 감지하여 장비의 반출·입 여부를 확인하는 시스템을 구축하기도 한다. 출입통제시스템은 이러한 정보자산 관리 시스템과 연계하여 반입 또는 반출되는 전산 자원이 본인 것인지의 여부, 해당 사용자의 허가 여부 등을 종합적으로 판단하여 확인할 수 있는 기능을 수행한다.

(6) 엘리베이터 시스템

건물이 고층화 되면서 새로 신설되는 거의 모든 건물에는 엘리베이터가 설치, 운영되고 있으며 출입통제에 있어 엘리베이터 역시 하나의 보안구역으로 설정되어 운영이 되기도 한다. 따라서 엘리베이터 시스템과 출입통제시스템이 서로 연계하여 보안성을 강화시킬 수 있다.

이러한 구성을 이용하여 보안 설정이 되어 있는 층의 경우 이동 층수를 직접 누르는 것이 아니라 엘리베이터 내부에 설치된 리더기를 이용해 사용자 인증을 받은 후에야 해당 층의 버튼을 누를 수 있게 하거나 자동으로 입력이 될 수 있다. 이러한 구성은 건물 내에 서버실이 구성되어 있는 층수 또는 기업 중역이 주로 이용하는 층수에 보안 설정을 통해 이루어지게 된다. 일반적인 다수 사용자가 이용하는 엘리베이터의 경우 엘리베이터 외부의 호출 버튼 옆에 리더기를 설치하여 사용자 인증을 받아야만 엘리베이터 호출 버튼이 누를 수 있도록 하여 외부 방문자의 임의적인 사용을 억제하도록 구성한다.

(7) 조명 및 공조 시스템

건물의 전력 운영에 있어서 가장 많은 비용을 발생시키는 부분이 바로 조명 및 공조 시스템이다. 때문에 대부분의 빌딩은 독립적인 조명, 공조 시스템을 구축하여 운영의 극대화를 이루려 노력한다. 조명 및 공조 시스템에서 발생할 수 있는 낭비적인 요소는 과다한 조명 및 공조 사용, 사용하지 않는 지역의 조명 및 공조 사용이다. 전자의 경우 개별적인 시스템을 통한 설정으로 운영이 가능하지만 후자의 경우 운영자가 일일이 확인 하지 않으면 안된다는 문제점이 있다.

이러한 문제점을 극복하기 위해 출입통제시스템과의 연계할 수 있다. 출입통제시스템은 현재 발생하고 있는 데이터를 통해 특정 공간 내에 사람이 있는 여부를 확인 할 수 있으며 또한 인체 감지 센서 등을 통해서도 그 여부를 확인 할 수 있다. 이렇게 특정 공간의 인원의 재실 여부를 계속 판단하여 이러한 결과 값을 조명 및 공조 시스템에 전송하면 해당 시스템은 미리 설정된 형태로 조명 및 공조를 제공하게 된다.

3. 출입통제 제어장치

1) 출입통제 중앙장치

출입통제 중앙장치는 출입통제시스템의 전반적인 운영을 담당하는 장치로서 출입통제시스템 관리 및 사용자 등록, 위치 추적, 이벤트 관리 등 다양한 기능을 수행한다. 출입통제 중앙장치는 출입통제시스템의 설치 목적, 관리 방법, 건물 규모, 관리 인원수에 따라 소형 컴퓨터(PC)에서부터 대용량 서버(Server)에 이르기까지 다양하다. 사용자 수에 따라 독립적인 데이터베이스(DB) 서버가 운영되기도 한다.

2) 출입통제 컨트롤러

출입통제 컨트롤러는 출입통제, 주차관리, 식수관리, 근태관리 등에 사용하는 기기로서 출입통제 중앙장치와는 근거리 통신망(LAN) 등 내부 통신망으로 연결되며 하부에 출입통제 컨트롤러를 설치하여 추가적인 통제를 할 수 있다(그림 5-2 참조). 설정기능, 저지장치 개폐기능, 이상검출기능, 통신기능, 출력기능, 스케줄링 기능, 기억기능 등의 기능을 전부 혹은 일부를 보유한다.[183] 출입통제 컨트롤러의 구체적인 기능은 출입통제 저지장치 등 세부기기를 제어하여 인원, 차량에 대한 출입을 통제하고 각종 출입통제 기록을 출입통제 중앙장치와 공유하여 자료를 갱신, 유지 및 관리한다.

에스원(S1)의 출입/근태관리 시스템(연동형)의 컨트롤러는 세콤마스터 컨트롤러, SBMS 컨트롤러, 출입컨트롤러, 소형 로컬컨트롤러 등이 있다. 세콤마스터 컨트롤러는 중대형 출입/근태 관리용(고급형)으로 컨트롤러 1대당 출입문 최대 3개 제어, 컨트롤러 1대당 커드리더 최대 6대 접속 등이 가능하다. SBMS 컨트롤러는 중대형 출입/근태 관리용(일반형)으로 SBMS 메인컨트롤러, 로컬 컨트롤러, 락 컨트롤러로 구성되며, 메인 1대당 로컬 컨트롤러

183) 신상엽, 기계경비론, 백산출판사, 2008, pp.244-247.

최대 64대 접속, 메인 1대당 락 컨트롤러 최대 64대 접속 등이 가능하다. 출입 컨트롤러는 중소형 출입/근태 관리용으로 컨트롤러 1대당 출입문 최대 4개 제어, 출입관리시 출입관리 S/W와 인터넷통신 등이 가능하다. 소형 로컬 컨트롤러는 소형 출입/근태 관리용으로 컨트롤러 1대당 출입문 1개 제어, 컨트롤러 1대당 카드리더 최대 2대 접속 등이 가능하다.[184]

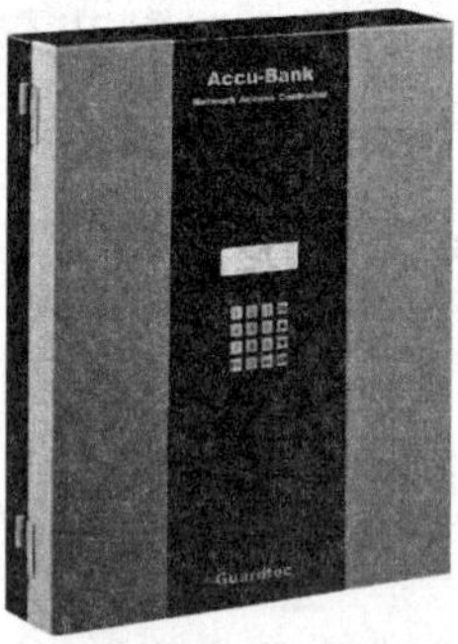

[그림 5-2] 출입통제 컨트롤러[185]

출입통제 컨트롤러는 카드정보, 생체정보 등 출입통제 인증 및 인식 장치로부터 위건드 포트(Wiegand Port)를 통하여 출입정보를 수신한다. 수신된 출입정보를 출입통제 컨트롤러 내부에 저장되어 있는 출입자 개인정보와 비교하여 그 결과를 내장된 저장장치에 저장 및 전송한다. 또한 감지기로부터 전송되는 정보도 출입통제 컨트롤러의 설정에 따라 해당하는 결과를 저장 및 전송한다.[186]

출입통제 컨트롤러는 다음과 같은 조건을 충족시켜야 한다.[187]

1. 다수 리더기의 입력을 받을 수 있는 입력포트
2. 출입문의 상태를 입력받을 수 있는 입력포트
3. 출입문을 제어할 수 있는 출력 포트
4. 화재신호 입력이 가능한 입력포트
5. 외부장치에 공급이 가능한 충분한 전원
6. 정전 시 일정시간 이상 사용할 수 있는 예비전원
7. 사용자 인증을 위한 사용자 인증 DB

---

184) 에스원(S1), 안전상품, 2011, p.5.
185) KEICO, ACCU-BANK(Ver. 2.5), 2009, p.7.
186) KEICO, ACCU-BANK(Ver. 2.5), 2009, p.8.
187) Benantar & Messoud, Access Control Systems : Theory And Practice, Springer Verlag, 2005.

8. 시스템에서 발생 하는 이벤트를 내장하기 위한 메모리
9. 서버와 통신할 수 있는 통신 포트(RS-485, Ethernet 등)
10. 외부 자동화 장비와 연동이 가능한 추가적인 입출력 포트

[그림 5-3]은 기본적인 출입통제 컨트롤러 구성도를 나타낸 것이다. 해당 출입통제 컨트롤러의 기본 제원을 예시하면 다음과 같다.[188]

1. 모 델 : ZAC-102
2. PC통신 : RS-232C, TCP/IP LAN
3. 컨트롤러 통신 : RS-485 (38,400bps)
4. 카드리더 통신 : WIEGAND
5. DISPLAY : 전원 LED, 통신 LED
6. 동작전압 : AC 187~253V
7. 배터리 : DC 12V, 4Ah
8. 동작온도 : -10~50℃

동 모델은 PC에는 64대의 컨트롤러 접속 가능, 컨트롤러에는 최대 15대의 컨트롤러 접속 가능(RS-485), 컨트롤러에는 2대의 WIEGAND 카드리더 접속 가능, 컨트롤러는 출입문 2개소 관리 가능, 컨트롤러의 출입문 당 출입가능 인원수는 최대 10,000명 저장, 컨트롤러의 출입문 당 출입정보 최대 10,000개 저장, 스케줄 기능, 화재 시 출입문 개방 등 다양한 출입관리 기능을 제공하는 것이 특징이다.

188) 인터로스, ZAC-102 컨트롤러 사양서, 2003, pp.1-4, 내용 재구성.

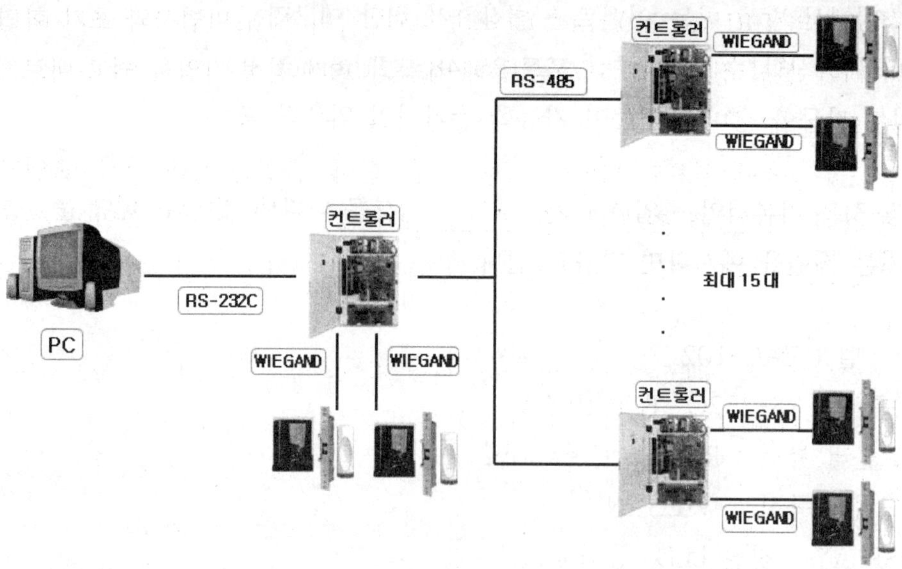

[그림 5-3] 출입통제 컨트롤러 구성도

3) 출입통제 소프트웨어

출입통제 소프트웨어는 기본적으로 출입통제 중앙장치에 설치되어 운용되며 전반적인 출입통제시스템을 관리하는데 프로그램 보안기능, 시스템 관리기능, 자료관리기능, 자료현황 조회 및 출력기능, 제어기능, 감시기능, 통신기능 등 다양한 기능을 전부 혹은 일부 보유한다.189) 출입통제 소프트웨어의 기능은 출입자 등록, 출입문 코드 · 그룹 등록, 출입문 번호에 대한 설명 정의, 출입문별 그룹 조정, 시간스케줄 등록, 출입문(리더기)의 출입조건 설정, 요일별 스케줄 설정, 출입조건 설정, 출입자 조회, 출입기록(이벤트) 표시, 출입기록 DB 저장 및 검색, 스케줄 설정, 자료 관리 등 다양하다. 다음은 기본적인 출입통제 소프트웨어의 구성 및 기능을 예시한 것이다.190)

1. 출입통제 운영 관리 프로그램, 장치와의 통신을 전담으로 처리하는 통신 서버(Communication Server), 데이터베이스 저장을 위한 서버(SQL Server)로 구성된다.
2. 컨트롤러와 통신(시리얼, TCP/IP)을 통해 데이터 송신, 수신 및 수신된 자료를 바탕으로 다양한 기능을 수행하는 프로그램으로서, 장비와 프로그램이 상호 연동되어 보안이 필요한 곳에서는 출입통제 기능을 통해 보안을 높일 수 있으며 기타 다양한 응용 기능을 통해 부가적인 기능도 수행한다.

---

189) 신상엽, 기계경비론, 백산출판사, 2008, pp.252-254.
190) 한화비전, SAMS Basic 사용 설명서, 2010, pp.10-11, 내용 재구성.

3. 최신 경향의 UI(User Interface)를 지원하며, 장비 설정 마법사와 초기 화면에 표시되는 빠른 설정 정보 보기 기능을 통해 제품의 초기 설정 작업을 쉽고 빠르게 설정할 수 있다.
4. 출입통제 운영에 필요한 다양한 기능을 제공한다. 출입문 상태 감시, 출입자 이벤트 현황 감시, 프로그램 조작 이력을 로그로 남겨 유사시 조작 이력 확인이 가능하며, 부가기능으로 간단한 근태기능을 제공하기 때문에 근무자의 출입 현황을 바탕으로 근태 현황의 관리가 가능하다.
5. 기타 기능으로는 멀티 사이트 및 통신 서버 기능, 다국어 지원, 출입자 멀티 ID 관리 기능, 그래픽 맵 기능, 경보현황 관리자 확인 기능, 이벤트 유형별 폰트 컬러 설정 기능, 다양한 보고서 기능, 데이터 내보내기 및 변환 기능, 장치 설정 마법사 기능, 풍부한 풍선 툴팁 기능, 통합 모니터링 기능, 강력한 사용 이력 관리, 분산 처리 구조, 대용량 데이터베이스 지원 등이 있다. [그림 5-4]는 출입통제 소프트웨어의 초기화면을 예시한 것이다.[191)]

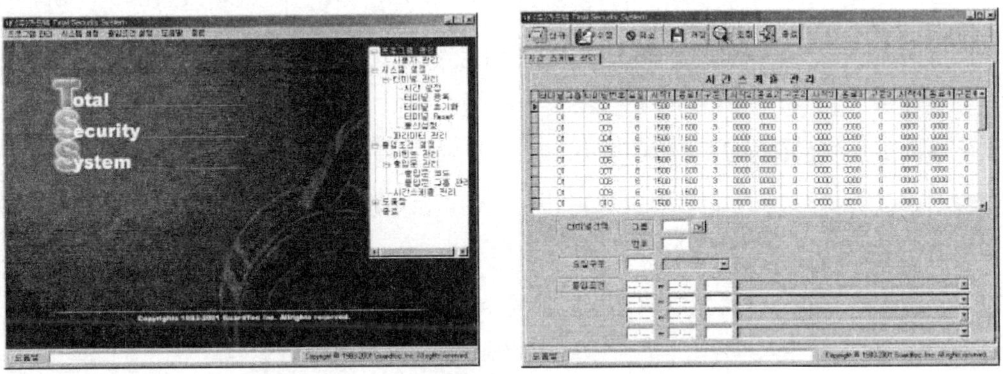

[그림 5-4] 출입통제 소프트웨어

191) 가드텍, 통합보안시스템, 2010, pp.6-7.

제2절 출입통제 확인장치

1. 카드인식

1) 카드인식의 개념

(1) 카드인식

카드인식은 출입자가 사전에 개인정보를 입력한 카드 또는 출입권한을 입력한 카드를 사용하여 통제지역에 대한 출입을 허가하거나 거부하는 방식을 말한다. 현재 출입통제시스템에 가장 많이 사용되는 사용자 인식 수단은 카드 방식이라고 할 수 있다.

(2) 분류방식

카드인식의 분류방식은 크게 접촉형태, 정보저장 등에 따라 구분할 수 있는데 접촉형태로는 카드를 리더기에 삽입하여 판독하는형태의 삽입형(전화카드, 현금출납기), 카드를 리더기에 접촉시켜 판독하는 형태의 접촉형(출입통제용), 카드를 리더기에 접촉 진행하여 판독하는 형태의 접촉진행형(신용카드 조회기), 카드를 카드리더기에 일정거리 근접하여 판독하는 형태의 근접형(출입통제용) 등이 있으며, 정보저장 방식에 따라 카드에 자기테이프를 부착하여 정보를 입력하는 마그네틱 카드(Magnetic Card), 카드 내부에 미세 원형선을 배열하여 고유번호화한 전자장을 발생하는 위건드 카드(Wiegand Card), 카드 내부에 반도체와 코일을 내장하여 코일의 고유 주파수를 이용하는 RFID 카드(RFID Card), 카드에 바코드를 인쇄한 바코드(Bar Code), 카드에 매트릭스형 2차원 코드로 정보를 표현하는 QR코드(QR Code) 등이 있다.[192)]

2) 카드인식의 종류

(1) 마그네틱 카드(Magnetic Card)

마그네틱 카드(Magnetic Card)는 얇은 플라스틱 카드 위에 자성 물질을 얇게 도포하여 저장된 정보를 리더기(Reader)가 판독할 수 있도록 만든 것으로 자성 물질이 도포된 부분을 자기 띠(Magnetic Stripe)라고 한다. 마그네틱 카드에 저장된 정보는 리더기에 연결된 출입통제 컨트롤러에 저장된 정보와 비교하게 되고, 두 정보가 일치하면 출입문이 개방된다. 마그네틱 카드는 마그네틱 카드 자체 또는 리더기가 오염되거나 자기 띠가 자성이 강

192) 안창훈 · 이강열 · 최주호, 시큐리티시스템 개론, 인포더, 2004, pp.163-166, 내용 재구성.

한 물체와 접촉하여 자성을 잃어버릴 수 있다. 리더기가 외부에 설치될 경우에는 습기, 먼지, 곤충 등에 의해서 작동이 잘 안될 수도 있다(그림 5-5 참조).

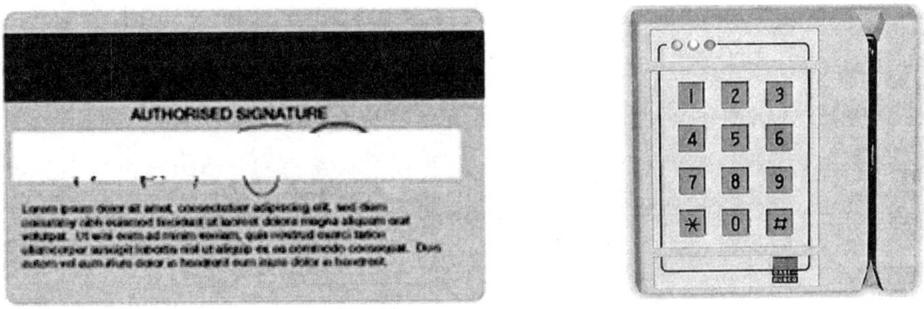

[그림 5-5] 마그네틱 카드 및 리더기

자기 띠에 기록되는 정보는 카드 형태에 따라 달라진다. 예를 들면, 호텔의 경우에는 객실 번호, 투숙객 성명, 그리고 숙박기간 등이 기록되고, 신용카드의 경우에는 카드번호, 유효일자, 카드사용자 성명 등이 기록되며, 출입통제시스템의 경우는 출입자 성명, 출입시간, 출입장소 등이 기록될 수 있다.

마그네틱 카드는 다음과 같은 특징을 가지고 있다.

1. 카드 발급 비용이 다른 매체에 비하여 상대적으로 저렴하다.
2. 사용자 인증을 위해서는 카드를 리더기에 삽입, 접촉, 접촉진행 등 직접적으로 접촉해야 하므로 카드, 리더기의 내구성이 낮다.
3. 자기 띠에 저장된 정보는 보안성이 낮으며 분실할 경우에는 카드의 복제 가능성이 높다.
4. 자기 띠에 저장할 수 있는 정보의 양은 수 바이트(byte) 수준으로 다양한 용도로 사용하기 어렵다.

(2) 스마트 카드(Smart Card)

스마트 카드(Smart Card)는 마그네틱 카드와 마찬가지로 얇은 신용카드 모양의 플라스틱 카드로서 데이터를 가공, 처리할 수 있는 칩을 내장하고 있어 IC Card, Chip Card, Microprocessor Card, CPU Card 등으로 지칭한다. 스마트 카드는 연산기능이 있는 마이크로프로세서(MPU)와 운영체제(COS), 그리고 안전한 저장영역으로서의 기억소자(EEPROM)가 내장된 집적회로(IC) 칩이 표면에 부착되어 있다(그림 5-6 참조).[193]

스마트 카드는 마그네틱 카드에 비해 많은 장점을 가지고 있는데 메모리(Memory)를 가지고 있어 다량의 데이터 저장이 가능하며 비인가된 접근 및 훼손으로부터 데이터를 보호할 수 있는 기능을 가지고 있다. 스마트 카드는 마이크로프로세서의 유무에 따라 마이크로프로세서 카드(Microprocessor Card)와 메모리 카드(Memory Card)로 분류할 수 있다. 메모리 카드는 데이터의 저장장치 수단으로 사용되며, 마이크로프로세서 카드는 집적회로(IC) 칩에 프로세서를 내장하여 정보처리 능력도 가지고 있다.

스마트 카드는 판독기와의 통신 방법에 따라 접촉식, 비접촉식, 하이브리드 및 콤비 카드 형태로 분류할 수 있다. 접촉식 카드는 칩의 동작을 위한 전원과 클럭 신호를 얻기 위하여 리더기와의 물리적인 접촉이 필요해서 카드를 리더기 안에 삽입한다. 비접촉식 카드는 카드를 리더기 내에 삽입하는 대신 일정 거리 떨어져서 작동하기 때문에 접촉식 카드에 비해 안정적이며, 카드 내에 안테나를 가지고 있어, 이를 통해 판독기와 통신을 할 뿐만 아니라 전원도 공급받는다. 하이브리드 카드는 접촉식 및 비접촉식 인터페이스를 둘 다 갖는 카드를 말하는데 접촉식 인터페이스는 마이크로프로세서 칩 모듈에 의해 사용되며, 비접촉식 인터페이스는 메모리 칩 모듈에 의해 사용되므로 두 칩 사이에는 물리적인 연결이 없어서 메모리의 공유가 불가능하다. 콤비 카드도 하이브리드 카드와 마찬가지로 접촉식 및 비접촉식 인터페이스를 가지면서 두 인터페이스가 연결되어 있어 하나의 공유 데이터 영역을 액세스하는데 접촉식 표면은 항상 마이크로프로세서에 의해 제어되며, 공유 데이터 영역은 마이크로프로세서나 로직 모듈에 의해 제어될 수 있다.

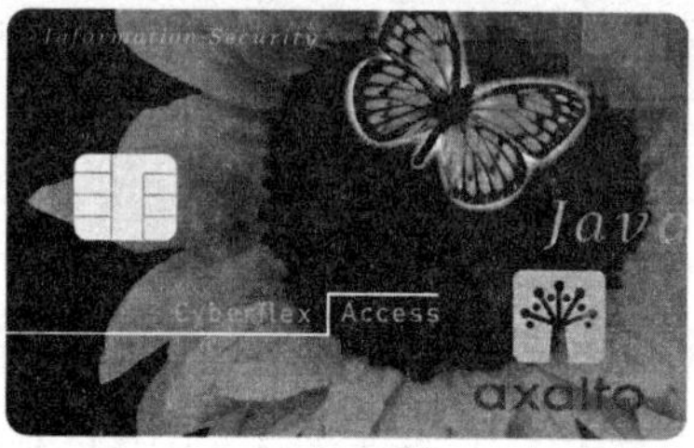

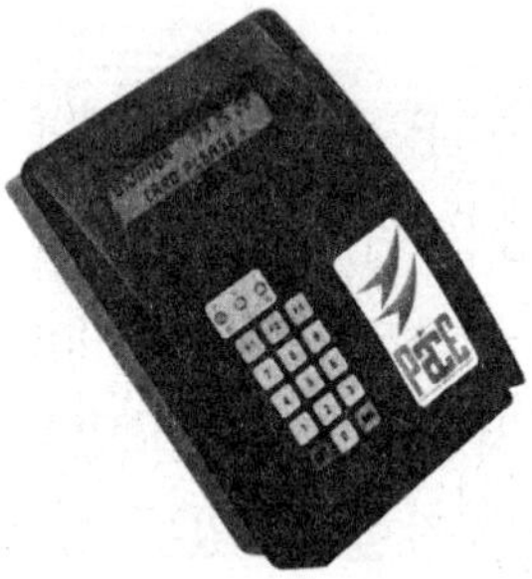

[그림 5-6] 스마트 카드

스마트 카드는 다음과 같은 특징을 가지고 있다.

1. 카드 안에 마이크로프로세서와 메모리가 내장되어 있어 다양한 정보 저장 및 처리가 가능하다.

193) 이성은, 다중 인증체계를 이용한 스마트카드 위변조 방지, 건국대학교 대학원 박사학위논문, 2004, pp.38-42, 내용 재구성.

2. 카드에 저장된 정보에 대한 보안성이 뛰어나, 복제가 거의 불가능하다.
3. 출입통제 인증매체뿐만 아니라 주민등록증, 신용카드, 건강보험증 등 다양한 용도로 활용할 수 있다.
4. 접촉식의 경우 카드와 리더기의 사용기간이 짧다.
5. 다른 출입통제 인증매체에 비해 고가이다.

(3) RFID 카드(RFID Card)

RFID(Radio Frequency Identification Device, RFID)는 무선신호, 즉 전파를 통해 비접촉식으로 사물 또는 인증 매체에 부착된 얇은 평면 형태의 소형 태그(Tag)를 식별하여 정보를 처리하는 시스템이다. RFID는 외부 신호에 감응하여 자동적으로 신호를 보내는 무선장치인 트랜스폰더(Transponder)와 리더기(Reader)를 이용한 정보 수집 장치의 한 분야인 무선인식 장치라고 할 수 있다(그림 5-7 참조).

최근에는 RFID 등을 활용한 USN(Ubiquitous Sensor Network) 기술은 사물 및 환경 정보를 감지하고 감지한 정보를 토대로 사물 및 환경을 제어하는 기술로서, 궁극적으로 유비쿼터스 환경을 실현하는 기술로 각광 받고 있다. USN을 실현하는 기반 ICT 기술의 급속한 발전으로 환경 관리, 유통·물류, 재해·재난, 시설물 관리, 원격 검침, 제조, 건설, u-Healthcare 등 다양한 USN 응용 서비스가 구축되고 있다.[194]

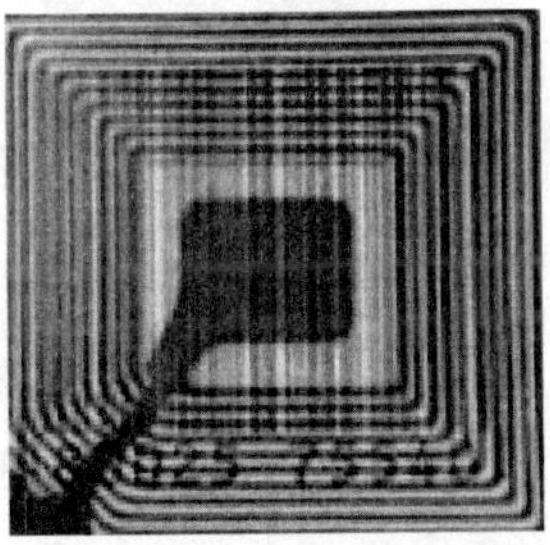

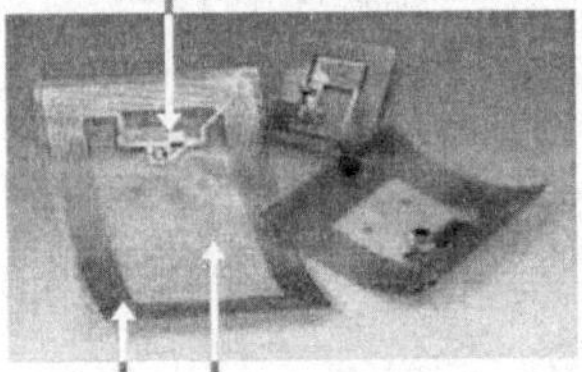

[그림 5-7] RFID[195]

RFID는 내부의 에너지원 존재 여부에 따라 능동형(Active) RFID와 수동형(Passive) RFID로 구분된다. 수동형은 리더로부터 수신되는 전파에서 송신에너지를 얻고, 능동형은 별도의 전원에서 송신에너지를 얻는다. 수동형 RFID의 경우는 통상적으로 리더기와 5cm 이내 거리에서 사용하며 능동형 RFID의 경우는 최대 150m 이내 거리에서 사용할 수 있

194) 행정안전부, 정보신기술 도입시 보안성 강화를 위한 RFID/USN 정보보호 실무가이드, 2010, p.22.
195) 행정안전부, 정보신기술 도입시 보안성 강화를 위한 RFID/USN 정보보호 실무가이드, 2010, p.14.

다. RFID가 사용하는 주파수 대역은 저주파(125~134kHz), 고주파(13.56MHz), 극초단파(433.92MHz, 868~960MHz), 마이크로파(2.45GHz) 등이 있으며 출입통제시스템에는 저주파(125~134kHz), 고주파(13.56MHz) 대역이 사용된다. 최근에는 스마트 카드와 RFID 카드를 결합한 RF-IC 카드(Smart Proximity Card)도 이용되고 있다.

RFID 카드는 다음과 같은 특징을 가지고 있다.

1. 전파를 사용하여 다량의 정보를 입력하고 반복해서 사용할 수 있다.
2. 반영구적으로 정보를 입력하고 반복하여 사용할 수 있다.
3. 주머니 속이나 상자, 가방 안에 위치하여 보이지 않더라도 작동한다.
4. 비접촉식이기 때문에 내구성이 뛰어나다.
5. 다른 인증매체에 비해 보안성이 상대적으로 높다.
6. 태그의 크기나 형태를 다양하게 설계할 수 있다.
7. 태그의 성격에 따라 단순한 신원정보의 제공에서 실시간 정보까지 수집하여 전송할 수 있다.
8. 수동형 RFID의 경우는 주기적으로 전지를 교환하여야 한다.

(4) 위건드 카드(Wiegand Card)

위건드 카드(Wiegand Card)는 근접식 카드로서 리더기가 생성하는 자기장 사이를 통과할 때 자극이 변하는 와이어(Wire)를 사용한다. 특수합금으로 제작된 와이어 내부에 코어(Core)와 셀(Shell)이라는 서로 다른 자기장 영역을 형성한다. 셀(Shell)의 극성을 변환하기 위해서는 강한 자기장이 필요하나 코어(Core)는 약한 자기장에도 극성이 바뀌게 된다. 셀(Shell)과 코어(Core)가 다른 극성을 갖게 되면 위건드 펄스(Wiegand Pulse)가 생성되어 리더기(Pickup Coil)에 의해 검출된다(그림 5-8 참조).

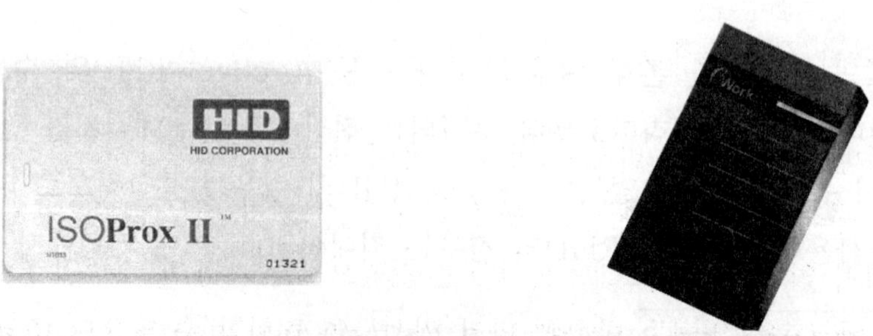

[그림 5-8] 위건드 카드

위건드 카드는 다음과 같은 특징을 가지고 있다.

1. 제작과정이 복잡하여 비용이 많이 든다.
2. 복사가 거의 불가능하여 보안성이 높다.
3. 온도, 습도 등 외부 조건에 영향을 받지 않는다.

(5) 바코드(Bar Code)

바코드(Bar Code)는 상품이나 물건을 구분하기 위하여 서로 다른 굵기를 가지는 수직 막대선(Bar)의 집합을 이용하는 인식 코드로서 UPC(Universal Product Code) 체계가 많이 사용되고 있다. 일반 상품이나 물건에 기재된 바코드는 대부분 EAN-13[GTIN(국제거래단품식별코드)-13] 바코드며 소형 상품이나 물건에 기재된 바코드는 EAN-8 바코드다. EAN-13 바코드는 국가코드(3자리) + 생산자번호(또는 판매자번호) 4~6자리 + 상품번호 3~5자리 + 체크섬(Checksum, 1자리)로 구성한다. 바코드의 내용을 판독하여 해독하는 바코드 판독기는 간단히 손으로 휴대하여 상품이나 물건에 붙어 있는 바코드를 읽는 장치도 있고, 상품판매대나 책상 위에 설치되어 상품이나 물건이 책상을 지날 때 물건에 붙어 있는 바코드를 인식하는 것도 있다(그림 5-9 참조).

275176 050519

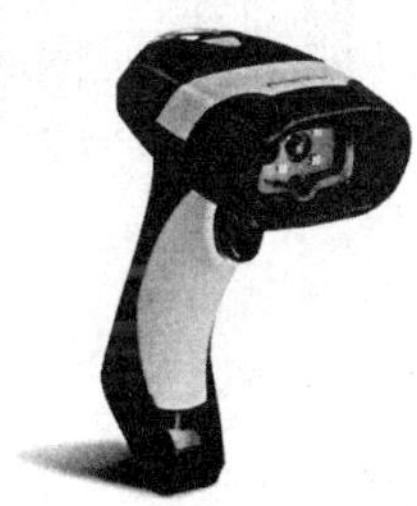

[그림 5-9] 바코드

바코드는 다음과 같은 특징을 가지고 있다.

1. 다른 인증매체에 비하여 바코드 발행 비용이 매우 저렴하다.
2. 보안성을 거의 가지고 있지 않고 쉽게 복제될 수 있기 때문에 출입통제시스템에서는 잘 사용되지 않는다. 바코드를 복사하는 것만으로도 사용이 가능할 수도 있다.
3. 리더기에 바코드를 읽히는 방향에 따라 인식률이 변화할 수 있으며 조명에 따라 오작

동 하는 경우가 발생한다.

4. 최근의 바코드 리더기는 레이저(Laser)와 홀로그램(Hologram)을 사용하여 다양한 위치에서도 바코드를 읽을 수 있으며 근접식 카드나 마그네틱 카드 리더기 보다 복잡하다.

(6) QR코드(QR Code)

QR코드(Quick Response Code, QR Code)는 기존의 바코드가 한 방향으로만 정보를 가지는데 비해, 작은 정사각형의 셀(Cell)을 가로, 세로로 같은 수만큼 나열시킨 매트릭스형 2차원 코드로 정보를 표현하는 방법이다. 한 변에 21개가 나열된 버전 1부터 버전 40까지의 사양이 있으며, 버전 40의 정보량은 최대 23,648bits이다. 버전이 한 단계 높아질수록 한 변의 셀(Cell)의 수는 4개씩 증가하며, 3개의 모서리에는 回 모양의 파인더 패턴(Finder Pattern)이 배치되어 있어서 360도 어느 방향으로도 인식하여 정확한 정보를 얻을 수 있다. QR코드 시스템은 인쇄환경와 읽기환경으로 구분하는데, 인쇄환경은 QR코드를 인쇄하는 기존 프린터나 컴퓨터, 스마트폰 등에서 QR코드를 인쇄하는 소프트웨어가 있고, 읽기환경은 QR코드를 인식하는 스캐너, PDA, 스마트폰 등이 있다[그림 5-10 참조].[196]

[그림 5-10] QR코드

QR코드는 다음과 같은 특징을 가지고 있다.

1. 숫자, 한글, 영문, 한자, 기호, 제어코드 등 거의 모든 정보를 표현할 수 있다.
2. 오염이나 손상에 상대적으로 강하다.
3. 작은 공간이나 면적에도 인쇄가 가능하다.

---

196) Flair Korea, QR코드, 2024, p.1; 정원희, QR Code를 이용한 u-learning 학습보조시스템 설계 및 구현, 원광대학교 교육대학원 석사학위논문, pp.22-23.

(7) 키패드(Key Pad)

키패드(Key Pad)는 기계적 키패드와 전기적 키패드로 구분되는데 기본원리는 동일하나 전기적 키패드는 전원장치가 필요한 점이 다르다. 개별번호의 조합인 비밀번호를 키패드에 입력하면 시건장치가 개방되어 출입이 허용된다(그림 5-11 참조).[197]

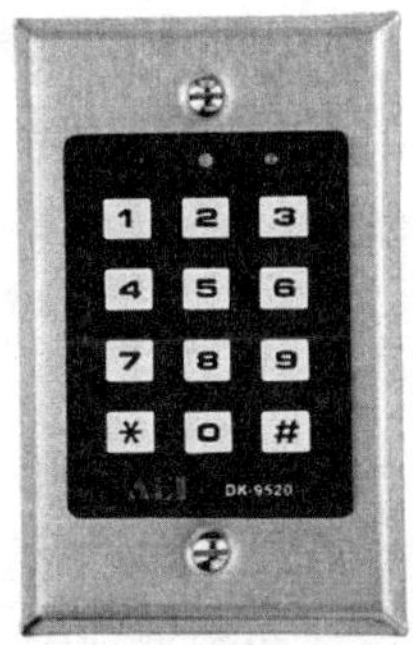

[그림 5-11] 키패드

키패드는 다음과 같은 특징을 가지고 있다.

1. 사용자마다 마그네틱 카드, 스마트 카드, RFID 등 물리적 인증매체를 소지하지 않아도 비밀번호만 입력하면 인증이 가능하다.
2. 출입문이 여러 개일 경우에는 개별 출입문마다 고유의 비밀번호를 외우고 입력해야 하는 단점이 있다.
3. 보안성이 상당히 낮아서 관리자가 수시로 출입문의 비밀번호를 변경해야 한다.
4. 다른 인증매체에 비해 상대적으로 저렴한 가격에 출입통제시스템 구축이 가능하다.

2. 생체인식

1) 생체인식의 개념

(1) 생체인식

생체정보(Biometric Information)는 지문, 서명, 정맥, 얼굴, 음성, 홍채, 유전자 등 사람이 가지고 있는 고유한 신체적, 행동적 정보를 말하며, 주민등록번호, 사회보장번호, 개인식별코드(Personal Identification Number, PIN), 비밀번호 등 개인정보와는 다른 특징을 가지고 있다.

---

197) Robert N. Reid, Facility Manager's Guide to Security : Protecting Your Assets, Fairmont Press, 2005, pp.141-142.

생체정보가 인식에 이용되기 위해서는 다음과 같은 조건이 충족되어야 한다.[198]

1. 영구불변성 : 사고, 질병 등 특별한 사유에 의해 훼손되지 않는 한 개인의 일생 동안 변경되지 않는다.
2. 위 · 변조 및 복제 곤란성 : 현재의 기술로는 생체정보의 위 · 변조가 어렵다.
3. 비기억 · 비휴대성 : 신체의 일부나 신체적 특징을 추출하기 때문에 개인적으로 기억하거나 휴대할 필요가 없다.
4. 오인식 가능성 배제 : 신체의 일부나 행동적 특성 자체를 시스템이 인식하는 과정을 거치므로 복잡한 시스템이 요구되며 이에 따른 시스템 오인식 가능성을 배제할 수 있어야 한다.
5. 고유성 : 다른 사람과는 전혀 다른 자신만의 고유한 생리적, 행동적 특성에 기초하고 있다.
6. 인격권의 반영 : 생체정보의 수집은 신체의 자유를 침해할 뿐만 아니라 인간의 존엄성을 해치는 결과가 발생할 수 있다.

생체인식(Biometric Identification)은 생체정보를 출입통제시스템 등 컴퓨터 시스템에 수집, 축적하여 추후에 자동적인 인식이 가능하게 하는 제반 절차를 말하며, 생체인식기술(Biometrics)은 개인의 신체적, 행동적 특징을 추출하여 데이터베이스(DB) 내의 생체정보와 비교함으로써 개인의 진위 여부를 자동적으로 인식하는 기술을 말한다.

생체인식을 이용하기 위해서는 다음과 같은 조건이 충족되어야 비로소 활용이 가능한 정보로서의 가치를 가질 수 있다.[199]

1. 보편성 : 모든 사람이 가지고 있는 생체적 특성이어야 한다.
2. 유일성 : 동일한 생체적 특성을 가진 타인이 없어야 한다.
3. 영구성 : 시간의 경과에 따른 생체적 특성의 변화가 없어야 한다.
4. 획득성 : 생체적 특성에 대한 정보처리가 가능하도록 정량적 측정이 가능해야 한다.
5. 정확성 : 주변 환경의 변화에 영향을 받지 않아야 한다.
6. 수용성 : 사용자로부터 생체정보 수집 및 인식에 거부감이 없어야 한다.
7. 기만성 : 정상적인 사용자가 아닌 다른 사람의 부정사용으로부터 안전해야 한다.

---

198) 이창범, 생체 프라이버시 보호 원칙에 관한 연구, 인터넷법률 통권 제31호, 2005, p.27.
199) 이대갑, 지문과 스마트카드를 이용한 출입관리 시스템, 아주대학교 산업대학원 석사학위논문, 2003, p.4, 내용 재구성.

(2) 인식과 인증(Identification & Verification)

생체인식은 생체정보를 이용하여 개인을 인식(Identification 또는 Recognition)하거나 인증(Verification 또는 Authentication)하는데 있다.200)

인식(Identification 또는 Recognition)은 사용자가 자신의 신원을 시스템에 알리지 않은 상태에서 생체정보를 입력할 때, 시스템이 입력된 샘플을 사전에 등록된 모든 생체정보와 자동으로 비교하여 등록된 사람인지 여부를 판별하는 것이다. 이는 현재 입력된 생체정보를 등록된 모든 생체정보와 비교(One-to-Many, 1:N)하는 기능으로 실제로는 사용자가 자신이 등록되어 있지 않다고 주장하는 것을 확인하는 경우가 대부분이므로 부정적 확인(Negative Identification)이라고 한다.

인증(Verification 또는 Authentication)은 사용자가 자신의 신원을 시스템에 알려주고 생체정보를 입력할 때, 시스템이 입력된 샘플을 사전에 등록된 그 개인의 생체정보와 자동으로 비교하여 같은 사람인지 여부를 판별하는 것이다. 이는 현재 입력된 생체정보를 사용자가 자신이라고 주장하는 사람의 이미 등록된 생체정보와 비교(One-to-One)하는 기능으로 사용자가 자신이 등록되어 있다고 주장하는 것을 확인하기 때문에 긍정적 확인(Positive Identification)이라고 한다.

2) 생체인식의 종류

(1) 지문 인식(Fingerprint Identification)

지문(Fingerprint)은 사람의 손가락 아랫부분 끝에 땀샘이 융기되어 일정한 모양을 형성한 것이다. 융선(Ridge), 골(Valley), 단점(Ending Point), 분기점(Bifurcation), 중심점(Upper Core), 아래중심점(Lower Core), 삼각주(Delta) 등 그 모양이 사람마다 다르다. 지문은 출생할 때의 모양 그대로 일생 동안 유지하는 특성이 있어서 식별 성능에 대한 신뢰도와 안정도가 높은 것으로 평가되어 개인 인식방법으로 많이 이용된다.

지문 인식(Fingerprint Identification)은 ① 압착방식, 회전방식, 스캔방식 등의 입력방법, ② 광학방식, 비광학방식 등 센싱방법을 이용하는 지문입력기를 사용하여 획득한 지문화상을 지문분석 알고리즘을 활용하여 특징점을 추출하고 데이터베이스(DB)에 기록하여 보관하며, 인증을 원하는 지문화상이 입력되면 동일한 지문분석 알고리즘을 이용하여 특징점을 추출하고 DB의 특징점과 비교하여 인증 여부를 결정하게 된다(그림 5-12 참조).

200) 김일환, 생체인식기술 등 첨단정보보호기술의 이용촉진을 위한 제도적 방안연구, 한국정보보호진흥원, 2004, pp.12-13; 일상생활에서는 생체정보를 출입통제에서 사용하는 경우를 '인식'이라고 하고, 기타의 매체를 사용하는 경우를 '인증'이라고 하기도 한다.

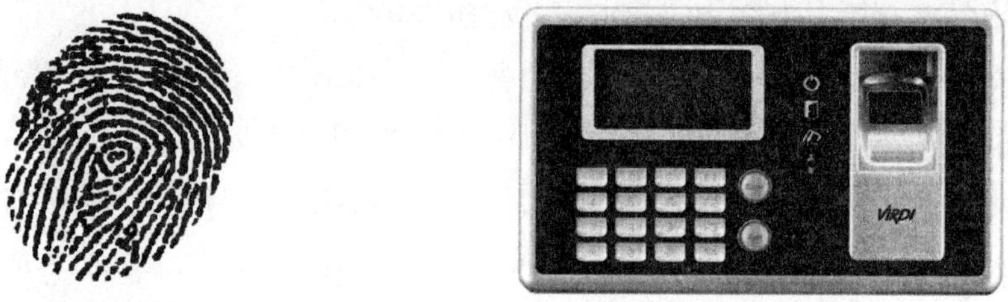

[그림 5-12] 지문인식장치

지문 인식은 다음과 같은 특징을 가지고 있다.

1. 고유의 신체정보를 인증매체로 사용하기 때문에 타인의 도용 가능성이 거의 없다.
2. 일반적인 카드 방식에 비해 사용자 인식 속도가 늦다.
3. 사람의 일상생활 또는 근로환경의 영향에 따른 지문의 변형이나 손상으로 인한 오작동 가능성이 높다.
4. 리더기의 가격이 상대적으로 고가이다.
5. 인체의 정전기로 인한 리더기 손상 가능성이 있다.

(2) 망막 인식(Retina Identification)

망막 인식(Retina Identification)은 사람의 안구 내 망막에 위치한 모세혈관의 모양이 지문과 같이 사람마다 다르고 변하지 않는다는 특성을 가지는 것을 이용한다. 망막의 모세혈관 모양을 읽기 위해서는 미약한 강도의 적외선을 안구에 투시하여 망막에 있는 모세혈관에 반사된 역광을 측정한다(그림 5-13 참조).

망막 인식은 다음과 같은 특징을 가지고 있다.

1. 고유의 생체정보를 이용하므로 고도의 보안성을 가진다.
2. 사람이 눈을 리더기에 직접 대야 하는 등 사용자의 불편이 따른다.
3. 적외선 불빛에 대한 거부감을 유발한다.
4. 불특정 다수를 대상으로 하여 사용하기에는 비효율적이다.

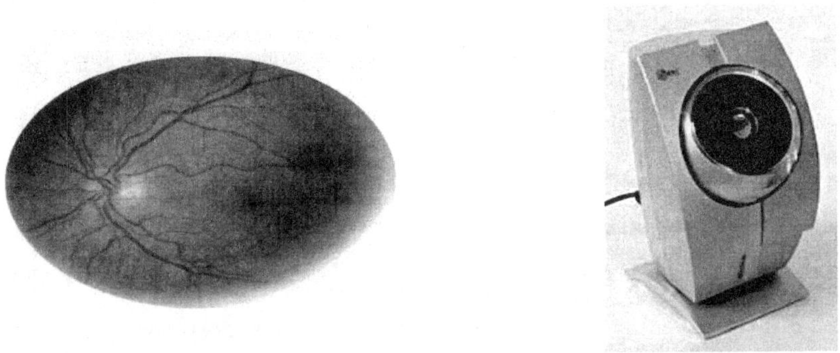

[그림 5-13] 망막인식장치

(3) 홍채 인식(Iris Identification)

홍채 인식(Iris Identification)은 사람마다 고유한 특성을 가진 안구의 홍채 패턴을 이용한 것으로 홍채 패턴은 사람이 생존하는 동안 변화하지 않아 데이터의 정확성, 안정성, 편리성, 처리속도 면에서 생체인식에 있어서 가장 발전한 것이다. 사람의 눈과 리더기가 30cm 이내로 이격된 상태에서 카메라가 홍채 패턴을 인식하는 비접촉 방식이기 때문에 망막 인식에 비하여 사용자의 거부감이 적고 수 초 내 신원 확인이 가능하다(그림 5-14 참조).

홍채 인식은 다음과 같은 특징을 가지고 있다.

1. 사람이 가지고 있는 고유의 생체정보를 이용하므로 고도의 보안성을 가진다.
2. 리더기의 가격이 상대적으로 고가이다.
3. 리더기에 홍채를 인식시키는 각도에 따라 인식률이 변화할 수 있다.
4. 다른 인증매체에 비하여 상대적으로 인식에 시간이 소요된다.

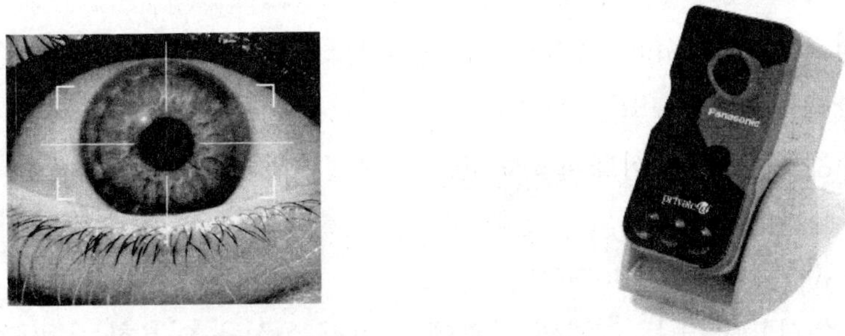

[그림 5-14] 홍채인식장치

(4) 정맥 인식(Vein Recognition)

정맥 인식(Vein Recognition)은 적외선을 이용하여 손등, 손바닥, 손목, 손가락 등의 혈관(정맥)의 형태를 인식하며, 지문 또는 손가락이 없는 사람에 대해서도 생체정보를 획득할 수 있다는 장점이 있다(5-15 참조).

정맥 인식은 혈관 패턴인식 입력, 혈관 이미지 획득, 혈관 패턴 추출, 혈관 데이터 암호화, 데이터베이스 저장 등의 혈관 패턴 추출과정을 가진다. 또한, 오인식률이 매우 낮은 정확성과 높은 사용성을 제공한다. 생체특징만으로 모든 사람의 출입통제가 가능하므로 비밀번호, 카드 등 별도의 백도어(Back Door)가 필요하지 않다. 피부 아래에 분포한 혈관 패턴의 정보를 비접촉식 광학센서를 이용하여 추출하므로 생체정보의 흔적이 남지 않아서 복제 및 위조를 원천적으로 방지할 뿐만 아니라 손등의 작은 상처나 오염 등에 무관하게 최고의 성능을 발휘한다. 신체 중 거부감이 가정 적은 손등 부위를 이용함으로 사용자의 심리적 부담을 최소화한다. 병영, 공장, 건설현장 등 열악한 환경 및 실외 환경에서도 사용이 가능하다.201)

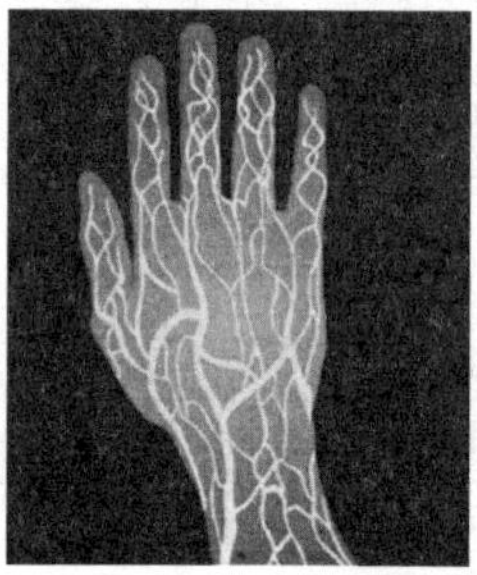

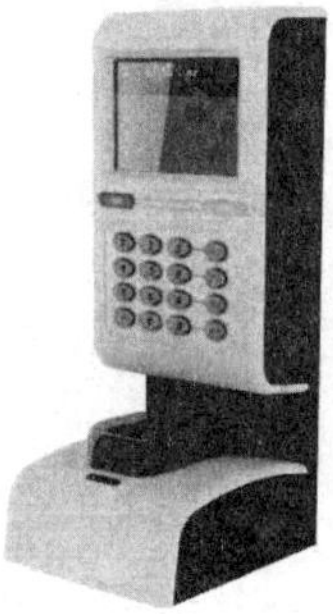

[그림 5-15] 정맥인식장치

정맥 인식은 다음과 같은 특징을 가지고 있다.

1. 사람이 가지고 있는 고유의 생체정보를 이용하므로 고도의 보안성을 가진다.
2. 리더기의 가격이 상대적으로 고가이다.
3. 다른 인증매체에 비하여 상대적으로 인식에 시간이 소요된다.

(5) 음성 인식(Voice Recognition)

사람은 자신의 의사표명 또는 정보의 생성에 있어서 음성을 이용하는 비중이 매우 높으

201) Techsphere, 제품설명서, 2017, p.9.

며 억양과 말하는 습관에 따른 음의 높낮이 정보가 모두 고유한 특징을 갖고 있다. 음성 인식(Voice Recognition)은 일반적으로 사용자의 음성을 데이터베이스(DB)에 저장하고 입력된 음성의 패턴과 저장된 음성의 패턴을 비교한다. 원거리에서도 전화, 인터넷 등 통신망을 이용하여 신원을 확인할 수 있고 사용하기 위한 별도의 교육이 필요하지 않다(그림 5-16 참조).

음성 인식은 다음과 같은 특징을 가지고 있다.

1. 다른 생체인식방법에 비해 거부감이 가장 적다.
2. 외부에 발생하는 소음이나 개인의 신체적, 감정적 변화에 따라 오인식 가능성이 높다.
3. 다른 인증매체에 비하여 상대적으로 인식에 시간이 소요된다.
4. 녹음을 통한 음성 위조나 각종 응용프로그램을 이용한 음성 변조가 가능하므로 신뢰성이 낮다.

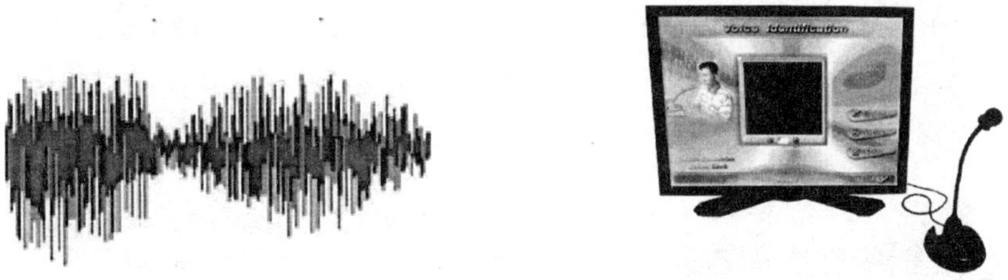

[그림 5-16] 음성인식장치

(6) 손모양 인식(Hand Geometry Identification)

손모양 인식(Hand Geometry Identification)은 사람의 손 모양마다 고유의 신체적 특징이 존재한다는 사실에 착안한 것이다. 지문, 홍채, 망막, 얼굴 등을 이용하는 생체인식에 비해 실외 등 열악한 환경에서도 안정적으로 동작한다(그림 5-17 참조).

손모양 인식은 다음과 같은 특징을 가지고 있다.

1. 손모양을 인식하기 위한 공간이 필요하므로 시스템이 비교적 크다.
2. 본인을 거부하는 오인식율은 적으나, 타인을 본인으로 인식하는 오인식율이 높다.
3. 다른 생체인식방법에 비해 거부감이 상대적으로 적다.
4. 높은 보안 설정이 요구되는 장소에서는 사용하기 어렵다.

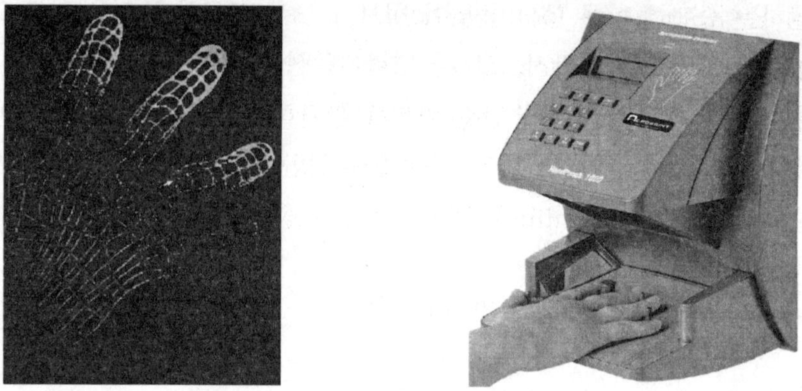

[그림 5-17] 손모양 인식장치

(7) 얼굴 인식(Facial Recognition)

얼굴 인식(Facial Recognition)은 입력된 얼굴영상을 데이터베이스의 얼굴들과 비교하는 방법이다. 얼굴 인식은 얼굴이 어디인지 구분하는 얼굴 영역 추출 과정과 누구의 얼굴인지 구분하는 얼굴인식 과정으로 구분할 수 있다. 주로 수학적 기법인 주성분 분석법(Principal Component Analysis, PCA)을 많이 사용하는데, 촬영된 얼굴 사진을 분석하여 큰 특징을 추출하고 다른 얼굴 사진과 비교함으로써 상대적으로 효율성이 높다(그림 5-18 참조).

얼굴 인식은 다음과 같은 특징을 가지고 있다.

1. 사람의 감정 상태에 따라 표정이 다양하게 변하므로 오인식 가능성이 있다.
2. 주위 조명의 영향을 많이 받는다.
3. 안경, 수염, 표정, 머리모양 변화에 따라 오인식 가능성이 높다.

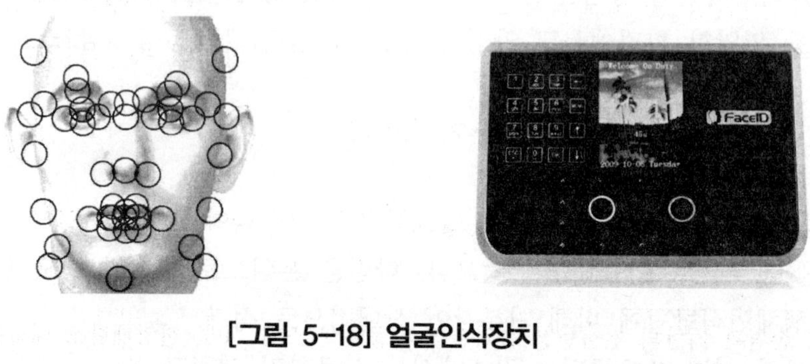

[그림 5-18] 얼굴인식장치

(8) 서명 인식(Signature Identification)

서명 인식(Signature Identification)은 입력된 개인의 서명을 기존에 등록된 서명과 비교하여 입력된 개인의 서명에 대한 진위 여부를 판단하는 방법이다. 서명을 인식하는 방법은 X · Y 위치 및 거리를 확인하는 정적(Offline) 방법과 서명 과정에서의 속도, 가속도, 압력, 획순을 확인하는 동적(Online) 방법이 있는데 동적인 방법이 신뢰도 및 보안 측면에서 우수하다(그림 5-19 참조).

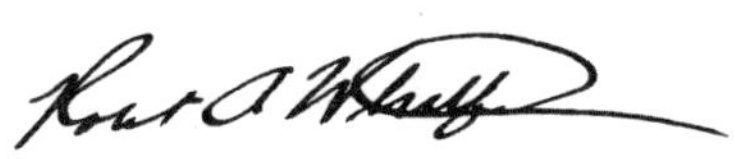

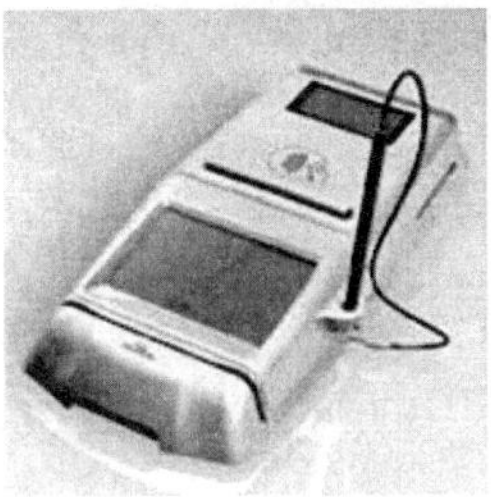

[그림 5-19] 서명인식장치

서명 인식은 다음과 같은 특징을 가지고 있다.

1. 사용자의 거부감이 적다.
2. 위조서명의 가능성이 높다.
3. 진서명의 변화율이 높다.

3) 다중 생체인식(Multimodel Biometrics)

(1) 생체인식 기술 비교

지문 인식, 홍채 인식, 망막 인식 등 생체인식기술은 보편성, 유일성, 영구성, 획득성, 정확성, 수용성, 기만성 등 생체인식 조건을 모두 충족하지 못하고 부분적으로 충족한다. 생체인식 기술 비교를 [표 5-1]에 정리하였으며 이는 생체정보의 특징을 의미하는 것이 아니라 생체인식 기술수준을 의미한다.[202)]

202) 염지웅, 손혈관 기반의 건설현장 출입관리 자동화 시스템 개발, 한양대학교 대학원 석사학위논문, 2009, p.11, 내용 재구성.

[표 5-1] 생체인식 기술비교

구 분	보편성	유일성	영구성	획득성	정확성	수용성	기만성
지 문	보통	높음	높음	보통	높음	보통	높음
망 막 홍 채	보통	보통	높음	보통	높음	낮음	높음
정 맥	보통	보통	보통	보통	보통	보통	높음
음 성	보통	낮음	낮음	보통	낮음	높음	낮음
손모양	보통	보통	보통	높음	보통	보통	보통
얼 굴	높음	낮음	보통	높음	낮음	높음	낮음
서 명	낮음	낮음	낮음	높음	낮음	높음	낮음

(2) 다중 생체인식 기술

다중 생체인식 기술은 각각의 생체인식 기술이 가지는 단점을 다른 생체인식 기술로 보완할 수 있다. 다중 생체인식 기술은 5가지의 서로 다른 동작원리로 구분된다(그림 5-20 참조).203)

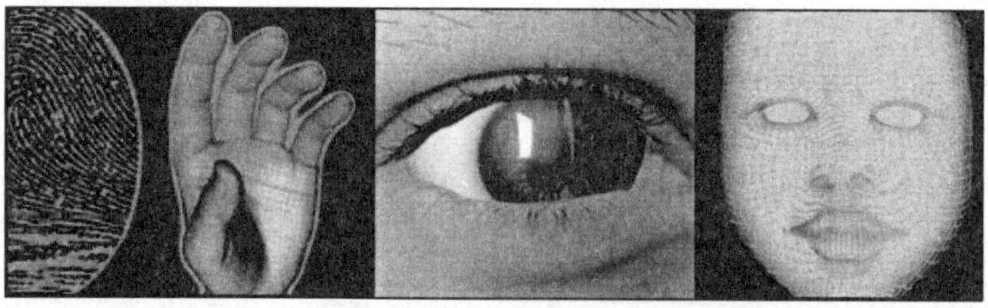

[그림 5-20] 다중 생체인식 대상204)

1. 다중 센서(Multiple Sensors) : 하나의 생체특징을 여러 개의 다른 방식의 센서로 획득한다. 비용 면에서는 효과적이지 않다. (보기: 한 지문을 광학과 반도체 센서로 각각 획득)
2. 다중 생체특징(Multiple Biometric) : 다수의 서로 다른 생체특징을 사용한다. 비용 면에서는 효과적이지 않다. (보기: 얼굴-지문, 얼굴-음성)
3. 동일 생체특징의 다중 유닛(Multiple Units of The Same Biometric) : 하나의 생체특징에 대하여 여러 개의 특징 유닛을 사용한다. 생체특징 샘플 제공 시에 사용자를 불편하게 할 수 있으며 획득시간이 많이 소요된다. (보기: 양안의 홍채, 양손의 장문, 복수개의 지문)

203) 장윤석, 출입통제 시스템을 위한 다중생체인식 기술, 중앙대학교 정보산업대학원 석사학위논문, 2002, pp.24-25.
204) FBI, http://www.fbi.gov, 검색일: 2010. 1. 2.

4. 동일 생체특징을 다중 획득(Multiple Instances / Impressions of The Same Biometrics) : 하나의 생체특징을 하나의 센서로 여러 번 획득하여 사용한다. 비용 면에서 다중 유닛 보다 효율적이다. (보기: 지문 여러 번, 얼굴영상 연속)
5. 동일 입력 생체특징 신호에 대한 다중 표현과 매칭 알고리즘(Multiple Representation and Matching Algorithms for The Same Input Biometric Signal) : 하나의 입력된 생체특징 신호를 여러 가지 다른 방식으로 표현한 후 여러 가지 매칭 알고리즘을 사용한다. 비용 면에서 가장 효과적이다.

제3절 출입통제 저지장치

1. 인원통제 저지장치

출입통제시스템의 목적은 허가받은 사람이나 차량은 출입은 허용하고 허가받지 못한 사람이나 차량은 출입을 허용하지 않는 것이다. 따라서 출입통제 저지장치는 보호해야 할 구역의 경계를 분명히 하는 구분기능(Define), 원하지 않는 교통은 저지하는 지연기능(Delay), 적절한 교통을 원활하게 지도하는 지도기능(Define) 등 기본기능을 가져야 한다.[205)]

따라서 사람이나 차량의 출입을 실질적으로 제어하는 장소는 출입문이다. 사람의 출입을 제어하기 위한 모든 문은 인원통제 저지장치를 설치하는데 주로 전기정(Electrical Lock), 시큐리티 게이트(Security Gate), 비상문, 회전문 등이 사용된다.

1) 전기정(Electrical Lock)

전기정(Electrical Lock)은 일반적으로 전원의 인가 여부에 따라 출입문의 개폐 여부를 결정하는 형태를 이루고 있다. 대부분의 도어락(Door Lock)은 출입문의 상태를 감지할 수 있는 감지기(센서)를 내장하고 이를 출입통제 컨트롤러와 연결하여 현재 출입문의 상태를 실시간으로 확인할 수 있는 기능을 지원한다. 전기정은 실제 외부 침입이 발생할 경우에 제일 처음 충격을 가할 수 있는 장치로서 충격에 강한 특성을 가지고 있어야 하며, 전원의 인가 여부에 따라 문의 개폐가 결정되는 시스템이기 때문에 눈에 잘 보이지 않게 설치할 수 있어야 한다.[206)]

205) 신상엽, 기계경비론, 백산출판사, 2008, p.248.

(1) 전자식 전기정(Electromagnetic Lock)

전자식 전기정(Electromagnetic Lock)은 전기정 가운데 가장 간단한 종류로서 출입문에 영구자석을 부착하고 문틀에 전자석을 부착하여 작동한다(그림 5-21 참조).

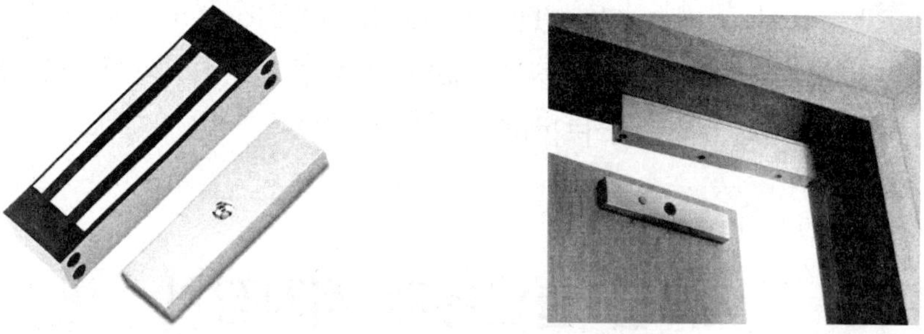

[그림 5-21] 전자식 전기정

전원을 공급받은 전자석이 작동하면 출입문이 닫히고 전원이 중단되면 전자석의 기능이 해제되어 출입문이 열리게 된다. 허가받은 사람이 외부에서 내부로 입실할 경우에는 반드시 전자식 전기정의 해제가 필요하며, 내부에서 외부로 퇴실할 경우에도 반드시 전자식 전기정의 해제가 필요하다. 따라서 내부에 퇴실스위치가 설치되거나 출입문 손잡이를 누르거나 돌릴 때 전자식 전기정이 해제되도록 설계되어야 한다(일부 제품의 경우에는 출입문에 근접하면 자동적으로 해제되도록 구성되어 있다). 전원 공급이 중단될 경우를 대비하여 예비전원 공급도 고려해야 한다.

(2) 전기식 전기정(Electric Lock)

전기식 전기정(Electric Lock)은 전자식 전기정에 비해 다소 복잡한데 전기 스트라이크(Strike)가 작동하기 때문이다. 전기 스트라이크는 솔레노이드(Solenoid)를 사용하여 잠금장치(Latch)에 걸리고 풀리게 된다. 전기식 전기정이 사용하기 편리한 점은 내부인은 별도의 열쇠를 가지고 있어서 외부에서 내부로 자유롭게 입장할 수 있는데 비해 외부인은 내부인이 스위치를 조작해서 출입문을 개방해야만 입장할 수 있다는 점이다. 전기식 전기정도 전자식 전기정의 경우와 마찬가지로 전원 공급이 중단될 경우를 대비하여 예비전원 공급도 고려해야 한다(그림 5-22 참조).

206) 김영민, 900MHz RFID태그를 이용한 출입보안시스템의 보안 취약성 및 보안 대책, 2008, 건국대학교 정보통신대학원 석사학위논문, pp.22-23.

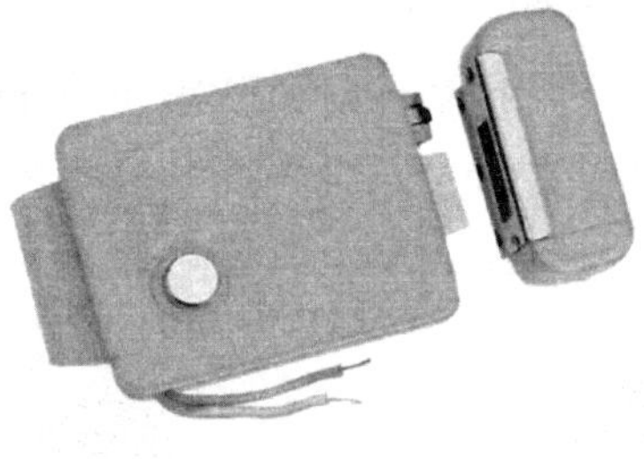

[그림 5-22] 전기식 전기정

(3) 데드볼트 전기정(Dead-Bolt Lock)

데드볼트 전기정(Dead-Bolt Lock)은 출입문을 잠글 경우에는 전기정에 부착된 데드볼트가 1~2cm 이상 돌출되어 문틀에 고정되며, 출입문이 열리는 경우에는 데드볼트가 반대로 빠져나오게 된다. 데드볼트에 의해 출입문이 잠긴 경우에는 보통 성인이 강제로 해제할 수 없을 정도의 강도를 가지고 있어 보안이 요구되는 지역에 많이 사용된다(그림 5-23 참조).

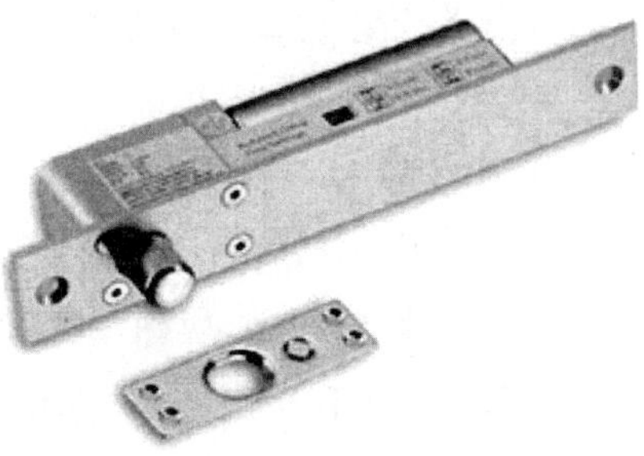

[그림 5-23] 데드볼트 전기정

2) 시큐리티 게이트(Security Gate)

시큐리티 게이트(Security Gate)는 건물의 입구나 로비 등을 출입하는 상근자, 방문자 등에 대한 출입관리나 지하철, 놀이공원 등 다중시설의 내방객들을 효율적으로 관리하기 위한 장치이다. 시큐리티 게이트는 출입통제시스템과 연계하여 다수의 사용자가 쉽고 빠르게 통과할 수 있도록 설치하는 것이 일반적이다. 출입이 허용되는 인가자의 경우에 인증매체는 리더기를 통해 인식하며, 비인가자의 경우는 시큐리티 게이트(Security Gate)가 이를 거부하는 기능이 있어 일반 출입문에 비하여 상대적으로 보안성이 높다.

(1) 턴스타일(Turnstile) 방식[207)]

턴스타일(Turnstile) 방식은 3개의 알루미늄 봉을 허브(Hub)에 접속시켜 3각의 회전체를 이루며 허브는 다시 메인 샤프트(Main Shaft)라는 축을 통해 콘솔(Console)과 결합되어 사람이 직접 손이나 몸으로 밀어 회전시켜 게이트 사이를 통과하는 방식이다(그림 5-24 참조).

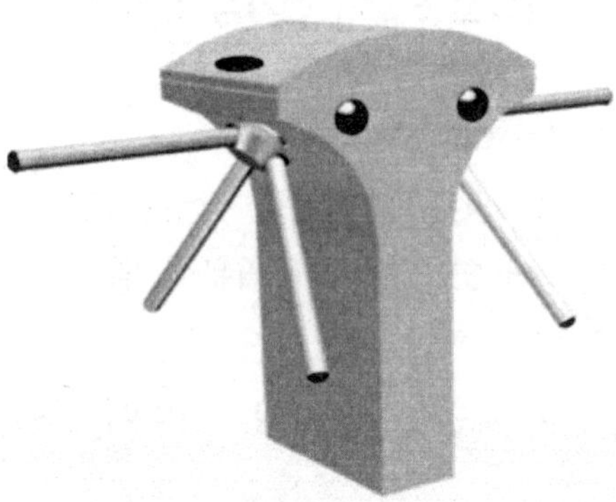

[그림 5-24] 턴스타일 방식

평상시에는 기계적으로 개방되어 있다가 출입을 허가받지 못한 사람이 진입을 시도할 때 기계적 잠김으로 사람의 통행을 차단하며, 정상적인 출입을 할 경우에는 개방신호를 발생시켜 사람의 통행을 가능하게 한다. 플랩 방식에 비해 견고하다는 장점이 있으나 사람이 직접 봉을 밀어야 하는 불편함과 처리속도가 느리다는 단점이 있다.

(2) 플랩(Flap) 방식[208)]

플랩(Flap) 방식은 허가받지 못한 사람이 출입을 시도할 경우에 콘솔(Console) 측면에 장착된 센서에 의해 플랩도어가 동작하여 사람의 통행을 제한한다. 평소에는 열려 있다가 무효물체를 감지했을 때 플랩도어가 닫히는 개방형 모드와 평소에 닫혀 있다가 유효물체를 감지하면 플랩도어가 열리는 폐쇄형 모드의 두 가지 방식이 있다. 플랩 방식은 턴스타일 방식에 비해 사람이 직접 게이트에 신체적인 접촉을 이루지 않아 처리 속도가 상대적으로 빠른 장점이 있으나 부피가 크고 플랩도어가 견고하지 못하다는 단점을 가지고 있다(그림 5-25 참조).

---

207) 김명규, 지하철 역사 내 게이트 방식별 통과 소요시간 비교연구, 서울산업대학교 주택대학원 석사학위논문, 2005, pp.4-5, 내용 재구성.

208) 김명규, 지하철 역사 내 게이트 방식별 통과 소요시간 비교연구, 서울산업대학교 주택대학원 석사학위논문, 2005, p.15, 내용 재구성.

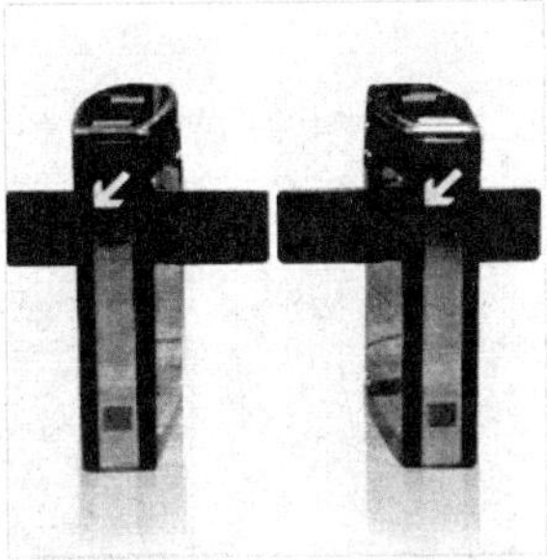

[그림 5-25] 플랩 방식

(3) 스윙(Swing) 방식

스윙(Swing) 방식은 금속 기둥의 한쪽에 고정된 강화유리, 플라스틱, 아크릴, 스테인레스 등의 재질로 구성된 출입문이 회전하여 출입을 통제한다. 주로 장애인, 수화물이 통과하거나 많은 인원이 동시에 출입할 경우, 그리고 다양한 용도의 출입통로가 필요한 장소에 스윙 방식을 도입한다(그림 5-26 참조).

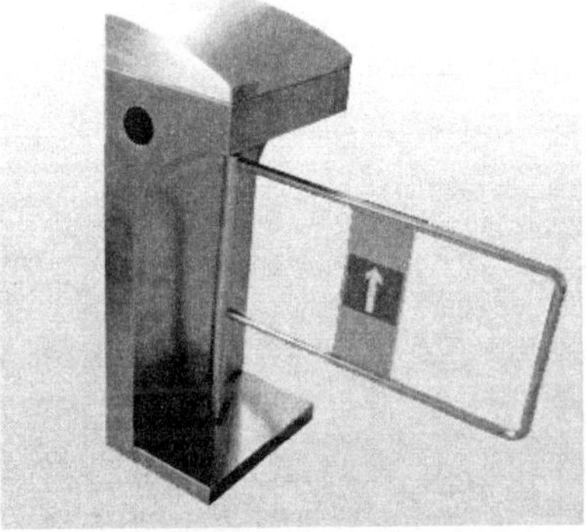

[그림 5-26] 스윙 방식

(4) 슬라이딩(Sliding) 방식

슬라이딩(Sliding) 방식은 플랩(Flap), 스윙(Swing) 방식 게이트와 기본개념은 동일하나 강화유리를 설치하여 출입을 통제하는 점이 다르다. 평소에는 강화유리가 게이트 양쪽에서 돌출되어 폐쇄되며 허가된 출입자가 통과할 경우에는 신속히 개방된다. 슬라이딩 방식 게이트를 스피드 게이트(Speed Gate)라고도 한다(그림 5-27 참조).

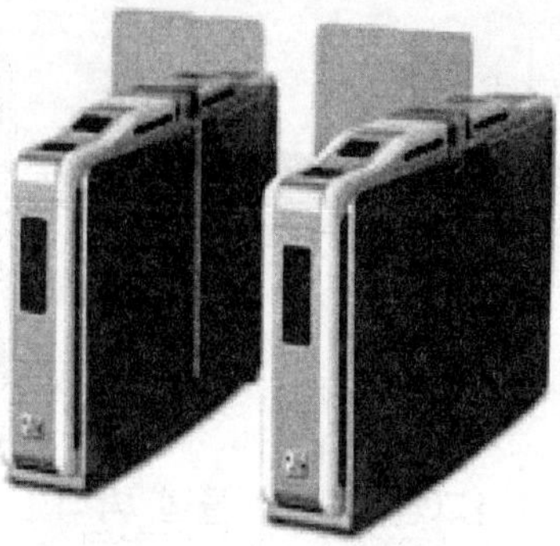

[그림 5-27] 슬라이딩 방식

(5) 비상게이트(Emergency Gate)

비상게이트(Emergency Gate)의 용도는 앞서 설명한 스윙(Swing) 방식과 유사한 출입문으로 전기적, 전자적 장치에 의한 자동 출입문이 아닌 수동조작에 의한 출입문인 경우가 많다. 비상게이트 관리자는 출입상황을 스스로 판단하거나 개별 출입자의 요청에 의하여 비상게이트를 수동으로 조작하여 장애인, 휠체어, 유모차, 수화물, 단체 등이 손쉽게 통과할 수 있도록 한다(그림 5-28 참조).

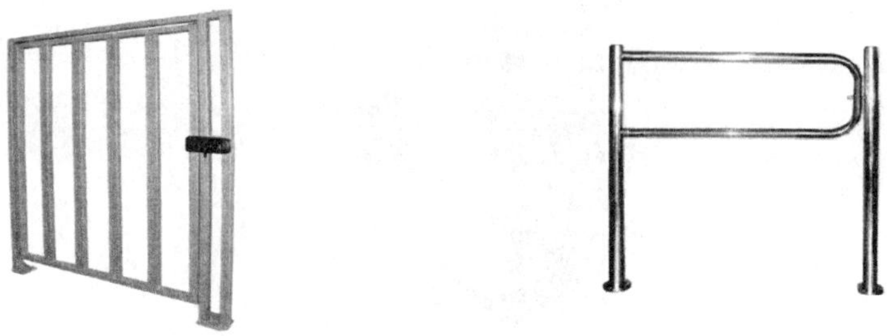

[그림 5-28] 비상게이트

(6) 회전문(Turnstile Door)

회전문(Turnstile Door)은 일반적으로 금속 지지대에 회전이 가능한 다수의 유리문을 일정 간격(각도)으로 설치한 것으로 호텔, 빌딩 등 일반인들이 상시 출입하는 장소에서 수동으로 또는 자동으로 회전시켜 쉽게 출입할 수 있도록 한다. 이러한 용도와는 별도로 회전문을 금속봉 등으로 제작하여 정부기관, 군부대, 공항, 교도소 등 중요시설 뿐만 아니라 지하철 환승통로, 경기장, 주차장 등에서 출입인원을 통제하는데 사용한다(그림 5-29 참조).

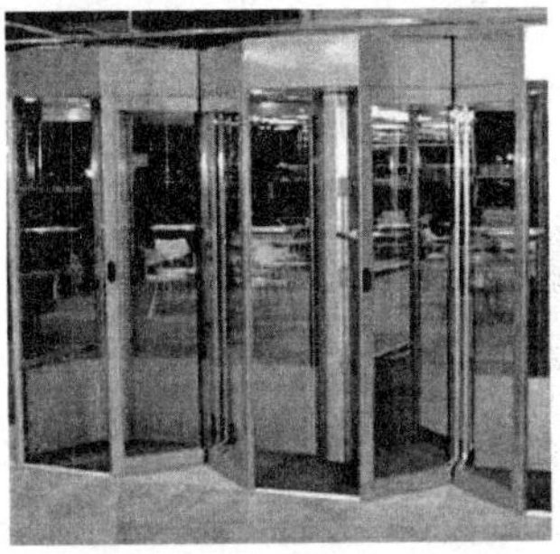 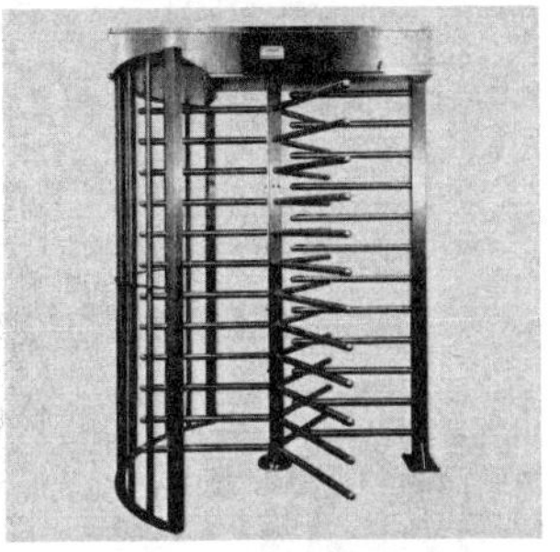

[그림 5-29] 회전문

2. 차량통제 저지장치

차량통제 저지장치는 허가받은 차량은 통과시키고 허가받지 않은 차량은 차단하거나 통행을 지연시키는 기능을 한다. 차량통제 저지장치는 허가받지 못한 차량이 통제지역에 무단으로 진입할 경우에 물리적으로 정지시키는데 이용되며 고도의 출입통제 조치가 필요한 환경에서 사용된다. 차량통제 저지장치는 크게 능동형(Active)과 수동형(Passive)으로 구분되는데 능동형은 차량이 진입할 때 차단하고 확인 후에 해제하는 형태이며, 수동형은 평소에는 개방되어 있는 형태를 말한다. 차량통제 저지장치는 차단기(Barrier Gate), 차량하부검색시스템, 볼라드(Bollard), 로드 블럭(Road Block), 타이어 킬러(Tire Killer), 이중 접이식 출입문(Bi-Folding Fast Gate) 등이 있다. 차량통제 저지장치의 선택에 있어서 출입통제시스템의 종류, 설치현장의 여건, 펜스의 종류, 출입인원 수, 출입차량 수와 빈도, 보안등급의 적용, 통행의 효율성, 차량인식장치의 종류, 토목 · 건축 · 전기 공사의 용이성 등 모든 여건들을 고려해 설계해야 한다.

1) 차단기(Barrier Gate)

차단기는 차량이 통제지역을 진입하거나 진출할 경우 출입통제 확인장치가 인식한 차량정보를 출입통제시스템의 출입통제 컨트롤러(또는 출입통제 중앙장치)가 판단하여 차단봉을 올려서 차량을 통과시키거나 차단봉을 그대로 유지하여 차량을 차단하는 기능을 수행한다. 차단기는 기본적인 출입통제 기능 외에 주차요금 정산기능과 연계하여 사용되기도 한다(그림 5-30 참조).

차단기는 일반적으로 차량 번호판 인식기(License Plate Recognition)와 연계하여 설치한다. 차량 번호판 인식기는 차량의 번호를 자동으로 인식하고 문자화하여 관리하는 차량출입관리시스템으로 무정차 진행이 가능하여 혼잡한 출입구의 정체현상을 감소시킨다.

또한 주차권 등의 소모품 없이 운영이 가능하다. 하부검색기, 차량엑스레이 등과 연동하여 완벽한 차량출입보안시스템을 구현한다.209)

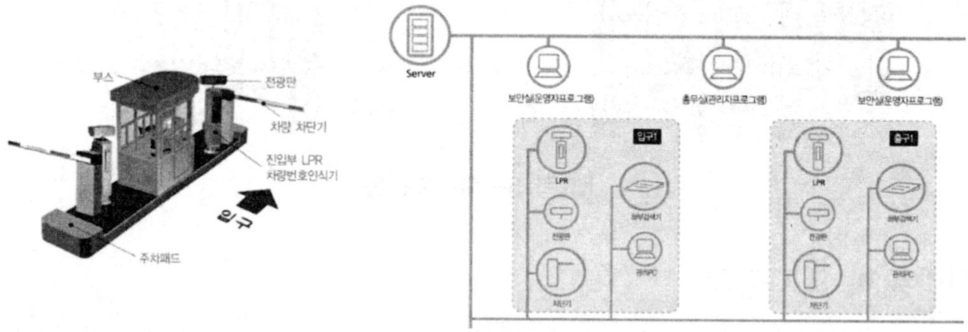

[그림 5-30] 차단기210)

2) 차량하부검색시스템

차량하부검색기는 악천후 속에서도 선명한 차량하부 이미지를 스캔할 수 있다. 보안이 필요한 항만, 공항 등 주요 시설물에 출입하는 차량의 하부를 차량 진행과 동시에 스캔하여, 한 장의 이미지로 확인 및 검색하는 시스템이다. 고휘도 조명과 고속 컬러스캔 카메라를 통해 데이터를 취합하기 때문에 빠르고 효율적인 정밀 검색이 가능하다. 차량번호인식기시스템, 차량 외관 보안카메라, 운전자 안면인식 기능, 출입관리시스템과 통합, 차단기, 차종 판별기, 차량내부검색시스템 등과 연동할 수 있다(그림 5-31 참조).

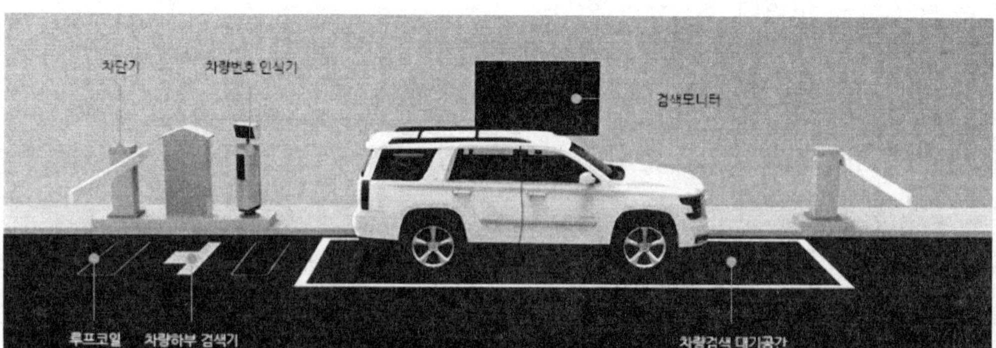

[그림 5-31] 차량하부검색기211)

209) Techsphere, 제품설명서, 2017, p.12.
210) Techsphere, http://www.techsphere.com, 검색일: 2024.1.21.
211) Techsphere, http://www.techsphere.com, 검색일: 2024.1.21.

3) 볼라드(Bollard)

볼라드(Bollard)는 차량에 의해 보안시설, 위험물 저장소 등 주요 시설물이 손괴되는 것을 보호하는데 이용된다. 볼라드는 일반적으로 내부에 콘크리트를 채운 스테인레스 강철 파이프로 제작되는데 그 모양은 설치 장소에 따라 다르다. 볼라드는 기본적으로 고정식(Fixed), 이동식(Removable), 자동식(Automatic Retractable), 수동식(Manual Retractable) 등으로 구분된다. 고정식 볼라드는 지상에 영구적으로 설치하는 것으로 넓은 지역을 보호하는데 사용되며, 지표면 30cm 이내 매립으로 시공이 간편하고 1개에서 수백개까지 연속 설치가 가능한 저심도 고정식, 지표면 1m 이상 매립 시공, 1개에서 수백개까지 연속 설치가 가능한 고심도 고정식 등으로 구분할 수 있다. 이동식 볼라드는 차량통행이 용이하도록 제거할 수 있으며 일반적으로 소형이다. 자동식 볼라드는 전기 모터와 유압 실린더를 포함한 유압팩으로 구성하고, 전기에 의해 자동으로 상하 조정되어 차량의 통행을 보다 쉽게 하는데 통상 수초 이내에 최고점에서 최저점까지 조정하는 전기 구동식 등으로 구분할 수 있다. 수동식 볼라드는 수동으로 볼라드의 높이를 조정할 수 있고, 1인의 힘으로 상하 구동이 용이하다(그림 5-32 참조).[212]

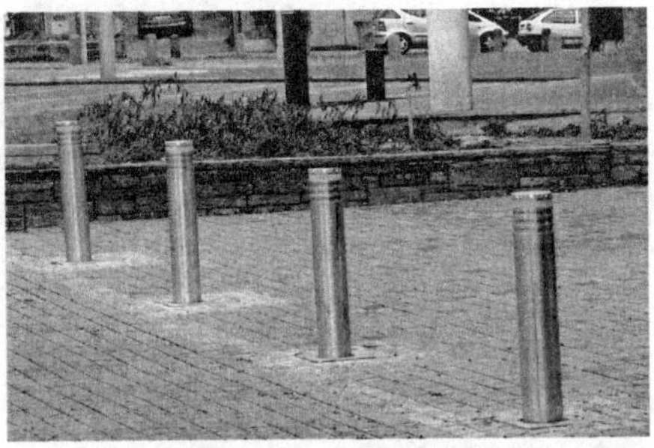

[그림 5-32] 볼라드

4) 로드 블럭(Road Block)

로드 블럭(Road Block)은 승용차, 버스, 트럭 등 차량이 정상적인 출입절차를 거치지 않고 출입문에 접근 또는 충돌을 시도할 경우에 해당 차량을 저지하는 시설이다. 로드 블럭(Road Block)은 차량이 출입문에 접촉하기 전에 출입문 입구 도로에 은폐되어 있다가 수초 내에 수동 또는 자동으로 돌출되어 차량을 정지시킬 수 있다. 설치장소는 빌딩, 호텔, 정부건물, 군사시설, 교도소, 공항, 항구, 석유시설, 대사관, 국제시설, 금융기관 등이다(그림 5-33 참조). 로드블럭(Road Block)은 일반적으로 높이 950mm, 길이 3,000mm, 방

---

212) Cybarrier, 대테러 차량 돌진 방호 장비, 2019, p.1.

어능력 7Ton/80KpH, 전동유압식, 동작속도 4초, 사용전원 AC 220~380V 3상 60Hz 등의 제원을 가진다.213)

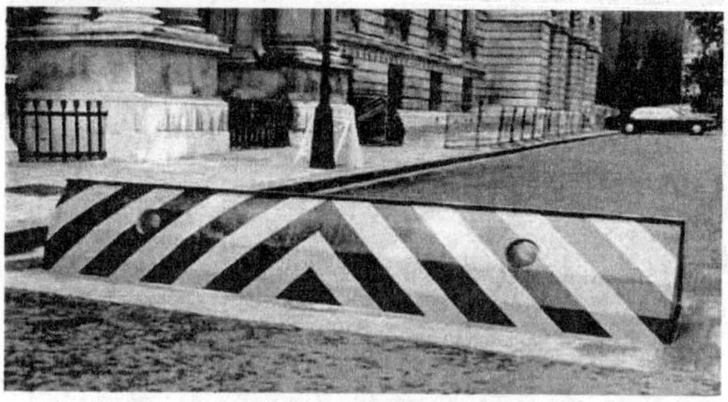

[그림 5-33] 로드 블럭

5) 타이어 킬러(Tire Killer)

타이어 킬러(Tire Killer)는 로드 블럭(Road Block)과 마찬가지로 승용차, 버스, 트럭 등 차량이 정상적인 출입절차를 거치지 않고 출입문에 접근 또는 충돌을 시도할 경우에 해당 차량을 저지할 수 있도록 고안된 시설이다. 설치장소는 임시차량 통제가 필요한 지역, 음주단속, 유료주차장, 빌딩, 호텔 등이다. 타이어 킬러는 불법으로 접근 또는 충돌을 시도하는 차량의 타이어를 파손해 차단하는 기능을 수행하는데 볼라드(Bollard), 로드 블럭(Road Block)에 비해 차량에 대한 저지능력이 상대적으로 낮다(그림 5-34 참조). 타이어 킬러(Tire Killer) 일반적으로 PIN높이 80mm, PIN직경 25mm, 넓이 410mm, 전동모터식, 리모콘 또는 조작반, 동작속도 3초, 사용전원 DC 12V 등의 제원을 가진다.214)

이외에도 타이어 킬러(Tire Killer)와 유사한 점프 샤크(Jump Shark)도 있는데 교통관리 점프 샤크는 교통방향이나 스피드를 조절하는 이상적인 안전장치로서 교통흐름을 원활하게 조절하고, 차량 바리게이트와 연동하여 작동이 가능하며, 비상시 리모컨으로 작동을 시켜 차량에 펑크를 내어 진입을 못하게 한다. 설치장소는 군부대, 호텔, 빌딩, 외부차량통제, 공항, 항구, 석유시설, 대사관, 정부시설 등 외부침입으로부터 통제가 필요한 곳이다.215)

---

213) 위너기술, 정문보안시스템, 2012, p.2.
214) 위너기술, 정문보안시스템, 2012, p.2.
215) 대영엔지니어링, 폭탄테러방어제품시스템, 2012, p.3.

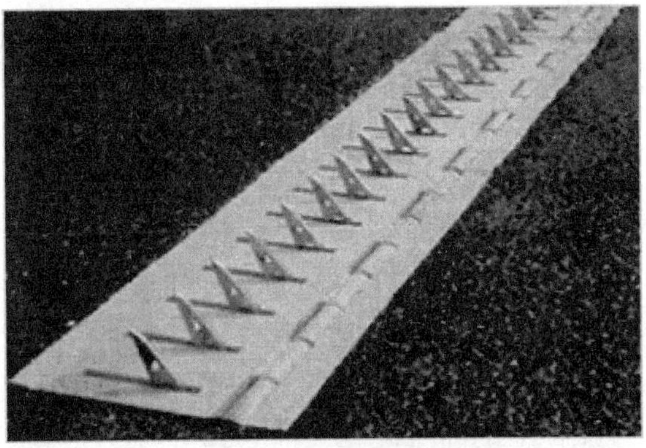

[그림 5-34] 타이어 킬러

6) 이중접이식 출입문(Bi-Folding Fast Gate)

이중접이식 출입문(Bi-Folding Fast Gate)은 인원, 차량 등이 동시에 출입하여 볼라드(Bollard), 로드 블럭(Road Block), 타이어 킬러(Tire Killer) 등 차량출입 저지장치를 설치하기 곤란하고 높은 수준의 보안조치가 요구되는 중요시설의 출입문으로 많이 이용된다. 구체적으로 군사시설, 공항 등 보안성이 높은 보안 시설에 설치되어 돌진이나 무단진입 차량에 대한 최대의 시각적 보호 및 주변 시설 보호 기능을 제공하며, K4 등급(6.8톤, 48km/h) 및 K12 등급(6.8톤, 80km/h)으로 충돌 방호 성능을 선택 할 수 있으며, 차량 돌진 충격으로부터 보호하도록 설계되어 있다. 이중접이식 출입문은 주로 인원, 차량이 통과하는데 편리하도록 수 초 내에 자동으로 개폐되는 것이 일반적이다(그림 5-35 참조).[216]

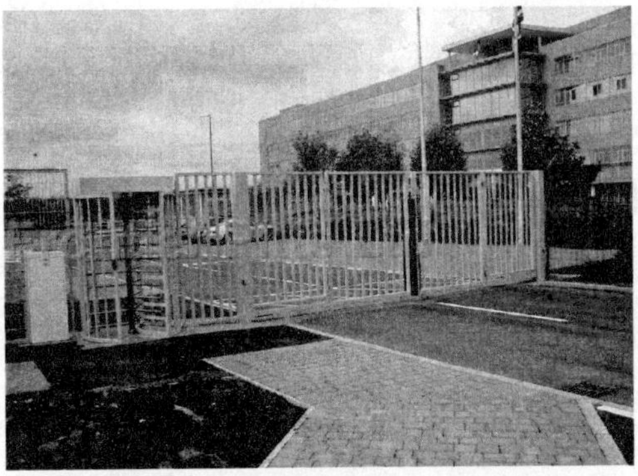

[그림 5-35] 이중접이식 출입문

216) Cybarrier, 대테러 차량 돌진 방호 장비, 2019, p.1.

제4절 홈 시큐리티

1. 홈 시큐리티의 개념

1) 홈 시큐리티의 정의

홈 시큐리티(Home Security)는 홈 네트워크(Home Network)의 하부 구성요소이다. 따라서 홈 시큐리티를 이해하기 위해서는 홈 네트워크의 전반적인 구성에 대해 이해할 필요가 있다. 홈 네트워크(Home Network)는 가정 내의 정보 가전기기 및 시스템을 상호 또는 외부 인터넷의 정보기기와 연결하여 양방향 통신 서비스를 통해 편리하고, 안전하고, 건강하게, 즐겁고, 경제적인 삶을 제공하는 것을 말한다(그림 5-36 참조).[217]

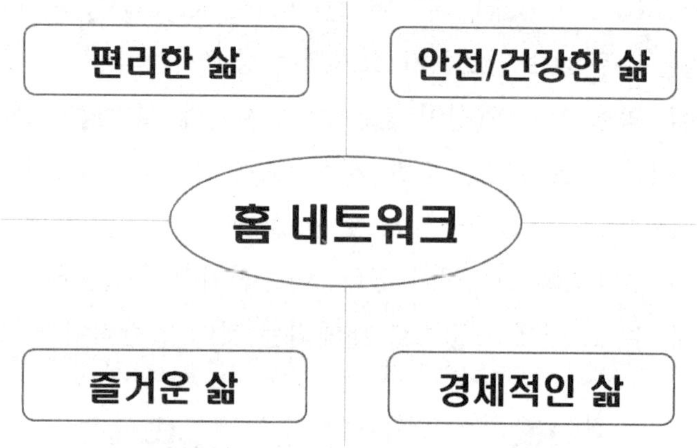

[그림 5-36] 홈 네트워크 개념도

2) 홈 네트워크의 제공 서비스

홈 네트워크(Home Network)에서 제공하는 서비스는 홈 시큐리티(Home Security), 홈 컨트롤(Home Control), 단지 내 서비스, 공공서비스, 인포테인먼트(Infortainment)[218], U-헬스(U-health) 등이 있다(표 5-2 참조).[219]

---

217) 한국전자통신연구원, 홈 네트워크 동향 및 서비스 적용모델 분석, 2006, p.3.
218) 정보(Information)과 오락(Entertainment)의 합성어.
219) 한국전자통신연구원, 홈 네트워크 동향 및 서비스 적용모델 분석, 2006, pp.57-72, 내용 재구성.

[표 5-2] 홈 네트워크 서비스

구 분	주 요 내 용
홈 시큐리티 (Home Security)	- 출입자 관리 - 방재 관리
홈 컨트롤 (Home Control)	- 기기제어/환경제어 - 스케쥴/모드제어 - 에너지 관리
단지 내 서비스	- 기기 및 설비 관리 - 입주자 편의 서비스 - 입주자 안전 배가 서비스
공공서비스	- 재해 대응 시스템 - 전자정부
인포테인먼트 (Infortainment)	- 엔터테인먼트(Entertainment) - 원격학습(U-Learning) - 재택근무(U-Work)
U-헬스 (U-Health)	- 원격진료 - 의료 텔레메틱스 - 온라인 휘트니스 - 모바일 건강관리/간호관리 - 적외선 응급구호

홈 시큐리티(Home Security)는 댁내 구성원 이외의 출입 관리와 가스누출, 화재 등의 방재 방지 등으로 구분할 수 있다. 출입 관리는 각 가정 현관의 방문객을 댁내에서 다양한 디스플레이(Display) 기기를 통해 영상으로 확인하고 문을 개폐할 수 있는 세대 출입통제, 입주자가 외출해 있는 동안 방문객의 영상과 시간을 자동 녹화하여 귀가 후 확인할 수 있는 방문자 화상 저장, 각 가정 현관에 설치된 자석 감지기나 베란다 창에 설치된 유리 감지기 등을 통해 외부인의 침입을 감지하여 사용자나 경비실에 통보하여 신속하고 안전하게 대처할 수 있는 침입 탐지, 사전에 등록된 생체 데이터와 비교하는 방식을 사용하여 출입자 신원을 확인하는 생체인식보안 등이 해당한다. 방재 관리는 집 안의 가스 밸브, 가스 감지기, 화재 감지기 등을 연동하여 가스 누출 혹은 화재 발생 시 가스 밸브를 자동으로 차단한 후 사용자나 경비실, 소방서 등에 통보하여 미연의 사고를 방지할 수 있는 방재서비스, 댁내에 이상이 감지되었을 때 단지 내 서버와 인터넷을 통해 경비실이나 입주자에게 통보하는 이상시 통보기능 등이 있다.

기계경비 관련업체 중 하나인 KT텔레캅(KT Telecop)에서 제공하고 있는 아파트, 다가구 주택 등 공동주택용 서비스를 살펴보면 공동현관 출입통제시스템, 세대별 방범시스템, 인터폰 통합시스템, 건물외벽 감지시스템, CCTV 시스템, 주차관리 시스템, 통합관제 시스템 등이 있다. 공동현관 출입통제시스템은 아파트 공동현관 입구에 출입통제관리 로비폰과 전자동 잠금장치를 설치하고 각 세대마다 고유의 출입카드를 지급하여 신원이 확인된 경우에만 출입이 가능하게 하는 출입통제서비스이다. 세대별 방범시스템은 각 세대에 각종 감지기를 설치하여 세대 내에서 이상 신호 발생 시 관제센터로 통보하며 긴급상황 발생 시 공동주택 내에 상주하는 출동요원이 즉시 출동하여 빠르게 대처할 수 있다. 인터폰 통합시스템은 댁내에서 편리하게 1층에 있는 방문객을 영상을 통해 확인하여 원격으로 출입통제 및 허가를 할 수 있으며 각 세대, 통합 경비실, 공동현관과 관제센터와 서로 자유롭게 통화할 수 있으며 영상저장전송까지 가능한 자동 다이얼링 시스템으로 공동주택 내에서 멀티미디어 통신기능을 제공한다. 건물외벽 감지시스템은 공동주택 보안의 취약지역인 창문, 베란다, 가스배관을 통한 침입자와 저층 침입자를 완벽하게 차단하고 이를 사전 예방하는 보안시스템이다. CCTV 시스템은 단지 내 놀이터, 주차장 등의 취약 지역에 카메라를 설치하여 사람의 눈이 미치는 못하는 곳에서 발생하는 각종 사고와 범죄를 사전에 예방하며 녹화화면의 재생을 통해서 범죄자 추적 및 색출까지 가능한 감시 시스템이다. 주차관리 시스템은 단지 내에 등록된 고객들의 차량에만 지급된 출입카드를 이용하여 출입이 가능하며, 단지 입·출차 시에 차단기가 작동하여 별도의 주차관리 인원이 없어서 경비를 절감하고 사고와 불법주차를 미연에 방지한다. 통합관제 시스템은 단지 내의 모든 보안, 방범 기능을 통합 운영하고 전문적인 방범 및 순찰을 병행하여 보안하는 시스템이다.[220)]

홈 컨트롤(Home Control)은 댁내 모든 가전 제품과 시설을 통합 관리하고 제어할 수 있는 서비스로서 기기제어·환경제어, 스케쥴·모드제어, 에너지 관리 등으로 구분할 수 있다. 기기제어·환경제어는 댁내에서 사용하는 모든 가전 기기와 시설들을 하나의 네트워크로 통합하고 이를 리모트 컨트롤 등 단일 기기로 제어하거나 인터넷을 통해 원격으로 제어 가능한 서비스를 말한다. 스케쥴·모드제어는 입주자의 생활 패턴을 몇 가지로 나누어 설정해 놓음으로써 버튼 한 개를 조작시킴으로써 댁내의 가전기기와 설비 여러 개를 한꺼번에 제어하여 사용자의 시간을 절약하고 편리함을 증가시키는 기능으로 기상 및 취침시간 설정, 외출·휴가 모드 설정, 귀가 모드 설정 등이 있다. 에너지 관리는 적정 사용량 이상의 에너지가 사용될 경우 사용자에게 경고를 전송하고 사용자가 설정해 놓은 적정량 이하로 낮추는 기능으로 스케쥴·모드 시스템과 연동하여 설정 스케쥴이나 모드에 따라 에너지 사용량이 자동으로 변경되어 최적으로 절약될 수 있도록 한다.

단지 내 서비스는 홈 네트워크가 구현된 공동주택단지를 관리하는 서비스로서 기기 및 설

---

220) KT텔레캅, http://www.telecop.co.kr, 검색일: 2010. 1. 2, 내용 재구성.

비 관리, 입주자 편의서비스, 입주자 안전 배가 서비스 등이 있다. 기기 및 설비 관리는 단지 통합감시, 원격검침, 설비관리시스템 등이 있으며 입주자 편의 서비스는 공동현관·주차장 관리, 단지 내 화상통화, 택배시스템, 사이버 커뮤니티(Cyber Community) 등이 있고, 입주자 안전 배가 서비스는 입주자 공동 공간을 CCTV를 통해 감시하는 것을 의미한다.

공공서비스는 자연재해 대응시스템, 전자정부 서비스 등으로 구분된다. 자연재해 대응시스템은 자연재해 발생 시 그에 대한 정보를 수집하고 가공하여 거주민에게 전달하는 기능이며 전자정부 서비스는 원격으로 행정서류 발급, 전자투표 등의 기능을 제공한다.

인포테인먼트(Infortainment)는 엔터테인먼트(Entertainment), 원격학습(U-Learning), 재택근무(U-Work) 등이 있는데 엔터테인먼트는 홈 시어터(Home Theater) 연동, 인터넷 셋톱박스, VOD 서비스, 다채널 동시 시청 서비스, 방송 예약·저장·시청 서비스, 동영상(사진) 저장·편집, 멀티미디어 게임, 전자상거래(T-Commerce) 등이 있으며 원격학습(U-Learning)은 학교와의 연계, 학습 도우미 컴퓨터·로봇, 평생교육 프로그램, 서비스 로봇 등이 있고 재택근무(U-Work)는 댁내 설치 컴퓨터를 중심으로 사무실과 동일한 환경을 조성하여 교대근무나 재택근무가 가능하게 하는 서비스이다.

U-헬스(U-health)는 의료서비스를 정보통신 기술과 연계하여 언제 어디서나 사용할 수 있도록 하는 것으로 원격진료, 의료 텔레메틱스, 온라인 휘트니스(Online Fitness), 모바일 건강관리, 모바일 간호관리, 적외선 응급구호 등이 있으며 이를 응용하여 독거노인을 위한 건강 모니터링 시스템, 원격 생체정보 모니터링 시스템, 재택환자 원격 모니터링, 완전 자동화된 재택건강 모니터링 시스템 등의 서비스를 구현한다. 최근에는 스마트 기기와 빅데이터 및 AI 기술을 사용하여 댁내 어르신의 안전과 건강 증진을 원격으로 관리할 수 있는 통합 돌봄 서비스인 비접촉 생체 신호 감지기가 있는데 최첨단 레이더 기술로 인체에 착용없이 생체 신호를 감지하며 어르신의 움직임을 바로 확인한다. 인체에 무해한 펄스신호(Radar Spec 60GHz)를 보내어 반사되는 신호의 위상변화로 호흡과 움직임을 감지한다. 이를 통해 안전관리, 정서관리, 복약관리 맞춤형 돌봄 서비스를 제공하고, 독거노인, 장애인 등 취약계층의 복지 사각지대 돌봄 대상자 확대와 돌봄 비용 절감, 댁내 이상 징후 발생시 24시간 문자 알림 서비스와 댁내 호출 및 출동 연계 서비스를 제공한다.[221)]

221) FUNZIN, ANGEL Care Service - 비접촉 생체 신호 감지기, 2021, pp.1-2.

2. 홈 시큐리티 구성장치

1) 홈 네트워크의 구성

홈 시큐리티(Home Security)는 홈 네트워크(Home Network) 서비스의 하부 서비스 중의 하나이며 홈 네트워크 응용분야 중에서 가장 기본적인 부분이라고 할 수 있다(그림 5-37 참조). 홈 컨트롤(Home Control), 단지 내 서비스, 공공서비스, 인포테인먼트(Infortainment), U-헬스(U-health) 등 여타 홈 네트워크 서비스도 홈 시큐리티와 연계하여 서비스를 제공한다는 점에서 홈 네트워크와 홈 시큐리티의 구성을 명확하게 분리하여 논의하기는 대단히 어렵다고 할 수 있다.

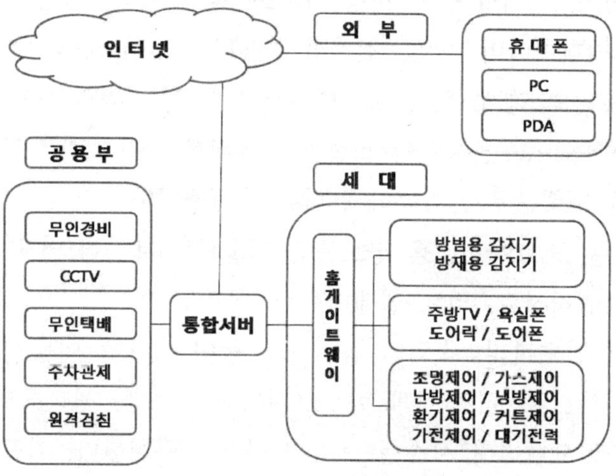

[그림 5-37] 홈 네트워크 구성도

2) 홈 네트워크의 장치

월 패드(Wall Pad), 홈 게이트웨이(Home Gateway), 홈 서버(Home Server), 공동현관 로비폰 등 홈 네트워크의 대표적인 구성장치를 살펴보도록 한다.

(1) 월 패드(Wall Pad)222)

월 패드(Wall Pad)는 댁내에 설치하여 홈 시큐리티 기능(Home Security), 홈 컨트롤(Home Control) 기능, 기타 편리 기능 등 홈 네트워크의 모든 기능을 디스플레이하고 컨트롤 할 수 있는 장치이다(그림 5-38 참조).

222) 코콤, Digital Home Network Solution KHN-6100 Series, 2005, p.13, 내용 재구성.

① **기능**

월 패드의 주요기능은 다음과 같다.

1. 홈 시큐리티 기능 : 방범·방재 감지기 및 비상버튼 연동, 방문자 정지영상·동영상 녹화 및 음성 녹음, 세대 모니터링, 출동경비 연동, 비상상황 자동통보
2. 홈 컨트롤 기능 : 가스밸브·조명·난방기기·커튼 제어, 정보가전기기 제어 등
3. 홈 커뮤니티 기능 : 세대현관·공동현관 방문자 확인 및 영상통화, 세대의 경비실·관리실 간 상호호출 및 영상통화, 단지 내 세대간 상호호출 및 영상통화, 전화 발신 및 수신, 무선전화기와 세대·공동현관·경비실 통화, 욕실폰·주방TV비디오폰·서브비디오폰 등 연동
4. 편리 기능 : 무선 리모컨 연동(문 열림, 홈 컨트롤 기기 제어), 단지 모니터링(놀이터·주차장 등), 음성 인식, 공지사항·원격검침·차량출입·택배도착 알림 등

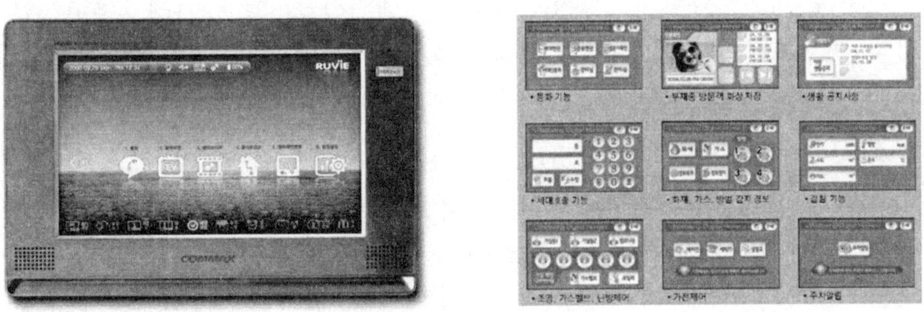

[그림 5-38] 월 패드[223)]

② **제원**

1. 모　　델 : KHN-670
2. 운영체계 : Embeded OS(p-SOS)
3. 프로세서 : Arm7 RISC Core
4. 메 모 리 : RAM 4MB, ROM 8MB
5. 화　　면 : 7인치 Wide TFT-LCD
6. 사용환경 : GUI based on Touch-Screen

223) COMMAX, http://www.commax.com, 검색일: 2010. 7. 1; 현대, http://www.hyundai.co.kr, 검색일: 2010. 2. 1.

7. 전　　력 : AC 220V 50/60Hz
8. 크　　기 : 330×232×17mm(W×H×D)

(2) 홈 게이트웨이(Home Gateway)[224]

① **기능**

홈 게이트웨이(Home Gateway)는 세대 내 정보통신기기에 초고속 인터넷을 제공하고 다양한 네트워크 기능과 홈 컨트롤(Home Control), 외부제어 등 다양하고 편리한 홈 네트워크 기능을 구현하는 장치이다(그림 5-39 참조).

홈 게이트웨이의 주요기능은 다음과 같다.

1. 네트워크 기능 : Switch Hub(10/100Mbps), Web Server 기능, Wireless LAN Interface 등
2. 홈 컨트롤 기능 : 가스밸브 및 난방기기 상태확인 및 제어, 조명기기 및 전동커튼 상태 확인 및 제어, 정보가전 제어기능, 월 패드와 Data통신
3. 외부제어 기능 : PC 및 휴대폰을 통한 세대기기 제어, 무선 리모컨을 통한 세대기기 제어
4. 부가 기능 : Remote Upgrade, Remote Control, 월 패드 및 세대기기 관리, 전용선(RS-485) 또는 전력선 통신(Power Line Communication, PLC), 기기 동작상태 디스플레이

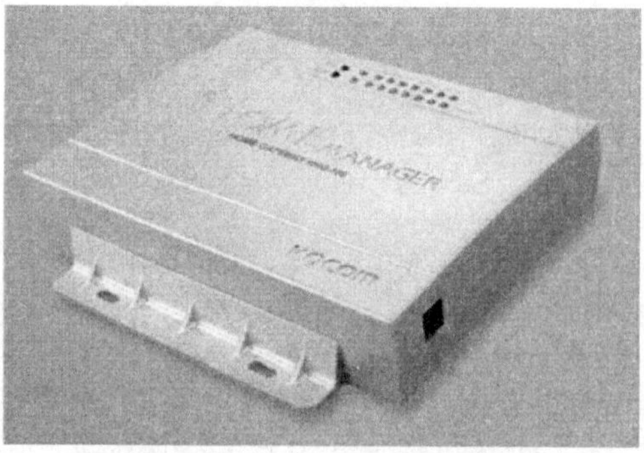

[그림 5-39] 홈 게이트웨이

224) 코콤, Digital Home Network Solution KHN-6100 Series, 2005, p.15, 내용 재구성.

② **제원**

1. 모　　델 : KHG-600
2. 운영체계 : Embedded Linux
3. Ethernet : WAN: 1Port, LAN: 7Ports
4. 프로세서 : 32 bit ARM RISC NPU
5. 메 모 리 : RAM 8(16)MB, ROM 2(4)MB
6. Serial : RS-485 3Ports, RS-232 2Ports
7. 전　　력 : DC 12V

(3) 홈 서버(Home Server)[225]

홈 서버(Home Server)는 홈 게이트웨이와 함께 홈 네트워크 구축의 핵심장치로서 개방형 컴퓨터를 의미한다. 홈 서버는 가정의 공간에 설치되어 있는 IT 기기, AV 기기, 가전제품 네트워크, 홈 오토메이션 네트워크 기기에 대한 이력을 등록 관리하고, 홈 네트워크가 내·외부의 이동통신은 물론 자동차, 로봇과 같은 각종 기기들에 연동되어 사용자들에게 다양한 서비스가 제공되도록 지원정보를 처리한다(그림 5-40 참조).

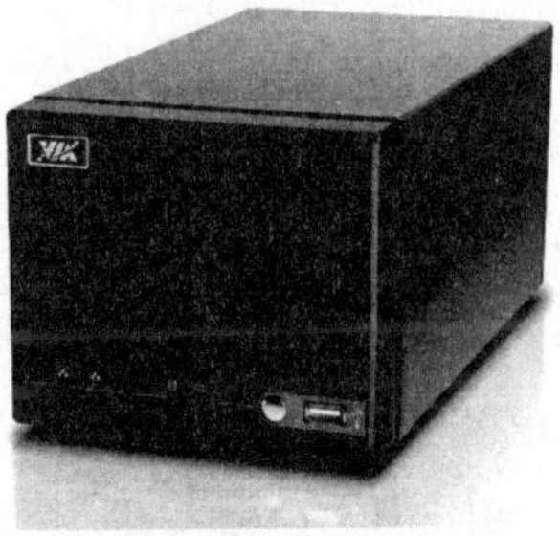

[그림 5-40] 홈 서버[226]

(4) 공동현관 로비폰[227]

① **기능**

공동현관 로비폰은 세대와 디지털 통화는 물론 각 세대 내에서 메인 디스플레이를 통해 공동현관의 방문객을 영상으로 확인할 수 있으며 자동문을 원격으로 제어하는 기기이다(그림 5-41 참조).

225) 중소기업청·중소기업진흥공단, 홈네트워크 장비의 시장 기술 보고서, 2009, p.4.
226) KBENCH, http://www.kbench.com, 검색일: 2010. 7. 1.
227) 코콤, Digital Home Network Solution KHN-6100 Series, 2005, p.32, 내용 재구성.

공동현관 로비폰의 주요기능은 다음과 같다.

1. 공동현관, 지하주차장 등에서 세대와 통화 후 자동문 개폐
2. 호출 및 표시
3. 세대 모니터(영상통화)와 경비실(원터치방식) 통화
4. 비밀번호, 카드인식, 지문인식 등의 방식으로 공동현관 자동문 개폐

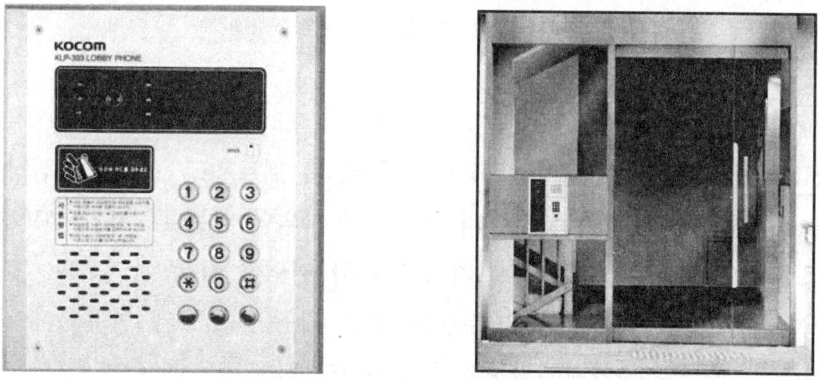

[그림 5-41] 공동현관 로비폰

② **제원**

1. 모　　델 : KLP-303
2. 촬상소자 : 1/4" Interline transfer type color image CCD
3. IRIS방식 : 전자셧터에 의한 자동노출
4. 최저조도 : 2.0 Lux (백색 LED)
5. 해 상 도 : 360 (수평)
6. 용　　량 : 경비실 1, 세대 1, 경비영상 1, 세대영상 1
7. 크　　기 : 234×286×6.4mm(W×H×D)

(5) 경비실 · 관리실 인터폰

① **기능**[228]

경비실 · 관리실 인터폰은 통화기능, 확인기능, 문열림기능 등의 기능을 수행한다(그림 5-42 참조).

---

228) GOSNS, http://www.gosns.co.kr, 검색일: 2010. 7. 1, 내용 재구성.

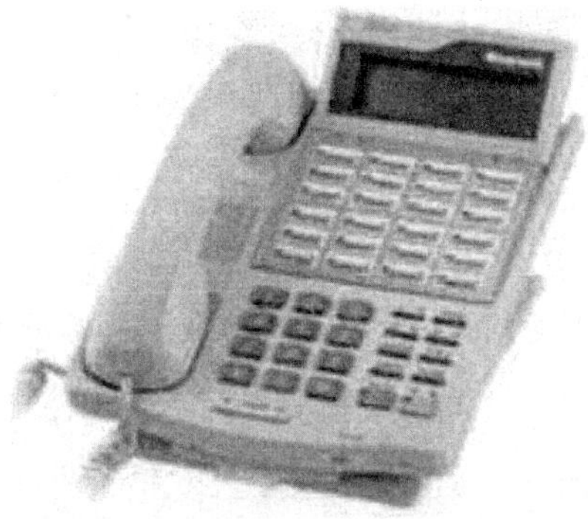

[그림 5-42] 경비실 · 관리실 인터폰

경비실 · 관리실 인터폰의 주요기능은 다음과 같다.

1. 통화기능 : 세대통화, 경비통화, 간선통화, 통화전환기능, 전체통보기능, 우회통화기능, 통화제한기능, 착신지전환기능
2. 확인기능 : 경보설정상태확인, 각종 세대 EVENT 확인기능, 현재 EVENT 세대확인기능, 세대기 고장 확인기능, 경비실 인터폰 상태 확인기능
3. 문열림기능 : 통화중 문열림 기능, 로비폰별 문열림/닫힘 기능

② **제원**

1. 모　　델 : CDS-MVR
2. 전송방식 : SYSTEM 2선(무극성)
3. 전　　력 : DC 15V 1.5A ADAPTER
4. 소비전류 : 최대 500mA / 대기시 100mA
5. 통화방식 : 동시통화방식
6. 호 출 음 : 세대(음성 및 전자벨), 로비(음성 및 멜로디)
7. 사용온도 : 0 ~ +40℃
8. 크　　기 : 240×224×100mm(W×H×D)

3. 홈 시큐리티 운영사례

1) 공동주택 홈 시큐리티[229]

삼성 에스원(S1)은 범죄예방 환경설계(CPTED) 컨설팅을 통한 다양하고 차별화된 홈시

229) 에스원(S1), HUEN 휴엔 - Samsung S1 Home Security Solution, 2021, pp.3-12.

큐리티 서비스를 제공하여 범죄 및 범죄 공포로부터 공동주택 입주민을 보호할 뿐 아니라 경제적 가치를 고려한 그린홈(Green-Home)을 추구하고 있다. 구체적인 공동주택 홈시큐리티 운영은 ① 1Step : Public Zone 단지외곽 - 침입예방/조기발견, ② 2Step : Semi-Zone 공용부/주차장 - 위험방지, ③ 3Step : Semi-Private Zone 동 입구 - 출입제한 및 감시, ④ 4Step : Private Zone 개별세대 - 피해방지 등 4단계로 구성된다(그림 5-43 참조).

1Step : Public Zone은 지능형 영상감시 시스템, 주차관제 시스템 등으로 구분한다. 지능형 영상감시 시스템은 놀이터, 담장 등을 대상으로 행동 패턴에 따른 영상 인식 및 경보, 설정 구역 내 침입, 배회자, 불법주차 등 감시, 카메라 정상 작동 여부를 감시한다. 주차관제 시스템은 입주자 차량 자동 인식 및 출입 이력 관리, 외부차량 무단 출입 금지로 단지내 시큐리티 강화, 방문 차량 예약 등을 담당한다.

2Step : Semi-Zone은 공용부 비상버튼 시스템, 자전거보관 시스템, 비상통신 폴 등으로 구분한다. 공용부 비상버튼은 지하주차장 등에서 비상버튼으로 도움 요청, 긴급상황 발생시 주변 녹화 및 양방향 통화, 유선 및 무선 시스템 구축 등이 가능하다. 자전거보관 시스템은 카드를 이용한 관리, 분식 및 도난 방지(이상시 관리실 통보) 등을 담당한다. 비상통신 폴은 놀이터 및 공원지역 감시, 가로등, CCTV 카메라, 비상인터폰 등 멀티기능 제공, 긴급상황 발생시 주변 녹화 및 양방향 통화 등을 담당한다.

3Step : Semi-Private Zone은 로비폰, 무인택배 시스템, CCTV 시스템, 엘리베이터 제어, 자동심장제세동기(AED) 등으로 구분한다. 로비폰은 방문자 영상 확인 및 통화 가능(월패드, 경비실기, 휴대폰), 단지 공지 사항 표기, 택배 도착 알림 기능, 4"LCD 등을 담당한다. 무인택배 시스템은 택배물 보관 및 수령, 택배물 도착 알림(월패드 및 휴대폰으로 문자메시지 전송) 등을 담당한다. CCTV 시스템은 단지내 취약 지구 감시, 일반형, 돔형, 일체형, 야간감시용 등 다양한 카메라 구비 등을 담당한다. 엘리베이터 제어는 세대에서 엘리베이터 호출, 인증자만 엘리베이터 조작 가능, 주거부, 공용부 분리 운영(입주자 동선 분리) 등을 담당한다. 자동심장제세동기(AED)는 갑작스러운 심정지 상황 발생시 응급조치, 신속한 사용(패드 상시 접속), 간편한 조작(조작버튼 1개, 음성안내) 등을 담당한다.

4Step : Private Zone은 월패드, 비상버튼, 에너지 절약 기능(방범연동), 자석감지기, 가스감지기 · 화재감지기 · 열선감지기, 적외선감지기, 멀티도어락, 방범청소로봇 등으로 구

성한다. 월패드는 다양한 크기, 인테리어 맞춤형의 다양한 컬러, 차량도착 및 택배도착 알림(월패드 및 휴대폰), 주방TV, 욕실TV, 욕실폰, 서브폰, 경비실기 연동, CCTV 시스템과 연결하여 단지내 영상조회 가능, 원격 기능(휴대폰 이용) 등을 담당한다. 비상버튼은 인테리어에 따라 다양한 컬러를 선택할 수 있다. 에너지 절약 기능(방범연동)은 방범 세트시 전원 자동차단(일괄소등), 대기전력 자동차단 등을 담당한다. 자석감지기는 창이나 문의 개폐상태로 침입자를 감지하며, 가스감지기 · 화재감지기 · 열선감지기는 가스누출, 화재 및 인체의 열에 의한 사건 및 사고를 감지하고, 적외선감지기는 거실 창(외부)에 설치하여 침입을 감지한다. 멀티도어락은 도어카메라가 내장된 디지털도어락, 홈시큐리티 연동(방범세트/해제), 방문자 영상확인 및 통화 가능(월패드, 휴대폰) 등의 기능을 담당한다. 방범청소로봇은 청소 및 방범기능 일체형 로봇, 원격 영상조회, 원격 제어(스마트폰, PC), 양방향 통화 가능(스마트폰, PC), 중앙관제 연동 가능(옵션) 등을 담당한다.

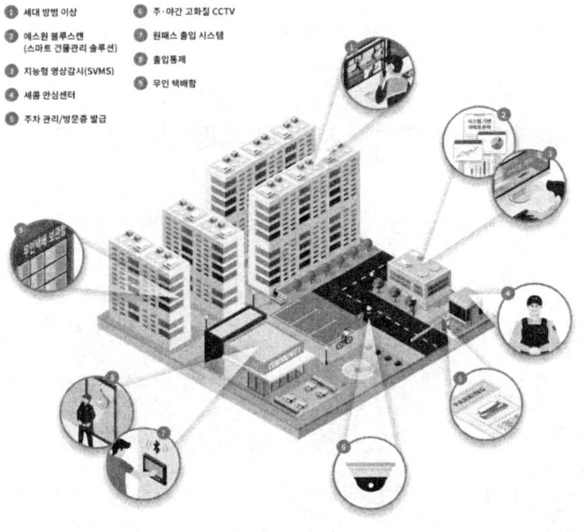

[그림 5-43] 에스원(S1)의 아파트단지(HUEN) 통합보안솔루션230)

2) 빌딩 통합보안솔루션231)

SK쉴더스(ADT캡스)는 무인경비는 물론 엘리베이터 제어, 주차관리, 출입통제 등 빌딩을 통합적으로 관리할 수 있는 ADT Sightcube에 효율적인 빌딩 에너지 제어 및 관리가 가능한 ADT BEMS(ADT Building Energy Management System)와 지능형 영상 감시

230) 에스원(S1), https://www.s1.co.kr/secom/household/huen, 검색일: 2024. 1.20.
231) ADT캡스, 중대형 빌딩 통합 보안솔루션, 2015, pp.2-15.

솔루션 ADT VMS(Video Management Software)의 유기적인 연동을 통해 중대형 빌딩에 최적화된 통합보안솔루션을 제공한다. ADT캡스의 중대형 빌딩 통합보안솔루션은 ADT Sightcube, ADT BEMS, ADT VMS, Surveillint, ADT 뷰가드, ADT SI Solution 등으로 구분할 수 있다(그림 5-44 참조).

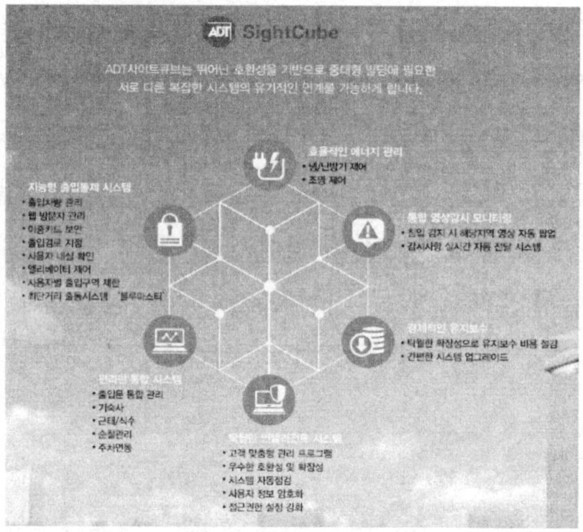

[그림 5-44] SK쉴더스(ADT캡스)의 통합빌딩관리 시스템(Sightcube)232)

ADT Sightcube는 중대형 빌딩을 위한 맞춤형 통합빌딩관리 시스템으로, 무인경비는 물론 엘리베이터 제어, 주차관리, 출입통제 등 빌딩을 통합적으로 관리할 수 있다. 또한 ADT BEMS, ADT VMS 등과의 유기적인 연동을 통해 지능형 영상감시와 에너지 모니터링 및 제어까지 한번에 가능하다. 서비스 특징은 인텔리전트 시스템, 강력한 출입통제, 에너지 관리(ADT BEMS), 탁월한 자동점검, 경제적인 유지보수, 지능형 모니터링(ADT VMS) 등이 있다. Sightcube의 주장치는 메인 주장치(CP-720EM), 슬레이브 주장치(CP-720ES), 락 주장치(CP-720LS) 등이 있다.

ADT BEMS는 빌딩의 에너지 데이터(에너지 사용량, 설비운전 현황, 실내환경 및 탄소배출량 등)를 원격 수집, 분석하여 빌딩의 에너지 사용량 추이, 에너지 낭비요소 및 자동제어 상태 등을 모니터링 할 수 있는 시스템이다. 에너지 관리 솔루션을 통해 빌딩관리자가 빌딩 내 전체 에너지를 최적화 시켜 운영할 수 있도록 지원하며 평균 5~15% 가량의 에너지를 절감할 수 있다. 서비스 특징은 에너지 사용량 분석, 에너지 절감 방안 수립, 과학적 체

232) 에스원(S1), https://www.s1.co.kr/secom/household/huen, 검색일: 2024. 1.20.

계적 시설관리, 효율적인 설비운영 방안 등이 있다. 시스템 구성은 냉열원, 온열원, 공조설비, 검출기, 계측기 등 설비 영역, 데이터 수집, 데이터 분석, 모니터링/제어/관리 등 솔루션 영역, 계측기 설치, 실시간 모니터링, 에너지 소비 현황 및 설비 성능 분석, 개선요소의 파악 및 조치 등 운영/관리 영역으로 구분할 수 있다.

ADT VMS는 빌딩 내 다양한 영상시스템을 통합 관리하고 지능형 영상분석솔루션의 연동을 통해 효율적인 모니터링을 지원한다. 또한, 오픈 플랫폼을 기반으로 사용자의 설비환경에 맞춰 쉽고 편리하게 설치 및 관리가 가능하다. 서비스 특징은 편리한 확장 시스템, 지능형 영상분석 시스템을 통해 보다 편리해진 분석기능, S/W기반의 오픈형 통합운영시스템, 높은 수준의 시스템 운영 안정성 제공 등이 있다. 시스템 구성은 카메라, ADT Sightcube, ADT VMS, 사용자로 구성하며 I/O 이벤트 발생, 이벤트 전송, 이벤트 신호분석 후 자체 알람 발생, 이벤트 발생 카메라 영상 픽업, 팝업 영상 전송, 영상 팝업, 실시간 표출 및 녹화 영상 검색 등 VMS의 기능이 ADT Sightcube에 통합된다.

Surveillint는 대규모 시설에 필요한 모든 보안시스템을 하나의 화면에서 손쉽게 확인할 수 있도록 한다. 개방형 플랫폼은 세계 주요 보안기업의 SDK(Software Development Kit)를 통해 서로 다른 브랜드의 보안장비를 부가 설치 없이 통합적으로 관리하도록 한다. 또한 사고 발생 시 자동화된 Business Logic을 통해 효과적으로 대처할 수 있으며, 다양한 사고원인 및 트렌드를 분석할 수 있어 공항, 항만, 기차역, 컨벤션센터 등과 같은 대규모 시설에 적합하다. Surveillint의 서비스 특징은 개방형 통합 플랫폼, 중앙집중식 정보 시각화, 양방향/지능형 커뮤니케이션, 탁월한 리포트 기능 등이 있다. 서비스 구성은 Security Operator, TCP/IP, Open SDK, Security System 등이 있다.

ADT 뷰가드는 고화질 영상촬영이 가능한 IP Megapixel Box 카메라, 고속처리가 가능한 All-In-One Bullet Style IR Box 카메라, 고화질 영상촬영이 가능한 IP Megapixel Dome 카메라, IR LED를 적용해 야간시 최적의 영상을 구현하는 PTZ 카메라, 설치가 용이하고 Onvif에 연동한 고화질 IP스피드돔 카메라, 야간 원거리 및 근거리가 동시에 식별 가능하고 외부 충격에 강한 IP 스피드돔 카메라 등을 사용하여 설치 장소별 최적화된 IP/HD-SDI 영상감시 솔루션을 제공한다.

ADT SI Solution은 고화질 Network Video Recorder, 무선 전송 시스템, 차량번호인식 주차시스템, 볼라드, 스피드게이트, 관제 모니터링 시스템, 보안 검색 시스템 등을 사용하여 다양한 니즈에 맞춘 빌딩 내·외부 관리 SI 솔루션을 제공한다.

제6장 외곽침입감지시스템

제1절 외곽침입감지시스템의 개요

제2절 외곽침입 감지장치

제3절 외곽침입 방지펜스

제1절 외곽침입감지시스템의 개요

1. 외곽침입감지시스템의 의의

1) 외곽침입감지시스템의 개념

외곽침입감지시스템(Perimeter Intrusion Detection System, PIDS)은 국가중요시설, 연구소, 대규모 공장 등 보호대상 특정시설의 외곽에 위치한 경계시설에 감지장치를 설치하여 외부의 침입을 감지하고 경보를 발령하며 이를 확인하는 시스템을 말한다. 최근 들어 CCTV 시스템이 보호대상 특정시설의 핵심 역할을 수행하고 있으나 카메라의 사각지대는 피할 수 없기 때문에 CCTV 시스템의 약점을 보완할 수 있는 시스템이 바로 외곽침입감지시스템이다.

따라서 외곽침입감지시스템은 침입감시센서 등을 사용하는 주 감지수단이 되며, CCTV 시스템은 보조 감지수단이 될 수 있다. 또한, 경비대상시설이 어느 곳이든 침입행위를 외부에서 빠르게 감지할 수 있으면 그 만큼 위험을 제거할 수 있는 가능성이 증가한다. 따라서 외곽침입감지시스템은 외부의 환경적 요인에 의해 많은 영향을 받으므로 외부침입감지시스템 선택 시 신중하게 고려하여야 한다. 특히, 사계절의 기상변화에 거의 영향을 받지 않아야 하며, 오경보 요소가 있으면 이를 분석하고 해결방안을 제시할 수 있어야 한다.[233)]

2) 외곽침입감지시스템의 종류

외곽침입감지시스템의 종류는 감지구역에 따라 선 감지, 면 감지, 입체(공간) 감지 등으로 구분할 수 있으며, 원리에 따라 물리적 힘을 이용하는 감지, 자기장이나 전기장을 이용한 감지, 빛이나 전파를 이용하는 감지 등으로 구분할 수 있는데, 본 서에서는 원리에 따라 종류를 구분하고 이를 알아보도록 한다.

물리적 힘을 이용하는 감지는 펜스 전면에 트립와이어(Tripwire)를 설치하여 장력 변화를 감지하는 장력 감지기(Taut Wire Sensor), 압전효과를 이용하여 진동과 압력을 감지

---

233) 아이제이일렉트론, 자력식 센서케이블용 위치감지모듈 기술개발, 중소기업기술정보진흥원, 2014, p.10.

하는 펜스 진동 감지기(Fence Vibration Sensor), 모션센서가 6개 방향(전, 후, 좌, 우, 상, 하)으로 진동을 감지하는 자이로 감지기(Gyro Sensor) 등이 있다.

자기장이나 전기장을 이용한 감지기는 자석 사이에 케이블을 배열하여 진동 시 자기장의 변화를 감지하는 자력식 케이블 감지기(Magnetic Cable Sensor), 전하센서 케이블의 감응 기전력의 변화를 감지하는 펜스 전하 감지기(Fence Electric Charge Sensor), 케이블 사이에 형성되는 전자장(Electrostatic Field)의 변화를 감지하는 전장 감지기(Electric Field Sensor), 케이블 사이에 형성되는 커패시턴스의 변화를 감지하는 커패시턴스 감지기(Capacitance Sensor), 지중에 매설하여 케이블 주위에 전자기장을 생성하여 침입자를 감지하는 수평 전장 감지기(Horizontal Electric Field Sensor), 금속물체의 이동에 의하여 발생하는 지구자기장의 변화를 감지하는 원거리 금속 동작 탐지센서(Snooper) 등이 있다.

빛이나 전파를 이용하는 감지기는 적외선 송신기와 적외선 수신기를 사용하여 적외선이 중단되거나, 반사되는 것을 침입을 감지하는 적외선 감지기(Active Infrared Detector), 마이크로웨이브가 물체에 의해 반사되면서 주파수 변화가 있을 경우에 감지하는 마이크로웨이브 감지기(Microwave Sensor), 복합적 감지 기능을 가진 콤비네이션 감지기(Combination Sensor), 레이저 펄스를 발사하고, 그 빛이 주위의 대상 물체에서 반사되어 돌아오는 것을 감지하는 라이다 감지기(Lidar Sensor), 광케이블에 레이저광을 투사하여 충격시 레이저광의 산란으로 변화되는 값을 분석하여 감지하는 광케이블 감지기(Fiber Optic Sensor), 펜스 전면에 광케이블망을 설치하여 레이저광의 산란으로 변화되는 값을 분석하여 감지하는 광망 감지기(Optical Network Sensor), 지하에 매설하고 자기장, 빛을 이용하는 매설형 케이블 감지기(Buried Cable Sensor), 레이더를 이용하여 물체의 속도, 방위각, 고각 등을 추적하는 레이더 감지기(Radar Sensor) 등이 있다.

외곽침입감지시스템의 성능을 결정하는 주요요소는 오경보율(False Alarm), 탐지율(Detection), 내구성 및 유지보수(Durability & Maintenance) 등이 있다. 과거에는 적외선 감지기, 마이크로웨이브 감지기 등 방범용 감지기를 외곽침입감지시스템에 주로 사용하였으나, 최근에는 케이블형 감지기도 많이 사용하고 있다. 케이블형 감지기를 많이 사용하는 이유는 케이블형 감지기가 적외선 감지기, 마이크로웨이브 감지기 등 방범용 감지기에 비해 외곽지역 등 열악한 환경에서도 오경보가 적게 발생하고, 케이블의 특성상 침입지역을 확인하는 것이 용이하기 때문이다. 또한 전파나 잡음의 영향에 대해서도 상대적으로 강하기 때문에 다양한 지형 및 구조에 설치할 수 있다.

2. 외곽침입감지시스템의 구성

1) 외곽침입감지시스템의 구성요소

외곽침입감지시스템은 보호대상 특정시설의 경계시설에 설치하는 마이크로웨이브 감지시스템, 광케이블 감지시스템, 근접센서 시스템 등 감지장치 종류에 따라 구분되나 일반적인 구성은 감지장치, 프로세서(Processor), 통신부, 경보수신장치, 중앙통제장치 등으로 구분할 수 있다. 이 중에서 감지장치, 프로세서는 옥외에 설치하고 경보수신장치, 중앙통제장치는 옥내에 설치하며 통신선로가 옥외와 옥내를 연결한다. [그림 6-1]은 외곽침입감지시스템의 기본구성을 나타낸 것이다.

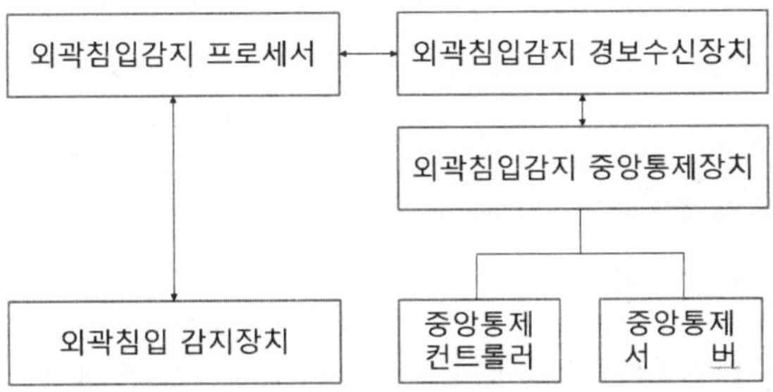

[그림 6-1] 외곽침입감지시스템의 기본구성

외곽침입 감지장치는 보호대상 특정시설의 외곽에 위치한 경계시설에 설치하여 외부의 침입을 감지하는 장치를 의미한다. 기본적으로 진동 감지를 중심으로 하며 전장 또는 자장에 의한 감지도 병행한다. 외곽침입 감지장치는 독자적으로 설치할 수 없고 경계시설에 부착, 고정하여 사용하며, 외곽침입감시 프로세서에 감지한 신호를 지속적으로 전송하고 외곽침입감시 프로세서의 명령을 수행하기도 한다.

2) 외곽침입 감지장치

외곽침입 감지장치는 외곽침입 방지펜스의 형태에 따라 결정되는데 일반담장에 설치되는 형태는 적외선 감지기(Active Infrared Detector), 마이크로웨이브 감지기(Microwave Sensor), 콤비네이션 감지기(Combination Sensor), 라이다 감지기(Lidar Sensor), 레이더 감지기(Radar Sensor), 원거리 금속 동작 탐지센서(Snooper) 등이 있고,[234] 펜스에 적용되는 형태는 장력 감지기(Taut Wire Sensor), 펜스 진동 감지기

234) 적외선 감지기(Photo Electric Sensor), 마이크로웨이브 감지기(Microwave Sensor), 콤비네이션 감지기(Combination Sensor), 라이다 감지기(Lidar Sensor)는 제3장 기계경비시스템에서 기술하였다.

(Fence Vibration Sensor), 자이로 감지기(Gyro Sensor), 자력식 케이블 감지기(Magnetic Cable Sensor), 펜스 전하 감지기(Fence Electric Charge Sensor), 전장 감지기(Electric Field Sensor), 커패시턴스 감지기(Capacitance Sensor), 광케이블 감지기(Fiber Optic Sensor), 광망 감지기(Optical Network Sensor) 등이 있고, 지중에 적용되는 수평 전장 감지기(Horizontal Electric Field Sensor), 매설형 케이블 감지기(Buried Cable Sensor) 등이 있다.

외곽침입 감지장치와는 별도로 외곽침입 감지장치를 설치하는데 필수적인 시설인 외곽침입 방지펜스에 대한 이해가 필요하다. 외곽침입 방지펜스는 그물형 펜스(Chain Link Fence), 금속장식형 펜스(Wrought Iron Fence), 목재형 펜스(Wood Fence), 콘크리트 또는 블록형 펜스(Concrete or Block Fence) 등으로 구분하며, 가시형 철선(Barbed Wire), 면도날형 철선(Razor Wire) 등이 추가적으로 설치될 수 있다.

3. 외곽침입감지 제어장치

1) 외곽침입감지 프로세서[235)]

외곽침입감지 프로세서는 감지장치에서 전송되는 침입신호를 수신하는 침입감지시스템의 외곽용 전송장치이다(그림 6-2 참조). 경계시설에 부착된 감지장치에서 신호를 수집하고 통제센터에 통신선로를 통하여 경보신호를 전송한다. 각 프로세서는 외곽침입감지시스템의 감지장치의 담당 경계거리에 맞게 다수를 설치한다. 각각의 프로세스는 단일 통신선로를 통하여 통제센터와 통신할 수 있다. 외곽침입감지 프로세서는 옥외에 설치되므로 온도, 습도 등의 조건을 고려하여 선정하여야 한다.

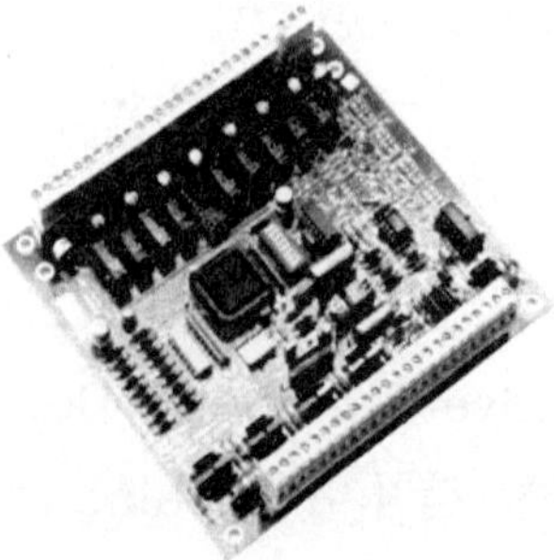

[그림 6-2] 외곽침입감지 프로세서

235) Secure-net, 침입감지센서시스템, 2010, p.4.

2) 외곽침입감지 경보수신장치

외곽침입감지 경보수신장치는 외곽침입감지 프로세서가 통신선로(RS-422)를 통하여 전송하는 경보신호를 수신하는 장비로서 통제센터에 설치된다. 일반적으로 현장상황도와 같이 연계하여 설치한다(그림 6-3 참조).

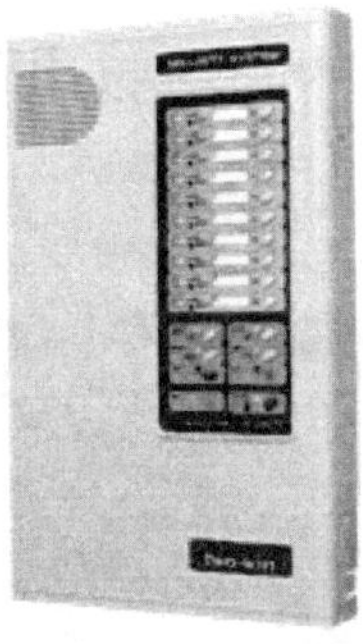

[그림 6-3] 외곽침입감지 경보수신장치[236]

3) 외곽침입감지 중앙통제장치

외곽침입감지 중앙통제장치는 침입자의 감지 및 CCTV 시스템과 연동하여 최대의 보안효과를 발휘할 수 있도록 구내 네트워크를 중심으로 통합 운영할 수 있다(그림 6-4 참조).

외곽침입감지 중앙통제장치는 외곽침입감지 중앙통제 컨트롤러와 외곽침입감지 중앙통제 서버로 구분된다. 외곽침입감지 중앙통제 컨트롤러는 외곽침입감지 경보수신장치로부터 침입상황을 전달받아 경보신호를 발령하며 외곽침입감지 프로세서를 조정하고 전달된 경보나 고장 등의 정보를 표시한다. 외곽침입감지 중앙통제 서버는 외곽침입감지 중앙통제 컨트롤러와 통신선로(RS-232C)로 연결되며 외곽 담장에 설치되는 CCTV 시스템으로부터 영상정보를 실시간으로 전송받아 모니터 상에 침입구역을 그래픽으로 표시하고 동시에 현장의 영상을 화면에 제공하고 자동 녹화하는데 외곽침입감지 중앙통제 서버의 모니터에는 외부침입 구간과 이에 해당하는 영상정보가 동시에 표시되어 비상 시 통제요원의 대처능력을 향상시킬 수 있다.[237]

---

236) Secure-net, 침입감지센서시스템, 2010, p.6.
237) Secure-net, http://www.secure-net.co.kr, 검색일: 2010. 1. 2; 보안뉴스, 차세대 외곽보안 솔루션으로 뜬다, 2006.12.27, 내용 재구성.

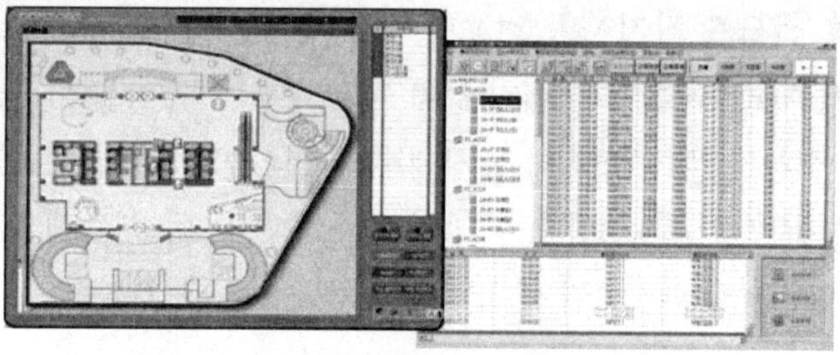

[그림 6-4] 외곽침입감지 중앙통제장치[238)]

제2절 외곽침입 감지장치

1. 물리적 힘을 이용하는 감지장치

1) 장력 감지기(Taut Wire Sensor)

장력 감지기(Taut Wire Sensor)는 펜스의 진동을 감지하는 것이 아니라 장력의 변화를 감지하는 소형 스위치이다. 장력 감지기는 원통형 도체 내에 고정되어 있는 이동가능한 중심막대로 구성된다(그림 6-5 참조).

장력 감지기가 펜스 상부의 가시형 철선에 설치되면 침입자가 펜스를 기어오르는 것은 감지할 수 있지만 펜스의 하부를 절단하여 침입하는 것은 감지할 수 없다. 장력 감지기는 기상, 작은 동물 등에 의한 오경보에는 강하지만 큰 동물에 의한 오경보가 발생할 수 있으며 장력 감지기의 철선이 느슨해지면 감지를 못할 수도 있다. 장력 감지기도 대부분의 외곽침입감지시스템과 마찬가지로 지중으로 땅굴을 파거나 다리를 놓아 넘어가는 경우에는 취약할 수 있다.

장력 감지기의 핵심부품은 라인 디텍션(Line Detection) 방식과 중앙감지식 방식이 있다. 라인 디텍션(Line Detection) 방식은 1줄당 1개의 센서로 감지하며 평지 및 산악지형 설치시 비용 증가가 없고, 펜스의 현재 장력하중을 원격지에서 모니터링 가능(펜스 기울어짐 등 모니터링 및 예방 가능), 센서 고장시 감지 Zone별 무중단 운영 가능(해당 센서만 교체), 기존 펜스와 포스트에 가해지는 하중 부담이 적음(구조물 경량화), 구조물 경량화에 따른 설치 및 유지보수 용이 등의 특징을 가지며, 감지 및 장비 가동율이 뛰어나지만 기존 울타리가 있을 경우에는 부착식으로 사용한다. 중앙감지식 방식은 여러 줄의 트립와이어

238) Secure-net, **침입감지센서시스템**, 2010, p.7.

(Tripwire)를 1개의 센서로 감지하며 견고한 평지에 설치할 수 있으며, 산악지형 설치시에는 비용이 증가하고, 펜스의 현재 장력하중을 원격지에서 모니터링 가능(펜스 기울어짐 등 모니터링 및 예방 가능), 산악 및 굴곡 지형 설치시 구축비용 증가의 특징을 가지며, 기존 울타리가 없을 경우에는 장력시스템만을 설치하여 울타리 및 시스템 역할을 겸할 수 있다. 장력 감지기를 사용하는 외곽침입감지시스템의 구조물은 트립와이어의 양쪽 끝을 고정하고 찬넬로 제작하는 앙카 포스트(Anchor Post), 트립와이어의 수평을 유지하고 앵글로 제작하는 스파이럴 포스트(Spiral Post), 장력 감지기를 설치하고 Zone의 중앙 위치하며 각 파이프로 제작하는 센서 포스트(Sensor Post), 침입으로 인한 절단, 굴곡 및 벌림 시 변화값을 발생하고 SUS 와이어로 제작하는 트립 와이어 등이 있다.[239)]

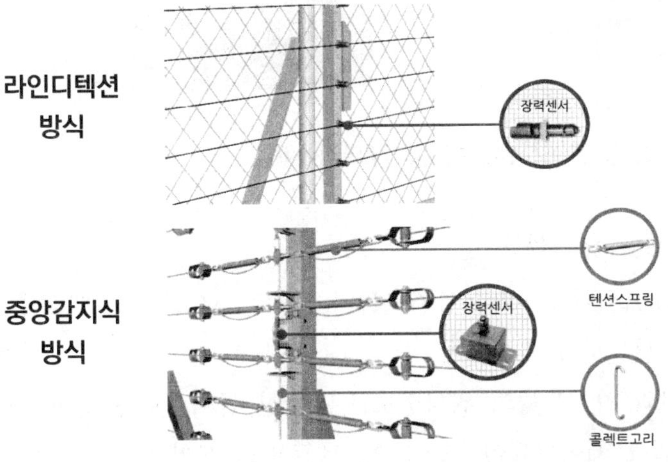

[그림 6-5] 장력 감지기

2) 펜스 진동 감지기(Fence Vibration Sensor)

펜스 진동 감지기(Fence Vibration Sensor)는 펜스에 설치되어 절단(Cutting), 넘기(Climbing), 썰기(Sawing), 들기(Lifting) 등의 침입시도를 감지한다(그림 6-6 참조). 펜스 진동 감지기는 전자기계형 감지기(Electro-Mechanical Sensor), 압전 감지기(Piezo Electric Sensor) 등 두 가지로 구분할 수 있다. 전자기계형 감지기는 진동을 감지하기 위하여 관성 스위치 또는 수은 스위치를 사용하는데 관성 스위치는 두 개 내지 세 개의 전기접점을 가지는 폐쇄 전기회로를 구성하고 침입을 시도하는 경우에 전기접점이 끊어지는 것을 감지하며, 수은 스위치는 유리관 안에 소량의 수은을 밀봉하여 개방 전기회로를 구성하

239) SELECS, 장력감지시스템 소개서, 2023, pp.10-11.

고 침입을 시도하는 경우에 전기접점이 연결되는 것을 감지한다. 압전 감지기는 물리적 충격을 전기신호로 변환하는데 이는 충격 감지기의 원리와 유사하다.

펜스 진동 감지기는 오경보 가능성이 항상 제기되는데 늘어지거나 흔들리거나 구부러지는 잘못된 펜스 설치는 펜스 진동 감지기의 작동에 부정적인 작용을 한다. 동물, 식물 등의 펜스 접촉에도 오경보가 발생하며 차량, 컨테이너, 건축물 등도 마찬가지이다. 또한 펜스 진동 감지기는 지하로 땅굴을 파서 침입을 시도하는 경우에도 취약할 수 있다.

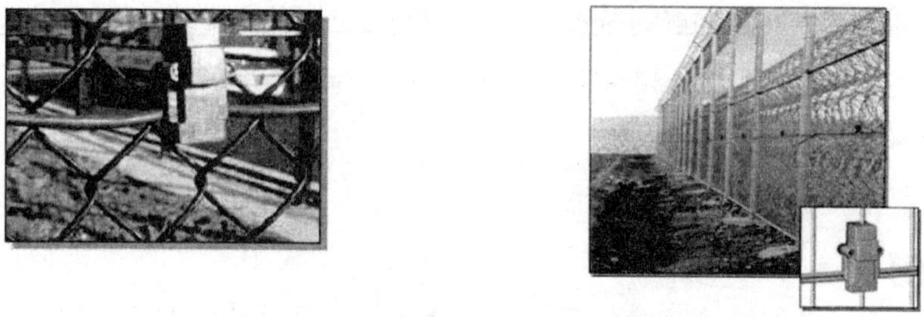

[그림 6-6] 펜스 진동 감지기[240]

3) 자이로 감지기(Gyro Sensor)[241]

자이로 감지기(Gyro Sensor)는 복수 개의 감지모듈이 일정간격으로 보안펜스에 부착되고, 상기 감지모듈은 6방향 모션센서가 포함되어, 펜스의 6방향(전, 후, 좌, 우, 상, 하) 진동을 감지하고, 감지된 모션정보와 감지모듈의 위치정보를 포함한 감지정보를 생성하고, 상기 데이터케이블의 일단에 네트워크 제어모듈이 연결되어, 네트워크 제어모듈이 감지모듈에서 출력되는 감지정보를 수신하고, 수신한 감지정보를 비교 분석하여 침입 여부를 판단하며, 침입이라고 판단되면 감시상황실로 침입신호를 전송하는 것을 특징으로 한다(그림 6-7 참조).

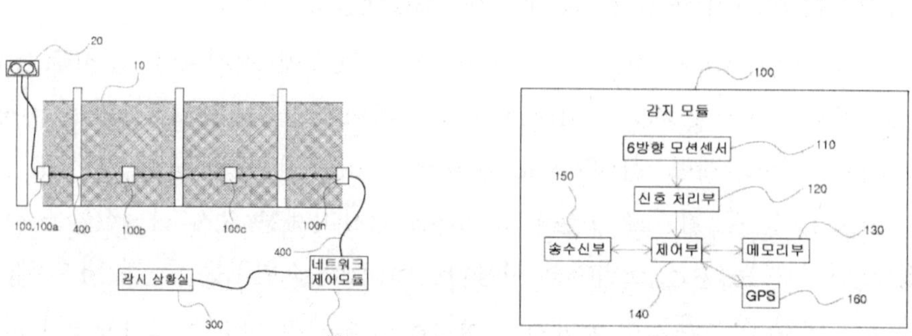

[그림 6-7] 자이로 감지기

240) ENGSIS, www.eng.sis-group.com, 검색일: 2010. 7. 1.
241) 특허청, 보안펜스 침입감지시스템 및 침입감지방법, 등록특허 10-1046635, 2011.

감지모듈은 ① 보안펜스에 부착되어 침입을 감지하는 6방향 모션센서, ② 6방향 모션센서에서 출력된 신호를 증폭 및 필터링하고 아날로그 신호를 디지털 신호로 변환하는 신호처리부, ③ 감지모듈의 위치정보 및 신호처리부, ④ 6방향 모션센서 제어에 필요한 데이터가 저장되는 메모리부, ⑤ 신호처리부에서 전송받은 감지신호 및 위치정보가 포함된 감지정보를 생성하고, 송수신부로 감지정보 전송을 제어하는 제어부, ⑥ 제어부에서 생성된 감지정보를 네트워크 제어모듈로 전송하는 송수신부 등으로 구성된다.

6방향 모션센서는 지구자계의 자속밀도에 감응하는 고감도 마그네틱 센서로 나침반과 같이 동서남북 정보를 수집하는 지자기센서, 센서에 가속도가 가해지면 마이크로 액추에이터가 이동하여 정전용량이 변화하고 이 변화를 판단하여 움직임을 감지하는 가속도센서, 회전하는 각의 수직방향으로 전향력(Coriolis force)이 발생되어, 압전소자에 압력이 가해져 전하가 발생하는 원리로 회전을 감지하는 자이로센서로 구성되는 것을 특징으로 한다.

침입자가 펜스를 절단할 경우, 펜스 사이의 장력이 약해지면서, 펜스가 좌, 우로 흔들리게 되고, 6방향 모션센서가 좌, 우로 진동을 감지하여 감지신호가 출력된다. 이때, 6방향 모션센서는 상, 하, 좌, 우, 전, 후의 모션 데이터에서 고유 진동수 주파수를 제외한 다른 주파수 성분을 제거한 후, 좌우 모션 데이터의 진동주파수 성분을 다른 방향의 주파수 성분보다 강하게 출력한다. 6방향 모션센서는 월담 또는 절단 등의 침입 형태를 파악할 수 있고, 주파수 성분을 출력할 때, 각각의 감지모듈이 자신의 Mac주소도 함께 출력하게 됨으로써, 제어부는 여러 개의 감지모듈 중 가장 큰 진동을 감지한 감지모듈의 Mac주소를 판별하여 침입 위치정보를 취득한다.

2. 자기장이나 전기장을 이용하는 감지장치

1) 자력식 케이블 감지기(Magnetic Cable Sensor)[242)]

자력식 케이블 감지기(Magnetic Cable Sensor)는 정밀자계 변화에 의한 전류 발생의 원리를 응용한 케이블을 펜스에 설치해 침입자에 의한 충격, 절단 또는 월담시 발생하는 진동 및 음향 분석신호를 받아 외부침입을 경고하고, CCTV 카메라를 통해 감지된 침입지역에 대한 실시간 영상감시체계를 구현한다. 자력식 케이블 감지기는 자외선에 강한 폴리에틸렌 외피와 영구 고무자석을 중심으로 실리콘 처리된 특수튜브에 쌓여진 나선형 와이어(Spiral Wire), 그리고 유동성의 신호감지 와이어를 둘러싼 영구 고무자석에서 자계를 형성하고, 신호감지 와이어의 상하좌우 움직임에 따른 전류의 변화를 분석해 외부의 불법침입을

242) 아이제이일렉트론, 자력식 센서케이블용 위치감지모듈 기술개발, 중소기업기술정보진흥원, 2014, pp.15-16.

경호한다. 이로 인해 외부의 침입에 의한 펜스 월담이나 절단 시에도 발생되는 케이블의 진동 및 음향신호를 분석, 이를 알람 및 음성 형태로 관리자에게 전송한다(그림 6-8 참조).

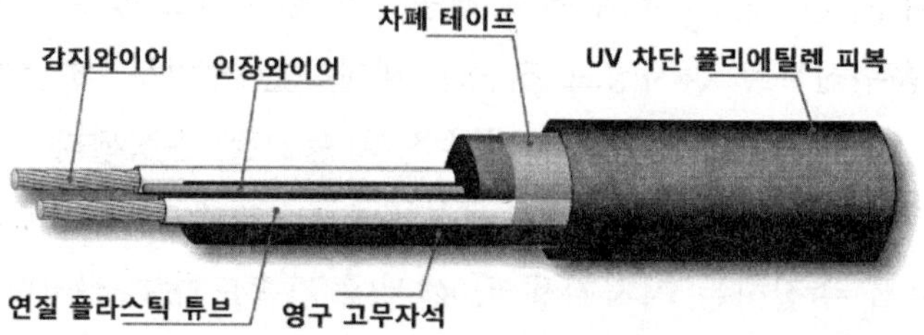

[그림 6-8] 펜스 진동 감지기

2) 펜스 전하 감지기(Fence Electric Charge Sensor)[243]

펜스 전하 감지기(Fence Electric Charge Sensor)는 감지기 자체의 전기신호를 발생하거나 전자기장을 형성하지 않는 수동형 전하감지 케이블 내에서 발생되는 마찰 기전력 변화에 기초한 전하 분리를 이용하는 원리로 특정범위 전하의 변화에만 반응하여 침입을 감지한다. 기본적으로 펜스 침입시 수동형 전하감지 케이블 내에 미세한 변형이 발생하면 대전(Electrification)이 발생하고, 도체와 절연체 사이에 전하가 분리되며, 음(-) 전하 신호에 의한 컨트롤러의 침입경보가 발생한다. 전하감지케이블(Electric Charge Sensing Cable), 연결케이블, 상기 전하감지케이블에서 발생한 신호를 감지하는 아날로그 센싱 유니트(Analog Sensing Unit, 상기 아날로그 센싱 유니트로부터 수신한 감지정보를 중앙통제실의 중앙통제서버나 CCTV에 전송하는 디지털 콘센트레이터 유니트(Digital Concentrator Unit) 등으로 구성되어 마찰전기의 전하분리의 원리를 이용하여 외부의 침입을 감지한다.

펜스 전하 감지기는 펜스의 기어오름, 사다리를 이용한 월담, 지붕을 통한 침입을 감지하며, 땅굴을 파거나 펜스에서 뛰어내리는 것도 감지할 수 있다. 자연광, 자외선 등 빛이나 눈, 비, 이슬, 안개, 습도, 연무 등 악천후, 자기장, 전파 등 전자기의 영향도 상대적으로 적다(그림 6-9 참조).

243) GES, PIDS Fence - Electric Charge Sensor Fence, 2011; **특허청, 침입감지 휀스시스템, 공개번호** 10-2009-0110735, 2009.

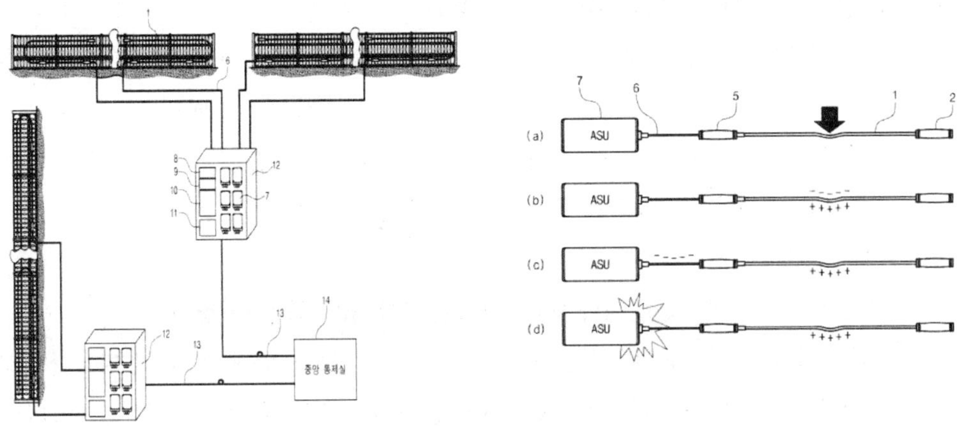

[그림 6-9] 펜스 전하 감지기

3) 전장 감지기(Electric Field Sensor)

전장 감지기(Electric Field Sensor)는 케이블 사이에 형성되는 전자장(Electrostatic Field)을 이용하는데 전장 감지기에서 사용하는 케이블은 모두 펜스를 따라 수평으로 설치한다. 전장 감지기는 침입자가 펜스에 접근할 때 전자장 내에서 발생하는 왜곡이나 변화를 감지하도록 되어 있다(그림 6-10 참조).

전장 감지기도 오경보가 발생할 수 있으나 진동 감지기, 광케이블 감지기에 비해 오경보율이 상대적으로 낮다. 비, 눈, 번개 등의 기상조건은 전장 감지기에 악영향을 미칠 수 있으며 동물, 식물도 오경보의 원인이 될 수 있다. 케이블 사이 간격이 넓을 경우는 그 사이를 침입자가 통과할 때 감지하지 못할 수도 있으므로 유의해야 한다. 전장 감지기도 지중으로 땅굴을 파거나 다리를 놓아 넘어가는 경우에는 취약할 수 있다.

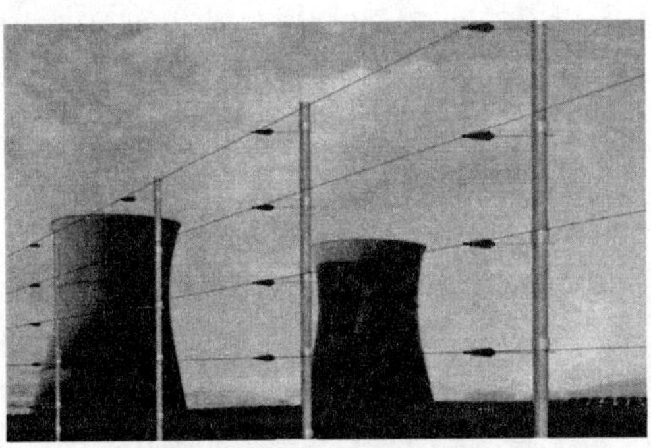

[그림 6-10] 전장 감지기

4) 커패시턴스 감지기(Capacitance Sensor)

커패시턴스 감지기(Capacitance Sensor)는 전자장(Electrostatic Field) 내의 변화를 감지하는데 전자장은 일반적으로 서로 근접하여 설치되는 전선 3개에서 발생한다. 지면과 각각의 전선 사이에는 커패시턴스(정전용량)가 발생하고 지속적으로 측정된다. 감지된 신호에 따른 커패시턴스 변화는 외곽침입 프로세스에 전송되어 경보 발령 여부를 결정하게 된다(그림 6-11 참조).

커패시턴스 감지기는 최적의 설치에서 커패시턴스를 유지하기 위한 고도의 유지가 필요하며, 기상(바람), 동물, 식물 등에 의한 진동에 따른 오경보가 발생할 수 있다. 커패시턴스 감지기도 지중으로 땅굴을 파거나 다리를 놓아 넘어가는 경우에는 취약할 수 있다.

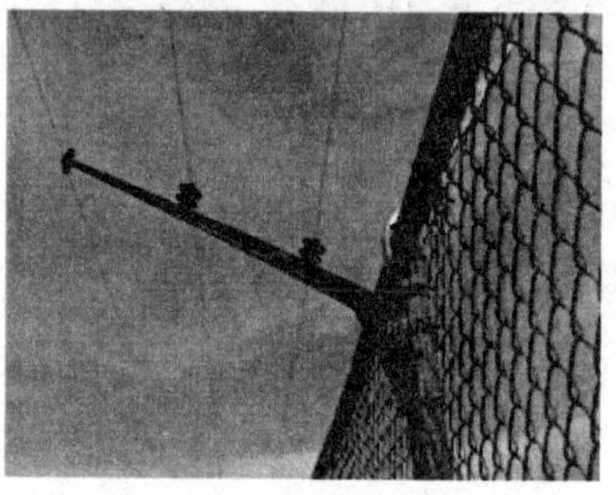

[그림 6-11] 커패시턴스 감지기

5) 수평 전장 감지기(Horizontal Electric Field Sensor)

수평 전장 감지기(Horizontal Electric Field Sensor)는 지중에 매설하여 케이블 주위에 전자기장을 생성하여 침입자를 감지하는 외곽침입 감지기이다. 외부의 침입에 의해 케이블 주위의 전자기장이 교란되면 침입경보를 발생하며, 외곽침입 프로세스에 의해 통제센터로 경보가 전달된다. 수평 전장 감지기는 지중에 매설되기 때문에 침입자가 수평 전장 감지기의 설치 여부와 설치 위치를 인지하기가 어렵다. 또한, 비, 눈, 바람 등과 같은 악천후와 낙엽, 동물 등과 같은 외부요인에 의한 오경보율이 상대적으로 낮다(그림 6-12 참조).

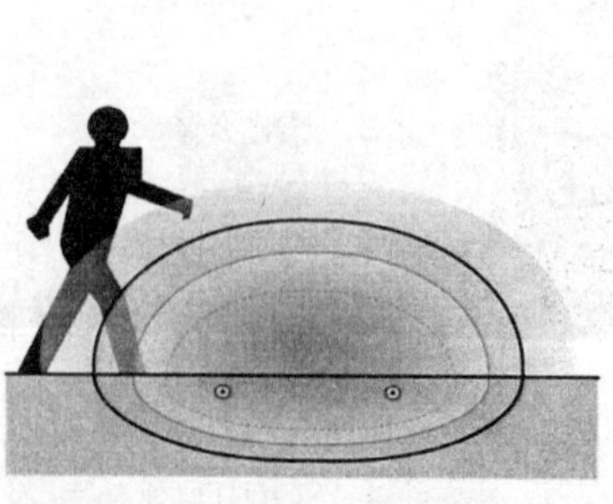

[그림 6-12] 수평 전장 감지기[244)]

6) 원거리 금속 동작 탐지센서(Snooper)[245]

원거리 금속 동작 탐지센서(Snooper)는 금속물체의 이동에 의하여 발생하는 지구자기장의 변화를 나노레벨의 정밀도로 감지할 수 있으며, 바람, 눈/비, 동물이나 사람의 움직임에 영향을 받지 않고 오로지 금속물체의 이동에만 반응하는 외곽침입 감지기이다. 특별한 구조의 아날로그-디지털 하이브리드 회로가 장착되어 있으며, 내장된 DSP에는 노이즈가 포함된 극미소 신호들로부터 목표 신호를 추출해 내는 특별한 구조의 디지털 신호처리기가 내장되어 있다. SQUID 센서[246]를 제외하면 지구상에서 가장 정밀한 자기센서인 원거리 금속 동작 탐지센서(Snooper)는 센서 주변의 자기장의 극소 변화를 감지함으로써, 군사용으로는 적군의 이동 감지에 이용되며, 민수용으로는 Body Scan이 필요 없는 획기적인 방식의 금속탐지기로 이용된다.

군사용 원거리 금속 동작 탐지센서(Snooper)는 전략적 요충지, 산길, 엄폐물 뒤 등에 설치된 원거리 금속 동작 탐지센서가 금속(총기류, 대검, 중화기 등)을 소지한 적군이 움직이는 신호를 감지할 수 있다. GP, GOP 부근이나 중요시설물 부근 등에 설치되어 아군의 시설을 보호한다. 종래의 일반 모션감지센서는 눈, 낙엽, 야생동물등의 움직임에 반응하므로 옥외에서 사용이 불가한 반면, 원거리 금속 동작 탐지센서는 움직이는 금속물체에만 반응하므로 숲속에서 몰래 움직이는 적군의 움직임만 추출하여 감지가 가능하다(그림 6-13 참조).

민수용 원거리 금속 동작 탐지센서(Snooper)는 두 개의 SNOOPER를 이용한 SNOOPER-DP System이 있으며, 표준 차단봉 위에 설치하도록 설계되어 있으며, 두 개의 센서 사이를 통과하는 금속물체의 움직임을 감지한다. SNOOPER-DP System은 특별한 구조의 보정회로가 내장되어, 엘리베이터 등과 같은 주변의 큰 금속 물체의 움직임을 보상하는 기능이 내장되어 일반 빌딩 안에 설치가 용이하다. SNOOPER-DP System을 사용하면 방문객은 거의 불편을 느끼지 않으며, 보안요원에게는 내방객에 대한 중요한 보안 정보를 제공한다.

244) DIRECTINDUSTRY, http://www.directindustry.com, 검색일: 2010. 1. 2.
245) MAGO Technology, https://www.magotec.com, 검색일: 2024. 1.21.
246) 초전도양자간섭소자(Superconducting Quantum Interference Device, SQUID)는 자기장 측정 소자로서 초전도 자기 현상을 이용한다. SQUID 센서는 자기장 측정장치 중에서 가장 감도가 높으며, 지구 자기장의 100억 분의 1크기의 자기장도 측정이 가능하다.

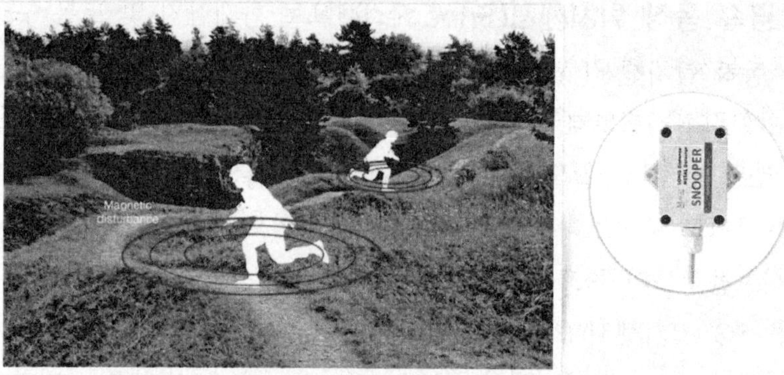

[그림 6-13] 원거리 금속 동작 탐지센서(군사용)

3. 빛이나 전파를 이용하는 감지장치

1) 광케이블 감지기(Fiber Optic Sensor)

광케이블 감지기(Fiber Optic Sensor)는 벽 내부에 설치하거나 펜스에 부착하여 사용하는데 침입을 감지하기 위해 전기신호를 사용하지 않고 LED(Light Emitting Diode)에서 나오는 빛이 광섬유를 통과하는 것을 이용하여 침입을 감지한다(그림 6-14 참조). 광케이블 감지기는 빛의 변화에 매우 민감해서 아주 작은 변화가 발생하더라도 이를 감지해서 경보신호를 발생하며 벽, 지붕, 또는 펜스에 설치할 수 있다.

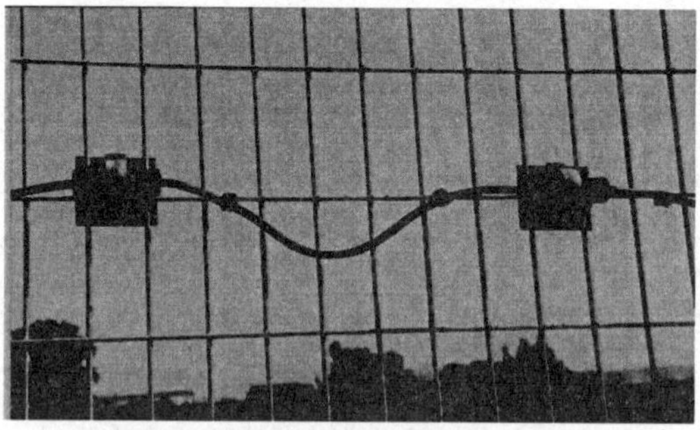

[그림 6-14] 광케이블 감지기

광케이블 감지기의 장점은 ① 재질이 석영이므로 습기와 같은 환경에 의한 부식이나 손실이 없어 반영구적 사용이 가능하고(내구성), ② 전자기파에 의한 영향을 받지 않고, ③ 측정값이 방해 및 간섭을 받지 않으므로 계측의 안정성이 높으며, ④ 낙뢰나 전기적 영향(누전, 감전, 합선) 등의 염려가 없어 안정적 계측관리가 가능하고(전자기적 중성), ⑤ 극한 환경(고온, 저온 등)에서도 작동 가능, ⑥ 고유한 반사 파장 값을 가지고 있어 상시 계측을 하지 않아도, 일정 주기 정기점검 수행으로 장기누적 변형 계측 가능, ⑦ 우수한 신뢰성 및 높은 계측 정밀도(센서 안정성), ⑧ 하나의 시스템으로 화재감지 및 토목 구조물 건전서 감시 등 여러 기능 동시 수행 가능, ⑨ 적절한 보수, 보강으로 수명 연장이 가능하여 비용 절감효과, ⑩ 현장설치 후 센서에는 전원공급 불필요, ⑪ 광케이블이 가볍고 손실이 적어 자거리 설치 및 계측 용이, ⑫ 센서 설치 이후 하나의 계측기로 여러 개소 이동 측정 가능(유지관리 및 사용 편의성), ⑬ 가스나 분진 등의 영향이 없고, 발화성이 없어 석유, 화학 등 중요 플랜트에 사용 가능 등의 장점이 있다.[247]

광케이블 감지기의 경우에도 오경보가 발생할 수 있는데 부적절한 설치가 원인이 될 수 있다. 얇은 석재, 합판, 철판 등은 미세한 진동을 발생하기 때문에 오경보가 발생할 수 있다. 광케이블 감지기 주변에는 진동을 일으킬 수 있는 어떠한 기계장치도 없어야 하는데 항공기, 열차, 트럭 등 대형 교통수단도 마찬가지이며, 라디오 주파수, 전자기 간섭, 급격한 온도변화, 바람에 의한 부유물 등도 오경보의 원인이 될 수 있다. 부실한 펜스 설치로 인한 펜스 흔들림은 광케이블 감지기의 주요한 오경보 원인이다. 광케이블 감지기도 펜스 진동 감지기와 마찬가지로 지하로 땅굴을 파서 침입을 시도하는 경우에는 취약할 수 있다.

2) 광망 감지기(Optical Network Sensor)[248]

광망 감지기(Optical Network Sensor)는 기본원리는 광케이블 감지기와 유사하며, 광섬유케이블망을 경계구역에 반복점으로 설치하여 사용한다(그림 6-15 참조). 광펄스 송수신부의 광펄스 입사부에서 광펄스를 광섬유케이블의 일단에 주기적으로 입사하면 입사된 광펄스는 광섬유케이블망을 돌아 송수신부의 수신부로 수신되며 이는 광망시스템은 정상으로 인식되어 경보가 발생하지 않는다. 그러나 철책을 침입하기 위하여 철책을 타고 넘거나 당기거나 절단하면, 반드시 광섬유케이블이 광섬유도 절단하게 된다. 따라서 입사된 광펄스는 광섬유의 절단부에서 대부분 공기중으로 발산되고 그중 극히 미량(약 4%이하)의 광펄스가 반사하여 역으로 진행하여 입사부로 되돌아 온다. 이를 에코(Echo) 광펄스라고 한다.

이때의 에코 광펄스는 미약하기 때문에 순차적으로 입사하여 되돌아오는 에코광펄스를 디지탈 적분기에 의하여 누적시키어 에코광펄스값을 높힌 다음 광펄스가 광섬유케이블망의 전 길이의 광펄스가 입사된 시점으로부터 에코광펄스가 돌아오는 시간을 대비하여 광섬유 케이블망의 침입위치를 수치적으로 파악하게 된다. 즉 송수신부에서 에코 펄스를 수신하면 마이크로 프로세서에 알리는 동시 미약한 에코 광펄스는 순차적으로 수신되는대로 디지탈 적분기에 누적하여 배경 잡음레벨로부터 순수한 에코 광펄스만을 취하여 광펄스의 발

247) 에프비지코리아, 주조물 안전성 모니터링을 위한 광섬유 센서, 2019.
248) 특허청, 광망 경비 시스템, 등록번호 1010040010043, 1995.

신하여 에코 광펄스가 수신되는 시차의 데이터를 마이크로 프로세서에 의하여 침입위치를 수치적으로 계산하여 액정 표시부에 표시하는 동시 경보부에서 경보가 울린다. 또한 침입위치에 관한 데이터 등은 전송부를 통하여 CCTV나 중앙통합운영장치와 연동할 수 있다.

철책에 설치된 광케이블망이 비바람이나 적설에 의하여 절단되지 않으면서 철책을 침입하기 위하여 잡고 당기거나 철책 위에 덮개를 덮고 넘을 경우의 하중(10kg이상)에 대해서는 반드시 절단되는 광섬유 케이블에 의하여 광망 경비시스템을 구성하기 때문에 경계철책에 대한 감지된 데이터의 성분이 분명하여, 경보에 오동작이 없고, 침입에 대하여는 거의 100% 감지하는 동시에 넓은 범위에서도 10m 오차 범위로 정확하게 침입위치를 파악할 수 있다.

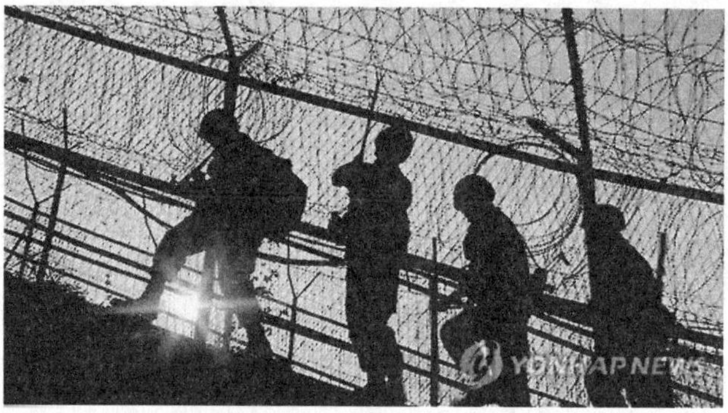

[그림 6-15] 광망 감지기249)

3) 매설형 케이블 감지기(Buried Cable Sensor)250)

매설형 케이블 감지기(Buried Cable Sensor)는 지하에 매설하며 자기장, 빛을 이용하여 외부의 침입을 감지한다. 변형 동축케이블을 사용하는 매설형 분극 케이블 감지기와 광통신 케이블을 사용하는 매설형 광섬유 케이블 감지기로 구분된다(그림 6-16 참조). 매설형 케이블 감지기의 장점은 외부로부터 숨길 수 있고, 지형지물을 이용할 수 있다는 점이다. 매설형 케이블 감지기의 단점은 매설지점 위에 관목이나 나무가 자라면 감지가 어려워 지속적인 관리가 필요하다는 점이다. 케이블을 일정한 깊이로 매설하는 것이 대단히 중요하며 토양의 전도율 변화도 감지기의 성능에 영향을 미친다.

---

249) 서울신문, 軍 경계감시장비, 2020년 11월 26일.

250) Department of the ArmyField Manual, PHYSICAL SECURITY, FM 3-19.30, 2001, p.90.

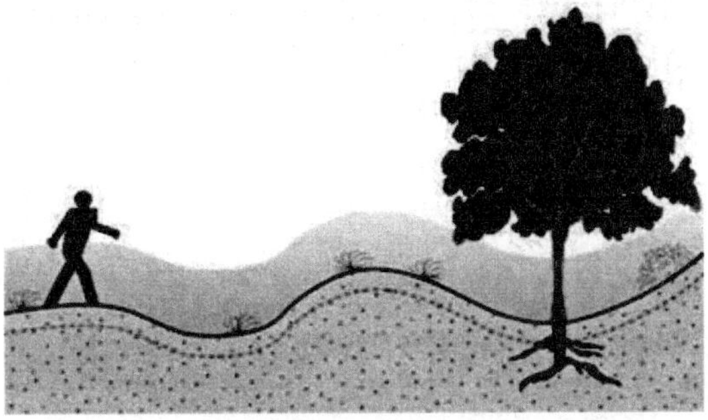

[그림 6-16] 매설형 케이블 감지기[251]

4) 레이더 감지기(Radar Sensor)[252]

레이더 감지기(Radar Sensor, Spotter Perimeter Surveillance Radar)는 인공 지능(AI)을 활용하여 경계, 지상, 공중, 해상 및 드론 탐지를 위한 고급 소형 감시 레이더(CSR) 시스템이다(그림 6-17 참조). 레이더 감지기는 가장 우수한 소형 감시 레이더를 만들고 지속적으로 개선하여 사고가 발생하기 전에 예방한다. 레이더 감지기의 핵심 솔루션은 광역 감지 및 추적을 통해 자동 경보 및 대응을 제공한다. 최첨단 레이더 기술을 사용하여 주변의 잠재적인 침입자의 위치를 정확히 찾아낸다. PTZ 카메라를 통해 실시간으로 어디를 볼지 알려주므로 가장 필요할 때 잘못된 방향을 보게 하지 않는다. 또한 알람을 VMS 플랫폼에 통합하여 필요한 방식으로 알람을 받을 수 있다.

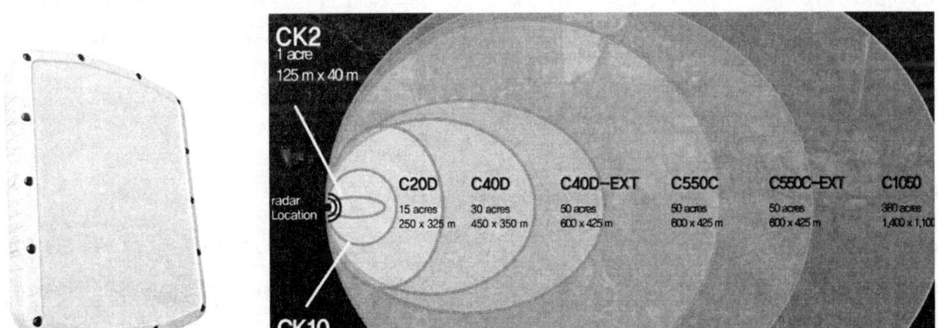

[그림 6-17] 레이더 감지기[253]

251) SONICSECURITY, http://www.sonicsecurity.co.uk, 검색일: 2010. 1. 2.
252) OPEXKOREA, https://www.optexkorea.com, 검색일: 2024. 1.24.
253) OPEXKOREA, 지상 및 수상 레이더 센서, 202, p.14.

제3절 외곽침입 방지펜스

1. 펜스(Fence)

1) 그물형 펜스(Chain Link Fence)

그물형 펜스(Chain Link Fence)는 가장 널리 사용하는 외곽경계용 펜스로서 경기장, 주차장, 군부대 등에서 많이 사용한다. 그물형 펜스의 재질은 그물 형태의 강철에 아연, 알루미늄을 도금하거나 플라스틱을 코팅하여 제작한다(그림 6-18 참조).

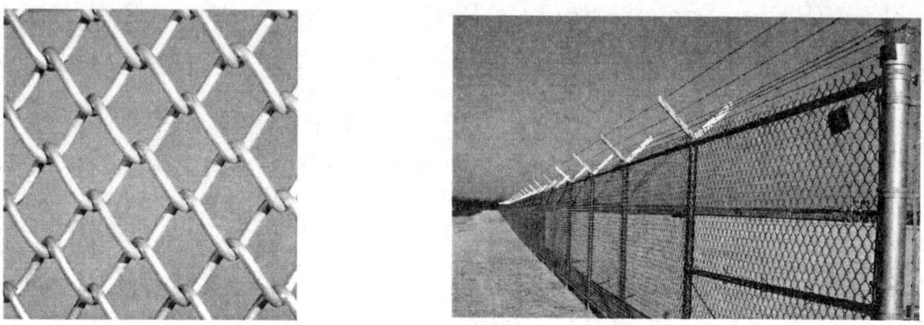

[그림 6-18] 그물형 펜스

펜스를 지지하는 기둥은 콘크리트에 고정하고, 바닥은 지면과의 사이가 너무 많은 간격을 유지하는 것은 부적절하다. 상부는 상향 45° 각도로 꺾인 지지대를 설치하여 가시형 철선(Barbed Wire)을 부착하는 것이 일반적이다.

2) 금속장식형 펜스(Wrought Iron Fence)

금속장식형 펜스(Wrought Iron Fence)는 형태와 크기가 다양한데 거주지에서는 특히 장식이 화려하다. 금속장식형 펜스가 외곽경계용으로 사용되기 위해서는 침입자가 월담할 수 없도록 일정 높이 이상을 유지하고, 끝은 날카롭게 하여 외부인이 넘기 어렵게 제작하며, 상부는 상향 45° 각도로 꺾어서 설치하기도 하고, 지지기둥은 콘크리트 바닥에 고정하며, 펜스 바닥도 지면과의 사이가 너무 많은 간격을 유지해서는 안 된다(그림 6-19 참조).

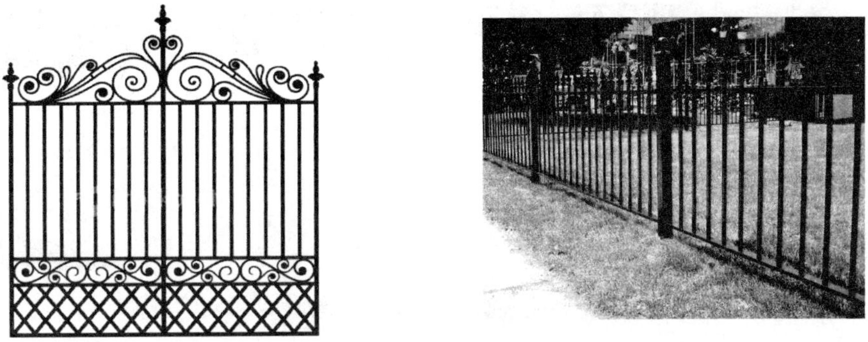

[그림 6-19] 금속장식형 펜스

3) 목재형 펜스(Wood Fence)

목재형 펜스(Wood Fence)는 그물형 펜스나 금속장식형 펜스에 비해 강도가 낮아서 직접적인 침입 방지보다는 침입을 지연하는 용도로 사용된다. 목재형 펜스는 일반적으로 주거용 시설에 많이 설치되므로 가시형 철선을 부착하지 않으나, 침입자가 월담할 수 없도록 일정 높이 이상을 유지해야 한다(그림 6-20 참조).

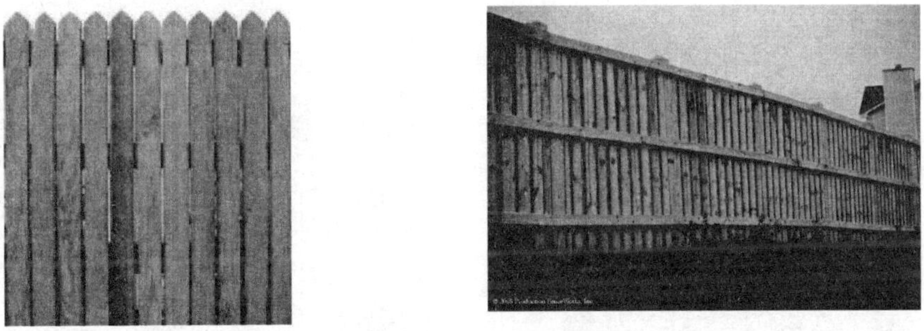

[그림 6-20] 목재형 펜스

4) 콘크리트 또는 블록형 펜스(Concrete or Block Fence)

콘크리트 또는 블록형 펜스(Concrete or Block Fence)는 발전소 등 산업용 시설에 주로 설치하며, 일반적으로 그물형 펜스, 금속장식형 펜스, 목재형 펜스 보다 높게 설치한다(그림 6-21 참조). 상부에 가시형 또는 면도날형 철선을 상향 45° 각도로 꺽어서 3가닥으로 부착하기도 하는데 일반적으로 아래 두 줄은 가시형 철선이, 맨 윗줄은 면도날형 철선을 설치한다.

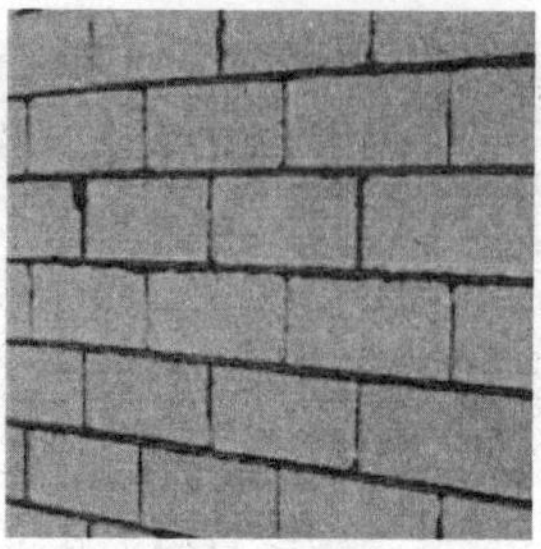
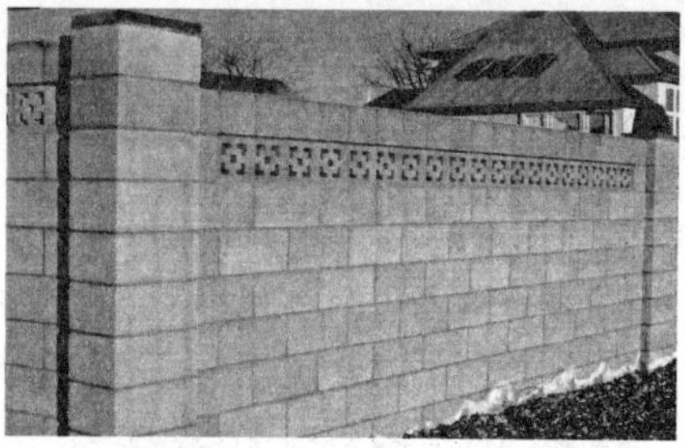

[그림 6-21] 콘크리트 또는 블록형 펜스

5) 펜스 출입문(Fence Opening)

펜스 출입문(Fence Opening)은 경계시설에서 취약한 장소이므로 유의해서 설치해야 한다. 펜스 출입문은 원칙적으로 펜스와 같은 재질로 제작하고 꼭 필요한 장소에만 설치해야 한다(그림 6-22 참조).

펜스 출입문은 실수로 인한 개방을 방지하기 위하여 자동적으로 닫히도록 하고 감지기나 근무자에 의한 관리를 시행하고 장기간 사용하지 않을 경우에는 시건 조치를 한다. 출입문의 지지기둥을 이용한 침입을 방지하기 위하여 가시형 또는 면도날형 철선을 상부에 설치한다.

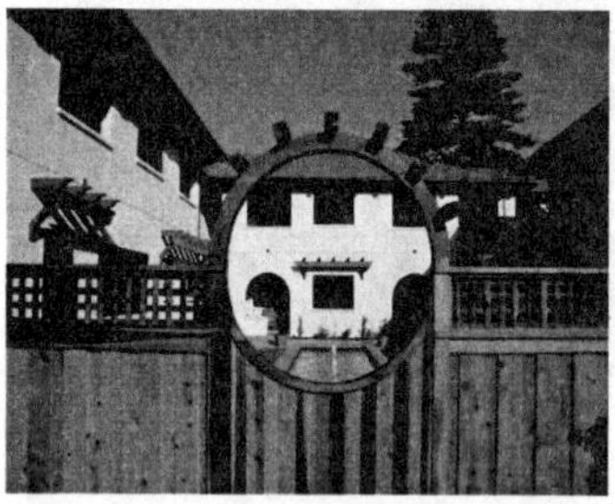
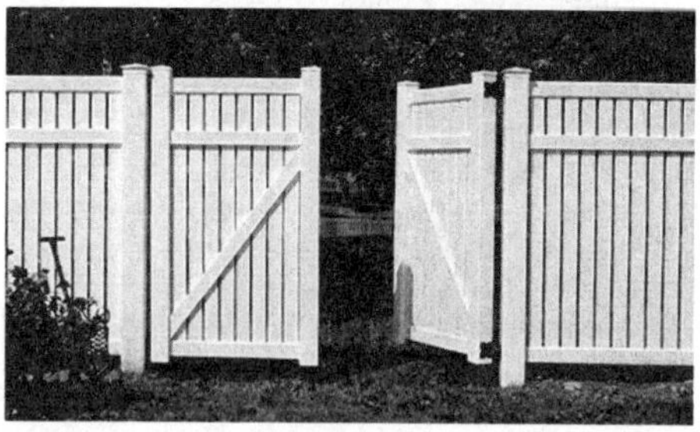

[그림 6-22] 펜스 출입문

2. 철조망

1) 가시형 철조망(Barbed Wire)

가시형 철조망(Barbed Wire)은 침입자에게 부상을 입힐 수 있는 가시를 일정 간격으로 부착한다. 가시형 철조망은 외곽침입 일반펜스의 상부에 설치하는데 가시형 철조망이 없으면 펜스는 침입을 예방하기 힘들 수 있다. 도구를 가진 침입자가 가시형 철조망을 제거할 수도 있지만 현재에도 가시형 철조망은 많이 사용되고 있다(그림 6-23 참조).

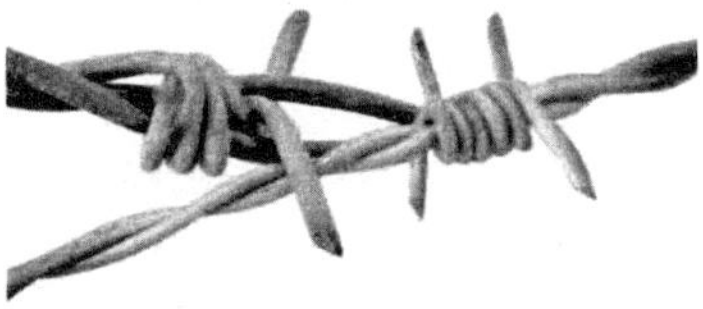

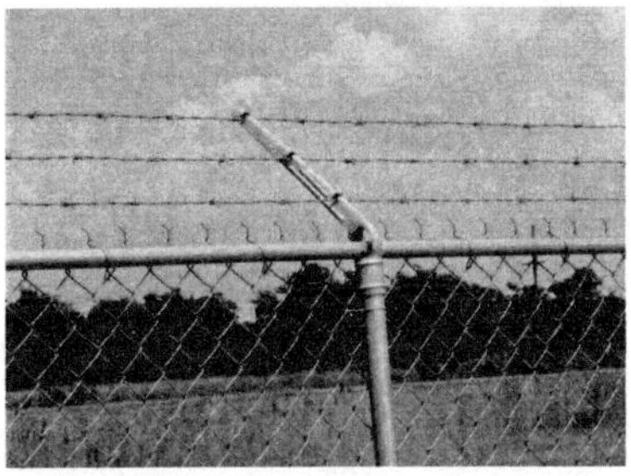

[그림 6-23] 가시형 철조망

2) 면도날형 철조망(Razor Wire)

면도날형 철조망(Razor Wire)은 아연도금이나 스테인레스 철선으로 제작되며 가시형 철조망과 유사하지만 보다 더 날카롭다(그림 6-24 참조). 면도날형 철조망은 설치가 빠르기 때문에 처음에는 군부대에서 사용했으며 교도소, 정부시설, 공업시설 등에서도 많이 사용한다. 면도날형 철조망은 침입자가 펜스를 넘거나 기어서 통과하는 것을 방지하기 위하여 펜스의 최상부나 바닥에 부착하거나, 펜스 상부, 하부, 그리고 펜스 중간 부분에 3중으로 설치하기도 한다.

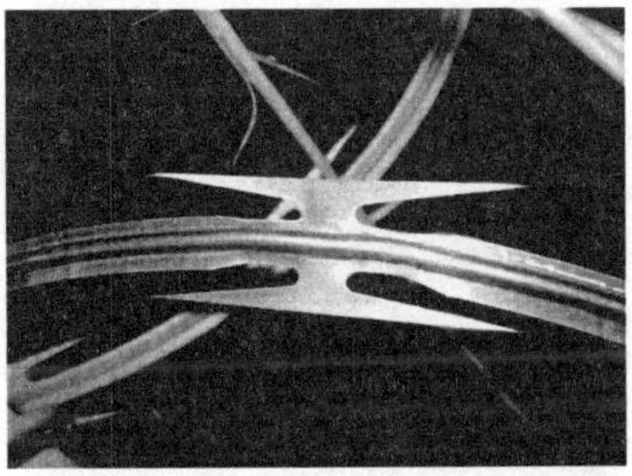

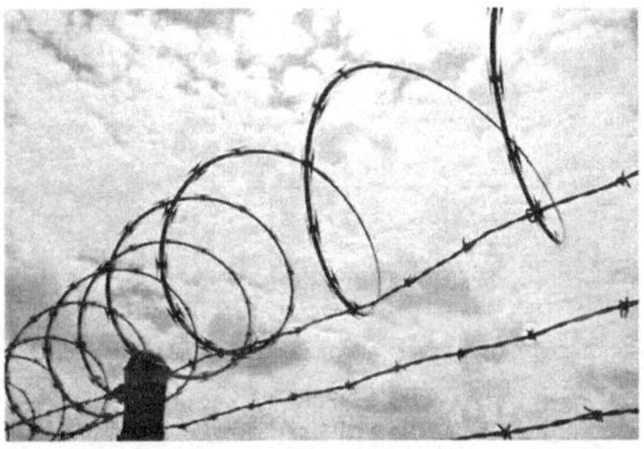

[그림 6-24] 면도날형 철조망

제7장 전자감지시스템

제7장 전자감지시스템

제1절 전자상품감지시스템

1. 전자상품감지시스템의 개념

1) 전자상품감지시스템의 의의

전자상품감지시스템(Electronic Article Surveillance, EAS)은 주요 물품에 태그(Tag), 라벨(Label), 핀(Pin) 등을 부착하여 해당 물품이 감지시스템을 통과할 경우에 정상적인 반출 여부를 확인하는 시스템을 말한다(그림 7-1 참조).

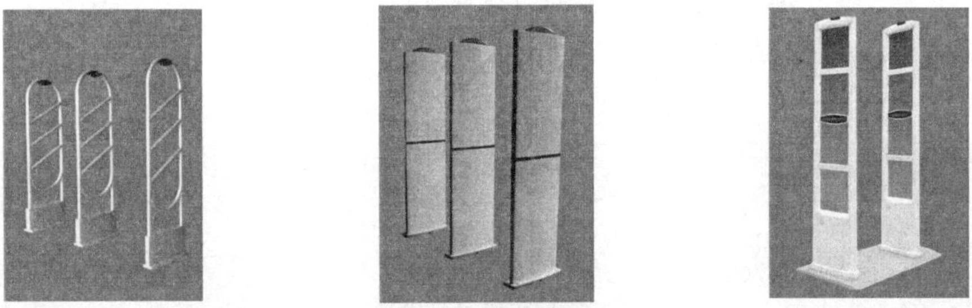

[그림 7-1] 전자상품감지시스템[254)]

전자상품감지시스템은 금속탐지기(Metal Detector), X-ray 검색기 등과 함께 전자감시시스템(Electronic Detection System)의 주요 영역 중의 하나로서 그 필요성과 수요가 증가하고 있다. 대부분의 할인매장, 도서관, 고급상품매장 등에서 전자상품감지시스템을 운용하고 있으며, 기업, 연구소 등에서도 재고관리, 보안 등의 목적으로 전자상품감지시스템을 도입하고 있다.

2) 전자상품감지시스템의 구성

전자상품감지시스템은 출입구나 계산대에 설치된 감지시스템(A)과 도난 방지를 위해 물품에 부착된 태그(Tag) 또는 라벨(B), 그리고 출입구나 계산대에 설치되어 태그를 분리하거나 라벨을 비활성화시키는 부분(C)으로 구성되어 있다(그림 7-2 참조).[255)]

---

254) Effort International, Product Catalog, 2010, pp.11-12.

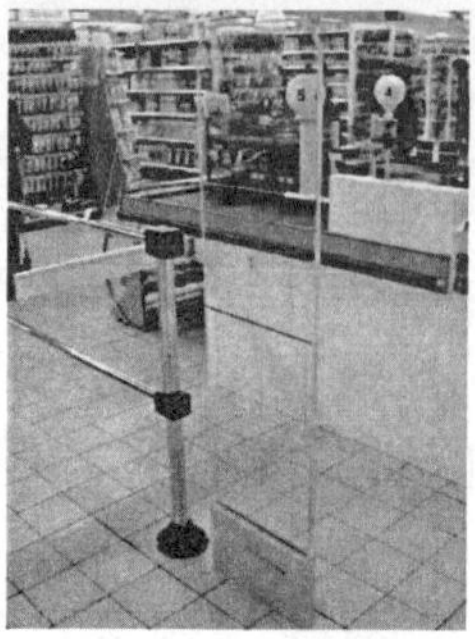

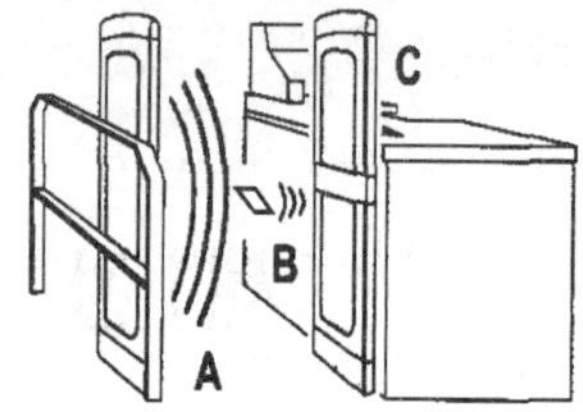

[그림 7-2] 전자상품감지시스템 기본구성

3) 태그(Tag)와 라벨(Label)

활성화된 태그 또는 라벨을 부착한 물품이 무단으로 감시영역을 통과할 경우에는 경보음을 발생한다. 비활성장치는 태그 또는 라벨을 감지할 수 있는 회로를 내장하고 있으며 전자장을 사용하여 태그나 라벨을 자동적으로 비활성화 시키며 근무자에 의해서도 비활성화가 가능하다. [그림 7-3]은 전자상품감지시스템에서 사용하는 태그, 라벨, 핀 그리고 제거기 등 부속기기를 예시한 것이다.

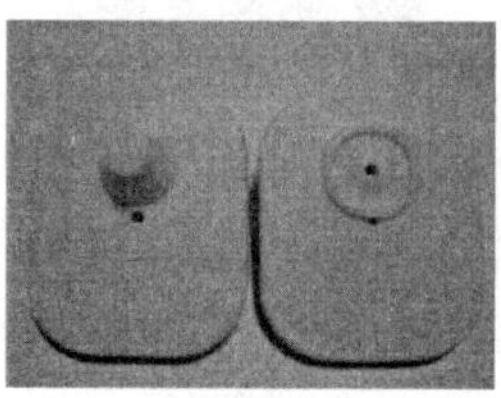

[태그]

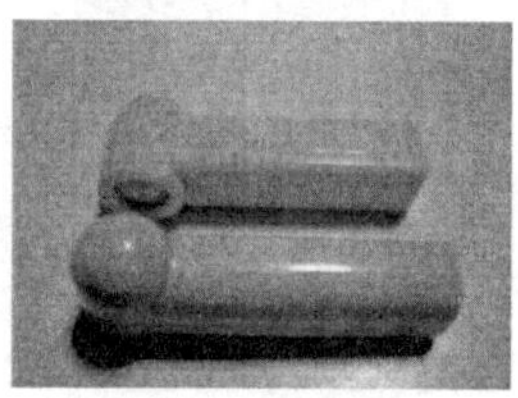

[태그]

[라벨]

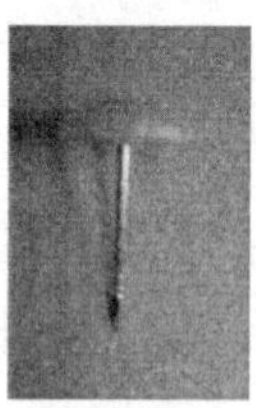

[핀]

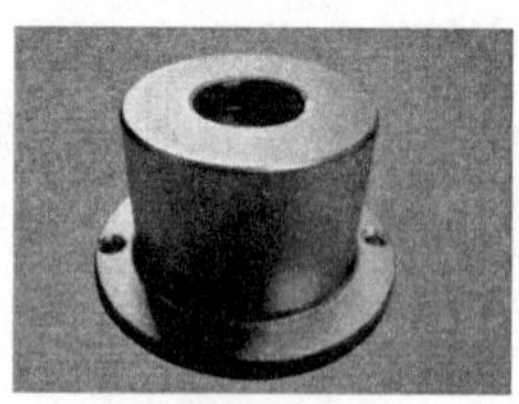

[제거기]

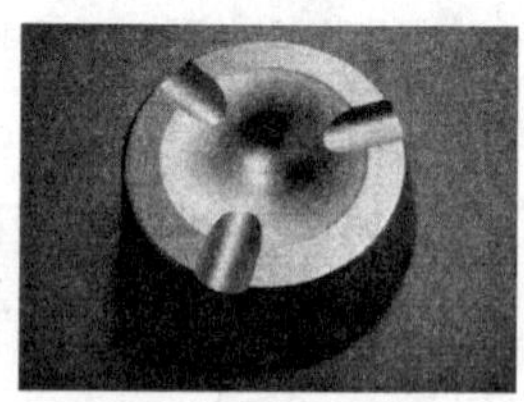

[제거기]

[그림 7-3] 전자상품감지시스템 부속기기[256]

---

255) James V. et al, Managing EAS Systems and Medical Implant Interactions - Electromagnetic Compatibility, 2002; EMC 2002, IEEE International Symposium Volume 2, 2002, pp.925-930; Effort International, Product Catalog, 2010, pp.14; 김종정, 전자 상품 감지 시스템의 전자파 환경, 연세대학교 대학원 석사학위논문, 2008, pp.4-6, 재인용.

256) Effort International, Product Catalog, 2010, pp.3-10.

2. 전자상품감지시스템의 분류

전자상품감지시스템은 기술 방식에 따라 크게 EM(Electromagnetic) 방식, RF(Radio-Frequency) 방식, AM(Acousto Magnetic), RFID 방식, Microwave 방식 등으로 구분할 수 있다. Microwave 방식은 과거 대형출입구를 가진 유통센터 등에서 사용되었으나 현재는 거의 사용되지 않고 있다. 이 중에서 EM(Electromagnetic) 방식, RF(Radio-Frequency) 방식, AM(Acousto Magnetic) 등 기술방식에 따른 특성 비교는 [표 7-1]에 정리하였다.257)

1) EM(Electromagnetic) 방식

EM(Electromagnetic) 방식은 교류 자장 내에 금속 등 도체가 놓일 때, 감시지역 내의 교류 자장이 변화되어 발행하는 고조파를 감지하여 검출하는 원리이다. EM 방식의 감지 범위는 두 패널로 이루어진 80~120cm 범위를 감지하며, 도서관, 서점, 기업 또는 공공기관에 맞는 출입구 감지 시스템이다.

2) RF(Radio-Frequency) 방식

RF(Radio-Frequency) 방식은 Swept RF 방식이라고도 불리며, 7.4~8.8 MHz 사이의 주파수 대역을 송신 신호로 사용한다. 또한 수신 주파수 대역을 시스템 주변 환경에 따라 설정이 가능한 자체조정(Self-Adjust) 방식과 디지털 신호처리 방식으로 오작동을 감소시킨다.

3) AM(Acousto Magnetic) 방식

AM(Acousto Magnetic) 방식은 EM 방식의 실용성과 RF 방식의 넓은 감지 범위라는 장점을 결합하여 개발되었으며, 58kHz의 고정된 저주파를 사용한다. 송신기는 감지해야할 영역에 대해 58kHz의 단일 주파수 펄스를 발생시키며, 송신기에서 발생된 파장이 감지 영역 내에 태그나 라벨의 비정질 합금에 의해서 진동을 발생시키게 된다. 수신기에서는 이러한 진동 파형을 읽어내고 주어진 조건과 비교하여 일치 여부를 판단, 경보를 울리게 된다.

---

257) 김종정, 전자 상품 감지 시스템의 전자파 환경, 연세대학교 대학원 석사학위논문, 2008, pp.6-9, 내용 재구성.

[표 7-1] 기술방식에 따른 특성 비교

구 분	EM 방식	RF 방식	AM 방식
장 점	- 라벨이 얇고 작아 은닉성 우수 - 비활성하기에 편리	- 라벨의 방향에 따른 감도차가 크지 않음 - 감지율 90% 이상	- 금속 성분, 쇼핑카트 내 라벨 감지 가능 - 타사라벨 또는 유사물질 및 금속에 의한 오경보가 거의 없음 - 감지율 90% 이상
단 점	- 운반시 라벨의 방향에 따라 감지도의 차가 큼 - 금속 성분의 제품에 부착시에도 감지도 저하 - 타사 라벨 또는 금속성분의 유사물질에 의한 오경보 및 장애가 있음	- 라벨사이즈가 가장 커 은닉성이 떨어지며 소형 상품 정보를 가림 - 타사의 RF 라벨 또는 유사물질에 의한 오경보가 큼 - 쇼핑 카트 내 라벨 감지 불가	- 사이즈에 비해 두께가 두꺼움

4) RFID 방식[258]

출입구에 설치하는 수직 고정형태를 가지며, 출입구 게이트를 구성하는 안테나와 RFID TAG의 정보를 판독하고 보안값(AFI)를 확인하는 리더부, 무단 반출도서에 대해 경보를 발생하는 제어부, 이용자 출입자 수를 산출하는 계수기, 장치에 전원을 공급하는 전원부로 구성된다.

구체적으로, RFID TAG에 내장된 보안값(AFI)를 인식하여 도난방지기능을 제공하며, 멀티 안테나를 장착하여 감지 사각지역을 최소화하고 넓은 감지범위와 우수한 감지력을 제공한다. 도서의 무단반출 감지 시 경고음 및 LED 경고등을 작동하며, 출입통계를 산출할 수 있는 계수기능을 제공한다. 관리 프로그램과 연동하여 통과 시 관리자 PC에 정보를 전송하여 확인이 가능하다. 동시에 여러 개의 탐지할 수 있으며 통로 폭을 900mm 이상 지원하고, 리더 및 제어 박스가 외부에 돌출되지 않도록 안테나에 내장되어 있다.

258) 에드원, 도서분실방지기(SKB-22G) 규격서, 2022, pp.1-2.

제2절 금속탐지기

1. 문형 금속탐지기

1) 기능

문형 금속탐지기는 송신판에서 수신판으로 전파를 발사하여 송신판과 수신판 사이를 사람이 통과할 때 휴대한 금속물체가 전파의 진행에 영향을 주어 콘솔(Console)의 경보음과 경광램프를 작동한다(그림 7-4 참조).[259]

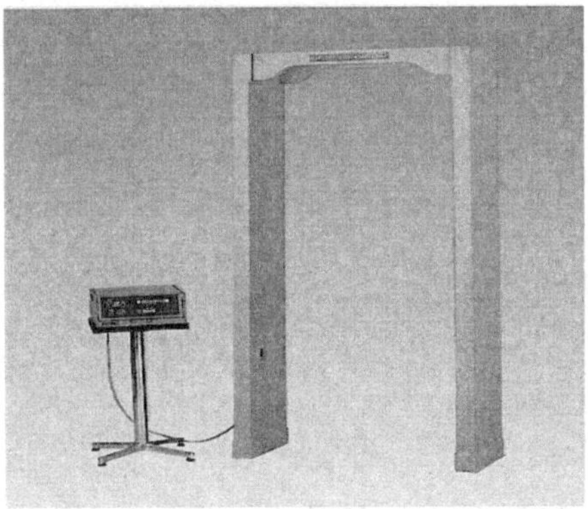

[그림 7-4] 문형 금속탐지기(분리형)

2) 구성

문형 금속탐지기(분리형)의 일반적인 특징은 다음과 같다. 송·수신판, 콘솔, 지지대 등 3개 부분으로 구성되어 이동설치가 용이하고, 광학반사경 등 전자광학장치 부착으로 외부 전파 방해를 극소화시킨다. 검색능력은 1분에 50~55명, 콘솔 내부의 센서 조절로 미세한 금속류까지 오진률 5% 이내 검색이 가능하며, 금속류 소지자가 통과하여야만 탐지되어 경보음이 발생한다. 또한, 최근에 시판되고 있는 문형 금속탐지기는 주위의 온도 및 습도가 변화해도 감도는 변하지 않고, 여러 대의 금속탐지기를 근접해서 설치해도 금속탐지기 상호간에 간섭이 발생하지 않으며, 장비 운용에 대한 정보를 콘솔의 계기판에 표시하고, 다른 장비와 경보음이 혼용되지 않도록 다양한 경보음을 선택할 수 있다.

259) 금속탐지기는 영문으로 Metal Detector라고 하는데, 우리나라 경호·경비 관련기관에서는 금속탐지기라는 용어 외에 MD라는 약어를 많이 사용한다.

최근에는 문형 금속탐지기의 콘솔이 송·수신판, 지지대 등 본체에 포함되는 일체형으로 구성되고 있다. 문형 금속탐지기(분리형)의 특징은 다음과 같다. 송·수신이 한 조로 결합된 다중 코일방식인 멀티존을 사용하여 정확한 위치표시 가능, 각 섹션별 감도 조절 가능, 자가진단기능, 프로그램 수정 시 암호설정기능, 초보자도 손쉽게 운영할 수 있는 Auto Scan 기능, 출입 및 탐지인원 계수기능, 다양한 종류의 경보음, LCD 화면 표시로 용이한 프로그래밍과 모니터링, 리모트 콘드롤 기능, 용이한 설치 및 작동 등이 있다(그림 7-5 참조).[260]

3) 제원[261]

1. 모　　델 : TERASCAN ESW-618
2. 외곽치수 : 76˜(2.2m)H x 33.1˜(0.84m)W x 21˜(0.53m)D
3. 통과치수 : 80˜(2m)H x 29.5(0.75m)W x 21˜(0.53m)D
4. 제품중량 : 55kg
5. 총 중 량 : 70kg (포장시)
6. 전　　원 : 100/200V, 50/60Hz, 12VA
7. 작동습도 : 0˜95%
8. 작동온도 : -20˜+70℃
9. 프로그램 : Digital Pass Code, 독립된 8개의 프로그램
10. 알　　람 : 5가지 멜로디, 8단계 볼륨
11. 자가진단기능 : 내장
12. 탐지방향 : 양방향, 단방향 (선택)
13. 감도조절 : 0˜99단계 (6채널)
14. 시각 디스플레이 : On/Off 선택
15. 적외선 센서 : 통과인원 카운트
16. 리모트 컨트롤 : 전 기능 조절
17. 과인수 : 평균 분당 60명

---

260) 온오프안전, 문형탐지기 ESW-618, https://safe.onoffmarket.com, 검색일: 2022.12. 1.
261) 온오프안전, 문형탐지기 ESW-618, https://safe.onoffmarket.com, 검색일: 2022.12. 1.

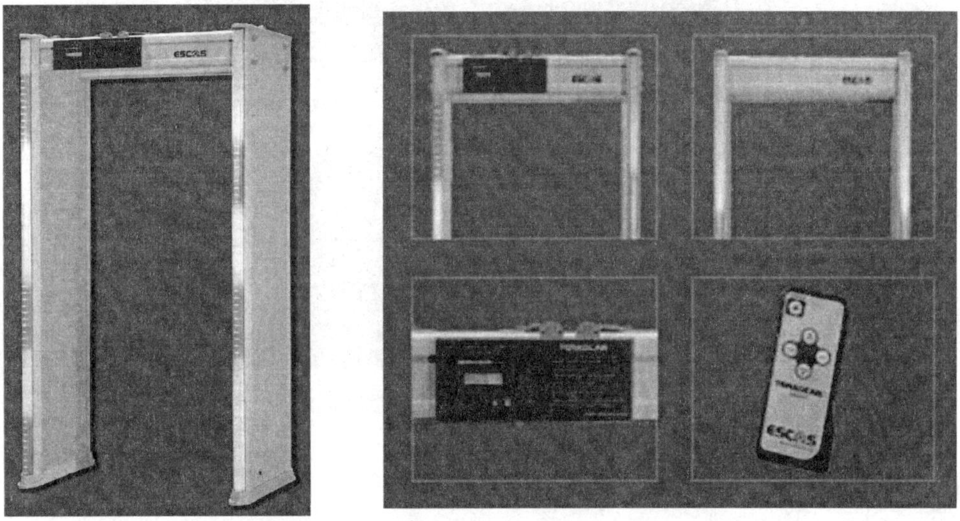

[그림 7-5] 문형 금속탐지기(일체형)

2. 휴대용 금속탐지기

1) 기능

휴대용 금속탐지기는 신체나 기타 가방 등에 휴대한 금속물체를 검색하는데 사용한다. 장비가 견고하여 반영구적으로 사용이 가능하며 밧데리 장착 시에도 300~500g 이내로 가벼워서 휴대 및 사용이 간편하다(그림 7-6 참조).

2) 구성

휴대용 금속탐지기는 전원으로 건전지 또는 충전용 배터리를 사용하며, 전원스위치의 상단을 누르면 녹색등이 점등되어 동작하며 사용이 끝났을 경우에는 전원 스위치의 하단을 누르면 정지한다. 경보방식은 청각경보, 시각경보, 진동경보 등이 있는데 청각경보는 소형 스피커 또는 헤드폰(이어폰)을 이용하고, 시각경보는 금속의 크기에 따라 적색 또는 황색 점등되며, 진동경보도 시각경보와 마찬가지로 정숙이 필요하거나 소음이 많은 장소에서 사용하기 편리하다. 철(Fe) 등 금속 물체 뿐만 아니라 금(Au), 은(Ag), 알루미늄(Al) 등 비철 금속 물체도 탐지가 가능하며, 탐지 범위가 넓어 숨겨진 무기나 도난 물품 등을 탐지할 수 있다.

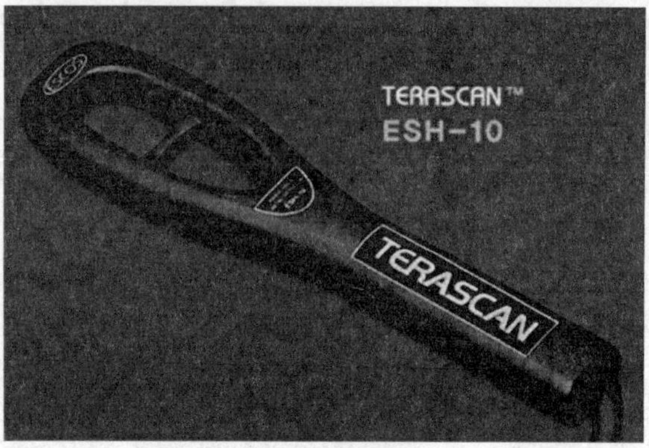

[그림 7-6] 휴대용 금속탐지기[262)]

3) 제원

1. 모　　델 : TERASCAN ESH-100
2. 크　　기 : 375mm(L)x77mm(W)x26mm(T)
3. 무　　게 : 220g
4. 사용주파수 : 30kHz
5. 사용전압 : 9V (일반 건전지, 알카라인 건전지, Ni-Cd 충전건전지)

3. 봉형 금속탐지기

1) 기능

봉형 금속탐지기는 주로 땅속, 벽속 등에 은닉되어 있는 금속성 물질이나 물체를 탐지하는데 사용된다. 휴대가 간편하고 이동하면서 탐지가 가능하며 감지부와 조정부로 구성되고 봉의 길이를 조정할 수 있다. 탐지 시 경보음을 발생하며 금속의 종류에 따라 탐지가 가능하며 감도 조정도 가능하다(그림 7-7 참조).

2) 구성

봉형 금속탐지기는 은닉되어 있는 금속성 물질이나 물체를 탐지하는 서치코일(Search Coil)과 스크린(Screen), 엔터(Enter), 전원(Power), 모드(Mode), 설정(Set) 등의 조작부, 그리고 조정봉(Adjustable Stem), 스탠드(Stand) 등으로 구성된다.[263)]

---

262) 온오프안전, 문형탐지기 ESW-618, https://safe.onoffmarket.com, 검색일: 2022.12. 1.
263) Safen, 봉형 금속탐지기 BUG-9000, http://www.safen.co.kr/, 검색일: 2022.12. 1.

3) 제원[264)]

1. 모　　델 : BUG-9000
2. 재　　질 : ABS플라스틱 + 알루미늄
3. 배 터 리 : 2 x 9V
4. 작동전압 : ≥ 9V
5. 민 감 도 : ≥ 180mm (coin: USØ25)
6. 코일사이즈 : 약 20.32cm
7. 유　　형 : METAL 검출기, 저주파 유도(VLF)
8. 작동온도 : -15~+45℃
9. 무　　게 : 약 1.6Kg

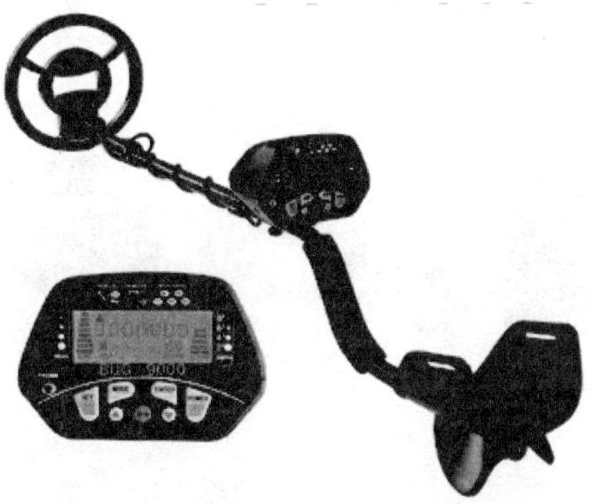

[그림 7-7] 봉형 금속탐지기[265)]

264) Safen, 봉형 금속탐지기 BUG-9000, http://www.safen.co.kr/, 검색일: 2022.12. 1.
265) Safen, 봉형 금속탐지기 BUG-9000, http://www.safen.co.kr/, 검색일: 2022.12. 1.

제3절 기타 검색기

1. X-ray 검색기

1) 기능

X-ray 검색기는 문형 금속탐지기와 병행하여 휴대물품 또는 일반화물에 대한 위해물품을 사전 색출, 제거하거나 이상 유무를 파악하는데 사용한다. 사진 및 녹음자료, 음식물, 의약품, 반도체 등에 손상을 주지 않으며 반복적으로 검색하여도 상대적으로 안전하다. 최근에는 X-ray 기술의 발전으로 평면 형태의 이미지가 아닌 3D형태의 입체 이미지를 제공하여 이전에는 식별이 어려웠던 옆면, 바닥 등에 숨겨진 위해물품 적발도 가능한 수준으로 발전하고 있다(그림 7-8, 그림 7-9 참조).

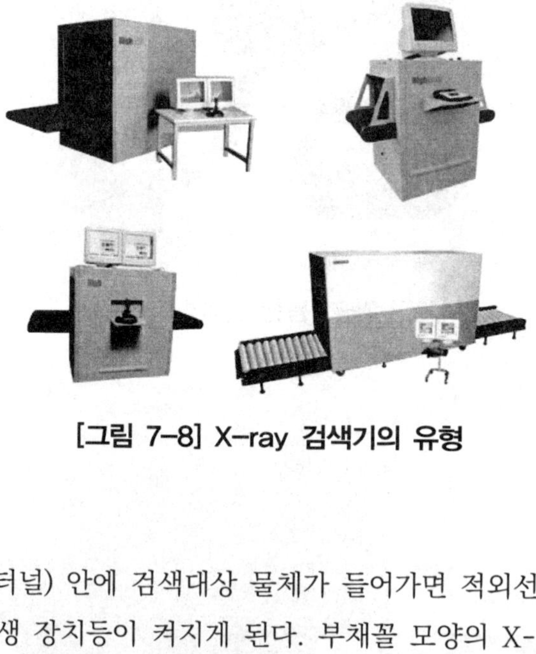

[그림 7-8] X-ray 검색기의 유형

2) 구성

X-ray 검색기 내부(터널) 안에 검색대상 물체가 들어가면 적외선 감지기에 의해 감지되어 키보드의 X-ray 발생 장치등이 켜지게 된다. 부채꼴 모양의 X-ray가 물체를 통과하여 검출기 라인에 닿으면 검출기 라인은 X-ray의 에너지를 전기신호로 변환한다. 검색대상 물체가 컨베이어에 의해서 이동하면 각 부분별로 검색되고 전압 변화가 연속적으로 영상처리장치로 전송된다. 기억장치에 저장된 수치는 최종적으로 모니터 상에 표시되며 물체를 검색한 각각의 전압 값은 다양한 밝기로 X-ray 영상으로 표시된다.

X-ray 검색기의 입·출구 터널 양편에 납으로 처리된 커튼은 X-ray의 외부유출을 막는 역할을 한다. 발생장치 제어모듈과 작동모듈에는 전자 안전회로가 내장되어 있어 고전압 혹은 히터의 전류와 같이 초기 설정해 놓은 작동수치가 허용치를 벗어나는 경우에는 X-ray 발생이 즉각적으로 중단되도록 설계하는 것이 일반적이다.

X-ray 검색기는 검색 결과를 흑백 또는 컬러 모니터로 보여준다. 흑백의 경우는 고밀도 물질은 어둡게 표시되고 저밀도 물질은 밝게 표시된다. 컬러의 경우는 유기물질과 무기물질로 구분하여 고유색으로 선명하게 표시하는데 일반적으로 폭약류, 가스류, 휘발유류, 마약류, 설탕류, 아크릴류 등 유기물질은 주황색으로, 철, 스텐레스, 금, 은, 동, 소금 등 무기물질은 청색으로, 유기물, 무기물 불문하고 밀도가 상당히 높아 물질구분 불능물품은 녹색으로 표시된다.

3) 제원[266)]

1. 모 델 : XIS-1818DV 200kV
2. 터널크기 : 180.7cm(W)x180.4cm(H)
3. 무 게 : 5,800kg
4. 롤러베드 속도 : 20cm/s
5. 롤러베드 높이 : 38.3cm
6. 롤러베드 용량 : 3,000kg
7. 전 원 : 220VAC +/- 10% 50/60Hz, 10 Amp Max

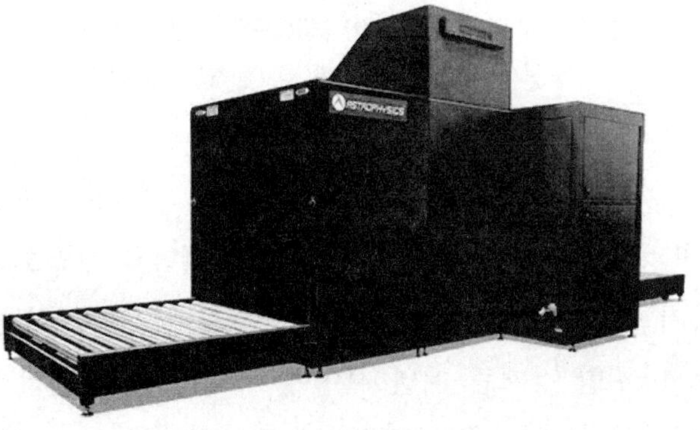

[그림 7-9] X-ray 검색기[267)]

266) 이레산업, X-RAY 수하물검색기, http://www.iray.co.kr, 검색일: 2022.12. 1.

2. 밀리미터파(EHF) 전신검색기

1) 기능

밀리미터파(EHF) 전신검색기는 밀리미터파(Millimeter Wave, EHF)를 사용하여 사람이 휴대하거나 은닉한 금속, 세라믹, 플라스틱, 액체 등 위험한 물체나 물질을 검색할 수 있는 기기를 말한다. 밀리미터파(Millimeter Wave)의 주파수는 30~300GHz이며, 파장은 1~10mm로써 빛에 아주 가까운 전파이며, EHF(Extremely-High-Frequency)로 약칭한다. 이 파장의 전파는 현재 사용되고 있는 무선 주파수대와 적외선(파장 약 0.1mm)의 중간에 있으며, 빛에 아주 가까운 전파로서, 고해상도 레이더나 마이크로파 분광학 등에서 이용되고 있다. 밀리미터파(EHF)를 발생시키려면 마그네트론, 클라이스트론, 칼시노트론, 자이로트론 등 특수한 발진장치가 필요하다(그림 7-10 참조).[268]

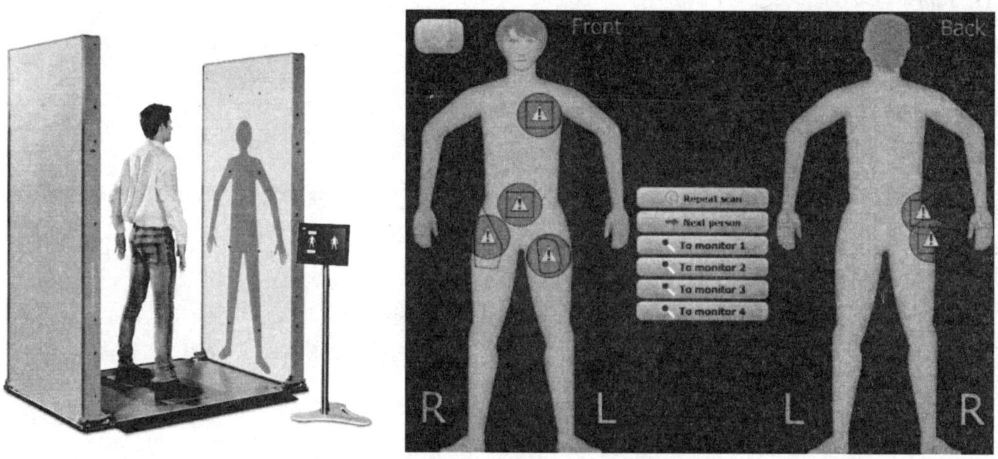

[그림 7-10] 밀리미터파(EHF) 전신검색기

2) 구성

밀리미터파(EHF) 전신검색기는 고해상도 3D 정보를 기록하는 매우 낮은 전력의 밀리미터파를 방출하는 수천 개의 전송 안테나가 있는 평면 패널로 구성되며, 검색대상자에게 눈에 띄지 않고 번거롭지 않은 프로세스를 제공하는 동시에 효율적인 보안 검색을 제공한다. 검색대상자가 거울을 마주한 것처럼 패널 사이에 서서 팔을 몸에서 약간 떨어뜨린 상태에서 서도록 하여 검색을 진행한다. 물질의 종류에 관계없이 검색을 진행하기 위하여 인공지

---

267) 이레산업, X-RAY 수하물검색기, http://www.iray.co.kr, 검색일: 2022.12. 1.
268) 두산백과 두피디아, https://www.doopedia.co.kr, 검색일: 2022.12. 1.

능(AI)에 기반한 알고리즘을 사용하는 검색 소프트웨어를 사용한다. 비정상적인 개체를 나타내는 이상 항목을 검색하여 알려지지 않은 새로운 항목을 찾을 수 있도록 한다. 검색대상자의 개인정보나 사생활을 보호하도록 설계되었고, 물리적 정보를 평가하는데 중점을 둔다. 이미지 생성보다는 감지된 물체의 위치를 기호화된 그래픽에 표시한다. 검색한 사람의 위치에서는 송신 전력이 거의 검출되지 않고, 휴대폰의 전파 방출보다 몇 배 낮을 정도로 인체에 안전하다.[269]

3) 제원

1. 모 델 : R&S QPS201
2. 주 파 수 : 70GHz~80GHz
3. 안 테 나 : 패널(Panel)당 수천 개의 전송 및 수신 안테나(Antenna)
4. 전송전력 : 1mW
5. 데이터 수집시간 : 32ms/panel
6. 크 기 : 1,750mm(W)x2,320mm(H)x1,433mm(D)

3. 차량 하부 검색경[270]

1) 기능

차량 하부검색경은 검색이 어려운 차량 밑이나 책상, 의자 아래에 부착된 폭발물이나 도청기, 기타 반입물 등을 보다 쉽게 검색할 수 있도록 제작된 검색장비이다. 거울의 아래에 바퀴가 있어 차량의 바닥을 허리를 숙여 검색하지 않아도 간단하게 하부검색경을 밀어넣어 쉽고 빠르게 검색이 가능하다. 회의, 행사 전에 기밀누출 방지를 위해 책상이나 의자 밑의 도청장치를 검색할 때도 사용할 수 있다(그림 7-11 참조).

2) 구성

차량 하부검색경은 알루미늄봉과 하부거울로 구성된다. 통상적으로 알루미늄봉과 하부거울은 원터치 방식으로 쉽게 탈부착이 용이하며 보관 시에 거울을 탈착하면 공간 절약이 가능하다. 반사율이 높은 볼록거울은 넓은 면적을 한 눈에 탐색할 수 있으며, 중량이 가벼워 장기간 사용하여도 신체에 무리가 가지 않으며 거울이 파손되거나 오랜 사용으로 표면이 낡은 경우에는 교체도 가능하다. 봉에 부착된 LED 전등은 일반 전등보다 밝기가 강하여 야간 탐색, 방향 조절 및 탈부착도 가능하다.

269) Rohde&Schwarz, R&S®QPS QUICK PERSONNEL SECURITY SCANNERS, p.2.
270) Safen, http://www.safen.co.kr/, 검색일: 2022.12. 1.

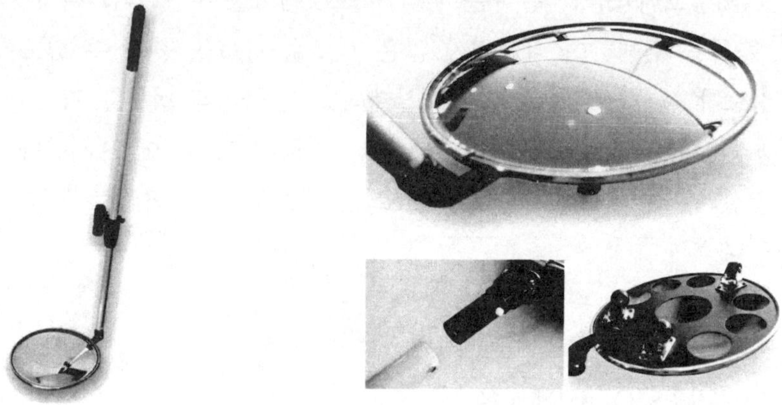

[그림 7-11] 차량 하부 검색경

3) 제원

1. 모　　델 : JI-911SM
2. 거울사이즈 : 200mm dia.
3. 봉사이즈 : 700 ~ 1,260mm, Adjustable
4. 무　　게 : 1.2kg

부 록

1. 경비업법
2. 경비업법 시행령
3. 경비업법 시행규칙

1. 경비업법

[시행 2023. 5. 16.] [법률 제19021호, 2022. 11. 15., 일부개정]

제1장 총칙

제1조(목적) 이 법은 경비업의 육성 및 발전과 그 체계적 관리에 관하여 필요한 사항을 정함으로써 경비업의 건전한 운영에 이바지함을 목적으로 한다.

제2조(정의) 이 법에서 사용하는 용어의 정의는 다음과 같다. 〈개정 2005. 5. 31., 2013. 6. 7.〉

1. "경비업"이라 함은 다음 각목의 1에 해당하는 업무(이하 "경비업무"라 한다)의 전부 또는 일부를 도급받아 행하는 영업을 말한다.
   가. 시설경비업무 : 경비를 필요로 하는 시설 및 장소(이하 "경비대상시설"이라 한다)에서의 도난·화재 그 밖의 혼잡 등으로 인한 위험발생을 방지하는 업무
   나. 호송경비업무 : 운반중에 있는 현금·유가증권·귀금속·상품 그 밖의 물건에 대하여 도난·화재 등 위험발생을 방지하는 업무
   다. 신변보호업무 : 사람의 생명이나 신체에 대한 위해의 발생을 방지하고 그 신변을 보호하는 업무
   라. 기계경비업무 : 경비대상시설에 설치한 기기에 의하여 감지·송신된 정보를 그 경비대상시설외의 장소에 설치한 관제시설의 기기로 수신하여 도난·화재 등 위험발생을 방지하는 업무
   마. 특수경비업무 : 공항(항공기를 포함한다) 등 대통령령이 정하는 국가중요시설(이하 "국가중요시설"이라 한다)의 경비 및 도난·화재 그 밖의 위험발생을 방지하는 업무
2. "경비지도사"라 함은 경비원을 지도·감독 및 교육하는 자를 말하며 일반경비지도사와 기계경비지도사로 구분한다.
3. "경비원"이라 함은 제4조제1항의 규정에 의하여 경비업의 허가를 받은 법인(이하 "경비업자"라 한다)이 채용한 고용인으로서 다음 각목의 1에 해당하는 자를 말한다.
   가. 일반경비원 : 제1호 가목 내지 라목의 경비업무를 수행하는 자
   나. 특수경비원 : 제1호 마목의 경비업무를 수행하는 자
4. "무기"라 함은 인명 또는 신체에 위해를 가할 수 있도록 제작된 권총·소총 등을 말한다.
5. "집단민원현장"이란 다음 각 목의 장소를 말한다.
   가. 「노동조합 및 노동관계조정법」에 따라 노동관계 당사자가 노동쟁의 조정신청을 한 사업장 또는 쟁의행위가 발생한 사업장
   나. 「도시 및 주거환경정비법」에 따른 정비사업과 관련하여 이해대립이 있어 다툼이 있는 장소
   다. 특정 시설물의 설치와 관련하여 민

원이 있는 장소
라. 주주총회와 관련하여 이해대립이 있어 다툼이 있는 장소
마. 건물 · 토지 등 부동산 및 동산에 대한 소유권 · 운영권 · 관리권 · 점유권 등 법적 권리에 대한 이해대립이 있어 다툼이 있는 장소
바. 100명 이상의 사람이 모이는 국제 · 문화 · 예술 · 체육 행사장
사. 「행정대집행법」에 따라 대집행을 하는 장소

제3조(법인) 경비업은 법인이 아니면 이를 영위할 수 없다.

제2장 경비업의 허가 등

제4조(경비업의 허가) ①경비업을 영위하고자 하는 법인은 도급받아 행하고자 하는 경비업무를 특정하여 그 법인의 주사무소의 소재지를 관할하는 시 · 도경찰청장의 허가를 받아야 한다. 도급받아 행하고자 하는 경비업무를 변경하는 경우에도 또한 같다. 〈개정 2020. 12. 22.〉

② 제1항에 따른 허가를 받으려는 법인은 다음 각 호의 요건을 갖추어야 한다. 〈개정 2013. 6. 7., 2022. 11. 15.〉

1. 대통령령으로 정하는 1억원 이상의 자본금의 보유
2. 다음 각 목의 경비인력 요건
가. 시설경비업무: 경비원 10명 이상 및 경비지도사 1명 이상
나. 시설경비업무 외의 경비업무: 대통령령으로 정하는 경비 인력
3. 제2호의 경비인력을 교육할 수 있는 교육장을 포함하여 대통령령으로 정하는 시설과 장비의 보유
4. 그 밖에 경비업무 수행을 위하여 대통령령으로 정하는 사항

③ 제1항의 규정에 의하여 경비업의 허가를 받은 법인은 다음 각호의 1에 해당하는 때에는 시 · 도경찰청장에게 신고하여야 한다. 〈개정 2020. 12. 22.〉

1. 영업을 폐업하거나 휴업한 때
2. 법인의 명칭이나 대표자 · 임원을 변경한 때
3. 법인의 주사무소나 출장소를 신설 · 이전 또는 폐지한 때
4. 기계경비업무의 수행을 위한 관제시설을 신설 · 이전 또는 폐지한 때
5. 특수경비업무를 개시하거나 종료한 때
6. 그 밖에 대통령령이 정하는 중요사항을 변경한 때

④ 제1항 및 제3항의 규정에 의한 허가 또는 신고의 절차, 신고의 기한 등 허가 및 신고에 관하여 필요한 사항은 대통령령으로 정한다.

제4조의2(허가의 제한) ① 누구든지 제4조제1항에 따른 허가를 받은 경비업체와 동일한 명칭으로 경비업 허가를 받을 수 없다.

② 제19조제1항제2호 및 제7호의 사유로 경비업체의 허가가 취소된 경우 허가가 취소된 날부터 10년이 지나지 아니한 때에는 누구든지 허가가 취소된 경비업체와 동일한 명칭으로 제4조제1항에 따른 허가를 받을 수 없다.

③ 제19조제1항제2호 및 제7호의 사유로 허가가 취소된 법인은 법인명 또는 임원의 변경에도 불구하고 허가가 취소된 날부터 5년이 지나지 아니한 때에는 제4조제1항에 따른 허가를 받을 수 없다.

[본조신설 2013. 6. 7.]

제5조(임원의 결격사유) 다음 각 호의 어느 하나에 해당하는 자는 경비업을 영위하는 법인(제4호에 해당하는 자의 경우에는 특수경비업무를 수행하는 법인을 말하고, 제5호에 해당하는 자의 경우에는 허가취소사유에 해당하는 경비업무와 동종의 경비업무를 수행하는 법인을 말한다)의 임원이 될 수 없다. 〈개정 2008. 2. 29., 2013. 6. 7., 2014. 12. 30., 2021. 1. 12.〉

1. 피성년후견인
2. 파산선고를 받고 복권되지 아니한 자
3. 금고 이상의 형의 선고를 받고 그 형이 실효되지 아니한 자
4. 이 법 또는 「대통령 등의 경호에 관한 법률」에 위반하여 벌금형의 선고를 받고 3년이 지나지 아니한 자
5. 이 법(제19조제1항제2호 및 제7호는 제외한다) 또는 이 법에 의한 명령에 위반하여 허가가 취소된 법인의 허가취소 당시의 임원이었던 자로서 그 취소 후 3년이 지나지 아니한 자
6. 제19조제1항제2호 및 제7호의 사유로 허가가 취소된 법인의 허가취소 당시의 임원이었던 자로서 허가가 취소된 날부터 5년이 지나지 아니한 자

제6조(허가의 유효기간 등) ①제4조제1항의 규정에 의한 경비업 허가의 유효기간은 허가받은 날부터 5년으로 한다.

② 제1항의 규정에 의한 유효기간이 만료된 후 계속하여 경비업을 하고자 하는 법인은 행정안전부령으로 정하는 바에 따라 갱신허가를 받아야 한다. 〈개정 2008. 2. 29., 2013. 3. 23., 2014. 11. 19., 2017. 7. 26.〉

제7조(경비업자의 의무) ①경비업자는 경비대상시설의 소유자 또는 관리자(이하 "시설주"라 한다)의 관리권의 범위안에서 경비업무를 수행하여야 하며, 다른 사람의 자유와 권리를 침해하거나 그의 정당한 활동에 간섭하여서는 아니된다.

② 경비업자는 경비업무를 성실하게 수행하여야 하고, 도급을 의뢰받은 경비업무가 위법 또는 부당한 것일 때에는 이를 거부하여야 한다.

③ 경비업자는 불공정한 계약으로 경비원의 권익을 침해하거나 경비업의 건전한 육성과 발전을 해치는 행위를 하여서는 아니된다.

④ 경비업자의 임·직원이거나 임·직원이었던 자는 다른 법률에 특별한 규정이 있는 경우를 제외하고는 그 직무상 알게 된 비밀을 누설하거나 다른 사람에게 제공하여 이용하도록 하는 등 부당한 목적을 위하여 사용하여서는 아니된다.

⑤ 경비업자는 허가받은 경비업무외의 업무에 경비원을 종사하게 하여서는 아니된다.

⑥ 경비업자는 집단민원현장에 경비원을

배치하는 때에는 경비지도사를 선임하고 그 장소에 배치하여 행정안전부령으로 정하는 바에 따라 경비원을 지도·감독하게 하여야 한다. 〈신설 2013. 6. 7., 2014. 11. 19., 2017. 7. 26.〉

⑦ 특수경비업무를 수행하는 경비업자(이하 "특수경비업자"라 한다)는 제4조제3항제5호의 규정에 의한 특수경비업무의 개시신고를 하는 때에는 국가중요시설에 대한 특수경비업무의 수행이 중단되는 경우 시설주의 동의를 얻어 다른 특수경비업자중에서 경비업무를 대행할 자(이하 "경비대행업자"라 한다)를 지정하여 허가관청에 신고하여야 한다. 경비대행업자의 지정을 변경하는 경우에도 또한 같다.
〈개정 2013. 6. 7.〉

⑧ 특수경비업자는 국가중요시설에 대한 특수경비입무를 중단하게 되는 경우에는 미리 이를 제7항의 규정에 의한 경비대행업자에게 통보하여야 하며, 경비대행업자는 통보받은 즉시 그 경비업무를 인수하여야 한다. 이 경우 제7항의 규정은 경비대행업자에 대하여 이를 준용한다.
〈개정 2013. 6. 7., 2014. 12. 30.〉

⑨ 특수경비업자는 이 법에 의한 경비업과 경비장비의 제조·설비·판매업, 네트워크를 활용한 정보산업, 시설물 유지관리업 및 경비원 교육업 등 대통령령이 정하는 경비관련업외의 영업을 하여서는 아니된다. 〈개정 2002. 12. 18., 2013. 6. 7.〉
[2002. 12. 18. 법률 제6787호에 의하여 2002. 4. 25. 헌법재판소에서 위헌 결정된 이 조를 개정함.]
[헌법불합치, 2020헌가19, 2023.3.23, 1. 경비업법(2001. 4. 7. 법률 제6467호로 전부개정된 것) 제7조 제5항 중 '시설경비업무'에 관한 부분과 경비업법(2013. 6. 7. 법률 제11872호로 개정된 것) 제19조 제1항 제2호 중 '시설경비업무'에 관한 부분은 헌법에 합치되지 아니한다. 2. 법원 기타 국가기관 및 지방자치단체는 입법자가 개정할 때까지 위 법률조항의 적용을 중지하여야 한다. 3. 입법자는 2024. 12. 31.까지 위 법률조항들을 개정하여야 한다.]

제7조의2(경비업무 도급인 등의 의무) ① 누구든지 제4조제1항에 따른 허가를 받지 아니한 자에게 경비업무를 도급하여서는 아니 된다.

② 누구든지 집단민원현장에 경비인력을 20명 이상 배치하려고 할 때에는 그 경비인력을 직접 고용하여서는 아니 되고, 경비업자에게 경비업무를 도급하여야 한다. 다만, 시설주 등이 집단민원현장 발생 3개월 전까지 직접 고용하여 경비업무를 수행하는 피고용인의 경우에는 그러하지 아니하다.

③ 제1항 및 제2항에 따라 경비업무를 도급하는 자는 그 경비업무를 수급한 경비업자의 경비원 채용 시 무자격자나 부적격자 등을 채용하도록 관여하거나 영향력을 행사해서는 아니 된다. 〈신설 2015. 7. 20.〉

④ 제3항에 따른 무자격자 및 부적격자의 구체적인 범위 등은 대통령령으로 정한다.
〈신설 2015. 7. 20.〉
[본조신설 2013. 6. 7.]

제3장 기계경비업무

제8조(대응체제) 기계경비업무를 수행하는 경비업자(이하 "기계경비업자"라 한다)는 경비대상시설에 관한 경보를 수신한 때에는 신속하게 그 사실을 확인하는 등 필요한 대응조치를 취하여야 하며, 이를 위한 대응체제를 갖추어야 한다.

제9조(오경보의 방지 등) ①기계경비업자는 경비계약을 체결하는 때에는 오경보를 막기 위하여 계약상대방에게 기기사용요령 및 기계경비운영체계 등에 관하여 설명하여야 하며, 각종 기기가 오작동되지 아니하도록 관리하여야 한다.

② 기계경비업자는 대응조치 등 업무의 원활한 운영과 개선을 위하여 대통령령이 정하는 바에 따라 관련 서류를 작성·비치하여야 한다.

제4장 경비지도사 및 경비원

제10조(경비지도사 및 경비원의 결격사유) ①다음 각 호의 어느 하나에 해당하는 자는 경비지도사 또는 일반경비원이 될 수 없다. 〈개정 2013. 6. 7., 2014. 12. 30., 2021. 1. 12.〉

1. 18세 미만인 사람 또는 피성년후견인
2. 파산선고를 받고 복권되지 아니한 자
3. 금고 이상의 실형의 선고를 받고 그 집행이 종료(집행이 종료된 것으로 보는 경우를 포함한다)되거나 집행이 면제된 날부터 5년이 지나지 아니한 자
4. 금고 이상의 형의 집행유예선고를 받고 그 유예기간중에 있는 자
5. 다음 각 목의 어느 하나에 해당하는 죄를 범하여 벌금형을 선고받은 날부터 10년이 지나지 아니하거나 금고 이상의 형을 선고받고 그 집행이 종료된(종료된 것으로 보는 경우를 포함한다) 날 또는 집행이 유예·면제된 날부터 10년이 지나지 아니한 자
   가. 「형법」 제114조의 죄
   나. 「폭력행위 등 처벌에 관한 법률」 제4조의 죄
   다. 「형법」 제297조, 제297조의2, 제298조부터 제301조까지, 제301조의2, 제302조, 제303조, 제305조, 제305조의2의 죄
   라. 「성폭력범죄의 처벌 등에 관한 특례법」 제3조부터 제11조까지 및 제15조(제3조부터 제9조까지의 미수범만 해당한다)의 죄
   마. 「아동·청소년의 성보호에 관한 법률」 제7조 및 제8조의 죄
   바. 다목부터 마목까지의 죄로서 다른 법률에 따라 가중처벌되는 죄
6. 다음 각 목의 어느 하나에 해당하는 죄를 범하여 벌금형을 선고받은 날부터 5년이 지나지 아니하거나 금고 이상의 형을 선고받고 그 집행이 유예된 날부터 5년이 지나지 아니한 자
   가. 「형법」 제329조부터 제331조까지, 제331조의2 및 제332조부터 제343조까지의 죄
   나. 가목의 죄로서 다른 법률에 따라 가

중처벌되는 죄
다. 삭제 〈2014. 12. 30.〉
라. 삭제 〈2014. 12. 30.〉
7. 제5호 다목부터 바목까지의 어느 하나에 해당하는 죄를 범하여 치료감호를 선고받고 그 집행이 종료된 날 또는 집행이 면제된 날부터 10년이 지나지 아니한 자 또는 제6호 각 목의 어느 하나에 해당하는 죄를 범하여 치료감호를 선고받고 그 집행이 면제된 날부터 5년이 지나지 아니한 자
8. 이 법이나 이 법에 따른 명령을 위반하여 벌금형을 선고받은 날부터 5년이 지나지 아니하거나 금고 이상의 형을 선고받고 그 집행이 유예된 날부터 5년이 지나지 아니한 자

② 다음 각 호의 어느 하나에 해당하는 자는 특수경비원이 될 수 없다. 〈개정 2008. 2. 29., 2009. 4. 1., 2013. 3. 23., 2013. 6. 7., 2014. 11. 19., 2014. 12. 30., 2017. 7. 26., 2021. 1. 12.〉
1. 18세 미만이거나 60세 이상인 사람 또는 피성년후견인
2. 심신상실자, 알코올 중독자 등 대통령령으로 정하는 정신적 제약이 있는 자
3. 제1항제2호부터 제8호까지의 어느 하나에 해당하는 자
4. 금고 이상의 형의 선고유예를 받고 그 유예기간중에 있는 자
5. 행정안전부령으로 정하는 신체조건에 미달되는 자

③ 경비업자는 제1항 각호 또는 제2항 각호의 결격사유에 해당하는 자를 경비지도사 또는 경비원으로 채용 또는 근무하게 하여서는 아니된다.

제10조의2(특수경비원의 당연 퇴직) 특수경비원이 제10조제2항에 따른 결격사유에 해당하게 될 때에는 당연 퇴직된다. 다만, 제10조제2항제1호는 나이가 60세가 되어 퇴직하는 경우에는 60세가 된 날이 1월부터 6월 사이에 있으면 6월 30일에, 7월부터 12월 사이에 있으면 12월 31일에 각각 당연 퇴직되고, 제10조제2항제3호 중 제10조제1항제2호는 파산선고를 받은 사람으로서 「채무자 회생 및 파산에 관한 법률」에 따라 신청기한 내에 면책신청을 하지 아니하였거나 면책불허가 결정 또는 면책 취소가 확정된 경우만 해당하며, 제10조제2항제4호는 「성폭력범죄의 처벌 등에 관한 특례법」 제2조, 「아동·청소년의 성보호에 관한 법률」 제2조제2호 및 직무와 관련하여 「형법」 제355조 또는 제356조에 규정된 죄를 범한 사람으로서 금고 이상의 형의 선고유예를 받은 경우만 해당한다.
[본조신설 2022. 11. 15.]

제11조(경비지도사의 시험 등) ①경비지도사는 제10조제1항 각호의 1에 해당하지 아니하는 자로서 경찰청장이 시행하는 경비지도사시험에 합격하고 행정안전부령으로 정하는 교육을 받은 자이어야 한다. 〈개정 2008. 2. 29., 2013. 3. 23., 2014. 11. 19., 2017. 7. 26.〉

② 경찰청장은 제1항의 규정에 의한 교육을 받은 자에게 행정안전부령으로 정하는

바에 따라 경비지도사자격증을 교부하여야 한다. 〈개정 2008. 2. 29., 2013. 3. 23., 2014. 11. 19., 2017. 7. 26.〉

③ 경비지도사시험은 매년 1회 이상 시행하며, 시험과목, 시험공고, 시험의 일부가 면제되는 자의 범위 그 밖에 경비지도사시험에 관하여 필요한 사항은 대통령령으로 정한다. 〈개정 2017. 10. 24.〉

제12조(경비지도사의 선임 등) ①경비업자는 대통령령이 정하는 바에 따라 경비지도사를 선임하여야 한다.

② 제1항의 규정에 의하여 선임된 경비지도사의 직무는 다음과 같다.
〈개정 2013. 6. 7.〉

1. 경비원의 지도·감독·교육에 관한 계획의 수립·실시 및 그 기록의 유지
2. 경비현장에 배치된 경비원에 대한 순회점검 및 감독
3. 경찰기관 및 소방기관과의 연락방법에 대한 지도
4. 집단민원현장에 배치된 경비원에 대한 지도·감독
5. 그 밖에 대통령령이 정하는 직무

③ 선임된 경비지도사는 제2항 각호의 규정에 의한 직무를 대통령령이 정하는 바에 따라 성실하게 수행하여야 한다.

제13조(경비원의 교육 등) ①경비업자는 경비업무를 적정하게 실시하기 위하여 경비원으로 하여금 대통령령으로 정하는 바에 따라 경비원 신임교육 및 직무교육을 받게 하여야 한다. 다만, 경비업자는 대통령령으로 정하는 경력 또는 자격을 갖춘 일반경비원을 신임교육 대상에서 제외할 수 있다. 〈개정 2013. 6. 7., 2016. 1. 26.〉

② 경비원이 되려는 사람은 대통령령으로 정하는 교육기관에서 미리 일반경비원 신임교육을 받을 수 있다.
〈신설 2016. 1. 26.〉

③ 특수경비업자는 대통령령으로 정하는 바에 따라 특수경비원으로 하여금 특수경비원 신임교육과 정기적인 직무교육을 받게 하여야 하고, 특수경비원 신임교육을 받지 아니한 자를 특수경비업무에 종사하게 하여서는 아니 된다.
〈개정 2013. 6. 7., 2016. 1. 26.〉

④ 제3항에 의한 특수경비원의 교육시 관할 경찰서 소속 경찰공무원이 교육기관에 입회하여 대통령령이 정하는 바에 따라 지도·감독하여야 한다. 〈개정 2016. 1. 26.〉

제14조(특수경비원의 직무 및 무기사용 등) ①특수경비업자는 특수경비원으로 하여금 배치된 경비구역안에서 관할 경찰서장 및 공항경찰대장 등 국가중요시설의 경비책임자(이하 "관할 경찰관서장"이라 한다)와 국가중요시설의 시설주의 감독을 받아 시설을 경비하고 도난·화재 그 밖의 위험의 발생을 방지하는 업무를 수행하게 하여야 한다.

② 특수경비원은 국가중요시설에 대한 경비업무 수행중 국가중요시설의 정상적인 운영을 해치는 장해를 일으켜서는 아니된다.

③ 시·도경찰청장은 국가중요시설에 대한 경비업무의 수행을 위하여 필요하다고 인정하는 때에는 시설주의 신청에 의하여 무

기를 구입한다. 이 경우 시설주는 그 무기의 구입대금을 지불하고, 구입한 무기를 국가에 기부채납하여야 한다.
〈개정 2020. 12. 22.〉

④ 시·도경찰청장은 국가중요시설에 대한 경비업무의 수행을 위하여 필요하다고 인정하는 때에는 관할경찰관서장으로 하여금 시설주의 신청에 의하여 시설주로부터 국가에 기부채납된 무기를 대여하게 하고, 시설주는 이를 특수경비원으로 하여금 휴대하게 할 수 있다. 이 경우 특수경비원은 정당한 사유없이 무기를 소지하고 배치된 경비구역을 벗어나서는 아니된다.
〈개정 2020. 12. 22.〉

⑤ 시설주가 제4항의 규정에 의하여 대여받은 무기에 대하여 시설주 및 관할 경찰관서장은 무기의 관리책임을 지고, 관할 경찰관서장은 시설주 및 특수경비원의 무기관리상황을 대통령령이 정하는 바에 따라 지도·감독하여야 한다.
〈개정 2014. 12. 30.〉

⑥ 관할 경찰관서장은 무기의 적정한 관리를 위하여 제4항의 규정에 의하여 무기를 대여받은 시설주에 대하여 필요한 명령을 발할 수 있다. 〈개정 2014. 12. 30.〉

⑦ 시설주로부터 무기의 관리를 위하여 지정받은 책임자(이하 "관리책임자"라 한다)는 다음 각호에 의하여 이를 관리하여야 한다.

1. 무기출납부 및 무기장비운영카드를 비치·기록하여야 한다.
2. 무기는 관리책임자가 직접 지급·회수하여야 한다.

⑧ 특수경비원은 국가중요시설의 경비를 위하여 무기를 사용하지 아니하고는 다른 수단이 없다고 인정되는 때에는 필요한 한도안에서 무기를 사용할 수 있다. 다만, 다음 각호의 1에 해당하는 때를 제외하고는 사람에게 위해를 끼쳐서는 아니된다.

1. 무기 또는 폭발물을 소지하고 국가중요시설에 침입한 자가 특수경비원으로부터 3회 이상 투기(投棄) 또는 투항(投降)을 요구받고도 이에 불응하면서 계속 항거하는 경우 이를 억제하기 위하여 무기를 사용하지 아니하고는 다른 수단이 없다고 인정되는 때
2. 국가중요시설에 침입한 무장간첩이 특수경비원으로부터 투항(投降)을 요구받고도 이에 불응한 때

⑨ 특수경비원의 무기휴대, 무기종류, 그 사용기준 및 안전검사의 기준 등에 관하여 필요한 사항은 대통령령으로 정한다.

제15조(특수경비원의 의무) ①특수경비원은 직무를 수행함에 있어 시설주·관할 경찰관서장 및 소속상사의 직무상 명령에 복종하여야 한다.

② 특수경비원은 소속상사의 허가 또는 정당한 사유없이 경비구역을 벗어나서는 아니된다.

③ 특수경비원은 파업·태업 그 밖에 경비업무의 정상적인 운영을 저해하는 일체의 쟁의행위를 하여서는 아니된다.

④ 특수경비원이 무기를 휴대하고 경비업무를 수행하는 때에는 다음 각호의 1에 정

하는 무기의 안전사용수칙을 지켜야 한다.

1. 특수경비원은 사람을 향하여 권총 또는 소총을 발사하고자 하는 때에는 미리 구두 또는 공포탄에 의한 사격으로 상대방에게 경고하여야 한다. 다만, 다음 각목의 1에 해당하는 경우로서 부득이한 때에는 경고하지 아니할 수 있다.
   가. 특수경비원을 급습하거나 타인의 생명·신체에 대한 중대한 위험을 야기하는 범행이 목전에 실행되고 있는 등 상황이 급박하여 경고할 시간적 여유가 없는 경우
   나. 인질·간첩 또는 테러사건에 있어서 은밀히 작전을 수행하는 경우
2. 특수경비원은 무기를 사용하는 경우에 있어서 범죄와 무관한 다중의 생명·신체에 위해를 가할 우려가 있는 때에는 이를 사용하여서는 아니된다. 다만, 무기를 사용하지 아니하고는 타인 또는 특수경비원의 생명·신체에 대한 중대한 위협을 방지할 수 없다고 인정되는 때에는 필요한 최소한의 범위 안에서 이를 사용할 수 있다.
3. 특수경비원은 총기 또는 폭발물을 가지고 대항하는 경우를 제외하고는 14세 미만의 자 또는 임산부에 대하여는 권총 또는 소총을 발사하여서는 아니된다.

제15조의2(경비원 등의 의무) ①경비원은 직무를 수행함에 있어 타인에게 위력을 과시하거나 물리력을 행사하는 등 경비업무의 범위를 벗어난 행위를 하여서는 아니된다.
② 누구든지 경비원으로 하여금 경비업무의 범위를 벗어난 행위를 하게 하여서는 아니된다.
[본조신설 2005. 8. 4.]

제16조(경비원의 복장 등) ① 경비업자는 경찰공무원 또는 군인의 제복과 색상 및 디자인 등이 명확히 구별되는 소속 경비원의 복장을 정하고 이를 확인할 수 있는 사진을 첨부하여 주된 사무소를 관할하는 시·도경찰청장에게 행정안전부령으로 정하는 바에 따라 신고하여야 한다. 〈개정 2014. 11. 19., 2017. 7. 26., 2020. 12. 22.〉
② 경비업자는 경비업무 수행 시 경비원에게 소속 경비업체를 표시한 이름표를 부착하도록 하고, 제1항에 따라 신고된 동일한 복장을 착용하게 하여야 하며, 복장에 소속 회사를 오인할 수 있는 표시를 하거나 다른 회사의 복장을 착용하게 하여서는 아니 된다. 다만, 집단민원현장이 아닌 곳에서 신변보호업무를 수행하는 경우 또는 경비업무의 성격상 부득이한 사유가 있어 관할 경찰관서장이 허용하는 경우에는 그러하지 아니하다.
③ 시·도경찰청장은 제1항에 따라 제출받은 사진을 검토한 후 경비업자에게 복장 변경 등에 대한 시정명령을 할 수 있다. 〈개정 2020. 12. 22.〉
④ 제3항에 따른 시정명령을 받은 경비업자는 이를 이행하여야 하고, 시·도경찰청장에게 행정안전부령으로 정하는 바에 따라 이행보고를 하여야 한다. 〈개정 2014. 11. 19., 2017. 7. 26., 2020. 12. 22.〉
⑤ 그 밖에 경비원의 복장 등에 필요한 사

항은 행정안전부령으로 정한다. 〈개정 2014. 11. 19., 2017. 7. 26.〉
[전문개정 2013. 6. 7.]

제16조의2(경비원의 장비 등) ① 경비원이 휴대할 수 있는 장비의 종류는 경적 · 단봉 · 분사기 등 행정안전부령으로 정하되, 근무 중에만 이를 휴대할 수 있다. 〈개정 2014. 11. 19., 2017. 7. 26.〉
② 경비업자가 경비원으로 하여금 분사기를 휴대하여 직무를 수행하게 하는 경우에는 「총포 · 도검 · 화약류 등 단속법」에 따라 미리 분사기의 소지허가를 받아야 한다.
③ 누구든지 제1항의 장비를 임의로 개조하여 통상의 용법과 달리 사용함으로써 다른 사람의 생명 · 신체에 위해를 가하여서는 아니 된다.
④ 경비원은 경비업무를 위하여 필요하다고 인정되는 상당한 이유가 있을 때에는 필요한 최소한도에서 제1항의 장비를 사용할 수 있다.
⑤ 그 밖에 경비원의 장비 등에 관하여 필요한 사항은 행정안전부령으로 정한다. 〈개정 2014. 11. 19., 2017. 7. 26.〉
[본조신설 2013. 6. 7.]

제16조의3(출동차량 등) ① 경비업자는 출동차량 등의 도색 및 표지를 경찰차량 및 군차량과 명확히 구별될 수 있게 하여야 한다.
② 경비업자는 출동차량 등의 도색 및 표지를 정하고 이를 확인할 수 있는 사진을 첨부하여 주된 사무소를 관할하는 시 · 도경찰청장에게 행정안전부령으로 정하는 바에 따라 신고하여야 한다. 〈개정 2014. 11. 19., 2017. 7. 26., 2020. 12. 22.〉
③ 시 · 도경찰청장은 제2항에 따라 제출받은 사진을 검토한 후 경비업자에게 도색 및 표지 변경 등에 대한 시정명령을 할 수 있다. 〈개정 2020. 12. 22.〉
④ 제3항에 따른 시정명령을 받은 경비업자는 이를 이행하여야 하고, 시 · 도경찰청장에게 행정안전부령으로 정하는 바에 따라 이행보고를 하여야 한다. 〈개정 2014. 11. 19., 2017. 7. 26., 2020. 12. 22.〉
⑤ 그 밖에 출동차량 등에 필요한 사항은 행정안전부령으로 정한다.
〈개정 2014. 11. 19., 2017. 7. 26.〉
[본조신설 2013. 6. 7.]

제17조(결격사유 확인을 위한 범죄경력조회 등) ① 경찰청장, 시 · 도경찰청장 또는 관할 경찰관서장은 직권으로 또는 제2항에 따른 범죄경력조회 요청이 있는 경우에는 경비업자의 임원, 경비지도사 또는 경비원이 제5조제3호 · 제4호, 제10조제1항제3호부터 제8호까지 또는 같은 조 제2항제3호 · 제4호에 따른 결격사유에 해당하는지를 확인하기 위하여 「형의 실효 등에 관한 법률」 제6조에 따른 범죄경력조회를 할 수 있다. 〈개정 2020. 12. 22., 2021. 1. 12.〉
② 경비업자는 선출 · 선임 · 채용 또는 배치하려는 임원, 경비지도사 또는 경비원이 제5조제3호 · 제4호, 제10조제1항제3호부터 제8호까지 또는 같은 조 제2항제3호 · 제4호에 따른 결격사유에 해당하는지를 확인하기 위하여 주된 사무소, 출장소 또는 배치장소를 관할하는 시 · 도경찰청장 또는 경찰

관서장에게 「형의 실효 등에 관한 법률」 제6조에 따른 범죄경력조회를 요청할 수 있다. 〈개정 2020. 12. 22., 2021. 1. 12.〉

③ 제2항에 따른 범죄경력조회 요청을 받은 시·도경찰청장 또는 관할 경찰관서장은 경비업자에게 그 결과를 통보할 때에는 경비업자의 임원, 경비지도사 또는 경비원이 제5조제3호·제4호, 제10조제1항제3호부터 제8호까지 또는 같은 조 제2항제3호·제4호에 따른 결격사유에 해당하는지 여부만을 통보하여야 한다.
〈개정 2020. 12. 22., 2021. 1. 12.〉

④ 시·도경찰청장 또는 관할 경찰관서장은 경비업자의 임원, 경비지도사 또는 경비원이 제5조 각 호, 제10조제1항 각 호 또는 제2항 각 호의 결격사유에 해당하는 사실을 알게 되거나 이 법 또는 이 법에 따른 명령을 위반한 때에는 경비업자에게 그 사실을 통보하여야 한다.
〈개정 2020. 12. 22.〉
[전문개정 2013. 6. 7.]

제18조(경비원의 명부와 배치허가 등) ①경비업자는 행정안전부령으로 정하는 바에 따라 경비원의 명부를 작성·비치하여야 한다. 다만, 집단민원현장에 배치되는 일반경비원의 명부는 그 경비원이 배치되는 장소에도 작성·비치하여야 한다. 〈개정 2008. 2. 29., 2013. 3. 23., 2013. 6. 7., 2014. 11. 19., 2017. 7. 26.〉

② 경비업자가 경비원을 배치하거나 배치를 폐지한 경우에는 행정안전부령으로 정하는 바에 따라 관할 경찰관서장에게 신고하여야 한다. 다만, 다음 제1호의 경우에는 경비원을 배치하기 48시간 전까지 행정안전부령으로 정하는 바에 따라 배치허가를 신청하고, 관할 경찰관서장의 배치허가를 받은 후에 경비원을 배치하여야 하며(제2호 및 제3호의 경우에는 경비원을 배치하기 전까지 신고하여야 한다), 이 경우 관할 경찰관서장은 배치허가를 함에 있어 필요한 조건을 붙일 수 있다. 〈개정 2005. 8. 4., 2008. 2. 29., 2013. 3. 23., 2013. 6. 7., 2014. 11. 19., 2017. 7. 26.〉

1. 제2조제1호가목에 따른 시설경비업무 또는 같은 호 다목에 따른 신변보호업무 중 집단민원현장에 배치된 일반경비원
2. 집단민원현장이 아닌 곳에서 제2조제1호 다목의 규정에 의한 신변보호업무를 수행하는 일반경비원
3. 특수경비원

③ 관할 경찰관서장은 제2항 각 호 외의 부분 단서에 따른 배치허가 신청을 받은 경우 다음 각 호의 사유에 해당하는 때에는 배치허가를 하여서는 아니 된다. 이 경우 관할 경찰관서장은 다음 각 호의 사유를 확인하기 위하여 소속 경찰관으로 하여금 그 배치장소를 방문하여 조사하게 할 수 있다. 〈신설 2013. 6. 7.〉

1. 제15조의2제1항 및 제2항을 위반하여 경비업무의 범위를 벗어난 행위를 할 우려가 있는 경우
2. 경비원 중 제10조제1항 또는 제2항에 해당하는 결격자나 제13조에 따른 신

임교육을 받지 아니한 사람이 대통령령으로 정하는 기준 이상으로 포함되어 있는 경우

3. 제24조에 따라 경비원의 복장·장비 등에 대하여 내려진 필요한 명령을 이행하지 아니하는 경우

④ 제2항 각 호 외의 부분 단서에 따른 배치허가 신청을 받은 관할 경찰관서장은 배치되는 경비원 중 제10조제1항 또는 제2항에 해당하는 결격자가 있는 경우에는 그 사람을 제외하고 배치허가를 하여야 한다. 〈신설 2013. 6. 7.〉

⑤ 경비업자는 경비원을 배치하여 경비업무를 수행하게 하는 때에는 행정안전부령으로 정하는 바에 따라 배치된 경비원의 인적사항과 배치일시·배치장소 등 근무상황을 기록하여 보관하여야 한다. 〈신설 2013. 6. 7., 2014. 11. 19., 2017. 7. 26.〉

⑥ 경비업자는 다음 각 호의 어느 하나에 해당하는 죄를 범하여 벌금형을 선고받고 5년이 지나지 아니하거나 금고 이상의 형을 선고받고 그 집행이 유예된 날부터 5년이 지나지 아니한 자를 집단민원현장에 일반경비원으로 배치하여서는 아니 된다. 〈신설 2013. 6. 7., 2016. 1. 6.〉

1. 「형법」 제257조부터 제262조까지, 제264조, 제276조부터 제281조까지의 죄, 제284조의 죄, 제285조의 죄, 제320조의 죄, 제324조제2항의 죄, 제350조의2의 죄, 제351조의 죄(제350조, 제350조의2의 상습범으로 한정한다), 제369조제1항의 죄
2. 「폭력행위 등 처벌에 관한 법률」 제2조 또는 제3조의 죄

⑦ 경비업자는 제1항에 따른 경비원 명부에 없는 자를 경비업무에 종사하게 하여서는 아니 되고, 제2항에 따라 경비원을 배치하는 경우에는 제13조에 따른 신임교육을 이수한 자를 배치하여야 한다. 〈신설 2013. 6. 7.〉

⑧ 관할 경찰관서장은 경비업자가 다음 각 호의 어느 하나에 해당하는 때에는 배치폐지를 명할 수 있다. 〈신설 2013. 6. 7.〉

1. 제2항 각 호 외의 부분 단서를 위반하여 배치허가를 받지 아니하고 경비원을 배치하거나 경비원 명단 및 배치일시·배치장소 등 배치허가 신청의 내용을 거짓으로 한 때
2. 제6항의 결격사유에 해당하는 자를 집단민원현장에 일반경비원으로 배치한 때
3. 제7항을 위반하여 신임교육을 이수하지 아니한 자를 제2항 각 호의 경비원으로 배치한 때
4. 경비업자 또는 경비원이 위력이나 흉기 또는 그 밖의 위험한 물건을 사용하여 집단적 폭력사태를 일으킨 때
5. 경비업자가 제2항 각 호 외의 부분 본문을 위반하여 신고하지 아니하고 일반경비원을 배치한 때

[제목개정 2013. 6. 7.]

제5장 행정처분 등

제19조(경비업 허가의 취소 등) ①허가관청은 경비업자가 다음 각 호의 어느 하나에

해당하는 때에는 그 허가를 취소하여야 한다. 〈개정 2002. 12. 18., 2013. 6. 7., 2017. 10. 24.〉

1. 허위 그 밖의 부정한 방법으로 허가를 받은 때
2. 제7조제5항의 규정에 위반하여 허가받은 경비업무외의 업무에 경비원을 종사하게 한 때
3. 제7조제9항의 규정에 위반하여 경비업 및 경비관련업외의 영업을 한 때
4. 정당한 사유없이 허가를 받은 날부터 2년 이내에 경비 도급실적이 없거나 계속하여 1년 이상 휴업한 때
5. 정당한 사유없이 최종 도급계약 종료일의 다음 날부터 2년 이내에 경비 도급실적이 없을 때
6. 영업정지처분을 받고 계속하여 영업을 한 때
7. 제15조의2제2항을 위반하여 소속 경비원으로 하여금 경비업무의 범위를 벗어난 행위를 하게 한 때
8. 제18조제8항에 따른 관할 경찰관서장의 배치폐지 명령에 따르지 아니한 때

② 허가관청은 경비업자가 다음 각 호의 어느 하나에 해당하는 때에는 대통령령으로 정하는 행정처분의 기준에 따라 그 허가를 취소하거나 6개월 이내의 기간을 정하여 영업의 전부 또는 일부에 대하여 영업정지를 명할 수 있다. 〈신설 2013. 6. 7., 2020. 12. 22.〉

1. 제4조제1항 후단을 위반하여 시·도경찰청장의 허가 없이 경비업무를 변경한 때
2. 제7조제2항을 위반하여 도급을 의뢰받은 경비업무가 위법한 것임에도 이를 거부하지 아니한 때
3. 제7조제6항을 위반하여 경비지도사를 집단민원현장에 선임·배치하지 아니한 때
4. 제8조를 위반하여 경비대상 시설에 관한 경보 대응체제를 갖추지 아니한 때
5. 제9조제2항을 위반하여 관련 서류를 작성·비치하지 아니한 때
6. 제10조제3항을 위반하여 결격사유에 해당하는 경비원을 배치하거나 결격사유에 해당하는 경비지도사를 선임·배치한 때
7. 제12조제1항을 위반하여 경비지도사를 선임한 때
8. 제13조를 위반하여 경비원으로 하여금 교육을 받게 하지 아니한 때
9. 제16조에 따른 경비원의 복장 등에 관한 규정을 위반한 때
10. 제16조의2에 따른 경비원의 장비 등에 관한 규정을 위반한 때
11. 제16조의3에 따른 경비원의 출동차량 등에 관한 규정을 위반한 때
12. 제18조제1항 단서를 위반하여 집단민원현장에 일반경비원 명부를 작성·비치하지 아니한 때
13. 제18조제2항 각 호 외의 부분 단서를 위반하여 배치허가를 받지 아니하고 경비원을 배치하거나 경비원 명단 및 배치일시·배치장소 등 배치허가 신청의 내용을 거짓으로 한 때

14. 제18조제6항을 위반하여 결격사유에 해당하는 일반경비원을 집단민원현장에 배치한 때
15. 제24조에 따른 감독상 명령에 따르지 아니한 때
16. 제26조를 위반하여 손해를 배상하지 아니한 때

③ 허가관청은 제1항 및 제2항에 의하여 허가취소 또는 영업정지처분을 하는 때에는 경비업자가 허가받은 경비업무중 허가취소 또는 영업정지사유에 해당되는 경비업무에 한하여 처분을 하여야 한다. 다만, 제1항제2호 및 제7호에 해당하여 허가취소를 하는 때에는 그러하지 아니하다.
〈개정 2013. 6. 7.〉

[2002. 12. 18. 법률 제6787호에 의하여 2002. 4. 25. 헌법재판소에서 위헌 결정된 이 조를 개정함.]

[헌법불합치, 2020헌가19, 2023.3.23, 1. 경비업법(2001. 4. 7. 법률 제6467호로 전부개정된 것) 제7조 제5항 중 '시설경비업무'에 관한 부분과 경비업법(2013. 6. 7. 법률 제11872호로 개정된 것) 제19조 제1항 제2호 중 '시설경비업무'에 관한 부분은 헌법에 합치되지 아니한다. 2. 법원 기타 국가기관 및 지방자치단체는 입법자가 개정할 때까지 위 법률조항의 적용을 중지하여야 한다. 3. 입법자는 2024. 12. 31.까지 위 법률조항들을 개정하여야 한다.]

제20조(경비지도사자격의 취소 등) ①경찰청장은 경비지도사가 다음 각호의 1에 해당하는 때에는 그 자격을 취소하여야 한다. 〈개정 2014. 12. 30.〉

1. 제10조제1항 각호의 결격사유에 해당하게 된 때
2. 허위 그 밖의 부정한 방법으로 경비지도사자격증을 교부받은 때
3. 경비지도사자격증을 다른 사람에게 빌려주거나 양도한 때
4. 자격정지 기간 중에 경비지도사로 선임되어 활동한 때

② 경찰청장은 경비지도사가 다음 각호의 1에 해당하는 때에는 대통령령이 정하는 바에 따라 1년의 범위 내에서 그 자격을 정지시킬 수 있다. 〈개정 2020. 12. 22.〉

1. 제12조제3항의 규정에 위반하여 직무를 성실하게 수행하지 아니한 때
2. 제24조의 규정에 의한 경찰청장 또는 시·도경찰청장의 명령을 위반한 때

③ 경찰청장은 제1항의 규정에 의하여 경비지도사의 자격을 취소한 때에는 경비지도사자격증을 회수하여야 하고, 제2항의 규정에 의하여 경비지도사의 자격을 정지한 때에는 그 정지기간동안 경비지도사자격증을 회수하여 보관하여야 한다.

제21조(청문) 경찰청장 또는 시·도경찰청장은 다음 각호의 1에 해당하는 처분을 하고자 하는 경우에는 청문을 실시하여야 한다. 〈개정 2020. 12. 22.〉

1. 제19조의 규정에 의한 경비업 허가의 취소 또는 영업정지
2. 제20조제1항 또는 제2항의 규정에 의한 경비지도사자격의 취소 또는 정지

제6장 경비협회

제22조(경비협회) ①경비업자는 경비업무의 건전한 발전과 경비원의 자질향상 및 교육훈련 등을 위하여 대통령령이 정하는 바에 따라 경비협회를 설립할 수 있다.

② 경비협회는 법인으로 한다.

③ 경비협회의 업무는 다음과 같다.

1. 경비업무의 연구
2. 경비원 교육·훈련 및 그 연구
3. 경비원의 후생·복지에 관한 사항
4. 경비진단에 관한 사항
5. 그 밖에 경비업무의 건전한 운영과 육성에 관하여 필요한 사항

④ 경비협회에 관하여 이 법에 특별한 규정이 있는 것을 제외하고는 민법중 사단법인에 관한 규정을 준용한다.

제23조(공제사업) ① 경비협회는 다음 각 호의 공제사업을 할 수 있다.
〈개정 2015. 7. 20.〉

1. 제26조에 따른 경비업자의 손해배상책임을 보장하기 위한 사업
2. 경비업자가 경비업을 운영할 때 필요한 입찰보증, 계약보증(이행보증을 포함한다), 하도급보증을 위한 사업
3. 경비원의 복지향상과 업무상 재해로 인한 손실을 보상하는 사업
4. 경비업무와 관련한 연구 및 경비원 교육·훈련에 관한 사업

② 경비협회는 제1항의 규정에 의한 공제사업을 하고자 하는 때에는 공제규정을 제정하여야 한다.

③ 제2항의 공제규정에는 공제사업의 범위, 공제계약의 내용, 공제금, 공제료 및 공제금에 충당하기 위한 책임준비금 등 공제사업의 운영에 관하여 필요한 사항을 정하여야 한다.

④ 경찰청장은 제1항에 따른 공제사업의 건전한 육성과 가입자의 보호를 위하여 공제사업의 감독에 관한 기준을 정할 수 있다. 〈신설 2015. 7. 20.〉

⑤ 경찰청장은 제2항에 따른 공제규정을 승인하거나 제4항에 따라 공제사업의 감독에 관한 기준을 정하는 경우에는 미리 금융위원회와 협의하여야 한다.
〈신설 2015. 7. 20.〉

⑥ 경찰청장은 제1항에 따른 공제사업에 대하여 「금융위원회의 설치 등에 관한 법률」에 따른 금융감독원의 원장에게 검사를 요청할 수 있다. 〈신설 2015. 7. 20.〉

제7장 보칙

제24조(감독) ①경찰청장 또는 시·도경찰청장은 경비업무의 적정한 수행을 위하여 경비업자 및 경비지도사를 지도·감독하며 필요한 명령을 할 수 있다.
〈개정 2020. 12. 22.〉

② 시·도경찰청장 또는 관할 경찰관서장은 소속 경찰공무원으로 하여금 관할구역안에 있는 경비업자의 주사무소 및 출장소와 경비원배치장소에 출입하여 근무상황 및 교육훈련상황 등을 감독하며 필요한 명령을 하게 할 수 있다. 이 경우 출입하는 경찰공무원은 그 권한을 표시하는 증표를 관계인에게 내보여야 한다.

〈개정 2020. 12. 22.〉

③ 시·도경찰청장 또는 관할 경찰관서장은 경비업자 또는 배치된 경비원이 이 법이나 이 법에 따른 명령, 「폭력행위 등 처벌에 관한 법률」을 위반하는 행위를 하는 경우 그 위반행위의 중지를 명할 수 있다. 〈신설 2013. 6. 7., 2020. 12. 22.〉

④ 시·도경찰청장 또는 관할 경찰관서장은 경비업무 장소가 집단민원현장으로 판단되는 경우에는 그 때부터 48시간 이내에 경비업자에게 경비원 배치 허가를 받을 것을 고지하여야 한다. 〈신설 2015. 7. 20., 2020. 12. 22.〉

제25조(보안지도·점검 등) 시·도경찰청장은 대통령령이 정하는 바에 따라 특수경비업자에 대하여 보안지도·점검을 실시하여야 하고, 필요한 경우 관계기관에 보안측정을 요청하여야 한다. 〈개정 2020. 12. 22.〉

제26조(손해배상 등) ①경비업자는 경비원이 업무수행중 고의 또는 과실로 경비대상에 손해가 발생하는 것을 방지하지 못한 때에는 그 손해를 배상하여야 한다.

② 경비업자는 경비원이 업무수행중 고의 또는 과실로 제3자에게 손해를 입힌 경우에는 이를 배상하여야 한다.

제27조(위임 및 위탁) ①이 법에 의한 경찰청장의 권한은 대통령령이 정하는 바에 따라 그 일부를 시·도경찰청장에게 위임할 수 있다. 〈개정 2020. 12. 22.〉

② 경찰청장은 제11조의 규정에 의한 경비지도사의 시험 및 교육에 관한 업무를 대통령령이 정하는 바에 따라 관계전문기관 또는 단체에 위탁할 수 있다.

제27조의2(수수료) 이 법에 따른 경비업의 허가를 받거나 허가증을 재교부 받고자 하는 자는 대통령령이 정하는 바에 따라 수수료를 납부하여야 한다.

[본조신설 2005. 5. 31.]

제27조의3(벌칙 적용에서 공무원 의제) 제27조제2항에 따라 위탁받은 업무에 종사하는 관계전문기관 또는 단체의 임직원은 「형법」 제129조부터 제132조까지의 규정을 적용할 때에는 공무원으로 본다.

[본조신설 2019. 4. 16.]

제8장 벌칙

제28조(벌칙) ①제14조제2항의 규정에 위반하여 국가중요시설의 정상적인 운영을 해치는 장해를 일으킨 특수경비원은 5년 이하의 징역 또는 5천만원 이하의 벌금에 처한다. 〈개정 2017. 10. 24.〉

② 다음 각 호의 어느 하나에 해당하는 자는 3년 이하의 징역 또는 3천만원 이하의 벌금에 처한다. 〈개정 2005. 8. 4., 2013. 6. 7., 2015. 7. 20.〉

1. 제4조제1항의 규정에 의한 허가를 받지 아니하고 경비업을 영위한 자
2. 제7조제4항의 규정에 위반하여 직무상 알게 된 비밀을 누설하거나 부당한 목적을 위하여 사용한 자
3. 제7조제8항의 규정에 위반하여 경비업무의 중단을 통보하지 아니하거나 경비

업무를 즉시 인수하지 아니한 특수경비업자 또는 경비대행업자

4. 집단민원현장에 경비원을 배치하면서 제7조의2제1항을 위반하여 제4조제1항에 따른 허가를 받지 아니한 자에게 경비업무를 도급한 자
5. 제7조의2제2항을 위반하여 집단민원현장에 20명 이상의 경비인력을 배치하면서 그 경비인력을 직접 고용한 자
6. 제7조의2제3항을 위반하여 경비업자의 경비원 채용 시 무자격자나 부적격자 등을 채용하도록 관여하거나 영향력을 행사한 도급인
7. 과실로 인하여 제14조제2항의 규정에 위반하여 국가중요시설의 정상적인 운영을 해치는 장해를 일으킨 특수경비원
8. 특수경비원으로서 경비구역 안에서 시설물의 절도, 손괴, 위험물의 폭발 등의 사유로 인한 위급사태가 발생한 때에 제15조제1항 또는 제2항의 규정에 위반한 자
9. 제15조의2제2항의 규정을 위반하여 경비원에게 경비업무의 범위를 벗어난 행위를 하게 한 자

③ 제14조제4항 후단의 규정에 위반하여 정당한 사유없이 무기를 소지하고 배치된 경비구역을 벗어난 특수경비원은 2년 이하의 징역 또는 2천만원 이하의 벌금에 처한다.

④ 다음 각 호의 어느 하나에 해당하는 자는 1년 이하의 징역 또는 1천만원 이하의 벌금에 처한다. 〈개정 2005. 8. 4., 2013. 6. 7., 2020. 12. 22.〉

1. 제14조제7항의 규정에 위반한 관리책임자
2. 제15조제3항의 규정에 위반하여 쟁의행위를 한 특수경비원
3. 제15조의2제1항을 위반하여 경비업무의 범위를 벗어난 행위를 한 경비원
4. 제16조의2제1항에서 정한 장비 외에 흉기 또는 그 밖의 위험한 물건을 휴대하고 경비업무를 수행한 경비원 또는 경비원에게 이를 휴대하고 경비업무를 수행하게 한 자
5. 제18조제8항을 위반하여 경찰관서장의 배치폐지 명령을 따르지 아니한 자
6. 제24조제3항에 따른 시·도경찰청장 또는 관할 경찰관서장의 중지명령에 따르지 아니한 자

⑤ 삭제 〈2013. 6. 7.〉

제29조(형의 가중처벌) ①특수경비원이 무기를 휴대하고 경비업무를 수행중에 제14조제8항의 규정 및 제15조제4항의 규정에 의한 무기의 안전수칙을 위반하여 「형법」 제258조의2제1항(제257조제1항의 죄로 한정한다)·제2항(제258조제1항·제2항의 죄로 한정한다), 제259조제1항, 제260조제1항, 제262조, 제268조, 제276조제1항, 제277조제1항, 제281조제1항, 제283조제1항, 제324조제2항, 제350조의2 및 제366조의 죄를 범한 때에는 그 죄에 정한 형의 2분의 1까지 가중처벌한다. 〈개정 2013. 6. 7., 2016. 1. 6.〉

② 경비원이 경비업무 수행 중에 제16조의2제1항에서 정한 장비 외에 흉기 또는 그

밖의 위험한 물건을 휴대하고 「형법」 제258조의2제1항(제257조제1항의 죄로 한정한다) · 제2항(제258조제1항 · 제2항의 죄로 한정한다), 제259조제1항, 제261조, 제262조, 제268조, 제276조제1항, 제277조제1항, 제281조제1항, 제283조제1항, 제324조제2항, 제350조의2 및 제366조의 죄를 범한 때에는 그 죄에 정한 형의 2분의 1까지 가중처벌한다.
〈신설 2013. 6. 7., 2016. 1. 6.〉

제30조(양벌규정) 법인의 대표자나 법인 또는 개인의 대리인, 사용인, 그 밖의 종업원이 그 법인 또는 개인의 업무에 관하여 제28조의 위반행위를 하면 그 행위자를 벌하는 외에 그 법인 또는 개인에게도 해당 조문의 벌금형을 과(科)한다. 다만, 법인 또는 개인이 그 위반행위를 방지하기 위하여 해당 업무에 관하여 상당한 주의와 감독을 게을리하지 아니한 경우에는 그러하지 아니하다.
[전문개정 2008. 12. 26.]

제31조(과태료) ① 다음 각 호의 어느 하나에 해당하는 경비업자에게는 3천만원 이하의 과태료를 부과한다. 〈신설 2013. 6. 7.〉

1. 제16조제1항을 위반하여 경비원의 복장에 관한 신고를 하지 아니하고 집단민원현장에 경비원을 배치한 자
2. 제16조제2항을 위반하여 이름표를 부착하게 하지 아니하거나, 신고된 동일 복장을 착용하게 하지 아니하고 집단민원현장에 경비원을 배치한 자
3. 제18조제1항 단서를 위반하여 집단민원현장에 일반경비원을 배치하면서 경비원의 명부를 배치장소에 작성 · 비치하지 아니한 자
4. 제18조제2항 각 호 외의 부분 단서를 위반하여 배치허가를 받지 아니하고 경비원을 배치하거나 경비원 명단 및 배치일시 · 배치장소 등 배치허가 신청의 내용을 거짓으로 한 자
5. 제18조제7항을 위반하여 제13조에 따른 신임교육을 이수하지 아니한 자를 제18조제2항 각 호의 경비원으로 배치한 자

② 다음 각 호의 어느 하나에 해당하는 경비업자 또는 시설주에게는 500만원 이하의 과태료를 부과한다. 〈개정 2013. 6. 7.〉

1. 제4조제3항 또는 제18조제2항의 규정에 위반하여 신고를 하지 아니한 자
2. 제7조제7항의 규정에 위반하여 경비대행업자 지정신고를 하지 아니한 자
3. 제9조제1항의 규정에 위반하여 설명의무를 이행하지 아니한 자
4. 제12조제1항의 규정에 위반하여 경비지도사를 선임하지 아니한 자
5. 제14조제6항의 규정에 의한 감독상 필요한 명령을 정당한 이유없이 이행하지 아니한 자
6. 제10조제3항을 위반하여 결격사유에 해당하는 경비원을 배치하거나 결격사유에 해당하는 경비지도사를 선임 · 배치한 자
7. 제16조제1항의 복장 등에 관한 신고규정을 위반하여 신고를 하지 아니한 자
8. 제16조제2항을 위반하여 이름표를 부

착하게 하지 아니하거나, 신고된 동일 복장을 착용하게 하지 아니하고 경비원을 경비업무에 배치한 자

9. 제18조제1항 본문을 위반하여 명부를 작성 · 비치하지 아니한 자
10. 제18조제5항을 위반하여 경비원의 근무상황을 기록하여 보관하지 아니한 자

③ 제1항 및 제2항의 규정에 의한 과태료는 대통령령이 정하는 바에 의하여 시 · 도 경찰청장 또는 경찰관서장이 부과 · 징수한다. 〈개정 2013. 6. 7., 2020. 12. 22.〉

④ 삭제 〈2013. 6. 7.〉

⑤ 삭제 〈2013. 6. 7.〉

부칙 〈제6467호, 2001. 4. 7.〉

제1조 (시행일) 이 법은 공포후 3월이 경과한 날부터 시행한다.

제2조 (기계경비시설의 설치신고를 한 경비업자에 대한 경과조치) 이 법 시행당시 종전의 규정에 의하여 기계경비시설 설치신고를 한 경비업자는 이 법 시행후 6월 이내에 제4조제2항의 개정규정에 의한 경비인력 등을 갖추어 이 법 제2조제1호 라목의 개정규정에 의한 기계경비업무를 행하는 경비업의 허가를 받아야 한다.

제3조 (경비업 허가에 관한 경과조치) 이 법 시행당시 종전의 규정에 의한 경비업 허가는 허가일부터 5년간 유효한 것으로 보고, 이 법 시행당시 허가일부터 5년이 경과된 경비업자는 이 법 시행후 6월 이내에 제6조제2항의 개정규정에 의한 갱신허가를 받아야 하며, 그 기간내에 갱신허가를 받지 아니하는 경우에는 유효기간이 만료된 것으로 본다.

제4조 삭제 〈2002. 12. 18.〉

제5조 (벌칙에 관한 경과조치) 이 법 시행전의 행위에 대한 벌칙 및 과태료의 적용에 있어서는 종전의 규정에 의한다.

제6조 (다른 법률의 개정) 항공법중 다음과 같이 개정한다.

제61조제5항중 "비행장에 파견된 경찰관"을 "경찰관직무집행법 제2조의 경찰관 직무를 행하는 자 또는 경비업법 제2조제3호 나목의 특수경비원"으로 하고, 동조제6항중 "청원경찰법에 의한 청원경찰로"를 "청원경찰법에 의한 청원경찰 또는 경비업법에 의한 특수경비원으로"로 한다.

제7조 (다른 법령과의 관계) 이 법 시행당시 다른 법령에서 종전의 법의 규정을 인용한 경우 이 법중 그에 해당하는 조항이 있을 때에는 종전의 규정에 갈음하여 이 법의 해당 조항을 인용한 것으로 본다.

부칙 〈제6787호, 2002. 12. 18.〉

이 법은 공포후 1년이 경과한 날부터 시행한다.

부칙 〈제7544호, 2005. 5. 31.〉

이 법은 공포한 날부터 시행한다.

부칙 〈제7671호, 2005. 8. 4.〉

이 법은 공포 후 6월이 경과한 날부터 시행한다.

부칙 〈제8852호, 2008. 2. 29.〉 (정부조직법)

제1조(시행일) 이 법은 공포한 날부터 시행한다. 다만, ···〈생략〉···, 부칙 제6조에 따라 개정되는 법률 중 이 법의 시행 전에 공포되었으나 시행일이 도래하지 아니한 법률을 개정한 부분은 각각 해당 법률의 시행일부터 시행한다.

제2조 부터 제5조까지 생략

제6조(다른 법률의 개정) ① 부터 〈705〉 까지 생략

〈706〉 경비업법 일부를 다음과 같이 개정한다.

제6조제2항, 제10조제2항제4호, 제11조제1항·제2항 및 제16조 중 "행정자치부령"을 각각 "행정안전부령"으로 한다.

제18조제1항, 같은 조 제2항 각 호 외의 부분 본문 및 같은 항 제1호 중 "행정자치부령"을 각각 "행정안전부령"으로 한다.

〈707〉 부터 〈760〉 까지 생략

제7조 생략

부칙 〈제8872호, 2008. 2. 29.〉 (대통령 등의 경호에 관한 법률)

제1조(시행일) 이 법은 공포한 날부터 시행한다.

제2조 생략

제3조(다른 법률의 개정) ① 경비업법 일부를 다음과 같이 개정한다.

제5조제4호 중 "대통령경호실법"을 "「대통령 등의 경호에 관한 법률」"로 한다.

② 부터 ④ 까지 생략

제4조 생략

부칙 〈제9192호, 2008. 12. 26.〉

이 법은 공포한 날부터 시행한다.

부칙 〈제9579호, 2009. 4. 1.〉

이 법은 공포한 날부터 시행한다.

부칙 〈제11690호, 2013. 3. 23.〉 (정부조직법)

제1조(시행일) ① 이 법은 공포한 날부터 시행한다.

② 생략

제2조 부터 제5조까지 생략

제6조(다른 법률의 개정) ①부터 〈217〉까지 생략

〈218〉 경비업법 일부를 다음과 같이 개정한다.

제6조제2항, 제10조제2항제4호, 제11조제1항·제2항, 제16조, 제18조제1항, 같은 조 제2항 각 호 외의 부분 본문 및 같은 항 제1호 중 "행정안전부령"을 각각 "안전행정부령"으로 한다.

〈219〉부터 〈710〉까지 생략

제7조 생략

부칙 〈제11872호, 2013. 6. 7.〉

제1조(시행일) 이 법은 공포 후 1년이 경과한 날부터 시행한다.

제2조(허가의 제한에 관한 적용례) 이 법 시행 전에 제4조제1항에 따른 허가를 받은

법인에 대하여는 그 명칭을 변경하지 아니하는 한 제4조의2제1항의 개정규정을 적용하지 아니한다.

제3조(경비업 허가에 관한 경과조치) 이 법 시행 당시 종전의 규정에 따른 경비업 허가는 그 허가일부터 5년간 유효한 것으로 보고, 그 경비업자가 제6조제2항에 따라 갱신허가를 받고자 하는 경우에는 제4조의 개정규정에 따른다.

제4조(임원의 결격사유에 관한 경과조치) 이 법 시행 당시 경비업을 영위하는 법인의 임원인 사람이 이 법 시행 전에 발생한 사유로 제5조의 개정규정에 따른 결격사유에 해당하게 된 경우에는 같은 개정규정에도 불구하고 종전의 규정에 따른다.

제5조(경비지도사 및 경비원의 결격사유에 관한 경과조치) ① 이 법 시행 당시 경비지도사인 사람이 이 법 시행 전에 발생한 사유로 제10조제1항제5호부터 제8호까지의 개정규정에 따른 결격사유에 해당하게 된 경우에는 같은 개정규정에도 불구하고 종전의 규정에 따른다.

② 이 법 시행 당시 경비업자에게 채용되어 있는 경비원이 이 법 시행 전에 발생한 사유로 제10조제1항제5호부터 제8호까지 또는 같은 조 제2항제2호의 개정규정에 따른 결격사유에 해당하게 된 경우에는 같은 개정규정에도 불구하고 해당 경비업자에게 소속되어 근무할 때까지는 종전의 규정에 따른다.

제6조(경비업 허가의 취소 등에 관한 경과조치) 이 법 시행 전의 위반행위에 대한 종전의 제19조에 따른 행정처분은 제19조의 개정규정에도 불구하고 종전의 규정에 따른다.

부칙 〈제12844호, 2014. 11. 19.〉 (정부조직법)

제1조(시행일) 이 법은 공포한 날부터 시행한다. 다만, 부칙 제6조에 따라 개정되는 법률 중 이 법 시행 전에 공포되었으나 시행일이 도래하지 아니한 법률을 개정한 부분은 각각 해당 법률의 시행일부터 시행한다.

제2조 부터 제5조까지 생략

제6조(다른 법률의 개정) ①부터 〈125〉까지 생략

〈126〉 경비업법 일부를 다음과 같이 개정한다.

제6조제2항, 제7조제6항, 제10조제2항제4호, 제11조제1항 · 제2항, 제16조제1항 · 제4항 · 제5항, 제16조의2제1항 · 제5항, 제16조의3제2항 · 제4항 · 제5항, 제18조제1항 본문, 같은 조 제2항 각 호 외의 부분 본문 · 단서 및 같은 조 제5항 중 "안전행정부령"을 각각 "행정자치부령"으로 한다.

〈127〉부터 〈258〉까지 생략

제7조 생략

부칙 〈제12911호, 2014. 12. 30.〉

제1조(시행일) 이 법은 공포한 날부터 시행한다.

제2조(금치산자 등의 결격사유에 관한 경과조치) 제5조제1호, 제10조제1항1호 · 제2항제1호의 개정규정에도 불구하고 법률 제

10429호 민법 일부개정법률 부칙 에 따라 금치산 또는 한정치산 선고의 효력이 유지되는 사람에 대하여는 종전의 규정에 따른다.

부칙 〈제13397호, 2015. 7. 20.〉
이 법은 공포 후 3개월이 경과한 날부터 시행한다.

부칙 〈제13718호, 2016. 1. 6.〉 (폭력행위 등 처벌에 관한 법률)

제1조(시행일) 이 법은 공포한 날부터 시행한다.

제2조(다른 법률의 개정) ① 생략
② 경비업법 일부를 다음과 같이 개정한다.
제18조제6항제1호 중 "제281조까지의 죄"를 "제281조까지의 죄, 제284조의 죄, 제285조의 죄, 제320조의 죄, 제324조제2항의 죄, 제350조의2의 죄, 제351조의 죄(제350조, 제350조의2의 상습범으로 한정한다), 제369조제1항의 죄"로 한다.
③부터 ⑩까지 생략

제3조 생략

부칙 〈제13719호, 2016. 1. 6.〉 (형법)

제1조(시행일) 이 법은 공포한 날부터 시행한다. 〈단서 생략〉

제2조(다른 법률의 개정) ① 생략
② 경비업법 일부를 다음과 같이 개정한다.
제29조제1항 중 "형법 제257조제1항, 제258조제1항 · 제2항"을 "「형법」 제258조의2제1항(제257조제1항의 죄로 한정한다) · 제2항(제258조제1항 · 제2항의 죄로 한정한다)"으로, "제324조"를 "제324조제2항"으로, "제350조"를 "제350조의2"로 하고, 같은 조 제2항 중 "제257조제1항, 제258조제1항 · 제2항"을 "제258조의2제1항(제257조제1항의 죄로 한정한다) · 제2항(제258조제1항 · 제2항의 죄로 한정한다)"으로, "제324조"를 "제324조제2항"으로, "제350조"를 "제350조의2"로 한다.
③부터 ⑧까지 생략

제3조 생략

부칙 〈제13814호, 2016. 1. 26.〉
이 법은 공포한 날부터 시행한다.

부칙 〈제14839호, 2017. 7. 26.〉 (정부조직법)

제1조(시행일) ① 이 법은 공포한 날부터 시행한다. 다만, 부칙 제5조에 따라 개정되는 법률 중 이 법 시행 전에 공포되었으나 시행일이 도래하지 아니한 법률을 개정한 부분은 각각 해당 법률의 시행일부터 시행한다.

제2조 부터 제4조까지 생략

제5조(다른 법률의 개정) ①부터 〈111〉까지 생략
〈112〉 경비업법 일부를 다음과 같이 개정한다.
제6조제2항 중 "행정자치부령이 정하는 바에 의하여"를 "행정안전부령으로 정하는 바에 따라"로 한다.
제7조제6항, 제16조제1항 · 제4항 · 제5항, 제16조의2제1항 · 제5항, 제16조의3제2항 · 제4항 · 제5항, 제18조제2항 각 호 외의

부분 단서 및 같은 조 제5항 중 "행정자치부령"을 각각 "행정안전부령"으로 한다.

제10조제2항제4호, 제11조제1항 · 제2항, 제18조제1항 본문, 같은 조 제2항 각 호 외의 부분 본문 중 "행정자치부령이"를 "행정안전부령으로"로 한다.

〈113〉부터 〈382〉까지 생략

제6조 생략

부칙 〈제14909호, 2017. 10. 24.〉

이 법은 공포 후 6개월이 경과한 날부터 시행한다.

부칙 〈제16316호, 2019. 4. 16.〉

이 법은 공포한 날부터 시행한다.

부칙 〈제17689호, 2020. 12. 22.〉 (국가경찰과 자치경찰의 조직 및 운영에 관한 법률)

제1조(시행일) 이 법은 2021년 1월 1일부터 시행한다.

제2조 부터 제6조까지 생략

제7조(다른 법률의 개정) ① 및 ② 생략

③ 경비업법 일부를 다음과 같이 개정한다.

제4조제1항 전단 및 같은 조 제3항 각 호 외의 부분, 제14조제3항 전단 및 같은 조 제4항 전단, 제16조제1항, 같은 조 제3항 및 제4항, 제16조의3제2항, 같은 조 제3항 및 제4항, 제17조제1항부터 제4항까지, 제19조제2항제1호, 제20조제2항제2호, 제21조 각 호 외의 부분, 제24조제1항부터 제4항까지, 제25조, 제27조제1항, 제28조제4항제6호, 제31조제3항 중 "지방경찰청장"을 각각 "시 · 도경찰청장"으로 한다.

④부터 〈53〉까지 생략

제8조 생략

부칙 〈제17894호, 2021. 1. 12.〉 (피후견인 결격조항 정비를 위한 경비업법 등 10개 법률의 일부개정에 관한 법률)

이 법은 공포한 날부터 시행한다. 다만, 다음 각 호의 사항은 공포 후 6개월이 경과한 날부터 시행한다.

1. 제1조 중 「경비업법」 제10조제2항제2호부터 제5호까지 및 제17조제1항부터 제3항까지의 개정규정
2. 생략

부칙 〈제19021호, 2022. 11. 15.〉

제1조(시행일) 이 법은 공포 후 6개월이 경과한 날부터 시행한다. 다만, 제10조의2의 개정규정은 공포한 날부터 시행한다.

제2조(특수경비원의 당연 퇴직에 관한 적용례) 제10조의2의 개정규정은 이 법 시행 이후 60세가 되거나, 이 법 시행 이후 파산선고를 받거나, 이 법 시행 이후의 행위로 형의 선고유예를 받은 사람부터 적용한다.

2. 경비업법 시행령

[시행 2023. 5. 16.] [대통령령 제33464호, 2023. 5. 15., 일부개정]

제1조(목적) 이 영은 경비업법에서 위임된 사항과 그 시행에 관하여 필요한 사항을 규정함을 목적으로 한다.

제2조(국가중요시설) 경비업법(이하 "법"이라 한다) 제2조제1호마목에서 "대통령령이 정하는 국가중요시설"이라 함은 공항 · 항만, 원자력발전소 등의 시설중 국가정보원장이 지정하는 국가보안목표시설과 「통합방위법」 제21조제4항의 규정에 의하여 국방부장관이 지정하는 국가중요시설을 말한다. 〈개정 2003. 11. 11., 2009. 11. 17.〉

제3조(허가신청 등) ① 법 제4조제1항에 따라 경비업의 허가를 받으려는 경우에는 허가신청서에, 경비업의 허가를 받은 법인(이하 "경비업자"라 한다)이 허가를 받은 경비업무를 변경하거나 새로운 경비업무를 추가하려는 경우에는 변경허가신청서에 행정안전부령으로 정하는 서류를 첨부하여 법인의 주사무소를 관할하는 시 · 도경찰청장 또는 해당 시 · 도경찰청 소속의 경찰서장에게 제출하여야 한다. 이 경우 신청서를 제출받은 경찰서장은 지체 없이 관할 시 · 도경찰청장에게 보내야 한다. 〈개정 2011. 4. 4., 2013. 3. 23., 2014. 11. 19., 2017. 7. 26., 2020. 12. 31.〉

② 제1항의 규정에 의하여 허가 또는 변경허가 신청서를 제출하는 법인은 별표 1의 규정에 의한 경비인력 · 자본금 · 시설 및 장비를 갖추어야 한다. 다만, 경비업의 허가 또는 변경허가를 신청하는 때에 별표 1의 규정에 의한 시설 등(자본금을 제외한다. 이하 이 항에서 같다)을 갖출 수 없는 경우에는 허가 또는 변경허가의 신청시 시설 등의 확보계획서를 제출한 후 허가 또는 변경허가를 받은 날부터 1월 이내에 별표 1의 규정에 의한 시설 등을 갖추고 시 · 도경찰청장의 확인을 받아야 한다. 〈개정 2020. 12. 31.〉

제4조(허가절차 등) ①시 · 도경찰청장은 제3조제1항의 규정에 의하여 허가 또는 변경허가의 신청을 받은 때에는 경비업을 영위하고자 하는 법인의 임원중 법 제5조의 규정에 의한 결격사유에 해당하는 자가 있는지의 유무, 경비인력 · 시설 및 장비의 확보 또는 확보가능성의 여부, 자본금과 대표자 · 임원의 경력 및 신용 등을 검토하여 허가여부를 결정하여야 한다.
〈개정 2020. 12. 31.〉

② 시 · 도경찰청장은 제1항에 따른 검토를 한 후 경비업을 허가하거나 변경허가를 한 경우에는 해당 법인의 주사무소를 관할하는 경찰서장을 거쳐 신청인에게 허가증을 발급하여야 한다. 〈개정 2011. 4. 4., 2020. 12. 31.〉

③ 경비업자는 경비업 허가증을 잃어버리거나 경비업 허가증이 못쓰게 된 경우에는 허가증 재교부신청서에 다음 각 호의 구분

에 따른 서류를 첨부하여 법인의 주사무소를 관할하는 시·도경찰청장 또는 해당 시·도경찰청 소속의 경찰서장에게 재발급을 신청하여야 하고, 신청서를 제출받은 경찰서장은 지체 없이 관할 시·도경찰청장에게 보내야 한다. 〈개정 2011. 4. 4., 2020. 12. 31.〉

1. 허가증을 잃어버린 경우에는 그 사유서

2. 허가증이 못쓰게 된 경우에는 그 허가증

제5조(폐업 또는 휴업 등의 신고) ① 경비업자는 폐업을 한 경우에는 법 제4조제3항제1호에 따라 폐업을 한 날부터 7일 이내에 폐업신고서에 허가증을 첨부하여 법인의 주사무소를 관할하는 시·도경찰청장 또는 해당 시·도경찰청 소속의 경찰서장에게 제출하여야 한다. 이 경우 폐업신고서를 제출받은 경찰서장은 지체 없이 관할 시·도경찰청장에게 보내야 한다. 〈개정 2011. 4. 4., 2020. 12. 31.〉

② 경비업자는 휴업을 한 경우에는 법 제4조제3항제1호에 따라 휴업한 날부터 7일 이내에 휴업신고서를 법인의 주사무소를 관할하는 시·도경찰청장 또는 해당 시·도경찰청 소속의 경찰서장에게 제출하여야 하고, 휴업신고서를 제출받은 경찰서장은 지체 없이 관할 시·도경찰청장에게 보내야 한다. 이 경우 휴업신고를 한 경비업자가 신고한 휴업기간이 끝나기 전에 영업을 다시 시작하거나 신고한 휴업기간을 연장하려는 경우에는 영업을 다시 시작한 후 7일 이내에 또는 신고한 휴업기간이 끝난 후 7일 이내에 영업재개신고서 또는 휴업기간연장신고서를 제출하여야 한다. 〈개정 2011. 4. 4., 2020. 12. 31.〉

③ 법 제4조제3항제3호의 규정에 의하여 신설·이전 또는 폐지한 때에 신고를 하여야 하는 출장소는 주사무소 외의 장소로서 일상적으로 일정 지역안의 경비업무를 지휘·총괄하는 영업거점인 지점·지사 또는 사업소 등의 장소로 한다.

④ 법 제4조제3항제6호에서 "그밖에 대통령령이 정하는 중요사항"이라 함은 정관의 목적을 말한다. 〈개정 2003. 11. 11.〉

⑤ 법 제4조제3항제2호부터 제6호까지의 규정에 따른 신고는 그 사유가 발생한 날부터 30일 이내에 하여야 한다. 〈개정 2014. 12. 30.〉

[제목개정 2003. 11. 11.]

제6조(특수경비업자의 업무개시전의 조치) ①법 제2조제1호마목의 규정에 의한 특수경비업무를 수행하는 경비업자(이하 "특수경비업자"라 한다)는 법 제4조제3항제5호의 규정에 의하여 첫 업무개시의 신고를 하기 전에 시·도경찰청장의 비밀취급인가를 받아야 한다. 〈개정 2020. 12. 31.〉

② 시·도경찰청장은 제1항의 규정에 의하여 특수경비업자에게 비밀취급인가를 하고자 하는 때에는 법 제25조의 규정에 의하여 특수경비업자로 하여금 경찰청장을 거쳐 국가정보원장에게 보안측정을 요청하도록 하여야 한다. 〈개정 2020. 12. 31.〉

제7조(기계경비업자의 대응체제) 법 제2조제1호라목의 규정에 의한 기계경비업무를 수행하는 경비업자(이하 "기계경비업자"라

한다)는 법 제8조의 규정에 의하여 관제시설 등에서 경보를 수신한 때에는 경보를 수신한 때부터 늦어도 25분 이내에는 도착시킬 수 있는 대응체제를 갖추어야 한다.

제7조의2(특수경비업자가 할 수 있는 영업) ① 법 제7조제9항에서 "경비장비의 제조·설비·판매업, 네트워크를 활용한 정보산업, 시설물 유지관리업 및 경비원 교육업 등 대통령령이 정하는 경비관련업"이란 다음 각 호의 영업을 말한다.

1. 별표 1의2에 따른 영업
2. 제1호에 따른 영업에 부수되는 것으로서 경찰청장이 지정·고시하는 영업

② 제1항에 따른 영업의 범위에 관하여는 법 또는 이 영에 특별한 규정이 있는 경우를 제외하고는 「통계법」에 따라 통계청장이 고시하는 한국표준산업분류표에 따른다.

[전문개정 2014. 6. 3.]

제7조의3(무자격자 및 부적격자 등의 범위) 다음 각 호의 경비업무를 도급하려는 자는 법 제7조의2제3항에 따라 다음 각 호의 구분에 해당하는 사람을 그 경비업무를 수급한 경비업자의 경비원으로 채용하도록 관여하거나 영향력을 행사해서는 아니된다.

1. 시설경비업무, 신변보호업무(집단민원현장의 시설경비업무 또는 신변보호업무는 제외한다), 호송경비업무 또는 기계경비업무
   가. 법 제10조제1항에 따라 경비지도사 또는 일반경비원이 될 수 없는 사람
   나. 「아동·청소년의 성보호에 관한 법률」 제56조제1항제14호에 따라 경비업무에 종사할 수 없는 사람
2. 특수경비업무
   가. 법 제10조제2항에 따라 특수경비원이 될 수 없는 사람
   나. 「아동·청소년의 성보호에 관한 법률」 제56조제1항제14호에 따라 경비업무에 종사할 수 없는 사람
3. 집단민원현장의 시설경비업무 또는 신변보호업무
   가. 법 제10조제1항에 따라 경비지도사 또는 일반경비원이 될 수 없는 사람
   나. 법 제18조제6항에 따라 집단민원현장에 일반경비원으로 배치할 수 없는 사람
   다. 「아동·청소년의 성보호에 관한 법률」 제56조제1항제14호에 따라 경비업무에 종사할 수 없는 사람

[본조신설 2015. 10. 20.]

제8조(오경보의 방지를 위한 설명 등) ①법 제9조제1항의 규정에 의하여 기계경비업자가 계약상대방에게 하여야 하는 설명은 다음 각호의 사항을 기재한 서면 또는 전자문서(이하 "서면등"이라 하며, 이 조에서 전자문서는 계약상대방이 원하는 경우에 한한다)를 교부하는 방법에 의한다.

1. 당해 기계경비업무와 관련된 관제시설 및 출장소(제5조제3항의 규정에 의한 출장소를 말한다. 이하 같다)의 명칭·소재지
2. 기계경비업자가 경비대상시설에서 발생한 경보를 수신한 경우에 취하는 조치
3. 기계경비업무용 기기의 설치장소 및 종

류와 그밖의 기계장치의 개요

4. 오경보의 발생원인과 송신기기의 유지 · 관리방법

② 기계경비업자는 제1항 각호의 사항을 기재한 서면등과 함께 법 제26조의 규정에 의한 손해배상의 범위와 손해배상액에 관한 사항을 기재한 서면등을 계약상대방에게 교부하여야 한다.

제9조(기계경비업자의 관리 서류) ①기계경비업자는 법 제9조제2항의 규정에 의하여 출장소별로 다음 각호의 사항을 기재한 서류를 갖추어 두어야 한다.

1. 경비대상시설의 명칭 · 소재지 및 경비계약기간
2. 기계경비지도사의 명단 · 배치일자 · 배치장소와 출동차량의 대수
3. 경보의 수신 및 현장도착 일시와 조치의 결과
4. 오경보인 경우 오경보가 발생한 경비대상시설 및 그 오경보에 대한 조치의 결과

② 제1항제3호 및 제4호의 규정에 의한 사항을 기재한 서류는 당해 경보를 수신한 날부터 1년간 이를 보관하여야 한다.

제10조(경비지도사의 구분) 법 제10조 내지 제12조의 규정에 의한 경비지도사는 다음 각호와 같이 구분한다.

1. 일반경비지도사 : 다음 각목의 경비업무에 종사하는 경비원을 지도 · 감독 및 교육하는 경비지도사
   가. 시설경비업무
   나. 호송경비업무
   다. 신변보호업무
   라. 특수경비업무
2. 기계경비지도사 : 기계경비업무에 종사하는 경비원을 지도 · 감독 및 교육하는 경비지도사

제10조의2(특수경비원의 결격사유) 법 제10조제2항제2호에서 "심신상실자, 알코올 중독자 등 대통령령으로 정하는 정신적 제약이 있는 자"란 다음 각 호의 사람을 말한다.

1. 심신상실자
2. 마약 · 대마 · 향정신성의약품 또는 알코올 중독자
3. 「치매관리법」 제2조제1호에 따른 치매, 조현병 · 조현정동장애 · 양극성정동장애(조울병) · 재발성우울장애 등의 정신질환이나 정신 발육지연, 뇌전증 등이 있는 사람. 다만, 해당 분야 전문의가 특수경비원으로서 적합하다고 인정하는 사람은 제외한다.

[본조신설 2021. 7. 13.]

제11조(경비지도사시험의 시행 및 공고) ① 경찰청장은 법 제11조제1항에 따른 경비지도사시험(이하 "시험"이라 한다)의 실시계획을 매년 수립해야 한다.
〈개정 2019. 3. 12.〉

② 경찰청장은 제1항의 규정에 의한 시험의 실시계획에 따라 시험을 실시하고자 하는 때에는 응시자격 · 시험과목 · 시험일시 · 시험장소 및 선발예정인원 등을 시험시행일 90일 전까지 공고하여야 한다.
〈개정 2012. 5. 1.〉

③ 제2항의 규정에 의한 공고는 관보게재와 각 시 · 도경찰청 게시판 및 인터넷 홈

페이지에 게시하는 방법에 의한다. 〈개정 2020. 12. 31.〉

제12조(시험의 방법 및 과목 등) ①시험은 필기시험의 방법에 의하되, 제1차시험과 제2차시험으로 구분하여 실시한다. 이 경우 경찰청장이 필요하다고 인정하는 때에는 제1차시험과 제2차시험을 병합하여 실시할 수 있다.

② 제1차시험 및 제2차시험은 각각 선택형으로 하되, 제2차시험에 있어서는 선택형외에 단답형을 추가할 수 있다.

③ 제1차시험 및 제2차시험의 과목은 별표2와 같다.

④ 제2차시험은 제1차시험에 합격한 자에 대하여 실시한다. 다만, 제1항 후단의 규정에 의하여 제1차시험과 제2차시험을 병합하여 실시하는 경우에는 그러하지 아니하다.

⑤ 제1항 후단의 규정에 의하여 제1차시험과 제2차시험을 병합하여 실시하는 경우에는 제1차시험에 불합격한 자가 치른 제2차시험은 이를 무효로 한다.

⑥ 제1차시험에 합격한 자에 대하여는 다음 회의 시험에 한하여 제1차 시험을 면제한다. 〈신설 2003. 11. 11.〉

제13조(시험의 일부면제) 법 제11조제3항에 따라 다음 각 호의 어느 하나에 해당하는 사람은 경비지도사 제1차 시험을 면제한다. 〈개정 2013. 3. 23., 2014. 11. 19., 2017. 7. 26., 2020. 2. 4.〉

1. 「경찰공무원법」에 따른 경찰공무원으로 7년 이상 재직한 사람
2. 「대통령 등의 경호에 관한 법률」에 따른 경호공무원 또는 별정직공무원으로 7년 이상 재직한 사람
3. 「군인사법」에 따른 각 군 전투병과 또는 군사경찰병과 부사관 이상 간부로 7년 이상 재직한 사람
4. 「경비업법」에 따른 경비업무에 7년 이상(특수경비업무의 경우에는 3년 이상) 종사하고 행정안전부령으로 정하는 교육과정을 이수한 사람
5. 「고등교육법」에 따른 대학 이상의 학교를 졸업한 사람으로서 재학 중 제12조제3항에 따른 경비지도사 시험과목을 3과목 이상을 이수하고 졸업한 후 경비업무에 종사한 경력이 3년 이상인 사람
6. 「고등교육법」에 따른 전문대학을 졸업한 사람으로서 재학 중 제12조제3항에 따른 경비지도사 시험과목을 3과목 이상을 이수하고 졸업한 후 경비업무에 종사한 경력이 5년 이상인 사람
7. 일반경비지도사의 자격을 취득한 후 기계경비지도사의 시험에 응시하는 사람 또는 기계경비지도사의 자격을 취득한 후 일반경비지도사의 시험에 응시하는 사람
8. 「공무원임용령」에 따른 행정직군 교정직렬 공무원으로 7년 이상 재직한 사람

[전문개정 2011. 4. 4.]

제14조(시험합격자의 결정) ①제1차시험의 합격결정에 있어서는 매 과목 100점을 만점으로 하며, 매과목 40점 이상, 전과목 평균 60점 이상 득점한 자를 합격자로 결

정한다.

② 제2차시험의 합격결정에 있어서는 선발예정인원의 범위안에서 60점 이상을 득점한 자중에서 고득점 순으로 합격자를 결정한다. 이 경우 동점자로 인하여 선발예정인원이 초과되는 때에는 동점자 모두를 합격자로 한다.

③ 경찰청장은 제2차시험에 합격한 자에 대하여 합격공고를 하고, 합격 및 교육소집 통지서를 교부하여야 한다.

제15조(시험출제위원의 임명 · 위촉 등) ①경찰청장은 시험문제의 출제를 위하여 다음 각호의 1에 해당하는 자중에서 시험출제위원을 임명 또는 위촉한다.

1. 고등교육법에 의한 전문대학 이상의 교육기관에서 경찰행정학과 등 경비업무 관련학과 및 법학과의 부교수(전문대학의 경우에는 교수) 이상으로 재직하고 있는 자
2. 석사 이상의 학위소지자로 경찰청장이 정하는 바에 의하여 경비업무에 관한 연구실적이나 전문경력이 인정되는 자
3. 방범 · 경비업무를 3년 이상 담당한 경감 이상 경찰공무원의 경력이 있는 자

② 제1항의 규정에 의한 시험출제위원의 수는 시험과목별로 2인 이상으로 한다.

③ 시험출제위원으로 임명 또는 위촉된 자는 경찰청장이 정하는 준수사항을 성실히 이행하여야 한다.

④ 시험출제위원과 시험관리업무에 종사하는 자에 대하여는 예산의 범위안에서 수당과 여비를 지급할 수 있다. 다만, 공무원인 위원이 그 소관업무와 직접적으로 관련하여 시험관리업무에 종사하는 경우에는 그러하지 아니하다.

제16조(경비지도사의 선임 · 배치) ①경비업자는 법 제12조제1항의 규정에 의하여 별표 3의 기준에 따라 경비지도사를 선임 · 배치하여야 한다.

② 경비업자는 제1항의 규정에 의하여 선임 · 배치된 경비지도사에 결원이 있거나 자격정지 등의 사유로 그 직무를 수행할 수 없는 때에는 15일 이내에 경비지도사를 새로이 충원하여야 한다.

제17조(경비지도사의 직무 및 준수사항) ① 법 제12조제2항제5호에서 "대통령령이 정하는 직무"란 다음 각 호의 직무를 말한다. 〈개정 2014. 6. 3.〉

1. 기계경비업무를 위한 기계장치의 운용 · 감독(기계경비지도사의 경우에 한한다)
2. 오경보방지 등을 위한 기기관리의 감독(기계경비지도사의 경우에 한한다)

② 경비지도사는 법 제12조제3항에 따라 같은 조 제2항제1호 · 제2호의 직무 및 제1항 각 호의 직무를 월 1회 이상 수행하여야 한다. 〈개정 2011. 4. 4.〉

③ 경비지도사는 법 제12조제2항제1호에 따라 경비원에 대한 교육을 실시하고, 행정안전부령으로 정하는 경비원 직무교육 실시대장에 그 내용을 기록하여 2년간 보존하여야 한다. 〈신설 2011. 4. 4., 2013. 3. 23., 2014. 11. 19., 2017. 7. 26.〉

제18조(일반경비원에 대한 교육) ① 경비업

자는 일반경비원을 채용한 경우 법 제13조제1항 본문에 따라 해당 일반경비원에게 경비업자의 부담으로 다음 각 호의 기관 또는 단체에서 실시하는 일반경비원 신임교육을 받도록 하여야 한다.
〈개정 2016. 6. 28.〉

1. 법 제22조제1항에 따른 경비협회
2. 「경찰공무원 교육훈련규정」 제2조제3호에 따른 경찰교육기관
3. 경비업무 관련 학과가 개설된 대학 등 경비원에 대한 교육을 전문적으로 수행할 수 있는 인력과 시설을 갖춘 기관 또는 단체 중 경찰청장이 지정하여 고시하는 기관 또는 단체

② 경비업자는 법 제13조제1항 단서에 따라 다음 각 호의 어느 하나에 해당하는 사람을 일반경비원으로 채용한 경우에는 해당 일반경비원을 일반경비원 신임교육 대상에서 제외할 수 있다. 〈개정 2016. 6. 28.〉

1. 법 제13조제1항 본문 및 같은 조 제3항에 따른 일반경비원 또는 특수경비원 신임교육을 받은 사람으로서 채용 전 3년 이내에 경비업무에 종사한 경력이 있는 사람
2. 「경찰공무원법」에 따른 경찰공무원으로 근무한 경력이 있는 사람
3. 「대통령 등의 경호에 관한 법률」에 따른 경호공무원 또는 별정직공무원으로 근무한 경력이 있는 사람
4. 「군인사법」에 따른 부사관 이상으로 근무한 경력이 있는 사람
5. 경비지도사 자격이 있는 사람
6. 채용 당시 법 제13조제2항에 따른 일반경비원 신임교육을 받은 지 3년이 지나지 아니한 사람

③ 경비업자는 법 제13조제1항에 따라 소속 일반경비원에게 법 제12조에 따라 선임한 경비지도사가 수립한 교육계획에 따라 매월 행정안전부령으로 정하는 시간 이상의 직무교육을 받도록 하여야 한다. 〈개정 2014. 11. 19., 2016. 6. 28., 2017. 7. 26.〉

④ 법 제13조제2항에서 "대통령령으로 정하는 교육기관"이란 제18조제1항 각 호의 기관 또는 단체를 말한다. 〈신설 2016. 6. 28.〉

⑤ 제1항에 따른 신임교육의 과목 및 시간, 제3항에 따른 직무교육의 과목 등 일반경비원의 교육 실시에 필요한 사항은 행정안전부령으로 정한다. 〈개정 2014. 11. 19., 2016. 6. 28., 2017. 7. 26.〉
[전문개정 2014. 6. 3.]

제19조(특수경비원에 대한 교육) ① 특수경비업자는 특수경비원을 채용한 경우 법 제13조제3항에 따라 해당 특수경비원에게 특수경비업자의 부담으로 다음 각 호의 기관 또는 단체에서 실시하는 특수경비원 신임교육을 받도록 하여야 한다. 〈개정 2014. 11. 19., 2016. 6. 28., 2017. 7. 26.〉

1. 「경찰공무원 교육훈련규정」 제2조제3호에 따른 경찰교육기관
2. 행정안전부령으로 정하는 기준에 적합한 기관 또는 단체 중 경찰청장이 지정하여 고시하는 기관 또는 단체

② 제1항에도 불구하고 특수경비업자는 채용 전 3년 이내에 특수경비업무에 종사하

였던 경력이 있는 사람을 특수경비원으로 채용한 경우에는 해당 특수경비원을 특수경비원 신임교육 대상에서 제외할 수 있다.

③ 특수경비업자는 법 제13조제3항에 따라 소속 특수경비원에게 법 제12조에 따라 선임한 경비지도사가 수립한 교육계획에 따라 매월 행정안전부령으로 정하는 시간 이상의 직무교육을 받도록 하여야 한다. 〈개정 2014. 11. 19., 2016. 6. 28., 2017. 7. 26.〉

④ 제1항에 따른 신임교육의 과목 및 시간, 제3항에 따른 직무교육의 과목 등 특수경비원의 교육 실시에 필요한 사항은 행정안전부령으로 정한다.

〈개정 2014. 11. 19., 2017. 7. 26.〉

[전문개정 2014. 6. 3.]

제20조(특수경비원 무기휴대의 절차 등) ① 시설주는 법 제14조제4항의 규정에 의하여 특수경비원이 휴대할 무기를 대여받고자 하는 때에는 무기대여신청서를 관할경찰서장 및 공항경찰대장 등 국가중요시설의 경비책임자(이하 "관할경찰관서장"이라 한다)를 거쳐 시·도경찰청장에게 제출하여야 한다. 〈개정 2020. 12. 31.〉

② 시설주는 법 제14조제4항의 규정에 의하여 관할경찰관서장으로부터 대여받은 무기를 특수경비원에게 휴대하게 하는 경우에는 동조제9항의 규정에 의하여 관할경찰관서장의 사전승인을 얻어야 한다.

③ 제2항의 규정에 의한 사전승인을 함에 있어서 관할경찰관서장은 국가중요시설에 총기 또는 폭발물의 소지자나 무장간첩 침입의 우려가 있는지의 여부 등을 고려하는 등 특수경비원에게 무기를 지급하여야 할 필요성이 있는지의 여부에 관하여 판단하여야 한다.

④ 시설주는 제3항의 규정에 의한 무기지급의 필요성이 해소되었다고 인정되는 때에는 특수경비원으로부터 즉시 무기를 회수하여야 한다.

⑤ 법 제14조제9항의 규정에 의하여 특수경비원이 휴대할 수 있는 무기종류는 권총 및 소총으로 한다.

⑥ 「위해성 경찰장비의 사용기준 등에 관한 규정」 제18조 및 별표 2의 규정은 법 제14조제9항의 규정에 의한 안전검사의 기준에 관하여 이를 준용한다.

〈개정 2014. 11. 19.〉

⑦ 시설주, 법 제14조제7항의 규정에 의한 관리책임자와 특수경비원은 행정안전부령이 정하는 무기관리수칙을 준수하여야 한다. 〈개정 2008. 2. 29., 2013. 3. 23., 2014. 11. 19., 2017. 7. 26.〉

제21조(무기관리에 대한 지도·감독) 관할경찰관서장은 법 제14조제5항의 규정에 의하여 시설주 및 특수경비원의 무기관리상황을 매월 1회 이상 점검하여야 한다.

제22조(집단민원현장 배치 불허가 기준) 법 제18조제3항제2호에서 "대통령령으로 정하는 기준"이란 100분의 21을 말한다.

[전문개정 2014. 6. 3.]

제23조(위반행위의 보고·통보) ①경비업자의 출장소 또는 경비대상시설을 관할하는

시 · 도경찰청장 또는 경찰관서장은 출장소의 임 · 직원이나 경비원이 법 또는 법에 의한 명령에 위반한 사실을 안 때에는 지체없이 그 사실을 서면등으로 당해 경비업을 허가한 시 · 도경찰청장에게 통보하거나 보고하여야 한다. 〈개정 2020. 12. 31.〉

② 제1항의 규정에 의하여 통보 또는 보고를 받은 시 · 도경찰청장은 그 위반행위에 대하여 행정처분을 한 때에는 이를 해당 시 · 도경찰청장 또는 경찰관서장에게 통보하여야 한다. 〈개정 2020. 12. 31.〉

제24조(행정처분의 기준) 법 제19조제2항에 따른 행정처분의 기준은 별표 4와 같다. 〈개정 2014. 6. 3.〉

제25조(경비지도사의 자격정지처분의 기준) 법 제20조제2항의 규정에 의한 경비지도사에 대한 자격정지처분의 기준은 별표 5와 같다.

제26조(경비협회) ① 경비업자가 법 제22조제1항에 따라 경비협회(이하 "협회"라 한다)를 설립하려는 경우에는 정관을 작성하여야 한다. 〈개정 2014. 12. 30.〉

② 협회는 정관이 정하는 바에 의하여 회원으로부터 회비를 징수할 수 있다.

제27조(공제사업) ①협회는 법 제23조제1항의 규정에 의하여 공제사업을 하는 경우 공제사업의 회계는 다른 사업의 회계와 구분하여 경리하여야 한다.

② 삭제 〈2015. 10. 20.〉

제28조(허가증 등의 수수료) ①법에 의한 경비업의 허가를 받거나 허가증을 재교부받고자 하는 자는 다음 각호의 수수료를 납부하여야 한다.

1. 법 제4조제1항 및 법 제6조제2항의 규정에 의한 경비업의 허가(추가 · 변경 · 갱신허가를 포함한다)의 경우에는 1만원
2. 허가사항의 변경신고로 인한 허가증 재교부의 경우에는 2천원

② 제1항의 규정에 의한 수수료는 허가 등의 신청서에 수입인지를 첨부하여 납부한다.

③시험에 응시하고자 하는 자는 경찰청장이 정하여 고시하는 수수료를 납부하여야 한다.

④ 경찰청장은 다음 각 호의 어느 하나에 해당하는 경우에는 제3항에 따라 받은 응시수수료의 전부 또는 일부를 다음 각 호의 구분에 따라 반환하여야 한다.

〈개정 2014. 6. 3.〉

1. 응시수수료를 과오납한 경우: 과오납한 금액 전액
2. 시험시행기관의 귀책사유로 시험에 응시하지 못한 경우: 응시수수료 전액
3. 시험시행일 20일 전까지 접수를 취소하는 경우: 응시수수료 전액
4. 시험시행일 10일 전까지 접수를 취소하는 경우: 응시수수료의 100분의 50

⑤ 경찰청장 및 시 · 도경찰청장은 제2항 및 제3항의 규정에 불구하고 정보통신망을 이용하여 전자화폐 · 전자결제 등의 방법으로 수수료를 납부하게 할 수 있다. 〈신설 2004. 3. 17., 2011. 4. 4., 2020. 12. 31.〉

제29조(보안지도점검) 시 · 도경찰청장은 법 제25조의 규정에 의하여 특수경비업자에

대하여 연 2회 이상의 보안지도·점검을 실시하여야 한다. 〈개정 2020. 12. 31.〉

제30조(경비가 필요한 시설 등에 대한 경비의 요청) 시·도경찰청장은 행사장 그밖에 많은 사람이 모이는 시설 또는 장소에서 혼잡 등으로 인한 위험의 발생을 방지하기 위하여 법 제2조제3호의 규정에 의한 경비원에 의한 경비가 필요하다고 인정되는 때에는 행사개최일 전에 당해 행사의 주최자에게 경비원에 의한 경비를 실시하거나 부득이한 사유로 그것을 실시할 수 없는 경우에는 행사개최 24시간 전까지 시·도경찰청장에게 그 사실을 통지하여 줄 것을 요청할 수 있다. 〈개정 2020. 12. 31.〉

제31조(권한의 위임 및 위탁) ①경찰청장은 법 제27조제1항의 규정에 의하여 다음 각 호의 권한을 시·도경찰청장에게 위임한다. 〈개정 2020. 12. 31.〉

1. 법 제20조의 규정에 의한 경비지도사의 자격의 취소 및 정지에 관한 권한
2. 법 제21조제2호의 규정에 의한 경비지도사 자격의 취소 및 정지에 관한 청문의 권한

② 경찰청장 또는 경찰관서장은 법 제27조제2항의 규정에 의하여 법 제11조제1항의 규정에 의한 경비지도사시험의 관리와 경비지도사의 교육에 관한 업무를 경비업무에 관한 인력과 전문성을 갖춘 기관으로서 경찰청장이 지정하여 고시하는 기관 또는 단체에 위탁한다.

제31조의2(민감정보 및 고유식별정보의 처리) 경찰청장, 시·도경찰청장, 경찰서장 및 경찰관서장(제31조에 따라 경찰청장 및 경찰관서장의 권한을 위임·위탁받은 자를 포함한다)은 다음 각 호의 사무를 수행하기 위하여 불가피한 경우 「개인정보 보호법」 제23조에 따른 건강에 관한 정보(제1호의2 및 제4호의 사무로 한정한다), 같은 법 시행령 제18조제2호에 따른 범죄경력자료에 해당하는 정보(제1호의2 및 제9호의 사무로 한정한다), 같은 영 제19조제1호 또는 제4호에 따른 주민등록번호 또는 외국인등록번호가 포함된 자료를 처리할 수 있다. 〈개정 2014. 6. 3., 2020. 12. 31., 2021. 7. 13., 2022. 12. 20.〉

1. 법 제4조 및 제6조에 따른 경비업의 허가 및 갱신허가 등에 관한 사무

1의2. 법 제5조 및 제10조에 따른 임원, 경비지도사 및 경비원의 결격사유 확인에 관한 사무

2. 법 제11조에 따른 경비지도사 시험 등에 관한 사무
3. 법 제13조에 따른 경비원의 교육 등에 관한 사무
4. 법 제14조에 따른 특수경비원의 직무 및 무기사용 등에 관한 사무
5. 삭제 〈2021. 7. 13.〉
6. 법 제18조에 따른 경비원 배치허가 등에 관한 사무
7. 법 제19조 및 제20조에 따른 행정처분에 관한 사무
8. 법 제24조에 따른 경비업자 및 경비지

도사의 지도·감독에 관한 사무
9. 법 제25조에 따른 보안지도·점검 및 보안측정에 관한 사무
10. 삭제 〈2022. 12. 20.〉
[본조신설 2012. 1. 6.]

제31조의3(규제의 재검토) 경찰청장은 다음 각 호의 사항에 대하여 다음 각 호의 기준일을 기준으로 3년마다(매 3년이 되는 해의 기준일과 같은 날 전까지를 말한다) 그 타당성을 검토하여 개선 등의 조치를 해야 한다. 〈개정 2021. 3. 2.〉
1. 제3조제2항 및 별표 1에 따른 경비업의 시설 등의 기준: 2014년 6월 8일
2. 제22조에 따른 집단민원현장 배치 불허가 기준: 2014년 6월 8일
3. 삭제 〈2021. 3. 2.〉
4. 삭제 〈2021. 3. 2.〉
[본조신설 2014. 6. 3.]

제32조(과태료의 부과기준 등) ① 법 제31조제1항 및 제2항에 따른 과태료의 부과기준은 별표 6과 같다. 〈개정 2014. 6. 3.〉
② 시·도경찰청장 또는 경찰관서장은 「질서위반행위규제법」 제14조 각 호의 사항을 고려하여 별표 6에 따른 금액의 100분의 50의 범위에서 경감하거나 가중할 수 있다. 다만, 가중하는 때에는 법 제31조제1항 및 제2항에 따른 과태료 금액의 상한을 초과할 수 없다. 〈개정 2014. 6. 3., 2020. 12. 31.〉
③ 삭제 〈2014. 6. 3.〉
④ 삭제 〈2014. 6. 3.〉
[전문개정 2008. 11. 26.]

부칙 〈제17298호, 2001. 7. 7.〉
이 영은 2001년 7월 8일부터 시행한다.

부칙 〈제18124호, 2003. 11. 11.〉
① (시행일) 이 영은 2003년 12월 19일부터 시행한다.
② (경비지도사 제1차시험의 면제에 관한 적용례) 제12조제6항의 개정규정은 2003년도 경비지도사시험의 1차시험에 합격한 사람으로서 당해 경비지도사시험의 2차시험에 불합격한 사람부터 적용한다.

부칙 〈제18312호, 2004. 3. 17.〉 (전자적민원처리를위한가석방자관리규정등중개정령)
이 영은 공포한 날부터 시행한다.

부칙 〈제20331호, 2007. 10. 23.〉 (통계법 시행령)

제1조 (시행일) 이 영은 2007년 10월 28일부터 시행한다. 〈단서 생략〉

제2조 (다른 법령의 개정) ① 부터 ③ 까지 생략
④ 경비업법시행령 일부를 다음과 같이 개정한다.
제7조의2제2항 중 "통계법"을 "「통계법」"으로 한다.
⑤ 부터 ㉜ 까지 생략
제3조 생략

부칙 〈제20692호, 2008. 2. 29.〉 (경찰청과 그 소속기관 직제)

제1조(시행일) 이 영은 공포한 날부터 시행한다.

제2조(다른 법령의 개정) ① 생략

② 경비업법시행령 일부를 다음과 같이 개정한다.

제3조제1항, 제13조제4호, 제18조제2항·제4항, 제19조제1항 각 호 외의 부분·제3항·제4항, 제20조제7항 및 제32조제4항 중 "행정자치부령"을 각각 "행정안전부령"으로 한다.

③ 부터 ⑫ 까지 생략

부칙 〈제20732호, 2008. 2. 29.〉 (대통령등의 경호에 관한 법률 시행령)

제1조(시행일) 이 영은 공포한 날부터 시행한다.

제2조(다른 법령의 개정) ① 경비업법시행령 일부를 다음과 같이 개정한다.

제13조제2호 및 제18조제1항 단서 중 "「대통령경호실법」"을 각각 "「대통령 등의 경호에 관한 법률」"로 한다.

② 부터 ⑤ 까지 생략

제3조 및 제4조 생략

부칙 〈제21127호, 2008. 11. 26.〉 (과태료 부과·징수절차 정비를 위한 경비업법 시행령 등 일부개정령)

이 영은 공포한 날부터 시행한다.

부칙 〈제21214호, 2008. 12. 31.〉 (행정안전부와 그 소속기관 직제)

제1조(시행일) 이 영은 공포한 날부터 시행한다. 〈단서 생략〉

제2조 부터 제4조 까지 생략

제5조(다른 법령의 개정) ① 부터 ㊶ 까지 생략

㊷ 경비업법 시행령 일부를 다음과 같이 개정한다.

별표 1을 다음과 같이 한다.

3. 경비업법 시행규칙

[시행 2024. 1. 1.] [행정안전부령 제418호, 2023. 7. 17., 일부개정]

제1조(목적) 이 규칙은 경비업법 및 동법시행령에서 위임된 사항과 그 시행에 관하여 필요한 사항을 규정함을 목적으로 한다.

제2조(호송경비의 통지) 경비업법(이하 "법"이라 한다) 제4조제1항의 규정에 의하여 경비업의 허가를 받은 법인(이하 "경비업자"라 한다)은 법 제2조제1호 나목의 규정에 의한 호송경비업무를 수행하기 위하여 관할경찰서의 협조를 얻고자 하는 때에는 현금 등의 운반을 위한 출발 전일까지 출발지의 경찰서장에게 별지 제1호서식의 호송경비통지서(전자문서로 된 통지서를 포함한다)를 제출하여야 한다.
〈개정 2004. 12. 10.〉

제3조(허가신청 등) ①법 제4조제1항 및 「경비업법 시행령」(이하 "영"이라 한다) 제3조제1항에 따라 경비업의 허가를 받으려는 경우 또는 경비업자가 허가를 받은 경비업무를 변경하거나 새로운 경비업무를 추가하려는 경우에는 별지 제2호서식의 경비업 허가신청서 또는 변경허가신청서(전자문서로 된 신청서를 포함한다)에 다음 각 호의 서류(전자문서를 포함한다)를 첨부하여 법인의 주사무소를 관할하는 시·도경찰청장 또는 해당 시·도경찰청 소속의 경찰서장에게 제출하여야 한다. 이 경우 신청서를 제출받은 경찰서장은 지체 없이 관할 시·도경찰청장에게 보내야 한다. 〈개정 2004. 12. 10., 2006. 9. 7., 2011. 4. 4., 2020. 12. 31.〉

1. 법인의 정관 1부
2. 법인 임원의 이력서 1부
3. 경비인력·시설 및 장비의 확보계획서 1부(경비업 허가의 신청시 이를 갖출 수 없는 경우에 한한다)

② 제1항에 따른 신청서를 제출받은 시·도경찰청장은 「전자정부법」 제36조제1항에 따른 행정정보의 공동이용을 통하여 법인의 등기사항증명서를 확인하여야 한다. 〈신설 2006. 9. 7., 2008. 12. 5., 2010. 9. 10., 2020. 12. 31.〉

제4조(허가증 등) ①영 제4조제2항의 규정에 의한 허가증은 별지 제3호서식에 의한다.
② 영 제4조제3항의 규정에 의한 허가증 재교부신청서는 별지 제4호서식에 의한다.

제5조(폐업 또는 휴업 등의 신고) ①영 제5조제1항의 규정에 의한 폐업신고서와 동조제2항의 규정에 의한 휴업신고서·영업재개신고서 및 휴업기간연장신고서는 별지 제5호서식에 의한다. 〈개정 2003. 11. 17.〉
② 법 제4조제3항제2호에 따른 법인의 명칭·대표자·임원, 같은 항 제3호에 따른 주사무소·출장소나 영 제5조제4항에 따른 정관의 목적이 변경되어 법 제4조제3항에 따른 신고를 하는 경우에는 별지 제6호서식의 경비업 허가사항 등의 변경신고서

(전자문서로 된 신고서를 포함한다)에 다음 각 호의 서류(전자문서를 포함한다)를 첨부하여 법인의 주사무소를 관할하는 시·도경찰청장 또는 해당 시·도경찰청 소속의 경찰서장에게 제출하여야 한다. 변경신고서를 제출받은 경찰서장은 이를 지체 없이 관할 시·도경찰청장에게 보내야 한다. 〈개정 2003. 11. 17., 2004. 12. 10., 2006. 2. 2., 2006. 9. 7., 2011. 4. 4., 2020. 12. 31.〉

1. 명칭 변경의 경우 : 허가증 원본
2. 대표자 변경의 경우
   가. 삭제 〈2006. 9. 7.〉
   나. 법인 대표자의 이력서 1부
   다. 허가증 원본
3. 임원 변경의 경우 : 법인 임원의 이력서 1부
4. 주사무소 또는 출장소 변경의 경우 : 허가증 원본
5. 정관의 목적 변경의 경우 : 법인의 정관 1부

③ 제2항에 따른 신고서를 제출받은 시·도경찰청장은 「전자정부법」 제36조제1항에 따른 행정정보의 공동이용을 통하여 법인의 등기사항증명서를 확인하여야 한다. 〈신설 2006. 9. 7., 2008. 12. 5., 2010. 9. 10., 2020. 12. 31.〉

④ 법 제4조제3항제5호의 규정에 의한 특수경비업무의 개시 또는 종료의 신고는 별지 제7호서식에 의한다. 〈개정 2006. 9. 7.〉

[제목개정 2003. 11. 17.]

제6조(허가갱신) ① 법 제6조제2항에 따라 경비업의 갱신허가를 받으려는 자는 허가의 유효기간 만료일 30일 전까지 별지 제2호서식의 경비업 갱신허가신청서(전자문서로 된 신청서를 포함한다)에 허가증 원본 및 정관(변경사항이 있는 경우만 해당한다)을 첨부하여 법인의 주사무소를 관할하는 시·도경찰청장 또는 해당 시·도경찰청 소속의 경찰서장에게 제출하여야 한다. 경비업 갱신허가신청서를 제출받은 경찰서장은 이를 지체 없이 관할 시·도경찰청장에게 보내야 한다.

〈개정 2011. 4. 4., 2020. 12. 31.〉

② 제1항에 따른 신청서를 제출받은 시·도경찰청장은 「전자정부법」 제36조제1항에 따른 행정정보의 공동이용을 통하여 법인의 등기사항증명서를 확인하여야 한다. 〈신설 2006. 9. 7., 2008. 12. 5., 2010. 9. 10., 2020. 12. 31.〉

③ 시·도경찰청장은 법 제6조제2항의 규정에 의하여 갱신허가를 하는 때에는 유효기간이 만료되는 허가증을 회수한 후 별지 제3호서식의 허가증을 교부하여야 한다. 〈개정 2006. 9. 7., 2020. 12. 31.〉

제6조의2(집단민원현장에 선임·배치된 경비지도사의 직무) 법 제7조제6항에 따라 경비업자는 집단민원현장에 선임·배치된 경비지도사로 하여금 다음 각 호의 직무를 수행하도록 하여야 한다.

1. 법 제15조의2에 따른 경비원 등의 의무위반행위 예방 및 제지
2. 법 제16조에 따른 경비원의 복장 착용 등에 대한 지도·감독
3. 법 제16조의2에 따른 경비원의 장비 휴대 및 사용에 대한 지도·감독

4. 법 제18조제1항 단서에 따라 집단민원 현장에 비치된 경비원 명부의 관리

[본조신설 2014. 6. 5.]

제7조(특수경비원의 신체조건) 법 제10조제2항제5호에서 "행정안전부령이 정하는 신체조건"이라 함은 팔과 다리가 완전하고 두 눈의 맨눈시력 각각 0.2 이상 또는 교정시력 각각 0.8 이상을 말한다. 〈개정 2008. 3. 6., 2013. 3. 23., 2014. 11. 19., 2017. 7. 26., 2023. 7. 17.〉

[전문개정 2003. 11. 17.]

제8조(응시원서 등) ① 법 제11조의 규정에 의한 경비지도사시험에 응시하고자 하는 자는 별지 제8호서식의 응시원서(전자문서로 된 원서를 포함한다)를 영 제31조제2항에 따라 경비지도사시험의 관리를 위탁받은 기관 또는 단체(이하 이 조에서 "시험관리기관"이라 한다)에 제출해야 한다. 〈개정 2004. 12. 10., 2019. 4. 23.〉

② 영 제13조에 따라 경비지도사 제1차 시험을 면제받으려는 사람은 같은 조 각 호의 면제 사유를 증명할 수 있는 서류로서 영 제11조제2항에 따른 공고에서 정하는 서류를 시험관리기관에 제출해야 한다. 〈신설 2019. 4. 23.〉

③ 시험관리기관은 제2항에 따른 서류 중 재직증명서 또는 경력증명서를 제출받은 경우에는 「전자정부법」 제36조제1항에 따른 행정정보의 공동이용을 통하여 제출인의 국민연금가입자가입증명 또는 건강보험자격득실확인서를 확인해야 한다. 다만, 제출인이 확인에 동의하지 않는 경우에는 해당 서류를 제출하도록 해야 한다. 〈신설 2019. 4. 23.〉

[제목개정 2019. 4. 23.]

제9조(경비지도사에 대한 교육) ①법 제11조제1항에서 "행정안전부령이 정하는 교육"이라 함은 경비지도사에 대한 별표 1의 규정에 의한 과목 및 시간의 교육을 말한다. 〈개정 2008. 3. 6., 2013. 3. 23., 2014. 11. 19., 2017. 7. 26.〉

② 제1항의 규정에 의한 교육에 소요되는 비용은 경비지도사의 교육을 받는 자의 부담으로 한다.

제10조(경비지도사시험의 일부면제) 영 제13조제4호에서 "행정안전부령으로 정하는 교육과정을 이수한 사람"이란 다음 각 호의 어느 하나에 해당하는 사람을 말한다. 〈개정 2008. 3. 6., 2011. 4. 4., 2013. 3. 23., 2014. 11. 19., 2017. 7. 26.〉

1. 고등교육법에 의한 전문대학 이상의 교육기관(경비지도사의 시험과목 3과목 이상이 개설된 교육기관에 한한다)에서 1년 이상의 경비업무관련 과정을 마친 사람
2. 경찰청장이 지정하는 기관 또는 단체에서 실시하는 64시간 이상의 경비지도사 양성과정을 마치고 수료시험에 합격한 사람

제11조(경비지도사자격증의 교부) 경찰청장은 법 제11조에 따른 경비지도사시험에 합격하고 제9조에 따른 경비지도사 교육을 받은 사람에게는 별지 제9호서식의 경비지도사

자격증 교부대장에 정해진 사항을 기재한 후, 별지 제10호서식의 경비지도사 자격증을 교부해야 한다. 〈개정 2021. 12. 31.〉

제11조의2(경비원 직무교육 실시대장) 영 제17조제3항에 따른 경비원 직무교육 실시대장은 별지 제10호의2서식에 따른다.
[본조신설 2011. 4. 4.]

제12조(일반경비원에 대한 신임교육의 실시 등) ①영 제18조제1항에 따른 일반경비원 신임교육의 과목 및 시간은 별표 2와 같다. 〈개정 2019. 4. 23.〉
② 경찰청장은 일반경비원에 대한 신임교육의 실시를 위하여 연도별 교육계획을 수립하고, 영 제18조제1항에 따른 일반경비원 신임교육 기관 또는 단체가 교육계획에 따라 교육을 실시하도록 하여야 한다. 〈개정 2006. 2. 2., 2014. 6. 5.〉
③ 삭제 〈2014. 6. 5.〉
④ 영 제18조제1항에 따른 일반경비원 신임교육 기관 또는 단체의 장은 제1항에 따른 일반경비원 신임교육과정을 마친 사람에게 별지 제11호서식의 신임교육이수증을 교부하고 그 사실을 별지 제12호서식의 신임교육이수증 교부대장에 기록해야 하며, 교육기관, 교육일, 교육이수증 교부번호 등을 포함한 신임교육 이수자 현황을 경찰청장에게 통보해야 한다.
〈개정 2014. 6. 5., 2019. 4. 23.〉
⑤ 경비업자는 일반경비원이 제1항의 규정에 의한 신임교육을 받은 때에는 제23조제1항의 규정에 의한 경비원의 명부에 그 사실을 기재하여야 한다.
⑥ 시 · 도경찰청장 또는 경찰서장은 제1항에 따른 일반경비원 신임교육을 받은 사람이 요청하는 경우에는 별지 제12호의2서식의 신임교육 이수 확인증을 발급할 수 있다. 〈신설 2019. 4. 23., 2020. 12. 31.〉

제13조(일반경비원에 대한 직무교육의 시간 등) ① 영 제18조제3항에서 "행정안전부령으로 정하는 시간"이란 2시간을 말한다. 〈개정 2014. 6. 5., 2014. 11. 19., 2017. 7. 26., 2023. 7. 17.〉
② 영 제18조제3항에 따른 일반경비원에 대한 직무교육의 과목은 일반경비원의 직무수행에 필요한 이론 · 실무과목 및 직업윤리 등으로 한다. 〈신설 2011. 1. 26., 2019. 4. 23., 2023. 7. 17.〉
[제목개정 2011. 1. 26.]

제14조(특수경비원 신임교육 기관 또는 단체의 지정 등) ①영 제19조제1항에 의한 특수경비원 신임교육의 과정을 개설하고자 하는 기관 또는 단체는 별표 3의 규정에 의한 시설 등을 갖추고 경찰청장에게 지정을 요청하여야 한다.
② 경찰청장은 제1항의 규정에 의한 교육과정을 개설하고자 하는 기관 또는 단체가 동항의 규정에 의한 지정을 요청한 때에는 별표 3의 규정에 의한 기준에 적합한 지의 여부를 확인한 후 그 기준에 적합한 경우 이를 특수경비원 신임교육을 실시할 수 있는 기관 또는 단체로 지정할 수 있다. 〈개정 2006. 2. 2.〉
③ 제2항의 규정에 의하여 지정을 받은 기관 또는 단체는 신임교육의 과정에서 필요

한 경우에는 관할 경찰관서장에게 경찰관서 시설물의 이용이나 전문적인 소양을 갖춘 경찰관의 파견을 요청할 수 있다.
〈개정 2006. 2. 2.〉
[제목개정 2019. 4. 23.]

제15조(특수경비원에 대한 신임교육의 실시 등)
① 영 제19조제1항에 따른 특수경비원 신임교육의 과목 및 시간은 별표 4와 같다. 〈개정 2019. 4. 23.〉
② 영 제19조제1항에 따른 특수경비원 신임교육 기관 또는 단체의 장은 제1항에 따른 특수경비원 신임교육과정을 마친 사람에게 별지 제11호서식의 신임교육이수증을 교부하고 그 사실을 별지 제12호서식의 신임교육이수증 교부대장에 기록해야 하며, 교육기관, 교육일, 교육이수증 교부번호 등을 포함한 신임교육 이수자 현황을 경찰청장에게 통보해야 한다.
〈개정 2014. 6. 5., 2019. 4. 23.〉
③ 경비업자는 특수경비원이 제1항의 규정에 의한 신임교육을 받은 때에는 제23조제1항의 규정에 의한 경비원의 명부에 그 사실을 기재하여야 한다.
④ 시·도경찰청장 또는 경찰서장은 제1항에 따른 특수경비원 신임교육을 받은 사람이 요청하는 경우에는 별지 제12호의2서식의 신임교육 이수 확인증을 발급할 수 있다. 〈신설 2019. 4. 23., 2020. 12. 31.〉
[제목개정 2019. 4. 23.]

제16조(특수경비원에 대한 직무교육의 시간 등)
① 영 제19조제3항에서 "행정안전부령으로 정하는 시간"이란 3시간을 말한다. 〈개정 2008. 3. 6., 2011. 1. 26., 2013. 3. 23., 2014. 6. 5., 2014. 11. 19., 2017. 7. 26., 2023. 7. 17.〉
② 관할경찰서장 및 공항경찰대장 등 국가중요시설의 경비책임자(이하 "관할경찰관서장"이라 한다)는 필요하다고 인정하는 경우에는 특수경비원이 배치된 경비대상시설에 소속공무원을 파견하여 직무집행에 필요한 교육을 실시할 수 있다.
③ 영 제19조제3항에 따른 특수경비원에 대한 직무교육의 과목은 특수경비원의 직무수행에 필요한 이론·실무과목 및 직업윤리 등으로 한다. 〈신설 2011. 1. 26., 2019. 4. 23., 2023. 7. 17.〉
[제목개정 2011. 1. 26.]

제17조(무기대여신청서) 영 제20조제1항의 규정에 의한 무기대여신청서는 별지 제13호서식에 의한다.

제18조(무기의 관리수칙 등) ①법 제14조제4항에 따라 무기를 대여받은 국가중요시설의 시설주(이하 "시설주"라 한다) 또는 같은 조 제7항에 따른 관리책임자(이하 "관리책임자"라 한다)는 다음 각 호의 관리수칙에 따라 무기(탄약을 포함한다. 이하 같다)를 관리해야 한다. 〈개정 2015. 9. 24., 2020. 12. 31., 2021. 12. 31.〉
1. 무기의 관리를 위한 책임자를 지정하고 관할경찰관서장에게 이를 통보할 것
2. 무기고 및 탄약고는 단층에 설치하고 환기·방습·방화 및 총받침대 등의 시설을 할 것
3. 탄약고는 무기고와 사무실 등 많은 사

람을 수용하거나 많은 사람이 오고 가는 시설과 떨어진 곳에 설치할 것

4. 무기고 및 탄약고에는 이중 잠금장치를 하여야 하며, 열쇠는 관리책임자가 보관하되, 근무시간 이후에는 열쇠를 당직책임자에게 인계하여 보관시킬 것
5. 관할경찰관서장이 정하는 바에 의하여 무기의 관리실태를 매월 파악하여 다음 달 3일까지 관할경찰관서장에게 통보할 것
6. 대여받은 무기를 빼앗기거나 대여받은 무기가 분실·도난 또는 훼손되는 등의 사고가 발생한 때에는 관할경찰관서장에게 그 사유를 지체없이 통보할 것
7. 대여받은 무기를 빼앗기거나 대여받은 무기가 분실·도난 또는 훼손된 때에는 경찰청장이 정하는 바에 의하여 그 전액을 배상할 것. 다만, 전시·사변, 천재·지변 그 밖의 불가항력의 사유가 있다고 시·도경찰청장이 인정한 때에는 그러하지 아니하다.
8. 시설주는 자체계획을 수립하여 보관하고 있는 무기를 매주 1회 이상 손질할 수 있게 할 것

② 시설주 또는 관리책임자는 고의 또는 과실로 무기(부속품을 포함한다)를 빼앗기거나 무기가 분실·도난 또는 훼손되도록 한 특수경비원에 대하여 특수경비업자에게 교체 또는 징계 등의 조치를 요청할 수 있다. 이 경우 특수경비업자는 특별한 사유가 없는 한 이에 응하여야 한다.

③ 법 제14조제4항의 규정에 의하여 무기를 대여받은 시설주 또는 관리책임자가 특수경비원에게 무기를 출납하고자 하는 때에는 다음 각호의 관리수칙에 따라 무기를 관리하여야 한다.

1. 관할경찰관서장이 무기를 회수하여 집중적으로 관리하도록 지시하는 경우 또는 출납하는 탄약의 수를 증감하거나 출납을 중지하도록 지시하는 경우에는 이에 따를 것
2. 탄약의 출납은 소총에 있어서는 1정당 15발 이내, 권총에 있어서는 1정당 7발 이내로 하되, 생산된 후 오래된 탄약을 우선적으로 출납할 것
3. 무기를 지급받은 특수경비원으로 하여금 무기를 매주 1회 이상 손질하게 할 것
4. 수리가 필요한 무기가 있는 때에는 그 목록과 무기장비운영카드를 첨부하여 관할경찰관서장에게 수리를 요청할 것

④ 법 제14조제4항의 규정에 의하여 시설주로부터 무기를 지급받은 특수경비원은 다음 각호의 관리수칙에 따라 무기를 관리하여야 한다.

1. 무기를 지급받거나 반납하는 때 또는 무기의 인계 인수를 하는 때에는 반드시 "앞에 총"의 자세에서 "검사 총"을 할 것
2. 무기를 지급받은 때에는 별도의 지시가 없는 한 탄약은 무기로부터 분리하여 휴대하여야 하며, 소총은 "우로 어깨걸어 총"의 자세를 유지하고, 권총은 "권총집에 넣어 총"의 자세를 유지할 것
3. 지급받은 무기를 다른 사람에게 보관·

휴대 또는 손질시키지 아니할 것

4. 무기를 손질 또는 조작하는 때에는 총구를 반드시 공중으로 향하게 할 것
5. 무기를 반납하는 때에는 손질을 철저히 한 후 반납하도록 할 것
6. 근무시간 이후에는 무기를 시설주에게 반납하거나 교대근무자에게 인계할 것

⑤ 시설주는 다음 각 호의 특수경비원에 대하여 무기를 지급해서는 안 되며, 지급된 무기가 있는 경우 이를 즉시 회수해야 한다. 〈개정 2021. 12. 31.〉

1. 형사사건으로 인하여 조사를 받고 있는 사람
2. 사직 의사를 표명한 사람
3. 정신질환자
4. 그 밖에 무기를 지급하기에 부적합하다고 인정되는 사람

⑥ 시설주는 무기를 수송하는 때에는 출발하기 전에 관할경찰서장에게 그 사실을 통보하여야 하며, 통보를 받은 관할경찰서장은 1인 이상의 무장경찰관을 무기를 수송하는 자동차 등에 함께 타도록 하여야 한다.

제19조(경비원의 복장 등 신고 등) ① 법 제16조제1항에 따라 경비원의 복장 신고(변경신고를 포함한다)를 하려는 경비업자는 소속 경비원에게 복장을 착용하도록 하기 전에 별지 제13호의2서식의 경비원 복장 등 신고서(전자문서로 된 신고서를 포함한다. 이하 같다)를 경비업자의 주된 사무소를 관할하는 시·도경찰청장에게 제출하여야 한다. 〈개정 2020. 12. 31.〉

② 법 제16조제4항에 따라 경비원 복장 시정명령에 대한 이행보고를 하려는 경비업자는 별지 제13호의3서식의 시정명령 이행보고서(전자문서로 된 보고서를 포함한다. 이하 같다)에 이행사실을 입증할 수 있는 사진 등의 서류를 첨부하여 시정명령을 한 시·도경찰청장에게 제출하여야 한다. 〈개정 2020. 12. 31.〉

③ 경비업자는 제1항에 따른 신고서 또는 제2항에 따른 이행보고서를 경비업자의 주된 사무소를 관할하는 시·도경찰청장 소속 경찰서장을 거쳐 제출할 수 있다. 이 경우 신고서 또는 이행보고서를 받은 경찰서장은 지체 없이 경비업자의 주된 사무소를 관할하는 시·도경찰청장에게 해당 신고서 또는 이행보고서를 보내야 한다.
〈개정 2020. 12. 31.〉

④ 경비원은 경비업무 수행 시 이름표를 경비원 복장의 상의 가슴 부위에 부착하여 경비원의 이름을 외부에서 알아볼 수 있도록 하여야 한다.

[전문개정 2014. 6. 5.]

제20조(경비원의 휴대장비) ① 법 제16조의2제1항에 따라 경비원은 근무 중 경적, 단봉, 분사기, 안전방패, 무전기 및 그 밖에 경비 업무 수행에 필요한 것으로서 공격적인 용도로 제작되지 아니하는 장비를 휴대할 수 있으며, 안전모 및 방검복 등 안전장비를 착용할 수 있다.

② 제1항에 따른 경비원 장비의 구체적인 기준은 별표 5에 따른다.

[전문개정 2014. 6. 5.]

제21조(출동차량 등의 신고 등) ① 법 제16조의3제2항에 따라 출동차량 등에 대한 신고(변경신고를 포함한다)를 하려는 경비업자는 출동차량 등을 운행하기 전에 별지 제13호의4서식의 출동차량등 신고서(전자문서로 된 신고서를 포함한다. 이하 같다)를 경비업자의 주된 사무소를 관할하는 시·도경찰청장에게 제출하여야 한다.
〈개정 2020. 12. 31.〉

② 법 제16조의3제4항에 따라 출동차량 등의 시정명령에 대한 이행보고를 하려는 경비업자는 별지 제13호의3서식의 시정명령 이행보고서에 이행사실을 입증할 수 있는 사진 등의 서류를 첨부하여 시정명령을 한 시·도경찰청장에게 제출하여야 한다.
〈개정 2020. 12. 31.〉

③ 경비업자는 제1항에 따른 신고서 및 제2항에 따른 이행보고서를 경비업자의 주된 사무소를 관할하는 시·도경찰청장 소속의 경찰서장을 거쳐 제출할 수 있다. 이 경우 신고서 또는 이행보고서를 받은 경찰서장은 지체 없이 경비업자의 주된 사무소를 관할하는 시·도경찰청장에게 해당 신고서 또는 이행보고서를 보내야 한다. 〈개정 2020. 12. 31.〉

[전문개정 2014. 6. 5.]

제22조(결격사유 확인을 위한 범죄경력조회 요청) ① 법 제17조제2항에 따른 범죄경력조회 요청은 별지 제13호의5서식의 범죄경력조회 신청서(전자문서로 된 신청서를 포함한다)에 따른다.

② 경비업자는 제1항에 따라 범죄경력조회를 요청하는 경우 다음 각 호의 서류를 첨부하여야 한다.

1. 경비업 허가증 사본
2. 별지 제13호의6서식의 취업자 또는 취업예정자 범죄경력조회 동의서

[전문개정 2014. 6. 5.]

제23조(경비원의 명부) 경비업자는 법 제18조제1항에 따라 다음 각 호의 장소에 별지 제14호서식의 경비원 명부(제2호 및 제3호의 경우에는 해당 장소에 배치된 경비원의 명부를 말한다)를 작성·비치하여 두고, 이를 항상 정리하여야 한다.

1. 주된 사무소
2. 영 제5조제3항에 따른 출장소
3. 집단민원현장

[전문개정 2014. 6. 5.]

제24조(경비원의 배치 및 배치폐지의 신고) ① 경비업자는 법 제18조제2항에 따라 경비업무를 수행하기 위하여 20일 이상 경비원을 배치하거나 그 기간을 연장하려는 때에는 경비원을 배치한 후 7일 이내에 별지 제15호서식의 경비원 배치신고서(전자문서로 된 신고서를 포함하며, 이하 "배치신고서"라 한다)를 배치지를 관할하는 경찰관서장에게 제출해야 한다. 다만, 법 제18조제2항제2호 및 제3호에 해당하는 경비원을 배치하는 경우에는 경비원을 배치하는 기간과 관계없이 경비원을 배치하기 전까지 제출해야 한다.
〈개정 2014. 6. 5., 2021. 7. 13.〉

② 법 제18조제2항제3호에 해당하는 특수경비원을 배치하는 경비업자는 배치신고서

에 특수경비원 전원의 별지 제15호의2서식의 병력(病歷)신고 및 개인정보 이용 동의서(이하 이 조에서 "동의서"라 한다)를 첨부하여 관할 경찰관서장에게 제출해야 한다. 〈신설 2021. 7. 13.〉

③ 제2항에 따른 동의서를 제출받은 관할 경찰관서장은 국민건강보험공단 등 관계기관에 치료경력의 조회를 요청할 수 있다. 〈신설 2021. 7. 13.〉

④ 관할 경찰관서장은 제2항에 따른 동의서의 기재내용 또는 관계기관의 조회결과를 확인하여 필요한 경우 경비업자에게 다음 각 호의 서류를 제출하도록 요청할 수 있다. 이 경우 경비업자는 해당 특수경비원의 서류(제출일 기준 6개월 이내에 발급된 서류에 한정한다)를 관할 경찰관서장에게 제출해야 한다. 〈신설 2021. 7. 13.〉

1. 영 제10조의2 각 호에 해당하지 않음을 증명하는 해당 분야 전문의의 진단서 1부
2. 영 제10조의2제3호 단서에 해당하는 경우 이를 증명하는 해당 분야 전문의의 진단서 1부

⑤ 제1항의 규정에 의하여 경비원의 배치신고를 한 경비업자가 경비원의 배치를 폐지한 때에는 배치폐지를 한 날부터 7일 이내에 별지 제15호서식의 경비원 배치폐지신고서(전자문서로 된 신고서를 포함한다)를 배치지의 관할경찰관서장에게 제출하여야 한다. 다만, 경비원 배치신고시에 기재한 배치폐지 예정일에 경비원의 배치를 폐지한 경우에는 그러하지 아니하다. 〈개정 2004. 12. 10., 2009. 7. 1., 2021. 7. 13.〉

⑥ 시·도경찰청장 또는 경찰서장은 일반경비원 또는 특수경비원이나 일반경비원 또는 특수경비원으로 근무했던 사람이 요청하는 경우에는 별지 제12호의2서식의 배치폐지 또는 현재 배치여부 확인증을 발급할 수 있다. 〈신설 2019. 4. 23., 2020. 12. 31., 2021. 7. 13., 2023. 7. 17.〉

제24조의2(집단민원현장에의 일반경비원 배치허가 신청 등) ① 법 제18조제2항 각 호 외의 부분 단서에 따라 집단민원현장에 일반경비원 배치허가를 신청하려는 경비업자는 별지 제15호의3서식의 집단민원현장 일반경비원 배치허가 신청서(전자문서에 의한 신청서를 포함하며, 이하 "배치허가 신청서"라 한다)에 집단민원현장에 배치될 일반경비원의 신임교육 이수증(영 제18조 제2항에 따른 일반경비원 신임교육 면제 대상의 경우 신임교육 면제 대상에 해당함을 입증할 수 있는 서류를 말한다) 각 1부를 첨부하여 관할 경찰관서장에게 제출해야 한다. 〈개정 2021. 7. 13.〉

② 제1항에 따른 배치허가 신청서를 받은 관할 경찰관서장은 경비원 배치예정 일시 전까지 배치허가 여부를 결정하여 경비업자에게 통보하여야 한다.

③ 제2항에 따라 일반경비원 배치허가를 받은 경비업자가 경비원 배치기간을 연장하려는 경우에는 배치기간이 만료되기 48시간 전까지 배치허가 신청서를 관할 경찰관서장에게 제출하여 허가를 받아야 한다.

④ 제2항에 따라 일반경비원 배치허가를 받은 경비업자가 집단민원현장에 새로운

경비원을 배치하려는 경우에는 새로운 경비원을 배치하기 48시간 전까지 배치허가 신청서를 관할 경찰관서장에게 제출하여 허가를 받아야 한다.

⑤ 제2항에 따라 일반경비원 배치허가를 받은 경비업자가 경비원의 배치를 폐지한 때에는 배치폐지를 한 날부터 48시간 이내에 별지 제15호의4서식의 집단민원현장 일반경비원 배치폐지 신고서(전자문서로 된 신고서를 포함한다)를 관할 경찰관서장에게 제출해야 한다. 〈개정 2021. 7. 13.〉

⑥ 제2항에 따라 일반경비원 배치허가를 받은 경비업자가 집단민원현장에 배치된 경비지도사를 변경한 경우에는 변경된 내용을 관할 경찰관서장에게 통보하여야 한다.

[본조신설 2014. 6. 5.]

제24조의3(경비원 근무상황 기록부) ① 경비업자는 법 제18조제5항에 따라 경비업무를 수행하는 경비원의 인적사항, 배치일시, 배치장소, 배치폐지일시 및 근무여부 등 근무상황을 기록한 근무상황기록부(전자문서로 된 근무상황기록부를 포함한다. 이하 같다)를 작성하여 주된 사무소 및 출장소에 갖추어 두어야 한다.

② 경비업자는 제1항에 따른 근무상황기록부를 1년 동안 보관하여야 한다.

[본조신설 2014. 6. 5.]

제25조(경비전화의 가설) ①관할경찰관서장은 시설주의 신청에 의하여 특수경비원이 배치된 국가중요시설 등에 경비전화를 가설할 수 있다.

② 제1항의 규정에 의하여 경비전화를 가설하는 경우의 소요경비는 시설주의 부담으로 한다.

제26조(갖추어 두어야 하는 장부 또는 서류)

① 특수경비원을 배치한 시설주는 다음 각 호의 장부 및 서류를 갖추어 두어야 한다.

1. 근무일지
2. 근무상황카드
3. 경비구역배치도
4. 순찰표철
5. 무기탄약출납부
6. 무기장비운영카드

② 특수경비원을 배치한 국가중요시설의 관할경찰관서장은 다음 각호의 장부 및 서류를 갖추어 두어야 한다.

1. 감독순시부
2. 특수경비원 전·출입관계철
3. 특수경비원 교육훈련실시부
4. 무기·탄약대여대장
5. 그 밖에 특수경비원의 관리 등을 위하여 필요한 장부 또는 서류

③ 제1항 및 제2항의 규정에 의한 장부 또는 서류의 서식은 경찰관서에서 사용하는 서식을 준용한다.

제27조 삭제 〈2014. 6. 5.〉

제27조의2(규제의 재검토) 경찰청장은 제20조에 따른 경비원이 휴대하는 장비 등에 대하여 2014년 6월 8일을 기준으로 3년마다(매 3년이 되는 해의 6월 8일 전까지를 말한다) 그 타당성을 검토하여 개선 등의 조치를 하여야 한다. 〈개정 2014. 6. 5.〉

[본조신설 2014. 1. 8.]

제28조(과태료 부과 고지서 등) ① 법 제31조제1항 및 제2항에 따른 과태료 부과의 사전 통지는 별지 제16호서식의 과태료 부과 사전 통지서에 따른다. 〈개정 2014. 6. 5.〉

② 법 제31조제1항 및 제2항에 따른 과태료의 부과는 별지 제17호서식의 과태료 부과 고지서에 따른다. 〈개정 2014. 6. 5.〉

[전문개정 2008. 12. 5.]

부칙 〈제141호, 2001. 7. 9.〉

이 규칙은 공포한 날부터 시행한다.

부칙 〈제209호, 2003. 11. 17.〉

이 규칙은 2003년 12월 19일부터 시행한다.

부칙 〈제259호, 2004. 12. 10.〉 (전자적민원처리를위한경비업법시행규칙등중개정령)

이 규칙은 공포한 날부터 시행한다.

부칙 〈제318호, 2006. 2. 2.〉

이 규칙은 2006년 2월 5일부터 시행한다.

부칙 〈제345호, 2006. 9. 7.〉 (행정정보의 공동이용 및 문서감축을 위한 경비업법 시행규칙 등 일부개정령)

이 영은 공포한 날부터 시행한다.

부칙 〈제4호, 2008. 3. 6.〉 (경찰청과 그 소속기관 직제 시행규칙)

제1조(시행일) 이 규칙은 공포한 날부터 시행한다.

제2조 생략

제3조(다른 법령의 개정) ① 경비업법시행규칙 일부를 다음과 같이 개정한다.

제7조, 제9조제1항, 제10조 각 호 외의 부분, 제13조 및 제16조제1항 중 "행정자치부령"을 각각 "행정안전부령"으로 한다.

② 부터 ⑦ 까지 생략

부칙 〈제43호, 2008. 12. 5.〉 (과태료 부과·징수절차 정비를 위한 경비업법시행규칙 등 일부개정령)

이 규칙은 공포한 날부터 시행한다.

부칙 〈제90호, 2009. 7. 1.〉

이 규칙은 공포한 날부터 시행한다.

부칙 〈제161호, 2010. 9. 10.〉 (행정정보의 공동이용을 위한 경비업법 시행규칙 등 일부개정령)

이 규칙은 공포한 날부터 시행한다.

부칙 〈제190호, 2011. 1. 26.〉

이 규칙은 공포 후 3개월이 경과한 날부터 시행한다.

부칙 〈제210호, 2011. 4. 4.〉

이 규칙은 공포 후 3개월이 경과한 날부터 시행한다.

부칙 〈제297호, 2012. 5. 31.〉 (개인정보 보호를 위한 공공기록물 관리에 관한 법률 시행규칙 등 일부개정령)

제1조(시행일) 이 규칙은 공포한 날부터 시행한다.

제2조(서식 개정에 관한 경과조치) 이 규칙 시행 당시 종전의 규정에 따른 서식은 2012년 8월 31일까지 이 규칙에 따른 서식과 함께 사용할 수 있다.

부칙 〈제2호, 2013. 3. 23.〉 (경찰청과 그 소속기관 직제 시행규칙)

제1조(시행일) 이 규칙은 공포한 날부터 시행한다.

제2조 생략

제3조(다른 법령의 개정) ① 경비업법 시행규칙 일부를 다음과 같이 개정한다.

제7조, 제9조제1항, 제10조 각 호 외의 부분, 제13조제1항 및 제16조제1항 중 "행정안전부령"을 각각 "안전행정부령"으로 한다.

②부터 ⑥까지 생략

부칙 〈제20호, 2013. 10. 22.〉 (법령 서식 개선을 위한 경비업법 시행규칙 등 일부개정령)

이 규칙은 공포한 날부터 시행한다.

부칙 〈제50호, 2014. 1. 8.〉 (행정규제기본법 개정에 따른 재검토기한 규정을 위한 경비업법 시행규칙 등 일부개정령)

이 규칙은 공포한 날부터 시행한다.

부칙 〈제72호, 2014. 6. 5.〉

제1조(시행일) 이 규칙은 2014년 6월 8일부터 시행한다.

제2조(경비지도사 자격증에 관한 경과조치) 이 규칙 시행 당시 종전의 규정에 의하여 발급된 경비지도사 자격증은 이 규칙에 의하여 발급된 것으로 본다.

부칙 〈제2호, 2014. 11. 19.〉 (경찰청과 그 소속기관 직제 시행규칙)

제1조(시행일) 이 규칙은 공포한 날부터 시행한다.

제2조 생략

제3조(다른 법령의 개정) ① 생략

② 경비업법 시행규칙 일부를 다음과 같이 개정한다.

제7조, 제9조제1항, 제10조 각 호 외의 부분, 제13조제1항 및 제16조제1항 중 "안전행정부령"을 각각 "행정자치부령"으로 한다.

③부터 ⑨까지 생략

부칙 〈제7호, 2014. 12. 10.〉

제1조(시행일) 이 규칙은 공포한 날부터 시행한다.

제2조(일반경비원의 신임교육 시간에 관한 적용례) 별표 2의 개정규정은 이 규칙 시행 후 일반경비원 신임교육을 받는 경우부터 적용한다.

부칙 〈제36호, 2015. 9. 24.〉

이 규칙은 공포한 날부터 시행한다.

부칙 〈제3호, 2017. 7. 26.〉 (경찰청과 그 소속기관 직제 시행규칙)

제1조(시행일) 이 규칙은 공포한 날부터 시행한다.

제2조 생략

제3조(다른 법령의 개정) ① 생략

② 경비업법 시행규칙 일부를 다음과 같이 개정한다.

제7조, 제9조제1항, 제10조 각 호 외의 부분, 제13조제1항 및 제16조제1항 중 "행정자치부령"을 각각 "행정안전부령"으로 한다.

③부터 ⑨까지 생략

부칙 〈제112호, 2019. 4. 23.〉

이 규칙은 공포한 날부터 시행한다.

부칙 〈제224호, 2020. 12. 31.〉 (경찰공무원 임용령 시행규칙)

제1조(시행일) 이 규칙은 2021년 1월 1일부터 시행한다.

제2조(다른 법령의 개정) ① 경비업법 시행규칙 일부를 다음과 같이 개정한다.

제3조제1항 각 호 외의 부분 전단 · 후단, 같은 조 제2항, 제5조제2항 각 호 외의 부분 전단, 같은 조 제3항, 제6조제1항 전단, 같은 조 제2항 · 제3항, 제12조제6항, 제15조제4항, 제18조제1항제7호 단서, 제19조제1항 · 제2항, 같은 조 제3항 전단 · 후단, 제21조제1항 · 제2항, 같은 조 제3항 전단 · 후단, 제24조제3항, 별지 제5호서식 앞쪽, 별지 제13호의5서식 및 별지 제13호의6서식 중 "지방경찰청장"을 각각 "시 · 도경찰청장"으로 한다.

제3조제1항 각 호 외의 부분 전단, 제5조제2항 각 호 외의 부분 전단 및 제6조제1항 전단 중 "해당 지방경찰청"을 각각 "해당 시 · 도경찰청"으로 한다.

제5조제2항 각 호 외의 부분 후단 및 제6조제1항 후단 중 "관할지방경찰청장"을 각각 "관할 시 · 도경찰청장"으로 한다.

별지 제2호서식, 별지 제4호서식, 별지 제6호서식, 별지 제7호서식, 별지 제12호의2서식, 별지 제13호의2서식부터 별지 제13호의4서식까지, 별지 제16호서식 앞쪽 및 별지 제17호서식 중 "○○ 지방경찰청장"을 각각 "시 · 도경찰청장"으로 한다.

별지 제2호서식, 별지 제4호서식 및 별지 제6호서식 중 "지방청"을 각각 "시 · 도경찰청"으로 한다.

별지 제3호서식 앞쪽 중 "○○지방경찰청장"을 "시 · 도경찰청장"으로 한다.

별지 제13호서식 뒤쪽 중 "지방경찰청"을 "시 · 도경찰청"으로 한다.

②부터 ⑭까지 생략

부칙 〈제269호, 2021. 7. 13.〉

제1조(시행일) 이 규칙은 2021년 7월 13일부터 시행한다.

제2조(경비원 배치신고에 관한 적용례) 제24조제2항 · 제3항 · 제4항, 별지 제15호서식 및 별지 제15호의2서식의 개정규정은 이 규칙 시행 이후 접수된 특수경비원의 배치신고부터 적용한다.

부칙 〈제298호, 2021. 12. 31.〉 (어려운 법령용어 정비를 위한 11개 법령의 일부개정을 위한 행정안전부령)

이 규칙은 공포한 날부터 시행한다.

부칙 〈제363호, 2022. 12. 19.〉 (자격 취득 등에 요구되는 실무경력의 인정범위 확대 등을 위한 3개 법령의 일부개정에 관한 행정안전부령)

이 규칙은 공포한 날부터 시행한다.

부칙 〈제418호, 2023. 7. 17.〉

이 규칙은 공포한 날부터 시행한다. 다만, 다음 각 호의 개정규정은 해당 호에서 정하는 날부터 시행한다.

1. 제13조제1항 및 제16조제1항의 개정규정: 2023년 8월 1일
2. 별표 1, 별표 2 및 별표 4의 개정규정: 2024년 1월 1일

별표 / 서식

[별표 1] 경비지도사 교육의 과목 및 시간(제9조제1항 관련)

[별표 2] 일반경비원 신임교육의 과목 및 시간(제12조제1항 관련)

[별표 3] 특수경비원의교육기관시설및강사의기준[제14조제1항관련]

[별표 4] 특수경비원 신임교육의 과목 및 시간(제15조제1항 관련)

[별표 5] 경비원 휴대장비의 구체적인 기준(제20조제2항 관련)

[별지 제1호서식] 호송경비통지서

[별지 제2호서식] 경비업(신규, 변경, 갱신)허가신청서

[별지 제3호서식] 허가증

[별지 제4호서식] 허가증 재교부신청서

[별지 제5호서식] 경비업(폐업, 휴업, 영업재개, 휴업기간연장) 신고서

[별지 제6호서식] 경비업 허가사항 등의 변경신고서

[별지 제7호서식] 특수경비업무(개시, 종료) 신고서

[별지 제8호서식] 경비지도사시험 응시원서

[별지 제9호서식] 경비지도사자격증 교부대장

[별지 제10호서식] 경비지도사자격증

[별지 제10호의2서식] 경비원 직무교육 실시대장

[별지 제11호서식] 일반(특수)경비원신임교육이수증

[별지 제12호서식] 일반(특수)경비원 신임교육 이수증 교부대장

[별지 제12호의2서식] (신임교육 이수, 배치폐지, 현재 배치여부)확인증

[별지 제13호서식] 무기대여신청서

[별지 제13호의2서식] 경비원 복장 등 신고서

[별지 제13호의3서식] (경비원 복장 등, 출동차량 도색 등)시정명령 이행보고서

[별지 제13호의4서식] 출동차량 등 신고서

[별지 제13호의5서식] 범죄경력조회 신청서

[별지 제13호의6서식] 범죄경력조회 동의서

[별지 제14호서식] 경비원 명부(제23조 관련)

[별지 제15호서식] 경비원(배치, 배치폐지)신고서

[별지 제15호의2서식] 병력(病歷) 신고 및 개인정보 이용 동의서

[별지 제15호의3서식] 집단민원현장 일반경비원 배치허가 신청서

[별지 제15호의4서식] 집단민원현장 일반경비원 배치폐지 신고서

[별지 제16호서식] 과태료부과 사전 통지서(의견제출 통지)

[별지 제17호서식] 과태료 납부 고지서

[별도 1] 삭제 〈2014.6.5〉

[별도 2] 삭제 〈2014.6.5〉

[별도 3] 삭제 〈2014.6.5〉

[별도 4] 삭제 〈2014.6.5〉

[별도 5] 삭제 〈2014.6.52014.6.5.

찾아보기

저자약력

주 일 엽 (朱 一 燁)

[학 력]

▷ 한국항공대학교 항공통신공학과 졸업 (공학사)
▷ 한국체육대학교 사회체육대학원 안전관리학과 졸업 (체육학석사)
▷ 서울대학교 대학원 체육교육과 졸업 (체육학박사, 스포츠사회학 전공)

[경 력]

▷ 공군 제16전투비행단 및 제7항로보안단 근무 (공군 중위)
대통령경호처 근무 (경호부이사관)
▷ 중부대학교 경찰경호학과 교수 (경찰경호대학장/교무처장 역임)
한국비서학회 부회장, 한국산업보안학회 부회장
한국경호경비학회 이사, 한국치안행정학회 이사, 한국민간경비학회 이사,
한국경찰학회 이사, 한국경찰연구학회 이사
국가전문자격 경비지도사 출제위원 (한국산업인력공단)
▷ 기계경비지도사 / 일반경비지도사 (한국산업인력공단)
소방안전관리자1급 (한국소방안전원)
일반행정사 (행정안전부)
사회복지사 (보건복지부)

[연구실적]

▷ 경호경비법 (2010)
기계경비개론 (2010)
기계경비기획설계 (2012)
▷ 효율적 경호를 위한 시큐리티시스템 구축방안 (2000, 석사학위논문)
국제스포츠대회 안전활동 발전방안 (2006, 박사학위논문)